●鉄道史叢書 2●

日本の鉄道

成立と展開

野田正穂・原田勝正・青木栄一・老川慶喜＝編

日本経済評論社

再版にあたって

『日本の鉄道』が刊行されてから，3年が経過しようとしている。苦闘の末に世に送り出したこの本は，さいわいにも好評をもって迎えられ，1987年には，日本交通協会の第12回交通図書賞を受ける光栄に浴した。

とくに，鉄道史に関心をもつ若い世代の人びとにとって，この本は入門書としての役割を果たしつつあるように思われる。大学などの講義やゼミナールのテキストとして用いられる例が年々増えてきた。このように，この本の役割が大きくなると，より完璧なものにしたらという声が，編者・筆者からもあがってきたし，もちろん読者からもさまざまな要望をいただくようになった。

改編の要望も出されていて，とくに第2次大戦後の叙述をもっと増やしてほしいという声は，そのなかの最たるものである。

そこで再版の機会に手を入れようということになった。

しかし，大きな手入れは，再版という機会ではちょっと手に余る。戦後鉄道史ということになると，それはそれで優に1冊分の分量に達してしまうかもしれない。というわけで，このたびは，とりあえず部分的な修正にとどめることとした。本文の誤字・脱字など若干の訂正，行政機構等の沿革，年表の追加が主なものである。ただ，利用のさいの便宜のために「索引」を新設した。

本格的な改訂版は，もう少し時間をかけて想を練りたいというのが，現在の状況である。ご要望に十分こたえられなかったことをお詫びするとともに，この本をさらに充実したものとするために，とくに読者の方々のご批評，ご提言をいただきたいと思う。最後にあたって，編者の無理な要望を受け入れていただいた日本経済評論社にお礼を申し上げる次第である。

1989年3月

編　者

はしがき

　この本は，日本で初めて作られた日本の鉄道史の本格的な概説書である。このように述べることは，いささかの衒いとともに，かなりの恥ずかしさを伴うが，ともあれ，考えてみれば，これまで鉄道史の概説書を手にすることができなかったという事実はまぎれもない。

　鉄道省編纂の『日本鉄道史』をはじめ，戦後の『日本国有鉄道百年史』にかけて，かなり大部の鉄道史がいくつかつくられた。しかし，それらは，あるいは国有鉄道中心の鉄道史であり，あるいは官庁ないし企業の組織がつくった歴史であるなど，総合性・客観性に欠けるところがみられた。

　このような欠陥を克服して，総合性・客観性をもち，しかもコンパクトにまとまった概説書が欲しいというのは，鉄道史研究者の一致した意見であった。とくに，鉄道史にたいする関心が高まり，大学などで鉄道史にかかわる講座やゼミナールが開かれるという傾向が高まってきた昨今，「なにか適当なテキストはないか」という声が方々で聞かれるようになった。

　1983年8月鉄道史学会が創立されてから，会員のなかで，寄るとさわると，概説書をつくりたいという声が高まった。しかし，最近の鉄道書ブームに乗るべくもないこうした概説書の出版を引き受けようという出版社が，そう簡単に見つかるはずはない。こうしたわれわれの逡巡・遅疑に救いの手をさしのべて下さったのは，日本経済評論社の栗原社長と，同社編集部の谷口氏とであった。短期間に数万部を売りつくすといった当てもないこの種の書物の出版を引き受けて下さるという，そのご好意に，われわれは甘えることとなったのである。

　1984年の秋，ようやく全体の構成と分担をかためて，作業は具体化した。さいわい，鉄道史学会の会員は，各専門領域を合わせると，優に鉄道史全体を蔽うことができる。ただ研究の深化は，必ずしも均等ではない。それは専門研究者個人の能力や勤惰によるというよりも，客観的条件，すなわち史料の制約や

専門研究者の数などによるところが大きい。したがって，この本では，均質な歴史叙述を目ざすというより，各分担執筆者の叙述成果を尊重するという方針をとった。そのため，叙述に若干の重複が生じたことをお断りしたい。

こうして，この本はできあがった。全体として，国鉄の歴史に比重がかかっている，日本やアジア周辺地域における交通体系とのかかわりについて，ある時期についてだけ論究されているが全般的な論究がよわい，政策と技術とのかかわりについて体系的な把握がよわいなど，まだまだ補完を要する部分があるように思われる。これらは，われわれ研究者の未到達な部分として読者の皆さんにお詫びしなければならないところである。

今後，この本を通じて，より高い研究水準を実現したいと考える。忌憚ないご意見を寄せられるようお願いするしだいである。

最後に，この本を出版していただいた日本経済評論社の栗原哲也社長と谷口京延氏に厚くお礼を申し上げる。ともあれ，この本の実現を執筆者諸氏とともによろこぶとともに，今後の努力を誓いたいと考える。

1986年4月

編　者

目　次

再版にあたって　i
はしがき　iii

第1章　開国と鉄道 …………………………………………… 1

第1節　鉄道知識の導入 ………………………………………… 1
黒船以前の鉄道知識　1　　開国と鉄道模型の試作　4

第2節　鉄道建設の動き ………………………………………… 7
薩摩藩の鉄道建設計画　7　　幕府の鉄道建設計画　8　　在日外国人の鉄道建設計画　10

第2章　創業期の鉄道 ……………………………………… 15

第1節　鉄道の創業 …………………………………………… 15
外資導入と鉄道政策　15　　鉄道建設をめぐる議論　18　　東京・横浜間鉄道の開通　21

第2節　殖産興業政策と鉄道 ………………………………… 27
工部省の官鉄論と大蔵省の私鉄論　27　　神戸・大阪間鉄道の開通　30　　華族の鉄道建設運動　33

第3節　日本鉄道会社の設立と幹線官設主義 ………………… 37
日本鉄道会社の設立　37　　幹線官設主義の成立とその形骸化　41　　中山道幹線から東海道幹線へ　44

第3章　産業革命と鉄道 …………………………………… 49

第1節　工業化の進展と鉄道 ………………………………… 49
鉄道網の形成と国内輸送体系の整備　49　　レール・車両製造業の未成熟　51　　諸産業の発展と鉄道輸送　52

第2節　鉄道敷設法の成立とその意義 ……………………… 59
鉄道熱と井上勝の私鉄批判　59　　1890年恐慌と国有論の台頭　60　　軍部の鉄

道論 62　　井上勝「鉄道政略ニ関スル議」と鉄道敷設法 63

　　第3節　私鉄の発展とその資本調達……………………………………68
　　　　私設鉄道の成立と発展 68　　株式発行のメカニズム 70　　銀行の株式担保貸付け 74
　　第4節　鉄道技術の自立………………………………………………78
　　　　お雇い外国人の貢献 78　　鉄道技術者の養成 80　　鉄道車両の製作 83
　　　　幹線列車サービスの進歩 89　　電気鉄道の発達 90
　　第5節　鉄道労働力の形成と労働運動の開幕…………………………95
　　　　官鉄労働力の形成と問題点 95　　日鉄ストライキと日鉄矯正会 97

第4章　鉄道の国有化 …………………………………………… 101

　　第1節　国有化問題の系譜 ……………………………………………… 101
　　　　3回にわたる鉄道国有化運動 101　　分立経営体制と鉄道統一への動き 105
　　　　日露戦後経営と鉄道国有化 109
　　第2節　鉄道国有化の実現とその意義 ………………………………… 114
　　　　鉄道国有法の成立過程とその特徴 114　　鉄道の国有化とその意義 121
　　第3節　植民地経営と鉄道 ……………………………………………… 125
　　　　植民地化と鉄道の役割 125　　台湾鉄道の成立過程 127　　朝鮮鉄道の形成と特質 130

第5章　国有化以後の鉄道政策……………………………………… 135

　　第1節　広軌改築問題の展開 …………………………………………… 135
　　　　狭軌採用の過程 135　　輸送量の増大と広軌改築への気運 137　　広軌改築計画の挫折 139
　　第2節　鉄道技術の確立 ………………………………………………… 143
　　　　車両製造技術の確立 143　　電気鉄道の発達 146　　列車サービスの向上 147
　　第3節　軽便鉄道の普及 ………………………………………………… 148
　　　　軽便鉄道法の成立 148　　政友会の鉄道政策と軽便鉄道 150　　地域社会と軽便鉄道 151
　　第4節　国際連絡運輸の形成 …………………………………………… 158

国際連絡運輸の重要性 158　　国際連絡運輸の背景にあるもの 160
　第5節　鉄道労働力の形成とその特徴 …………………………………… 166
　　　鉄道国有化と国鉄大家族主義 166　　電鉄労働力の形成と問題点 168

第6章　第一次世界大戦以後の鉄道 …………………………………… 173

　第1節　重化学工業化の進展と鉄道の役割 ……………………………… 173
　　　第一次世界大戦と重化学工業の進展 173　　鉄道による工業化の促進 177
　第2節　鉄道行政と鉄道政策 ……………………………………………… 181
　　　木下淑夫の鉄道経営論 181　　軍事的要請と行政組織の拡充 183　　政党政治と我田引鉄 185
　第3節　都市交通の近代化と郊外電鉄の発展 …………………………… 189
　　　都市化の進展と鉄道 189　　都市内交通の近代化 190　　郊外電鉄の発展 196
　第4節　労働運動の展開と社会政策 ……………………………………… 201
　　　国鉄労働者の組織化と現業委員会 201　　電鉄労働者の状態と労働運動の高揚 204
　第5節　観光開発と鉄道 …………………………………………………… 209
　　　鉄道と観光地とのかかわり 209　　既存観光地と鉄道の導入 210　　大都市近郊の観光開発と鉄道 211　　広域観光地域の形成と鉄道 212　　登山鉄道の発達 215

第7章　恐慌・戦時体制期の鉄道 ……………………………………… 219

　第1節　新たな交通政策の成立 …………………………………………… 219
　　　昭和恐慌と鉄道 219　　陸上交通政策の新たな展開 222
　第2節　不況と私鉄経営 …………………………………………………… 226
　　　不況と私鉄の経営危機 226　　経営危機の構造的要因 229　　多角化する私鉄経営 233
　第3節　戦間・戦時体制期の鉄道技術 …………………………………… 237
　　　幹線鉄道機能の強化 237　　幹線鉄道用車両の発達 241　　ローカル鉄道の発達と技術 244　　戦時体制下の鉄道技術 246
　第4節　交通統制と鉄道 …………………………………………………… 248

交通統制の意義 248　　交通統制の経緯 250　　電力国家管理と私鉄 255
　第5節　戦時体制下の鉄道 …………………………………………… 257
　　空襲による鉄道の被害 257　　戦争の余波による鉄道事故 259　　総力戦体制下の鉄道 260

第8章　第二次世界大戦後の鉄道 …………………………………… 267

　第1節　戦後復興と日本国有鉄道の成立 ……………………………… 267
　　敗戦直後の鉄道の混乱 267　　戦争による被害と復旧 269　　占領下の輸送体制 271　　日本国有鉄道の成立——「国家の鉄道」から「国民の鉄道」へ 274
　第2節　高度経済成長と輸送体系 ……………………………………… 276
　　輸送量の増大 276　　輸送構造の変化 278　　輸送分担率の変化 279　　高度経済成長に応ずる国鉄の長期計画 281
　第3節　幹線鉄道の近代化と輸送力の増強 …………………………… 283
　　列車動力の近代化 283　　路線施設の近代化 286　　新幹線鉄道の誕生 290
　第4節　都市交通機関の整備 …………………………………………… 296
　　通勤難という隘路現象 296　　鉄道の拡充 298　　バス・中量機関の停滞 301
　第5節　ローカル鉄道の衰退 …………………………………………… 304
　　ローカル私鉄の経営危機 304　　国鉄ローカル線対策 307
　第6節　国鉄財政の破綻と「改革」……………………………………… 311
　　国鉄財政の破綻 311　　赤字の発生源 315　　改革の舞台——臨調から監理委員会へ 319　　国鉄改革の方向と問題点 321

補論　鉄道史研究の視点と問題点 …………………………………… 327

　　日本における鉄道史研究のあゆみ 327　　局地鉄道史研究の傾向と問題点 329　　社会・経済史的視点と技術史的視点の融合 330　　総合交通体系のなかでの鉄道史研究 331　　現代の交通問題と鉄道史研究 332　　鉄道史研究文献抄録 332

鉄道史の人びと・人物紹介

　　①井　上　　勝　13　　②モレル，E.　25　　③渋　沢　栄　一　36
　　④田　口　卯　吉　46　　⑤中上川彦次郎　57　　⑥牛　場　卓　蔵　66
　　⑦今　村　清之助　77　　⑧藤　岡　市　助　94　　⑨南　　　　　清　99

⑩大沢　界雄　113　　⑪後藤　新平　133　　⑫島　安次郎　141
⑬雨宮　敬次郎　156　⑭木下　淑夫　165　　⑮床次　竹二郎　187
⑯小林　一三　200　　⑰根津　嘉一郎　217　⑱早川　徳次　235
⑲五島　慶太　256　　⑳長崎　惣之助　264　㉑十河　信二　294
㉒堤　康次郎　303

参考文献　335

資料

　①鉄道関係主要法令　345　　②行政機構等の沿革　388
　③日本の鉄道網の発達　392　④鉄道主要統計　396

年表　400

さくいん　419

装幀＊多田　進

第1章　開国と鉄道

第1節　鉄道知識の導入

黒船以前の鉄道知識

　日本の鉄道開通は1872年10月14日（明治5年9月12日）で，明治政府の成立以来わずか5年の時期であった。徳川幕府の鎖国政策によって，海外の技術の発展からへだてられてきた日本が，いかにしてこのように急速な鉄道建設を果たしたか，以下，その道筋をたどってみよう。

　幕藩体制下の日本で，大量輸送手段といえば，それは船以外には何もなかった。陸上の輸送手段は，幕府の統制がきびしく，街道における車両の禁止，大きな河川における架橋の禁止，さらに重要な地点に設けられた関所や，旅行にさいしての手形の携帯義務など，がんじがらめの状態で，とても大量輸送手段の生まれる余地などなかった。唯一の大量輸送手段である大型船にしても大船建造の禁令によって制約され，しかも風という自然の力にたよるものであった当時，ペリー艦隊の「黒船」は，外国の軍艦という脅威のほかに，機械力によって自在に動くという事実でも大きな衝撃をもたらした。

　しかし，幕府や諸藩の役人および一部の知識人たちは，これ以前にオランダ語を通じて欧米の機械文明に関する知識にふれていた。200年の鎖国の間，オランダは貿易を認められており，そのオランダから，わずかではあっても，新しい知識が流れこんでいたからである。鉄道についての知識も，そうしたオランダからの文献などによって，日本にもたらされていた。いつごろから，日本に鉄道という輸送手段の存在が知られるようになったのか，現在明確な資料はない。しかし，1840年代と推定される有力な資料は，いくつかある。

まず第1に，いわゆる「風説書」がある。これは，当時長崎にあったオランダ商館の商館長（captain）が幕府に定期的に提出した海外情報である。captainは新聞その他本国から得た情報をまとめ，オランダ語で幕府に提出し，幕府はこれを翻訳して「風説書」と名づけた。これには定期の「風説書」と臨時の「別段風説書」とがあり，幕府が公式に海外事情を知る唯一の手段であった。

すでに1830年代に，鉄道の記事がこの「風説書」に掲載されていたという説もあるが，たしかではない。現在までに確認できた最古の鉄道関係記事は，1846年（弘化3）の「別段風説書」に掲載されたものである。ここには，フランスがパナマ地峡に鉄道を建設する計画を立てているという記事がある。こののち，「風説書」における鉄道記事は，1852年（嘉永5）のスエズ地峡における鉄道建設をめぐるエジプトとトルコの対立，1857年（安政2）のオーストリア南部における鉄道の開通など，何回か拾うことができるのである。

このようにして，海外からの機械文明についての知識流入は，まず文書によってもたらされた。こうした知識をもっていたのは，日本の国内のごく一部の人びとではあったが，1854年（嘉永7），アメリカ合衆国使節ペリーが浦賀に来航したおり，幕府の高官らが鉄道のトンネルのことや蒸気船の汽罐（boiler）と機関車の汽罐との違い，さらにスエズ地峡における鉄道建設の状況などについて質問した。このことに，アメリカ人たちが驚いたようである。

この「風説書」のほか，出漁中に漂流，アメリカ船に救われてアメリカ本土で何年か生活した経験をもつ中浜万次郎（Manjiro Nakahama or John Manjiro）と浜田彦蔵（Hikozo Hamada or Joseph Hiko）によって語られた鉄道についての知識にも，よるところが大きかったと思われる。鎖国中，海外へ渡航するということは死刑という重罪に値するのであったから，帰国した彼らは厳重な取調べを受けた。万次郎は，「漂流始末書」を提出し，彦蔵も体験記を記している。万次郎は，1845年アメリカ大西洋岸にいた。このころ，いわゆるゴールド・ラッシュで西部の開拓はすすみ，鉄道も開通していた。万次郎は，その鉄道に乗車したこともあり，それについてつぎのように語っている。

「平常,遠くへ出かけるときには,レイロヲ(railroad)という火車(火をたく車)に乗ってまいります。この仕組みは,船のような形のもので,大きな釜(boiler)に湯をわかし,湯(すなわち steam)の勢いによって,一日におよそ300里(1200km)ほども走ります。屋形(家の形をしたもの,すなわち客車)から外を見ますと,飛ぶ鳥のようで,一向に,ゆっくりと見ているひまもありません。車の走る道には,鉄(すなわち rail)を敷きわたしてございます」(『随筆抄出』引用の報告書を意訳,カッコ内引用者)。

一日に300里というのは江戸から福岡あたりまで行くということで,当時の人びとには信じられない速度であった。彦蔵も1850年海難にあい,アメリカ船に救われ,一時アメリカに帰化していたことから鉄道についての経験がある。彼も体験談のなかで,「飛ぶ鳥のように外をしっかり見ることはできないが,車の動揺ははげしくなく,少しぐらいなら書きものをすることはできる」と述べている。ふたりとも,汽車の速さを形容するのに「飛鳥のごとく」という表現をしている。

このような体験記以外に,オランダの書物もあった。幕府は,オランダの書の輸入を認めていたので,いわゆる蘭学者たちを通じて欧米の知識が紹介されていた。そのなかの一冊に,ファン・デル・ブルク(P. van der Burg)の"Eerste Grondbeginselen der Natuurkunde"があった。1844年に出版されたもので,写真機,電信機,蒸気機関,蒸気船,蒸気機関車など,産業革命が生み出した各分野の機械の原理・構造・使用法などを説明していた。このなかの蒸気機関車の説明には断面図が入っていて,ボイラーやシリンダーの構造もよく理解できる。この説明は,日本にはいってきた蒸気機関車の解説の最初のものといってもいいだろう。このほかにも蒸気機関のことについて記述のある本は何冊かあるが,ファン・デル・ブルクのものが,とくに広く知られている。

なぜ,この本が特別に知られるようになったのか。それは,この本が薩摩藩によって翻訳されたからである。1854年(嘉永7),薩摩藩の蘭学者川本幸民が訳して口述したものを門人の田中綱紀が筆記し,『遠西奇器述』と題されて出版された。題名の示すとおり「遠い西洋のヨーロッパで作られている珍しい

機械についての本」であり、各分野について、新しい機械についての知識を国内に紹介し、大きな役割を果たした。

開国と鉄道模型の試作

このように、書物によって機関車の構造が日本に知られていたが、その実物を日本人が最初に見たのは、1853年、日本にあいついでやってきたロシア艦隊と、ペリーのもたらしたものであった。実物といっても模型である。1853年8月22日（嘉永6年7月18日）、ロシア海軍中将E. V. プチャーチン（Evfimi Vasilievich Putyatin）が旗艦パルラダに座乗、4隻の艦隊で長崎に来航した。彼らは幕府にたいして開国を要求することを使命とする使節団であった。この使節団にたいし、幕府は筒井政憲、川路聖謨（としあきら）らに命じて交渉にあたらせた。このとき、ロシア側は幕府使節団に軍艦の内部を見学させた。そして、艦内の一室で、テーブルの上にレールを円型に組み、機関車の模型をアルコールを燃料として走らせてみせた。開明的な川路は、日記にこのことを記し、また、幕府にたいする報告書にもこの機関車の記事を入れた。

このロシア艦隊の模型の機関車を、幕府の使節団よりも先に見学した人びとがいた。佐賀藩の藩士、本島藤太夫や中村奇輔である。彼らは、この模型に目を見はった。そして佐賀に帰ると、これと同様の模型をつくることを計画した。佐賀藩は独自に軍事技術を開発する目的で精錬所をそなえていた。中村奇輔は、この精錬所の役人で、技術者であった。中村は、同じ精錬所の技術者田中久重、石黒寛二の協力を得て、汽船と機関車の模型製作にとりかかった。それは1855年、夏のことである。彼らは、パルラダ号でみた機関車の模型と、同時に艦内見学で得た経験のほかに、オランダから長崎に来ていた小型の蒸気船を買い取ってこれを解体し、構造を調べて製作を行なった。工作機械も工具もなく、金属の切削技術の遅れていた当時、車輪や歯車は鋳造によったと考えられる。こうした困難をどのように克服していったのか、詳しいことはわからない。だが、田中久重は万年自鳴鐘（時計）をつくるなど発明の才に富み、からくり儀右衛門と呼ばれた機械製作の名人で、彼の技術がおおいにものをいった

ことは想像にかたくない。

　中村らが，どれくらいの日時を要したかは不明だが，彼らは汽船2隻，機関車1両をつくり上げた。機関車は鋳鉄製のボイラーに高い煙突がとりつけられ，2個のシリンダーから歯車を介して動輪を回転するようになっている。全長40cm，幅10cm，ボイラーの長さ27cm，幅9.3cmという規模である。機関車の試運転は精錬所の庭で，藩主鍋島直正を迎えて行なわれ，見事に成功した。現在この模型は佐賀県立博物館に保存されており，模造品は東京の交通博物館にある。

　中村らがつくった汽船2隻の模型の1隻は外輪船，もう1隻は内輪船で，彼らの本来の目的は，汽船の方にあったと思われる。同じころ，薩摩藩でも藩主島津斉彬が汽船と汽車の模型の製作を命じた。また福岡藩でも汽車の模型がつくられている。これらの模型製作の意図には，汽船の建造の前提という意味が含まれていたことが推測される。当時の国内情勢から，軍艦建造という軍事目的が中心に置かれていたことは十分考えられる。

　こうした模型製作は，文書による知識から実物製作への橋わたしの過程である。これは，新しい文物をとり入れ，自己のものとしてつくりあげるさいに常に行なわれてきた方法であった。日本で最初に蒸気機関車を全面国産化するさいも，超弩級戦艦の建造のさいも，また1950年代後半の鉄道の交流電化システムの採用のさいにも，完全なコピーとはいえないが，同様の方式がとられた。つまり，ひとつのシステムをつくるのに，見本をひと組手に入れて，そのコピーをつくり，それをモデルとして自らの独自のシステムを開発していく。佐賀藩や薩摩藩が機関車の模型をつくったということは，すでに他日，鉄道建設を行なうことも関係者の念頭にあったかもしれない。しかし，実際に鉄道建設の構想が動きはじめたのは，社会情況が大きく動いたのちのことであった。

　人が新しい文物に強い印象を受けるのは，何といっても体験によるところが大きい。鉄道に関していえば，1840年代に書物によってその存在が知られたが，そのわずか20年後の1860年（万延元），日米修好通商条約の批准書交換のためにアメリカ合衆国におもむいた使節団の一行は，鉄道乗車を体験した。漂流漁民の中浜万次郎や浜田彦蔵らの体験と違って，直接，政策にかかわる可能

性のある当時の幕府および諸藩の武士たちの体験は，鉄道の導入にとって，より大きな意味をもつこととなった。

彼らが初めて鉄道を利用したのは，1860年4月26日，区間はパナマ・コロン（当時はアスピンウォール Aspinwall と呼ばれていた）間の76kmであった。この区間は，前にあげた「風説書」でもフランス人が計画しているとか，アメリカ人が計画しているとか，といううわさが日本にはいっていた所である。結局，この地峡に目をつけたアメリカが，民間資本の手で建設し，1855年1月28日に開通していたのである。

正使新見豊前守正興以下数十人の使節団は，6両編成の客車に分乗した。この乗車体験は，一行の多くが書き残している。副使村垣淡路守範正は役目柄でもあったろうが，乗車順位について記している。

「蒸気に近きは烟りかかり，音もかしましければ，極の後にあるを上席とするよし。ゆえに蒸気に次たる車には荷物を積み，其次に軽輩のもの，次に家司下司抔乗りて，終の車にをのれ等はた謁見以上の下司まで乗りたり」(村垣範正「遣米使日記」)。

車内の様子についても，「見送りとて男女あまた乗たれば，めじろの枝におし合ふにひとし」と書いている。日本では船以外乗合いの習慣はないうえ，身分のある旗本である村垣らが，身分の下のものと肩を並べて腰を掛け，さらにこうした席に女性も一緒に，というのは驚きであったろう。そして，列車の速さについて，「兼て目もくるめくよふに聞しかばいかがあらんと，舟とはかはりて案事けるうち」列車のしだいに速度をますにつれ，「車の轟音雷の鳴はためく如く」なり，不安であったその速さについて，「左右を見れば三四尺の間は草木もしまのよふに見へて見とまらず」，しかし「七八間先を見れば，さのみ目のまはる程のこともなく，馬の走りを乗るが如し」と，15〜16mほどの距離を見れば目がまわるというほどのことはない，乗馬でとばすときと変わらないとしているところは，武士らしいところである。

一行の随員，仙台藩士の玉虫誼茂は，かなりゆきとどいた観察をしている。走行音については「車声の喧き怒雷の如く，両人相対するも言語明了ならず」

と村垣と同じようにいっている（玉虫誼茂「航米日録」）。また玉虫は「小車八輪を前後両端に分って，其四輪は鉄を以って一車台に接続して，鉄栓にて屋台の下に結合す。是又車路屈曲の為めならん」とボギー台車の構造を観察している。玉虫は「其奇巧の精密，唯々驚き入るのみ」と，途中のさまざまな施設の観察を通じて，鉄道のシステムの総合性を認識するところまで進んだ。彼は機関車，炭水車，客車の構造，連結器の構造，レール，枕木，車輪のフランジ，距離標，給水塔，保線資材，閉塞区間と信号機，電信線，さらに勾配，曲線など，システム全般を説明している。彼は，1回の乗車体験でこのような全般的なシステムを理解したのである。

その後，1862年（文久2）には，ヨーロッパに幕府使節団が派遣され，同様の乗車体験をした。さらに幕府や各藩から留学生らが派遣されたが，そのなかには，のちに鉄道創業時代に鉄道建設の中心となった井上勝（1843〜1910）もいた。

（原田勝正）

第2節　鉄道建設の動き

薩摩藩の鉄道建設計画

このころ，すでに国内ではかなり具体的に鉄道を建設しようという動きがおこりつつあった。この動きの最初の例は薩摩藩士五代友厚（1835〜1885）の京都・大阪間の鉄道建設計画で，1866年から67年にかけて数件，外国人も鉄道建設を計画し，幕府に出願した。薩摩藩の計画も外国人の計画も，外資導入方式によるものであった。このような外資導入は，もちろん計画者が利益を挙げることを目的としていた。さらにそればかりでなく，鉄道利権の獲得は，投資対象国にたいする経済支配権強化の第一歩としての意味をもつものである。この危険を幕府当局者がどこまで認識していたかは明らかではないが，とにかく幕府はいずれの出願にたいしても，これを許可しなかった。

薩摩藩の建設構想は，五代らのヨーロッパ密航からはじまる。彼ら一行は15

人で，1862年4月14日（元治2年3月19日）長崎からひそかに出航した。一行はロンドンからベルギーにまわったが，ここでベルギー人モンブラン（Comte des Cantons de Monblanc）との間に，薩摩藩内の鉱山開発，工場の建設，ヨーロッパからの商品の輸入や国内の近代化をはかる商社の設立などを実現するための協約を結んだ。さらに，同年暮，一行は帰国にさいしてもモンブランとの協約を改定し，さまざまな機械類や浮ドックの輸入と，大阪地方を中心とする開発のため，動物園の建設，浚渫機械や蒸気船の輸入，鉄道・電信の建設などをこの協約にふくめた。

このうち，鉄道については，京都・大阪間の淀川を中心とする河川交通に代わる鉄道の建設の有用性を説き，京都・伏見の人口が170～180万人であったことから，京都・大阪間の交通量は1日1万人以上見込まれ，鉄道は十分にその輸送効果をもたらすであろうとしていた。

五代らは，京都・大阪間の鉄道建設によって，大阪と京都における薩摩藩の影響力をさらに大きくすることができるという意図をもっていたと考えられるが，この計画は実現せずに終わった。その理由は，薩英戦争ののち，当時薩摩藩に接近をはかっていたイギリスが，モンブランとの協約を打ち切らせたためといわれる。

こうして薩摩藩による京都・大阪間鉄道建設の計画は中止された。

幕府の鉄道建設計画

これにたいし，幕府に接近していたフランスは，幕府との提携を強化するために，鉄道の建設を勧誘した。幕府はフランスにおけるさまざまな資材の斡旋にあたるフランス駐在幕府代表を，銀行家フリューリー・エラール（Fleury Herald）に委託していた。このエラールが，1866年5月18日（慶応2年4月4日）幕府勘定奉行小栗忠順，外国奉行星野千之にあて，いくつかの事項について献策を行なった。そのなかに鉄道建設の一項があった。

エラールは，鉄道の輸送力が戦時・平時を問わず，軍事上からも経済上からも大きな効果をもたらすと強調した。そして，さらにその具体化，たとえば資

材の調達や事務処理についてもこまかい提案を行なった。この提案は，当時，フランスがイギリスに対抗して日本における有利な地歩を占めようとする意図から出たものであった。フランス外相ドルーアン・ド・リュイス (Drouyn de Lhuys) は幕府にたいする積極的な支持の方策をとりつつあり，エラールのこのような提案は，フランス外務当局の承認と支持を得て行なわれたと考えられる。

さらに，この方策は積極的に展開する機会を与えられた。すでに，従来のような権威を失いつつあった幕府は，薩摩・長州両藩の同盟と，これに同調する各藩の勢力に対抗して，その権力と権威との回復をはかろうとしていた。1867年（慶応3）のはじめ，15代将軍徳川慶喜は，駐日フランス公使レオン・ロシュ (Léon Roches) にたいし，近代化の方策について幕府の体制のあり方を中心として諮問を発した。この諮問は，幕府を中心とする中央集権制の強化をはかるための諸方策の立案が骨子とされていた。レオン・ロシュの答申は，具体的にこれに答える内容をそなえていた。当時，19世紀の後半にはいって，フランスにおいてもすでに産業革命が進行しつつあり，ナポレオン三世の統治下に，積極的な近代化政策が推進されていた。したがって，答申は，このような近代国家の経済的基盤を背景にして，中央集権制の確立を説くこととなった。

近代国家における中央集権制の確立は，資本主義的経済体制の成立を前提とするという立場に立って，ロシュは，経済体制における近代化を説いた。そのような近代化の一環として，鉄道の建設を不可欠のものとするという立場をロシュはとっていた。

この答申にもとづいて，幕府は職制改革案を作成した。この職制改革案は，もしこれが実現されれば，のちに成立した明治政府の立場よりもっと進んだ近代化政策を実現したかもしれない。そのような体系性をそなえた職制改革案のなかで，鉄道の建設は，かなり重要な位置づけを与えられていた。

すなわち，そこでは，鉄道は「兵卒の交代」および「貿易転運」の二つの効果をもつものとされた。ここで強調された軍事的・経済的効果は，当時のフランス，プロイセンにおいてすでに唱えられていたものであって，産業革命の申

し子的存在として，経済的効果を期待されて発展してきた鉄道は，1850年代のクリミヤ戦争以後，軍事輸送のうえで大きな効果をもつことが実証された。この輸送効果は，1866年のプロイセン・オーストリア戦争（普墺戦争）においても実証された。このことから，当時プロイセンとの緊張を強めつつあったフランスにおいても，鉄道の軍事的役割を認識しはじめていたのである。実際は，1870年のプロイセン・フランス戦争（普仏戦争）において，鉄道の輸送機能をより大きく発揮させたプロイセンが，兵力の集中・移動においてフランスのそれを上まわる成果を挙げ，それが，プロイセンの勝利をもたらす一因となったことは周知の事実である。ともあれ，鉄道の機能は，当時ヨーロッパにおいては単なる経済的要因だけでなく，軍事的要因を付加して考えられるようになっていた。したがって，駐日フランス公使の答申はもちろん，さきのエラールの提案において，すでに軍事的効果が含まれていたのは，このような立場によるものとみられるのである。

のちに，日本の鉄道は，鉄道敷設法の成立段階において，政府によって「兵商二途」の機能をもつこととされた。この立場は，すでに幕末の段階において規定されていたのである。すなわち，日本の鉄道は，産業革命以降，鉄道が新たに軍事的輸送機能をもつという認識が成立した段階で導入されたとみることが妥当と思われる。

幕府の職制改革案は実現しないで終わった。エラールの提案はすでに前年1866年（慶応2）に到底実現不可能として拒否されていたので，幕府は，結局近代化政策，なかんずく鉄道建設について，なんら具体的な展開を実現することなく終わったのである。

在日外国人の鉄道建設計画

しかし，鉄道建設の計画は，このほかにいくつか立てられていた。ひとつは在日外国人の個人ないしは商社関係者によるもの，いまひとつは，駐日アメリカ公使館書記官によるものであった。

前者については，たとえば，横浜居留地在住のウエストウッド（C. L. Westwood）によるものがある。これは，1867年3月4日（慶応3年1月28日）幕府外国奉行に提出されたもので，江戸・横浜間に鉄道を建設することとし，用地買収費・建設費いっさいを起業者が負担すること，工事にあたっては現地の日本人を採用することとしていた。そして，この建設工事について提案する幕府側の担当者を指名してほしいと述べた。

　この申出にたいし，外国奉行は5人の連署で，「其許え目論見双方許多之利益にも相成可之儀なれば，我政府（に）おゐても其意なきにもあらざれども，いまだ我国之時勢米利堅其外各国之如き開化之域にも至り兼候に付，当分即時鉄道建築等之儀にも及び難く，差向治定之挨拶（に）および兼候旨，執務より命ぜられたり」（「電信及鉄道一件」『続通信全覧』所収，カッコ内引用者）という回答を作成した。しかし，この回答書は発送されずに終わったようで，職制改革案同様，当時の幕府の状態では，これらの案件を処理する当事者能力が失われていたとみるべきであろう。

　この種の計画は，いわゆる王政復古によって，明治政府が成立したのちも何件かくりかえされた。1868年9月14日（慶応4年7月28日），『横浜新報　もしほ草』に，「兵庫と大坂の間に蒸気車を造らんとて，外国人一人米利加に行けり。三四ヶ月を経なば，ニーヨロク（地名）より，キカイおよび銅鉄をつみしふね着すべし。価凡三十万ドルといえり。実に日本の栄繁することこの上にあり。よろこばしき事なり」という記事が載った。

　この直前の8月27日（7月10日）大阪は開市した。同じ『横浜新報　もしほ草』の1868年10月10日（慶応4年8月25日）の記事，「大阪は繁昌にて七月十日より外国の交易をひらきたり」。そして「大阪兵庫八里の間に蒸気車路を取建て半時（一時間）の内に往来出来べし。兵庫外国人居留地より一里のうちは借屋借地自由なれば，この蒸気車成就の上は商売の繁昌もやがて横浜どうやうにいたるべし」（カッコ内引用者）という。

　いわゆる開市による流通の活発化により，鉄道建設の必要性が，具体的な課題としてとりあげられはじめたことがわかる。

　さきの，外国人が資材の買付けのためにアメリカに渡ったというのは，現実

にその事実を明らかにすることができない。しかし，当時大阪にいた土佐藩の竹内綱は，神戸駐在アメリカ領事モリソンから，大阪・神戸間の鉄道建設を勧められたという。この勧誘の内容は「大阪資産家ノ組合ヲ以テ政府ヨリ鉄道敷設ノ許可ヲ得ルニ致テハ，鉄道敷設ニ当ルニ資金ハ米国ヨリ，鉄道営業ノ監督幷ニ鉄道ニ要スル機械一切ヲ米国ヨリ買入ヲ条件トシテ，低利ナル金銭ヲ以テ借款ニ応ゼシムベシ」(「竹内綱自叙伝」，『明治文化全集』第22巻，鉄道編，所収)というものであった。

また1869年3月16日 (明治2年2月4日)，兵庫駐在アメリカ領事ロビネット (W. M. Robbinet) は，大阪・兵庫間の鉄道建設を計画している商社があるので出願を認めてほしいと申し出た。この鉄道は工期2年，用地の借地料は無料，敷設権はアメリカ側に帰属するが，工事完成から5年以後は政府に有償譲渡してもよい，また営業中純益が2割を越えた場合は，その半額を政府に納めるという条件であった。

これを受けた大阪府判事五代友厚は政府に取りついだが，政府はこれを無視したようである。

このほか，同じころに横浜在留イギリス人カンフェル (Alexander Canfel) が鉄道建設を請願した (1869年4月21日〔明治2年3月10日〕付寺島宗則神奈川県知事宛)。これは，東京・横浜間に鉄道を建設すること，政府や諸侯 (貴族，有力者層と解すべきか) などが起業に加わる意思をもつならば協議に応じてもよい，後日政府に有償譲渡してもよい，などの条件をつけていた。政府はこれを拒否したという。このころになると，のちに述べるように，駐日イギリス公使パークス(Sir Harry S. Parkes)の鉄道建設勧誘がはじまっていて，政府はこのような出願を受け入れる姿勢はもたなかったと考えられる。お雇いイギリス人燈台方ブラントン (R. Henry Brunton) の「蒸気車鉄道」という参考意見書が提出されたのはこのころであり，政府は積極的に，鉄道についての資料集めに入っていた時期にあたる。

後者の外交官による計画は，前記ロビネットなどの仲介や紹介は別として，駐日アメリカ公使館員ポートマン (A. L. C. Portman) によるものである。こ

の計画は，工期3年，区間は江戸・横浜間，投入資材は無税，いつでも日本政府が譲渡を受けることができるが，そのさいは建設費に5割の利息をつけて譲り渡すというもので，1868年1月17日（慶応3年12月23日），幕府 老中小笠原長行がこの出願にたいして免許した。

しかし，この年の1月3日（12月9日），王政復古のクーデターにより，幕府は当事者能力を喪失しており，この免許は，必然的に無効のものとなった。しかも，この免許についての責任の所在が明確でなかったため，その後，日本政府とアメリカ側とのあいだで紛議が生ずることとなったのである。

（原田勝正）

人物紹介①

井 上 　 勝 （いのうえ・まさる　1843～1910）

　天保14年8月1日（1843年8月25日）長州藩士・代官井上勝行の三男として生まれ，6歳のとき野村家の養子となり野村弥吉と称した。安政5年（1858）長崎に出てオランダ士官から兵学を学び，翌年江戸に出て砲術を習った。文久3年（1863）5月，伊藤博文・井上馨ら4人と，藩の銃砲買入御用金を引きあてに横浜の藩御用商人から5000両を借り出しイギリスに密航，ロンドン大学で，土木・鉱山などの学科を専攻した。1866年同大学卒業，明治元年（1868）10月帰国，実家に復籍，井上勝を名乗り，長州藩の鉱山管理にあたった。

　明治2年10月上京して，大蔵省造幣寮造幣頭，兼民部省鉱山司鉱山正となる。参議木戸孝允が東京に招いたという。同年11月5日（1869年12月7日）の鉄道建設に関するイギリス公使パークス（Sir Harry S. Parkes）と政府首脳部の非公式会談（三条実美邸）には，通訳をつとめたという。明治3年（1870）5月民部権大丞兼任，同年閏10月20日（12月12日）工部省設置とともに工部権大丞兼鉱山正，明治4年（1871）7月工部大丞，同年8月14日（9月28日）工部省に寮制を施行すると，工部省鉱山寮鉱山頭，兼同省鉄道寮鉄道頭となった。

　すでに前年から鉄道建設工事は開始されていたが，この段階で井上は鉄道の建設

に正式にかかわることとなった。明治5年7月4日（1872年8月7日）鉄道頭専任となり，京浜間鉄道の正式開業を責任者として迎えた。

その後1873年（明治6）7月22日，鉄道寮の大阪移転などをめぐって，かつての密航同行者工部大輔（次官クラス）山尾庸三と対立，退官したが，1874年1月10日復官し，鉄道寮を大阪に移して阪神間工事の仕上げを急いだ。1877年1月11日工部省の機構改正（寮→局）にともない，井上は工部少輔（局長クラス），鉄道局長に就任した。さらに1879年3月以降工部省技監を兼任して1885年12月にいたる。

鉄道局長としての井上は，密航同行者であり，工部卿として上官となっていた伊藤博文にしばしばはたらきかけて，鉄道建設資金の調達をはかり，また技術の自立体制の実現を熱心に推進した。1882年8月工部大輔兼鉄道局長，1885年12月22日内閣制実施にともない，工部省は廃止され，鉄道事務は内閣直属となったが，同月26日鉄道局官制公布（内閣達第79号），井上は鉄道局長官兼技監となった（内閣総理大臣は伊藤博文）。1887年5月24日，造幣局創設，鉄道建設の功により子爵を授けられ，1890年7月，議会開会をひかえて貴族院議員となった。

この間，中山道幹線建設決定，同線の東海道線への変更，私設鉄道否認の上申，参謀本部の鉄道改革建設への反論など，幹線網成立期に入った鉄道の改革・運営の中心を自他ともに任じ，建設現場に出かけて，技術者・労働者と寝食を共にするといった例も多かった。

1890年9月6日，鉄道は内務省に移管され鉄道庁が設定されると（勅令第198号，199号）鉄道庁長官に就任，この年の最初の恐慌による私設鉄道の動揺から，翌年7月内務大臣に「鉄道政略ニ関スル議」を提出，1892年6月21日鉄道敷設法公布を導いた。1893年3月26日鉄道庁長官を退任（日本鉄道社長小野義真，三菱の岩崎家，これに井上が加わった岩手県の小岩井牧場の経営が利権にからむとして辞職に追いこまれたという），1896年9月汽車製造合資会社（大阪）をおこして社長となり，1909年5月帝国鉄道協会会長に就任（同年4月貴族院議員辞任）。1910年鉄道院顧問としてヨーロッパに渡ったが，同年8月2日にロンドンで客死した。

創業期における鉄道建設・運営の中心にあった官僚の第一人者として位置づけられる。

〔原田勝正〕

第2章　創業期の鉄道

第1節　鉄道の創業

外資導入と鉄道政策

　1868年1月（慶応3年12月），討幕派は王政復古の大号令を発し新政府を樹立したが，この新政府にとっても，鉄道建設問題は避けて通れない課題となった。当時，東京遷都論にともなって起こっていた東西二京論の一環として提出された東京と西京とを結ぶ鉄道建設計画は，政治的意義は大きくとも経済的には問題があるため，ただちに現実の問題とはならなかった。しかし，東京・横浜間，大阪・兵庫間という大都市と開港場とを結ぶ鉄道には投資対象としての魅力があったため，その建設について欧米人より何度もはたらきかけがあり，政府はこれに対応しなければならなかったのである。

　諸外国の中で最も具体的かつ強硬な要求を提出してきたのはアメリカであった。アメリカ公使館員ポートマン（A. L. C. Portman）は，1868年（明治元）秋ごろ，さきに旧幕府老中小笠原長行（1822〜1891）より与えられた江戸・横浜間鉄道の免許状の承認を新政府に願い出，これが拒否されると翌年2月あらためて承認を求めてきた。そこで政府の側でも本格的に自らの鉄道政策の基本的な考え方を決定しなければならないことになった。

　当時すでに欧米諸国において鉄道が果たしている役割について，政府当局者の理解は深まってきていた。しかし，ポートマン問題を担当した外国官にとって，小笠原が認めたような，将来の買入れを可能とする規定はあるものの外国人に土地を貸し，建設も経営も彼らに委ねるような鉄道は承認できるものではなかった。そこで外国官の担当者は，鉄道建設は必要であるがこれを外国人に

支配させた場合には問題が多いこと，日本人によって鉄道建設が可能であるとのイギリス公使パークス (Harry Smith Parkes) の意見もあることも考慮し，鉄道建設は日本人が行なうのが政府の方針であるとしてポートマンの要求には応じがたい旨の回答を行なった。1869年春の時点で，鉄道の「自国管轄方針」（田中時彦『明治維新の政局と鉄道建設』）が，外国官内部で確認されていたといえよう。

　外国官が考えていたのは，商人等に出資を呼びかけ，東京・横浜間などの鉄道を建設することであった。外国官が改組されて成立した外務省は，1869年11月（明治2年10月），太政官あてに建議書を出しているが，そこでも鉄道の米穀等物品の流通，原野の開拓，軍隊輸送における役割を強調して一日も早く鉄道を建設すべきことを述べ，政府財政に余力がない現在，啓蒙的意味の大きい東京・横浜間鉄道への出資をまず商人たちにはたらきかけるべきであるとしていた。当時の外務省の意図するところが私設鉄道の建設であったのか，民間資金を利用する官設鉄道の建設であったのか，について確定することは難しいが，はっきりしていることは，できるだけ早く鉄道を国内に建設すべきであるという趣旨であった。

　商人の側に鉄道への出資をただちに行なう条件のないことが明らかになろうとしていたときに，今度はイギリス人レイ (Horatio Nelson Lay) から政府にたいする資金提供の申入れがあった。レイはイギリスの上海副領事，清国の総税務司を経て退職後，清国政府に鉄道・電信建設を勧誘したがこれに失敗し，清国在住時代の知り合いであったパークスを頼って，1869年7月，日本へ来ていた。レイが最初考えていたのは確実な担保にもとづく日本政府への資金提供であり，資金の用途が鉄道に限定されていたわけではなかったが，パークスから政府部内に鉄道建設の構想が形成されてきているのを知ると，彼の紹介で大隈重信（当時民部・大蔵大輔，1838〜1922），伊藤博文（当時民部・大蔵少輔，1841〜1909）に会い，政府への鉄道建設資金提供を申し入れた。

　大隈らは，外国官や民部・大蔵省にあって外交・財政等の問題を担当する過程で，中央集権化を進め富国強兵を実現する手段としての鉄道の有用性を認識

するようになっていた。版籍奉還が行なわれたとはいえ，なお強い力をもっている封建的割拠の思想を鉄道によって打ち砕けるかもしれないと考えた。しかし，民間にも政府にも資金調達は困難であった。そこにレイからの申入れがあったため，外資導入による鉄道建設を企画したのであった。

　大隈・伊藤らとレイとの交渉は，同年10月から11月にかけて行なわれ，その内容は岩倉具視（当時大納言，1825〜1883）や伊達宗城（当時民部・大蔵卿，1818〜1892）に報告されていたようである。この交渉を通じて具体化されてきた当時の政府の構想は，同年12月7日（明治2年11月5日）に行なわれた岩倉，沢宣嘉（当時外務卿，1836〜1873），大隈，伊藤とパークスとの対話の記録（『日本外交文書』第2巻所収）に示されている。これによると政府は東京・西京間および敦賀・琵琶湖間などに鉄道を建設する方針であり，外国人技術者を雇い入れる予定であった。資金については外資導入を考えていたはずであるが，レイとの交渉は表面に出ておらず，商人らの出資があるとされていた。

　当時の政府の最高意志を決定する太政官の大臣・大納言・参議からなる会議が鉄道建設の件を承認し，資金借入れについての権限を伊達，大隈，伊藤に委任したのは，岩倉らとパークスの対話の日より5日後であった。その2日後に早くも伊達らはレイとの間に契約を結んでいる。これによると，政府はレイを通じて1人または数人より英貨100万ポンドを年利1割2分で借り入れ，1873年から10年間で元金を返済することとしており，その担保として輸出入関税と今後建設予定の鉄道からの収入をあてることを約束していた。ここで建設予定の鉄道というのは，東京・大阪・兵庫線，横浜への枝線，そして琵琶湖と敦賀とを結ぶ線であった。岩倉が評価したのは鉄道によって東京・京都間の往復を容易にすることであったが，現実には東京・横浜間，大阪・兵庫間の鉄道建設が優先され，そのために必要な資材の一部の購入（30万ポンド分）と技術者の雇傭とを，政府はレイに委託したのであった。京浜間鉄道等が優先されたのは，建設が比較的容易で費用が相対的に少なく，経常収支についても最も有利であり，政治的，文化的にみて啓蒙的効果が大きいと判断されたからであるように思われる。

日本の鉄道はこのように，政府への資金提供の申入れを契機として，民間の鉄道投資の条件が未成熟のときに政府によって建設されることになった。民間に力がないときに鉄道を導入しようとすれば，政府が担当するほかなかったのであり，その政府が財政的条件の整う前に鉄道建設を決めたのは，イギリスからの資金提供の申入れがあったからである。政府は，鉄道以外の用途にも使う目的で鉄道収入等を担保とするこの資金を導入したのであった。1860年代後半における世界史的条件，つまり欧米の側に日本へ向けて鉄道関連の資本輸出あるいは商品輸出を行なう動機が存在したこと，国内的条件，つまり鉄道の政治的，経済的，軍事的役割を認識したものが政府の内部におり，しかも少数者の判断で政府決定を行なっていたことなどの事情が存在したため，国内の経済的条件の未熟な日本で鉄道建設が決められたのであった。このような事情によって，日本の鉄道が外資導入による官設形態で出発したことが，その後の発達史に大きな影響を及ぼすことになった。

鉄道建設をめぐる議論

　さて，鉄道建設が決定したといってもそれは太政官の高官（大臣，大納言，参議）の会議で決められたということであって，政府部内の各方面の意見聴取を経たものではなく，広く公表して世論の支持をうけて行なわれたものでもない。そこで外資導入による鉄道建設の予定を知るとともにこれに反対する運動も生じてきた。まず提出されたのは弾正台（政府の司法機関のひとつ）の批判であった。国民の困苦を救うものでも，外圧にたいする軍事力の強化につながるわけでもない鉄道の建設費は冗費である，これを軍艦製造費に転用すべきだというのである。

　政府外の人びとに鉄道建設計画が伝わったのはいつかわからないが，レイとの間の契約締結より2カ月ほどのちの1870年2月13日（明治3年1月13日）の『横浜新報　もしほ草』には東京・大阪間鉄道の建設が決まった旨報じられているので，このころであろうか。大隈・伊藤の後年の回想によると，鉄道建設に関する多数の建白は概して反対論であった。外国から借金するのは売国の臣

であるとか，東海道の旅宿で働いている人びとを失業させるべきでないという内容であり，彼らは暗殺の危険すら感じたという。ただ1人，京都の医師谷暘卿が鉄道建設を支持する建白を行なったのでこれに大変力づけられたと大隈らは述べている。また政府内外の反対論に加えてアメリカ公使デ・ロング(Charles E. De Long)からは，ポートマンに幕府が与えた免許を承認すべきであるとして強い申入れがくりかえし行なわれていた。

　このような状況のなかで大隈・伊藤らは政府部内の反対派にたいして説得を試み，ときにはパークスに応援を求めてこれを行なっていた。1870年4月14日（明治3年3月14日）の民部・大蔵省建議はこのような活動の一環をなしており，民部省改正掛の渋沢栄一（1840～1931），前島密（1835～1919）らによって原案がまとめられたものであった。この建議は日本経済沈滞の理由として交通の不便をあげ，国土防衛のためにも電信・鉄道の必要であるゆえんを説いていた。国力休養論や時期尚早論にたいしては国民を富ますためにこそ鉄道が必要であることを強調する。また東海道の助郷役夫の負担を軽減し，東西両京の連絡をすみやかにするために鉄道が必要だとも説いていた。

　こうした活動によって民部・大蔵省は政府部内の了解をとりつけたのであろう。同年4月17日に太政官は東京府，品川県，神奈川県にたいし鉄道建設のため東京から神奈川まで外国人同道官員が出張する旨通達し，同月19日民部省に鉄道掛を設置，同月25日イギリス人で建築師長のモレル（Edmund Morel, 1841～1871）らお雇い外国人と日本人官員とによって，汐留付近から測量が始まった。これは日本における鉄道建設工事の最初となるものであった。

　民部省が鉄道の東京側起点として決定したのは浜離宮周辺の土地であった。ところがこの土地は兵部省が築地の海軍基地拡張用地として下付するよう先に請願していた土地であったため，同省より鉄道用地を変更するよう太政官にたいし申入れがあった。これにたいして太政官が回答を与える前の同年6月18日（明治3年5月20日），大隈・伊藤らを驚き慌てさせる事実が判明した。

　前にレイとの間に契約を結んだとき，政府側はレイが少数の人間からの資金提供を仲介するものと理解していたのだが，現実にはレイが9分利付の日本

帝国公債を発行して資金を調達しようとしていることを，タイムズ紙に掲載（1870年4月23日）された公告によって知ったのである。政府はレイに公債発行の件を委任したとは認識しておらず，また1割2分と9分との差額をレイが得ようとしていることも知らなかった。これが政府内外に知られると大隈らの失策は明らかとなる。そこで大隈と伊藤は事後処理のために奔走し，レイとの間の契約関係を破棄し，オリエンタル銀行を日本政府の代理人とすることによって処理することにした。この時大隈と伊藤は，伊達民部・大蔵卿，沢外務卿やパークス，オリエンタル銀行の支持と支援を得て難局を乗り切った。政府がイギリスに派遣した上野景範（大蔵大丞，1844〜1888），前島密は，オリエンタル銀行の協力のもとにレイ解約に関する示談を成立させたのである（1870年12月）。

この間も鉄道政策担当者にとってつぎつぎに難問が生じてきていた。前原一誠（1834〜1876）は鉄道導入決定時の参議であり，当時は兵部大輔の職にあったが，同年7月太政官に建議書を提出してつぎのように説いた。鉄道は貿易にとって利益があるにすぎず，軍備不十分なときには敵に利用されるおそれがある，公議輿論に諮れば建設反対の結論がでるであろう，自分が廟議の真意を理解できていないのなら詳細を明示し，よく諭していただきたい。このように説いて前原は鉄道建設を不急の事業としたのである。

同じころ提出された兵部省の建議書は，前原のとは違って鉄道建設にたいして必ずしも反対するものではなかったが，停車場が築地居留地付近に設置されて外国人が多数東京に入ってくることによって，さまざまな問題が起こることや海軍根拠地建設計画が阻害されることを理由にして，鉄道の都心乗入れに反対し，東京の西方から奥羽地方への建設を優先すべきことを説いていた。

このような前原や兵部省の建議は太政官によって採用はされなかったが，この間，民部・大蔵省の独走にたいする政府部内，とくに参議の大久保利通（1830〜1878），副島種臣（1828〜1905），広沢真臣（1834〜1871），佐々木高行（1830〜1910）の批判が強くなり，同年8月6日（明治3年7月10日），民部・大蔵省は分割された。このとき，伊達，大隈，伊藤は大蔵省専任となり，岩倉，大

久保, 広沢が御用掛を勤める民部省（卿はおかれず, 大輔は大木喬任）管轄下の鉄道事業から離れることになった。しかし, 政府は鉄道建設事業を中止はしなかった。イギリス側との関係を考慮しなければならず, また木戸孝允（参議, 1833〜1877）や大隈の要求があったからである。その結果, 1870年12月（明治3年閏10月）, 鉄道事業等を担当する工部省が設立されると, 大隈（9月参議就任）は工部省御用掛に就任, ふたたび鉄道事業を担当することになった。

　このころ, 政府部内において鉄道建設事業は確かな地位を占めるようになったが, しかし, 政府の外にはなお強い反対論が存在しており, たとえば当時鹿児島に在った西郷隆盛（鹿児島藩大参事, 1827〜1877）は, 1871年1月（明治3年12月）, 岩倉にたいし鉄道建設は時期尚早であるからいっさい廃止し, 軍備を強化すべきであるという意見書を提出していた。これと同様の意見はいわゆる不平士族にも多かったのである。また, 鉄道建設にたいする反対論は庶民の間にも存在したと考えられるが, それは運動の形をとってはいない。現在残されている記録によると, 鉄道建設によって不利益を受ける町民, 漁民, 農民にたいし, 政府はあるいは譲歩し, あるいは無視することによって対応したようである。

東京・横浜間鉄道の開通

　鉄道建設のための測量は, 1870年4月25日（明治3年3月25日）に東京の芝口汐留付近から始められたのに続き, 5月3日には横浜野毛浦海岸埋立地からも始められ, 7月には終了した。停車場や線路の位置決定過程についてはよくわからないが, 東京側の停車場は兵部省の反対があったにもかかわらず太政官の決裁により汐留とされ, 横浜側の停車場は野毛浦海岸埋立地に設けることになった。線路は, 本芝から品川までは兵部省との衝突を避けるため, 野毛海岸から神奈川青木町までは地形上の理由により, 海中に築堤を築いてその上に建設することになった。土木工事は原則として直営であったが, 野毛海岸の築堤工事は, 公募の結果, 横浜の髙島嘉右衛門（1832〜1914）が請け負うことに決まった。

測量および土木工事の進行と並行して技術者の雇傭，資材の購入も，はじめはレイ（実務はホワイトに委託）により，のちにはオリエンタル銀行（実務はマルカム・ブランカ商会に委託）により進められていた。資材購入にあたっては軌間（ゲージ）を決めなければならない。レイのモレル宛書簡（1870年7月29日）によると，3フィート6インチ（1067mm）という軌間はレイがホワイトと相談して定めたようにも読めるが，大隈の後年の回想によるとモレルからゲージについて決定を求められたとき，「元来が貧乏な国であるから軌幅は狭い方が宜かろう」（『帝国鉄道協会会報』第21巻第7号）と考え，3フィート6インチに決めたという。井上勝（1843〜1910）もつぎのように回想している。

　「敷設に関する第一問題は『ゲージ』の事なりき。予も多少欧人の所論を研究せしが，我国の如き山河多く，又屈折甚しき地形に在りては，三呎六吋『ゲージ』を適当とす，英国等の如き四呎八吋『ゲージ』にては，過大に失して不経済なりとの説多きを占めたり。殊に当時の勢にては，広軌にて百哩を造らんよりは，寧ろ狭軌にて百三十哩を造らんこと国利最も多からんと思考し，因って其説を隈氏に進めたることありしが，廟議遂に三呎六吋『ゲージ』を採用するに決定せられたり」（井上勝「鉄道誌」，大隈重信撰『開国五十年史』所収）。

　以上の史料から考えて，軌間についてはモレルが大隈らの意向をレイに伝え，これを受けてレイらが定めたものである可能性が大きい。狭軌の鉄道は，オーストラリアの一部，ニュージーランド，セイロン，南アフリカなどイギリスの植民地で採用されていた軌間を経済的・技術的理由から大隈らが選んだように思われるが，これによって日本の鉄道は大きく規制されることになった。

　レールは，はじめイギリスから長さ24フィート（7.3m），重さ1ヤード（914mm）当り60ポンド（27.2kg）の錬鉄製双頭レールが輸入された。枕材としてレイらは鉄製のポット・スリーパーを購入したが，日本産の木製枕木の方が良いとのモレルの意見により，鉄製枕材の購入を一部にとどめた。モレルはできるだけ輸入品を減らし日本の製品を用いるよう進言していた。

　1871年9月までに横浜・神奈川間の線路は完成し，輸入された車両の一部の

組立ても終わっていたようである。同月20日，大隈，後藤象二郎（当時，工部大輔，1838～1897）らとともに木戸は横浜・神奈川間で試運転の汽車に乗っており，当日の日記につぎのように記していた。

「……今日蒸気車の乗試也。蒸気道一條に付，一昨年来，天下の議論大に沸騰，一時為其に此擧を欲止すこと数度，終に政府上にて竊に盡力する所あり。其故は政府上にも一時迷もの甚不少。然るに今日成功の一端を見るに足る。不堪喜也。

神州蒸気車の運転，今日に始れり。條公昨日より横浜へ出張，再度蒸気車へ乗しとき同車なり。……」（『木戸孝允日記』第2，句読点引用者）。

政府部内にあって大隈と伊藤を支持し，建設中止論と闘ってきた木戸にとってこの日鉄道建設についての見通しを得られたことはひじょうに嬉しいことだったのであろう。この日同じく試乗した三条実美（太政大臣，1837～1891）の感懐は記録されていないが，木戸の喜びを否定するものではなかったと考えられる。この鉄道の試乗は，鉄道導入については慎重論をとっていた大久保をも感激させたようで，彼は1871年11月3日（明治4年9月21日）の日記に「始而蒸汽車に乗候処，実＝百聞一見＝如ず。愉快に堪ず。此便を起さずんば必ず国を起すこと能はざるべし」（句読点・濁点引用者，『大久保利通日記』第2）と叙述していた。このように，1871年秋になると政府部内における強力な反対論は，鉄道建設の実績あるいは既成事実のために，表面には出なくなっていったのである。

鉄道建設を担当する工部省鉄道掛は，1871年9月，工部省の機構改革により鉄道寮に改組され，工部大丞井上勝が鉱山頭兼鉄道頭（翌年8月，鉄道頭専任となる）としてその責任者に就任した。お雇い外国人の中で建築師長であるモレルは，同年11月，肺結核悪化のために死去し，翌年9月，後任の建築師長ボイル（Richard Vicars Boyle）着任までの間，シェパード（Charles Shepherd）が建築師長代理を勤めた。お雇い外国人の契約関係，資材の購入はオリエンタル銀行が日本政府の委託を受けて行なっていたが，その担当者のカーギル（William Walter Cargill）は，1872年から日本政府の依頼により鉄道差配役

に就任，お雇い外国人と政府の間の仲介役として鉄道全般の事務処理にあたった。お雇い外国人が担当する現場からの要請により，カーギルが要員の雇用，資材の購入などを井上鉄道頭に申請，井上はさらに工部省に上申，必要があれば太政官の裁決を仰ぐという形式で問題が処理されていた。

　工事は予定より遅れたが，1872年に入ると最終的段階に入り，開業にそなえて，鉄道略則や鉄道犯罪罰例が決められた。前者は旅客および荷送り人にたいして鉄道利用の仕方を教えるもので，賃金を払い「手形」を受けとらなければ列車に乗れないこと，車内禁煙のこと，婦人部屋には男子出入り禁止のこと，酔人・不行状人は乗せないこと，鉄道構内にみだりに立ち入ってはいけないことなどを決めていた。また，後者の罰例はきびしいものであった。

　品川・横浜間の鉄道が仮開業し，一般の国民がこれを利用できるようになったのは1872年6月12日（明治5年5月7日）であった。初日2往復の列車は，翌日から6往復に，8月11日からは8往復に増便された。はじめ利用を抑える目的もあって高く設定されていた運賃は，7月10日以降，品川・横浜間下等の場合，31銭2厘5毛（1分1朱）に下げられた。その後旅客数は増加して，9月には1週間約1万6000人に達するようになった。

　このようにして建設され，経営されてきた東京・横浜間鉄道（東京側は新橋ステーション）の開業式が行なわれたのは，1872年10月14日（明治5年9月12日）であった。3日前の重陽の日に予定されていたものが，雨のため中止となり，この日に延期されたのである。この日の式典では，天皇および三条太政大臣から，鉄道を全国に拡張し，貿易の繁昌，国益民利の増進をはかりたいとの言葉が述べられた。もはや政府部内から一般的な鉄道の不要論あるいは不急論は公表されなくなっていた。開業式より1月余り後の同年11月，大隈，伊藤らにたいし「鉄道創建ノ始，物議紛紜ヲ不顧，定見ヲ確守シ，終ニ今日之成功ニ及候段，叡感不浅候」（『百官履歴』上巻）として賞が与えられた。かつて反対論の攻撃にあって苦境に立たされていた大隈と伊藤は，ここでは先覚者として評価されている。鉄道開通は，政府部内開明派官僚の発言力を高めるものだったといえよう。

東京・横浜間鉄道を一般の人びとが利用できるようになったのは，開業式の翌日以後であった。両駅間18マイル（29km）には，1日9往復の旅客列車が運転された。中間駅は，品川・川崎・鶴見・神奈川の4駅で，新橋・横浜間53分の運転時間であった。開業時の新橋・横浜間の下等運賃は37銭5厘（中等は2倍，上等は3倍）で，これは同区間の人力車の運賃（62銭5厘）よりは安く，蒸気船の運賃（31銭2厘5毛）よりはやや高かった。下等運賃でも当時の卸売米価（深川正米市場）約1斗（約15kg）分にあたり，庶民が誰でも利用できる運賃ではなかった。開業時の旅客列車は上等車（定員18人）1両，中等車（定員24人）2両，下等車（定員44人）5両の合計8両編成，定員は286人であったようなので，開業後は9往復の列車に1日3400〜3900人の客が乗っていたので60〜75％以上の乗車効率であったと考えられる。東京・横浜間鉄道は純益も出しており，当初の想定どおり，鉄道の経済的，文化的，政治的役割を示す模範鉄道としての役割を果たしたのである。

（星野誉夫）

人物紹介②

エドマンド・モレル （Edmund Morel 1841〜1871）

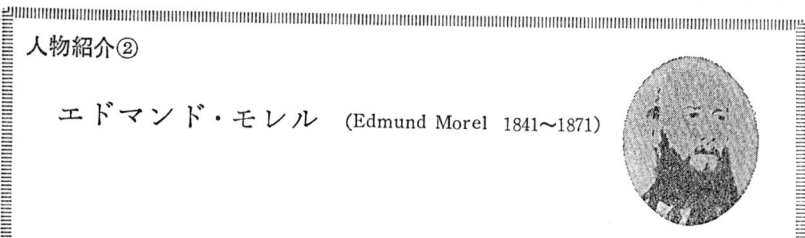

1841年（天保12年）11月7日，イギリス，ロンドン西郊のノッチング・ヒルに生まれ，ロンドンのキングス・カレッジで土木工学を学んだのち，当時の若いイギリス人技術者の多くがそうであったように実地の経験を求めて，ニュージーランド，オーストラリア，ラブアン島などで鉄道建設に従事した。1865年5月，若冠23歳でイギリス土木学会会員に推薦されたことは彼の学歴の高さとともに，すぐれた鉄道技術者としての評価を得ていたことを示している。

　最初に日本政府と鉄道建設に関する契約をしたホレーショ・ネルソン・レイ（Horatio Nelson Lay）は，技術面の責任者として当時南オーストラリアで鉄道技術顧問の地位にあったモレルを選任し，レイとの契約に従って，モレルは1870年

4月9日（明治3年3月9日）に横浜に到着した。日本政府はレイとの契約を破棄し，新たにオリエンタル銀行との間に鉄道建設契約を結んだが，レイの選任したモレル以下の雇傭は，そのまま日本政府に引き継がれた。モレルは初代の建築師長（engineer-in-chief）となり，また鉄道関係で雇傭された最初の「お雇い外国人」となった。着任後，彼はやや遅れて日本に到着した建築副役（deputy engineer）ジョン・ダイアック（John Diack）およびジョン・イングランド（John England）とともに直ちに京浜間の鉄道建設の指揮をとった。

モレルの仕事は鉄道建設に関する技術的指導・監督にとどまらず，日本政府とレイとの間の契約解除についての助言，新たに雇傭するイギリス人技術者の選任，日本に到着した各種機材の検査などにも主としてあたった。

しかし，モレルがその短い在任中に果たした最大の功績は日本における技術行政と技術教育に関する政府への提言であろう。彼の提言を基本として採択された政策はその後の少なくとも十数年にわたる日本の技術行政と技術教育の根幹となった。

その第1の提言は，鉄道，道路，港湾，灯台，鉱山などの事業の建設・開発を一元的に統括し，監督する行政組織を創立することであった。これらの事業はいずれも欧米先進国からの近代技術の導入を前提としたものであり，その効率的な導入のために一元的な行政組織が不可欠のものとみなされた。この提言は直ちにとりあげられ，1870年（明治3年閏10月）に工部省が設立された。鉄道の建設と運営にたずさわる鉄道掛は当初は民部・大蔵両省に属したが（1870年8月，民部省に属す），工部省の創設とともにこれに移された。工部省は1885年に廃止されるまで，日本の近代技術導入の中心官庁として機能したのであった。

第2の提言は技術教育の早期確立に関するもので，東京または大阪に指導的な技術者養成のための学校を創立することであった。この提言ものちに工部大学校の設立となって結実し，それは帝国大学の創設にあたって工科大学としてその一翼となった（本書第3章第4節参照）。科学技術教育システムの早期確立はその後の日本の近代化にとって重要な機能を果たしたことを思えば，モレルの提言の適切さは高く評価すべきであろう。

しかし，日本におけるモレルの活動はわずか1年間にすぎず，彼の死によって終わりを告げる。彼はすでに肺をおかされており，微熱を押して仕事にあたっていたが，病気はようやくあらたまり，ついにインドへの転地療養を願い出るに至った。1871年9月（明治4年8月），政府は彼の転地療養を認め，とくに明治天皇の意志として療養費5000円の下賜が実現した。しかし，時すでに遅く，彼の病状は長途の旅行に耐えられぬ段階にあり，同年11月5日（明治4年9月23日）に死去した。

彼は来日後日本人女性と結婚していたが、看病にあたった彼女も彼の死の半日後に亡くなった。夫妻は横浜の外国人墓地に葬られたが、のち1934年（昭和9）、墓の荒廃を悼んだ鉄道史研究家中山沖右衛門によって改修され、現在は鉄道記念物に指定されている。　　　　　　　　　　　　　　　　　　　　　　　（青木栄一）

第2節　殖産興業政策と鉄道

工部省の官鉄論と大蔵省の私鉄論

　当時の世界史的条件のもとで政府は海外諸国と対等な立場にたつことを目標とし、富国強兵のための諸政策を行なおうとしたが、そのなかで欧米において発達した近代的生産様式を移殖ないし創出していくために行なわれた諸政策を殖産興業政策と呼ぶことにしよう。政府はこの近代的生産様式の移殖・創出の主体として民間資本に期待をよせたが、通商会社、為替会社の例にみられるように、民間の側の対応は、政府の期待あるいは要求とは異なるものであった。鉄道の場合も、民間からの鉄道投資の条件が未熟であったことがひとつの理由となって、まず政府がこれを建設することになった。

　政府経営の事業としてはすでに幕府から継承した長崎製鉄所、横須賀製鉄所等の造船・造機・造兵のための事業と貨幣材料確保のための佐渡・生野鉱山等があったが、1869年から電信事業、翌年から鉄道がこれに加えられることになった。この鉄道建設のために招かれたモレルが政府にたいし直営事業を担当する部局を設置するよう申し入れたことを契機として「工部省ヲ設クルノ旨」が建議され、1870年12月（明治3年閏10月）、工部省が設立された。この省は、民部省所轄であった鉱山、鉄道、製鉄、燈明台（燈台）、電信機（電信）等の事業を担当することになり、翌71年9月の機構改革の時には、工学、勧工、鉱山、鉄道（以上1等寮）、土木、燈台、造船、電信、製鉄、製作（以上2等寮）、測量司（1等）から構成されていた。政府の現業部門のほかに工業教育と民間にたいする勧工の仕事とを担当していたわけである。

　かくして官設の鉄道については工部省が主管することになったが、設立当時

の工部省の鉄道政策は，民部・大蔵省時代あるいは民部省時代のそれを継承したものであり，まだ官設官営主義を称えていなかった。たとえば「工部省ヲ設クルノ旨」(『大隈文書』A455) には，民間の鉄道投資に刺激を与えるためにまず政府が鉄道を建設し，実物教育をしなければならないという思想が表現されていた。しかし，1871年（明治4）から翌年にかけて次第に工部省内部で官設官営主義が形成されてくる。

一方，財政および通商政策担当者として鉄道政策にも発言力をもつ大蔵省の思想は変わらない。同省は，民部・大蔵省時代の「通商会社定則」(1870年4月)，前島密「鉄道臆測」(同年6月ごろ)，あるいは民部・大蔵分離後の「通商司心得」(同年9月)，「官版立会略則」(1871年10月)に示されているように，民間資本による鉄道会社の設立を期待していた。このような両省の思想の違いは，鉄道会社（明治6年，関西鉄道会社）への対応過程で明らかになっていったので，つぎにこれをみてみよう。

1869年（明治2）の天皇東幸，太政官の移設にともなう衰退の危機を痛感していた京都府は，京都振興策のひとつとして日本海と京都とを結ぶ鉄道建設に期待をよせ，1870年夏以来政府に建言していたが，財政難の政府に依存していては建設が遅れるのを知ると，府下の商人らに働きかけて資金を調達しようとした。1871年夏までに政府と京都府との間でまとめられた鉄道会社規則書によると，この会社は当初は京都・大阪間鉄道建設に必要な70万円を調達し，これを政府に貸し付ける会社にすぎないが，20年後には貸付金の返済を受けるか鉄道の払下げを受けるかのどちらでも選択可能であり，将来は名実ともに鉄道会社になりうるものであった。

この会社は制度的には未熟であったが，株手形の利息等について当時の市場的条件が考慮されており，調達額が70万円であった場合には目論見どおりにいく可能性があった。同年9月提出した設立願が翌月太政官の正院（同年9月設立）によって承認され，会社は社中（会社仲間）の外にたいしても株主募集を開始した。しかし，1872年4月，会社は建設費の見積額が約130万円になったことを知らされ，資金計画の全面的な再検討を余儀なくされた。すでに承認され

ている規則書どおりの方法では，約130万円もの資金を集められないことがはっきりしていたからである。

このとき，工部省は会社の調達できない資金は，政府が出すべきであると主張した。東京・横浜間鉄道試運転の評判もよく，工部省は鉄道延長に積極的になっていたからである。これにたいし大蔵省は，会社の資金調達能力および経済発達の程度に見合った計画をたてるべきことを，工部省と京都府とに要望していた。1872年5月から9月にかけて，大蔵省・京都府・鉄道会社の三者間で善後策を検討した結果京都府と会社がまとめたのは，関西を中心に全国的に鉄道建設を行なう会社を設立する案であった。株式を発行して資金を調達し，建設は工部省に依頼し，開業から99年間は会社が鉄道を所有し経営するが，100年目に政府に鉄道を渡すという趣旨のものであった。

これにたいし大蔵省は，将来の鉄道は民間会社によって経営されるのが望ましいとの立場から原則には同意を示した。しかし工部省は，西洋で鉄道国有論が盛んに行なわれていることを考慮し，最終的結論は遣欧使節帰国後に出すとして，そのときに問題が生じないよう，会社の資金を工部省が借りて鉄道を建設・経営し，20年後に元金を返済すれば会社は鉄道に関係なくなるという契約をしたいとの伺書を山尾庸三工部少輔（1837～1917）名で，10月20日に提出した。それは鉄道開通式の6日後のことであり，当時の工部省の姿勢を示すものであった。正院はこれを受けて，工部省にたいし将来弊害が生じないような原案をつくるべきことを指令したのである（11月14日）。

これをもって工部省の鉄道官設主義が政府部内で承認され確立したというのが通説であるが，筆者はその説を採らない。すなわち現実には，井上馨大蔵大輔（1836～1915）や渋沢大蔵省三等出仕（大蔵少輔事務取扱）の運動により，1873年（明治6）1月12日，正院は工部省にたいして前の指令を取り消し，「鉄道取建之儀」は今後「人民会社」へ任せ，結社の方法は委任するので原案を作成するようにと大蔵省にたいし指令したのである。

今度は大蔵省の鉄道建設は民間の会社によって行なうという意見が正院によって承認されたのである。しかしこの指令は，井上，渋沢が大蔵省を辞任した

ためもあって，同年5月に政府・京都府・会社側の間に結ばれた議定書には実現していない。この議定書によると商人らは鉄道会社を改組して関西鉄道会社を結成するが，この会社は政府の鉄道に資金を20年間提供する会社にすぎないとされている。このような会社は商人らにとって魅力が少なく，当時の京都の経済不振もあって資金調達は困難であった。結局この会社は，同年12月，解散せざるを得なくなり，京都・大阪間の鉄道は　政府資金によって建設されることになるのである。

神戸・大阪間鉄道の開通

東京・横浜間鉄道と同時に建設が決定された大阪・兵庫間鉄道は，1870年（明治3）8月に測量が開始され，翌月には神戸停車場を元福原に，大阪停車場を堂島（のち梅田に変更）におくことが定められた。また，前項で見た京都府の運動が契機となって，太政官は1871年4月には京都・敦賀間，翌月には京都・大阪間の測量開始を指令した。

大阪・神戸間の建設にあたっては，天井川の下を通る3つのトンネル工事，日本で初めての3つの鉄橋工事（東京・横浜間鉄道は当初木橋のみ）も行なわれた。京浜間鉄道完成後，井上勝鉄道頭は京阪神間鉄道に力を注ぐため鉄道寮を関西に移すよう上申，これが認められず1873年7月退官したが，翌年1月鉄道頭に復帰し，2月に鉄道寮を大阪堂島に移した。

阪神間鉄道の営業が開始されたのは，1874年5月11日であった。この区間は距離20マイル27チェーン（32.7km）であり，中間に三ノ宮駅と西ノ宮（仮）駅（翌月，住吉駅，神崎駅〔現尼崎駅〕開設）があった。阪神間の運転時間は1時間10分で，開設当初8往復，翌年4月から10往復の列車が運行された。運賃は，京浜間の区間制にたいして，阪神間は原則として距離比例制をとり，その賃率は1マイル（1.6km）につき上等5銭，中等3銭5厘，下等2銭であった。旅客列車に6ヵ月余遅れて12月1日より1日1往復の貨物列車も運転され，その後，内国通運会社や郵便汽船三菱会社取扱いの荷物も扱った。

京都・大阪間の鉄道が起工されたのは，関西鉄道会社の解散が決まった1873

年12月の下旬であった。1876年7月、大阪・向日町間仮開業、9月に京都（仮駅）まで仮開業ののち、1877年2月5日には京都・神戸間の開業式が行なわれた。鹿児島で私学校生徒が政府の兵器・弾薬を奪った事件（1月30日）の直後であり、西郷隆盛が兵を率いて鹿児島を出発（2月15日）する前であった。西南戦争のとき、京浜、京阪神の鉄道は兵員・資材の輸送に用いられ、軍事輸送手段としての機能も発揮した。

　2月6日から正式営業を開始した京都・大阪間の距離は26マイル64チェーン（43.1km）でその間に向日町、山崎、高槻、茨木、吹田の各駅があり、京都・大阪間の運賃は、上等1円35銭、中等81銭、下等40銭であった。京阪間開通にともない京都・神戸間の直通列車も1日10往復前後運転され、運転時間は2時間35～40分であった。京阪神間の鉄道開通によって東京・京都間は、鉄道（東京・横浜間）―汽船（横浜・神戸間）―鉄道（神戸・京都間）というルートにより2～3日の所要日数で結ばれることになった。

　工部省がつぎの課題としたのは、京都と敦賀とを結ぶ鉄道であった。日本海と京阪神地方とを結ぶ鉄道の意義は、鉄道建設を初めて決定したときすでに認められていた。その後京浜間と阪神間の鉄道完成によって鉄道の役割にたいする政府の認識は深まっていた。政府は鉄道をもって天皇（政府）の偉業であるとのべ、文明開化の実物教育の手段として、あるいは勧業殖産の手段として高く評価していた。京浜間および阪神間鉄道の営業収支は開業以来黒字であり、その利益率は当時の利子率より低いものの上昇傾向にあった。それにもかかわらず、鉄道延線計画がなかなか決まらないのは、政府内部に鉄道は商人あるいは華族らに担当させるべきだという意見が存在していたからであり、また当時は諸交通手段のなかで海運に重点がおかれていたからであった。1874年から77年にかけて三菱を対象とした強力な保護政策が行なわれていたのである。

　このような状況下で井上勝鉄道頭は、伊藤工部卿（在任期間1873年10月～78年5月）、あるいは三条太政大臣にたいし、1876年2月以降、3度にわたって建議を行なった。これに応じて政府が京都・大津間工事着手の許可を出したところで西南戦争が始まり、延期となったのである。結局、1878年に募集され

た起業公債による収入の一部を用いて工事が始められたのは，同年8月であった。京津間鉄道は，京浜間，京阪神間の鉄道と異なって山間部を通るので，山を削り，谷を埋め，トンネルを掘る工事を必要とした。井上らは鉄道局（1877年鉄道寮を改組）内部で育ってきていた日本人技術者を活用することとし，顧問として外国人技師1人はおいたが，実際の仕事はすべて日本人技師と職人らによって行なうことにした。その結果は良好で，逢坂山隧道（664.8m）も日本人のみの手で完成し，京津間鉄道11マイル26チェーン（18.2km）は，1880年7月に完成を見，工費も予定より17％節約された。この鉄道建設は日本の土木技術のひとつの発展段階を示すものであった。

米原・敦賀間の鉄道建設は，1878年，京津間鉄道と同時に決定されてはいたが，その営業成績については不安があった。そこで井上馨工部卿（在任期間1878年7月～1879年9月）は，1879年8月，三条太政大臣に伺書を提出し，大津・大垣・名古屋線，東京・高崎線という交通需要の多い鉄道あるいは全国主要道路の整備を優先させてはどうかと述べた。しかし太政大臣は，10月に，米原・敦賀間の鉄道建設を命じてきた。そこで，鉄道局は1880年4月工事に着手し，1882年3月，未完成の柳ヶ瀬隧道を残してその前後の区間を開業した。この間，起点は琵琶湖湖上連絡の都合等のため米原から長浜に変更されていたが，その長浜から関ヶ原方面への工事も1882年4月には許可されていたのである。1884年4月の柳ヶ瀬隧道開通によって，長浜・金ヶ崎（いまの敦賀港）間が開通した。また長浜・関ヶ原間開通（1883年5月）に続いて関ヶ原・大垣間も1884年5月に開通し，ここに太湖汽船会社による大津・長浜間の湖上連絡を介して，京阪神から敦賀または大垣に至る輸送が開始されるようになったのである。

このころ北海道でも鉄道が建設されていた。1871年（明治4）以来の3度にわたるアメリカ人技師による調査ののち，北海道開拓使（黒田清隆長官）は太政官の許可を得て，1880年1月，手宮・幌内間鉄道の建設に着手した。この鉄道は本州のイギリス式と違ってアメリカ式の鉄道であり，アメリカ人技師の指導下にアメリカ製の資材を購入して建設された。軌間は本州の鉄道が3フィー

ト6インチであることを考慮に入れこれと同一にされた。手宮・札幌間の開通は1880年11月，手宮・幌内間56マイル3チェーン（90.2km）の開業は1882年11月で，石炭を主とする貨物と旅客とを運んだ。管轄官庁は，開拓使廃止（1882年2月）とともに工部省に変わり，さらに農商務省（1883年2月から），北海道庁（1886年1月から）に変わった。この鉄道は，その後，元官僚への貸下げを経て1888年11月，北海道炭礦鉄道会社へ払い下げられた。

また，このころ工部省の釜石鉱山でも鉄道が建設されていた。1880年2月に完成したこの鉄道は軌間2フィート9インチ（838mm）で，鉱山・製鉄所・港の間16マイル28チェーン（26.2km）を結び，鉄鉱石等の原料や製品を運んだ。1882年3月からは一般の旅客・貨物の輸送も行なったが，翌年，釜石鉱山分局の廃止とともに活動を終えた。その車両・軌条等は，1884年藤田伝三郎らに払い下げられ，阪堺鉄道で用いられたのである。

華族の鉄道建設運動

鉄道への投資が可能な存在としては，政府，商人のほかに華族があった。1869年7月（明治2年6月）の版籍奉還を機として旧公卿，諸侯は華族と称せられ，1871年現在，約110～120万石の家禄を受けとっていた。1869年以来，鉄道に深い関心を抱いていた高島嘉右衛門はこの華族の財産に注目し，1872年6月（明治5年5月）の工部省への建白書で旧藩知事の蓄財を借り上げて政府と旧知事共同出資の会社を設立し，青森までの鉄道を建設する案を提出した。またこの半年後の1872年11月（明治5年10月）付でロンドン留学中の蜂須賀茂韶（1846～1918）より政府にたいし華士族の家禄，家財等を合わせて会社をつくり，東京・青森間，東京・新潟間などの鉄道を建設し，会社が成功すれば家禄を奉還したいとの願書が出された。この願書は遣欧使節としてロンドンにおもむいた岩倉具視の示唆もあって提出されたものであり，1873年4月には有力華族10人より蜂須賀が願ったように会社を設立し鉄道を建設したいとの願書も出された。

この願書にたいし政府はすぐには回答していない。当時，政府は征韓論問題

を抱えており，また地租改正，内務省設置，民選議院設立，佐賀の乱，台湾出兵等の問題への対処に追われていたからであろう。しかし，1874年9月，さきに出願した華族有志にたいし，詳しい案を提出するよう太政官より指令があった。

華族はこのころ高島嘉右衛門の意見書（1874年7月提出）を契機として華族全員が鉄道建設に参加すべきかどうか検討中であった。京都・大阪間鉄道建設資金調達を第1の課題とした関西鉄道会社の場合とは異なり，東京・青森間鉄道等に関しては会社による建設の承認される可能性が大きいことを知っていたからであろう。華族間の議論の結果，華族全員を強制して建設に参加させることはせず，華族有志に委ねることになった。そこで華族有志は1875年3月に鉄道会社（同年12月東京鉄道会社，翌年3月東京鉄道組合と改称）を結成し具体案の作成を渋沢栄一（当時第一国立銀行総監役，同年8月から頭取）らに依頼した。渋沢らは，華族から750万円を集めて東京・福島間（資金不足の場合は宇都宮まで）の鉄道を建設する原案をまとめたが，その採算に疑問があったのでこれをとりやめ，官業の東京・横浜間鉄道払下げを願い出ることを勧めた。

当時政府は，大隈大蔵卿の建議「収入支出ノ源流ヲ清マシ理財会計ノ根本ヲ立ツルノ議」（1875年1月）に見られるように将来は鉄道を払い下げる方針を内部で検討中であった。この政策は海運における三菱育成政策に対応するものであり，政府部内で支持を得られる性格のものであった。実際に政府は，1875年6月には会社にたいし，鉄道払下げを承認したのである。

その後曲折はあったものの1876年8月5日には政府の大隈大蔵卿，伊藤工部卿と九条直孝ら26名の華族との間に東京・横浜間鉄道払下約条が結ばれた。その内容は，鉄道の代価は時価の310万円とし，7年間14回で300万円の払込みがすんだ時に鉄道を引き渡す，10万円は7年後から無利息10カ年賦で払う，年賦上納金には年6分の利子をつけるが，所有権移管後の利益保証はしない，というものであった。このような払下げに，鉄道官設論をとっていた鉄道寮がどう対応したのかは明らかでない。山尾工部大輔や井上鉄道頭に鉄道官設主義が存在したとしても，それは伊藤工部卿によって認められなかったと考えることが

できよう。

　もしこの約条どおり順調に進展すれば，9分利付外債完了の年（1882年）の翌年，東京・横浜間鉄道は東京鉄道組合の経営となり，大隈や伊藤のかつての構想が実現するはずであった。ところが，払下約条が結ばれたその日に公布された金禄公債証書発行条例により華族の収入はさらに減ることになり，年賦金上納が困難となる華族がでてきた。そしてまた岩倉具視が中心となって華族の受け取る公債すべてを集中して国立銀行を設立する計画がたてられたために東京鉄道組合は大きな壁につきあたった。岩倉はこの銀行設立によって華族の家産を保護し，銀行券を政府に貸し付けることによって外債の償還と鉄道建設とを進めさせ，金禄公債償還完了時には銀行を鉄道会社に転換させる計画であった。ところが西南戦争とそれにともなうインフレーションのために事情が変わり，華族の金禄公債を集中した第十五国立銀行（ただし蜂須賀ら数人は不参加）は，将来の鉄道経営計画を縮小せざるをえなくなった。また，東京鉄道組合は払下約条の履行が不可能となり，既納金の返済を受けて解散せざるをえなくなったのである（のちにこの資金は東京海上保険会社と大阪紡績会社に出資される）。

　東京鉄道組合が解散した1878年には，東山社の運動がおこった。東山社は同年5月，林賢徳（旧金沢藩士で当時東京府平民）らによって結成され，士族授産のために士族の金禄公債を抵当として資金を調達し，東京・高崎間鉄道を建設しようとするものであった。当時，山尾工部大輔の鉄道官業論にもかかわらず，岩倉右大臣，大隈，伊藤参議は鉄道会社を否定はしなかった。しかし，金禄公債を抵当とすることには疑問を示し，東山社が希望した東京・横浜間鉄道払下げも拒否したので，林らは鉄道建設の時機到来を待つこととした。

（星野誉夫）

人物紹介③

渋 沢 栄 一 （しぶさわ・えいいち 1840～1931）

　天保11年2月13日（1840年3月16日），武蔵国（埼玉県）血洗島村の豪農である渋沢市郎衛門の長男として生まれる。青年時代は尊王攘夷運動に加わったこともあり，のちに一橋慶喜に仕え武士となった。1867年（慶応3）パリ万国博覧会に使節徳川昭武の随員として渡欧し，維新後1868年（明治元）末帰国。翌1869年大蔵省に入って役人となり，1872年（明治5）大蔵省三等出仕となる。翌73年5月退官して，第一国立銀行（のちの第一銀行）の創立総会に株主として列席し，創立後その総監役（頭取以下諸役員にたいする監督者）となり，以後は実業界で活躍した。
　銀行業を確立するため，その取引先としての諸産業を育成することをはかり，運輸業を含めあらゆる分野の産業にわたり500以上の会社企業を設立した。鉄道についてはたとえば，華族組合による官設鉄道（新橋・横浜間）払下げの請願にさいして，払下げについての条件を起草した（1875年5月。78年3月払下げ取消し）。1884年10月日本鉄道の理事委員となり，また1891年7月には相談役となり同鉄道の発展期（1884年5月上野・高崎間開業，1891年9月上野・青森間全通）を支えた。これより先，1889年7月北海道炭礦鉄道の創立委員となり，創業後同鉄道の常議員（1893年9月辞任）となった。また筑豊興業鉄道創業（1889年）においても発起人となり，1891年その相談役となった。1894年4月北越鉄道の創立発起人となり，95年12月創業後その監査役となった。1896年1月函館・小樽間の函樽鉄道を発起出願し，これは却下されたが，この区間の鉄道を速成させるきっかけとなった，といえる。すなわち，1897年3月31日北海道鉄道敷設法が一部改正されたことで，この区間は第2期線から私設会社による速成認可線に変更されたのである。また岩越鉄道にあって1896年1月創立委員となり，1897年5月取締役，ついで1900年6月取締役会長となった（1905年2月辞任）。
　このほか国内の鉄道会社については両毛鉄道，水戸鉄道にたいし資金援助を，参宮鉄道，磐越鉄道などでは発起人として活動した。国外においては1896年（明治29）7月京釜鉄道発起に際して委員として敷設特許を請願した。1898年9月京釜鉄道契約調印を経て，京釜鉄道速成の建議が帝国議会でなされ，1900年2月創立委員長と

なって会社設立を準備した。1901年6月会社創立後，同社の取締役，7月取締役会長となった。これより先，1898年5月成立した京仁鉄道引受組合が京仁鉄道建設をモールスから引き受け，翌年5月組合が合資会社と改められると，同社取締役社長となった。

1892年（明治25）6月21日公布の鉄道敷設法にもとづいて鉄道会議が設置され，同会議で鉄道敷設の基本事項が審議されることとなり，同年12月第1回会議が開催されると，臨時議員に選ばれた。また1898年5月，東京商業会議所は第12回帝国議会に鉄道国有を建議・請願したが，議会解散，内閣更迭のため，今度は同年12月同会議所会頭として鉄道国有を貴族院に請願した。この時期，他者からも鉄道国有請願運動がすすめられたが，実施されるには至らなかった。その後，鉄道国有は1906年にいたり鉄道国有法が成立して実行されることとなった。同法の成立過程において実業界を代表して鉄道国有主義を主張した。

1909年（明治42）実業界を引退したのちにおいても世話役を引き受けるなど財界の大御所として君臨した。社会事業に意をそそぎ，この間1900年男爵，1920年（大正9）子爵となった。その業績は戦後，龍門社により『渋沢栄一伝記資料』全60巻にまとめられて刊行された。1931年11月11日，92歳で死去。　　　　（佐藤豊彦）

第3節　日本鉄道会社の設立と幹線官設主義

日本鉄道会社の設立

1880年（明治13）は，時の政府にとって苦しい時期であった。西南戦争以後のインフレーションで物価が上昇したにもかかわらず，税制上の理由で地租収入は増加しなかったため政府財政は苦しかった。また，国会開設を求める自由民権運動も盛んになってきた。このような状況下で政府は紙幣整理を課題とし，殖産興業政策の分野でも官業の縮小を積極的に検討しはじめた。

鉄道政策についてみると，鉄道局は太政官の承認を得て，1880年2月には東京・高崎間鉄道の測量を始め，起工命令も得ていたが，予算措置がとられないため工事を始められないでいた。これを知ってそれぞれ別個に鉄道建設運動を始めた旧東山社の林らと安場保和（当時元老院議官，1835～1899），安川繁成（当時工部大書記官，1839～1906）ら在官者有志は同年秋には協同して運動を

行なうことになった。同年11月，東京・高崎間鉄道起工命令が取り消されたのを知った安場らが松方正義内務卿（1835〜1924）を訪問し，鉄道会社について相談したところ，松方は会社成功のために必要な利益保証を政府が行なうべきであるとの見解を述べた。これは明治初年以来大蔵省に存在した思想の延長線上にある見解であり，また仏国博覧会事務副総裁としてヨーロッパの実状を見聞してきた松方らしい意見でもあった。

　この松方の意見を聞いて喜んだ安場らは，東北地方各県の県令らの賛同を得たのち，翌年1月，右大臣岩倉具視を訪問し，貿易の入超，金銀貨の流出，紙幣価値の下落・物価騰貴，華士族授産，細民授産，東北・北海道開拓という当時の課題を解決する手段としての鉄道の意義を説き，官設鉄道方式をとっていては線路延長が遅れるので，会社の利益保証を行なう方式で鉄道建設を促進すべきことを訴えた。岩倉はこれを聞き，自分の所見に合っているとして安場らを激励したという。以後彼らは岩倉の指導のもとに第十五国立銀行，三菱社の協力を得て具体案の作成を進めることになった。この過程で岩倉は華族全員，関係各県令にたいし協力を求め，伊藤博文，大隈重信，寺島宗則(1832〜1893)，山田顕義（1844〜1892）という4参議の同意をとりつけるとともに新聞を通じて国民に訴えることも行なった。岩倉は国家富強の手段としての鉄道に過大なほどの期待を抱き，欧米と同じく日本においても民間会社こそがその担い手になるべきだと考え，時機到来を待っていたのである。また大隈，伊藤も，彼らの思想に合う計画であったから，その後積極的に協力している。

　1881年4月の発起人総会で資金調達方法について意見が分かれ紛糾したことがあったものの案はまとまり，5月には池田章政（当時第十五国立銀行頭取，1836〜1903）ほか461人の連名で創立願書と特許に関する請願書を提出した。発起人の出資額をみると第十五国立銀行の出資が130万円，三菱社関係が約45万円，天皇関係が約35万円，華族個人関係が約70万円，平民関係が約200万円，その他とも合わせ約572万円であった。

　発起人の願書等の内容は，それまでに岩倉，大隈，伊藤ら政府高官の意見を聞いたうえで出されたものであったため，認められなかった点もあったが基本

的には承認され，8月には仮免状が下付された。これをうけて発起人は10月に日本鉄道会社定款を提出，政府は11月にこの定款を認可すると同時に特許条約書を下付した。日本鉄道会社はこれによって成立したといえよう。

定款および特許条約書によると，この会社は資本金2000万円を1株50円の株式発行によって調達し，第1区（東京・高崎・前橋間），第2区（第1区線路中より白河まで），第3区（白河・仙台間），第4区（仙台・盛岡間），第5区（盛岡・青森間）に鉄道を建設する予定であった。岩倉らがこの会社に日本各地の鉄道を建設させるべく日本鉄道と命名し，第一に建設しようとしていた線が認可されたわけである。

この会社と政府との関係は特許条約書に示されており，会社は政府によってさまざまな特典を与えられるとともにその見返りとして義務・制限事項を課されてもいた。特典としてあげられるのは，官有の土地・建物の無賃貸付け，民有土地・建物買収の政府による代行，鉄道用地の国税免除，第1～5区の鉄道建設資金にたいする開業までの8分の利子補給と開業後の配当保証，第1区建設工事の鉄道局への委託などがあった。

また会社に課せられた義務に関するものとしては政府の命令・監督権，政府の電信・郵便事業への協力義務，軍および警察への協力義務，免許期間は満99年間，ただし満50年以後は政府の買収がいつでも可とされたこと，定款・条約書の解釈は政府のものが優先すること，があった。政府は特典と義務とを不可分のものとして会社に与えたのである。この会社は，民間に自主的に鉄道会社が設立される条件が未熟な時には政府が保護を与えてこれを設立させ，富国強兵の手段として活用するという明治初年以来の岩倉，大隈，伊藤らの構想が実現したことを示すものであった（なお，日本鉄道会社の認可をもって政府の鉄道政策の変換を示すものとするのが通説ではあるが，筆者はその説を採らない）。

日本鉄道会社は，1881年12月に臨時株主総会を開いて理事委員を選出，社長には吉井友実（当時工部大輔，これを辞任して翌年2月社長に就任，1828～1891）を選び，いよいよ本格的に株主募集を始めた。しかし，開業まで8分の

利子を補給，開業後も東京から高崎あるいは仙台までの区間は10年間，仙台・青森間は15年間の8分の配当保証（不足分を政府が補助）という政府の保護も1882年当時には大きな魅力とはならなかった。1株50円を満6年12回に分割して払い込むという方式であったが，応募者は会社の期待よりもはるかに少なく，資本金2000万円のうち600万円弱の株式が引き受けられたにすぎなかった。これは会社の前途多難を思わせるものであった。

　一方，工事の開始は急がれたので，この会社の鉄道建設に必要な資材は，政府が資金を立て替え，1881年中にすでにイギリスへ発注していた。また，株金払込みの前に着工するための資金も政府から借りている。1882年3月，東京・前橋間の着工が許可されたのち，測量は鉄道局，土地買収は政府（地方官），工事は鉄道局，会計は日本鉄道という体制のもとで工事が始められた。その後，工事は順調に進み，上野・熊谷間は1883年7月に開業，高崎までは1884年5月，前橋（利根川西岸）までは同年8月に開通した。さらに1885年3月には品川・赤羽間も開通し，ここに東京・横浜から高崎・前橋まで鉄道が開通したのである。1885年3月当時，品川・赤羽間の所要時間は1時間6分，運賃は下等で23銭であった。開業にあたって会社は運輸業務（営業）は自社で担当したが，線路保全（保線），汽車運転（修繕・検査を含む）は鉄道局へ委託した。諸業務の政府への委託は，鉄道建設・営業を早期に実現するためであり，さらに日本鉄道にとっては創業費の節約を，鉄道局にとっては技術（者）の保全を可能にするものであったと考えられる。

　1884年1月，日本鉄道の良好な営業成績が公表され，同年4月同社株式が東京株式取引所に上場されて売買が容易になったころ，日本鉄道株式にたいする需要は増し，同社株式の人気は高まった。会社は資金調達を容易に行なえるようになったので建設工事はすべて鉄道局へ委託して完成を急いだ。その結果，1885年7月宇都宮まで（利根川鉄橋完成は翌年6月），1887年7月白河まで，同年12月仙台まで，1890年11月盛岡まで，1891年9月青森まで鉄道は開通したのである。東京・青森間454マイル66チェーン（732km），所要時間約26時間30分，下等運賃4円55銭であった。

ここに当初の目標を達成した日本鉄道は，その後の建設工事については自社で担当，1892年4月からは線路保全，汽車運転についても自社で担当し，技術的には鉄道局から自立する。また経営については，資本金のうち約1714万円分については配当保証を受けつつも，その他については保証なしに投資を行なっていくのである。

幹線官設主義の成立とその形骸化

　日本鉄道にやや遅れて1881年（明治14）8月，福井・石川・富山県に関係の深い華族らから，鉄道会社創立願が出された。柳ヶ瀬・富山間，長浜・四日市間に鉄道を建設し，あわせて大津・神戸間が将来払い下げられる時にはこれを引き受けたいという内容であった。当時政府内部に鉄道払下げ論があるのを知っていたのであろう。事実，同年12月には伊藤参議から鉄道払下げ方法を定めた「鉄道株券ノ儀」が建議されている。日本鉄道もまた政府内部に鉄道払下げ論があるのを知ると同年12月，岩倉，伊藤にたいし日本鉄道に払い下げてほしい旨の稟申を行ない，ついで翌年2月には正式に工部省にたいし稟申を行なっている。

　日本鉄道会社が認可され，東北鉄道会社も岩倉らによって支持されており，これまで苦心を重ねて建設してきた東京・横浜間，神戸・大津間の鉄道についても払下げが検討されているのを知ると，井上鉄道局長らは強い調子の建白書を参議兼工部卿の佐々木高行（1830〜1910）を通じて内閣へ提出した（1882年2月）。その内容は東北鉄道の計画や日本鉄道の東京・青森間鉄道計画を不急の事業ときめつけ，能力・経験ともに優れている政府（鉄道局）こそが建設の担当者になるべきである，既成鉄道の利益を利用する公債発行などの方法によって資金を調達し，東京・高崎・前橋間，長浜・関ヶ原・大垣間に官設鉄道を建設すべきである，というものであった。この井上らの主張は一部採用され，同年4月，長浜・関ヶ原間鉄道建設が許可になった。また，伊藤が憲法調査のため欧州へ出張（1882年3月〜1883年6月）したこともおそらく一因となって，鉄道株券発行の件は同年7月，「当分中止」（鉄道省『日本鉄道史』上篇）

となり，日本鉄道の鉄道払下げ願も却下された（同年8月）。日本鉄道や東北鉄道の計画が否定されることはなかったが，東北鉄道は越前から若狭へ出る隧道工事の難しさが判明したため発起人間に動揺が生じ，1884年に活動は停止状態となった。

井上鉄道局長の私鉄批判はその後も続き，1883年3月，工部卿にたいし私設鉄道の八つの弊害を列挙した文書を提出した。すなわち，その一，私鉄は収支償わなければ必要の線も延長しない，その二，会社は鉄道を専有し，専売の弊を生じさせる，その三，会社は資本の増加を恐れ改良を計らない，その四，重複の線を敷き競争の弊を見るに至る，その五，一地方の利益を目的とする私設線は，他日一大全線を架する日に重複線となる，その六，会社が多数あれば費用増大し，また紛争が絶えない，その七，会社は運搬謝絶を手段として地方人民を威嚇する，その八，国家有事の際，官鉄に比し不便である，というものであった。現在の私鉄は，政府の保護がなければ資本を集められず，線路の敷設も汽車の運転もできないのであるから，政府が直接鉄道を経営した方がよいというのである。すなわち徹底した私鉄否定論であり，鉄道官設論であった。

井上鉄道局長がこのように強い内容の建議を行なった背景には，欧米の理論を摂取した一般的な鉄道国有論の他に，鉄道局が日本で唯一の鉄道技術者・職工の集団を養成し，経験を蓄積してきたという事情もあった。長浜・敦賀間，長浜・関ヶ原間鉄道の完成も近いのにその後の官線延長計画は未定であり，日本鉄道の工事も当時は東京・前橋間のみの約束であった。井上は，前述の私鉄批判の上申を行なったその日に，鉄道益金を建設資金として利用できるようにし，工事を中断しないことが将来のために必要である旨も稟請したのである。

欧米の経験および日本の実情をふまえた井上らの意見は，政府内部に支持者を見出すことができた。この当時，日本鉄道は未開業で株主募集に苦労しており，東北鉄道は分解の危機に瀕していた。東京・京都間の鉄道を，私鉄が担当できるという見通しはまったくなかった。それにもかかわらず鉄道建設は必要であるというのが政府の見解であった。そこで政府は1883年8月，中山道鉄道建設を内定し，関ヶ原・大垣間の工事開始を許可した。ついで同年12月，建設

資金調達のために，中山道鉄道公債証書条例を公布したのである。
　一方この間，政府は同年7月，参事院議長兼工部卿代理山県有朋（1838〜1922）名で出された幹線官設，私設は支線のみとする伺書にたいし同年12月に承認を与えた。この時点で政府は幹線官設主義を採用したと言えよう。1883年7月の福岡県知事からの門司・熊本間鉄道に関する上申，翌年4月の信越鉄道会社の創立願（上田・直江津・新潟間）はどちらも希望の区間は官設の予定であるとして却下され，阪堺鉄道会社（大阪・堺間）のみ認可されたのはそのためであった。
　こうして幹線官設主義が政府の方針として確立したかに見えたが，実はそうではなかった。紙幣整理が完了し，金融緩慢状態となった1886，7年になると，日本鉄道の開業区間における営業成績が良好であったことにも刺激され，鉄道の分野でもつぎつぎに会社設立が企画された。その中のひとつである九州鉄道会社にたいし，幹線部分の建設を認める意向であることを伊藤首相は明らかにしたのである。
　九州鉄道の計画というのは，福岡県令安場保和によって上申されたもので，九州地方の各県令から民間にはたらきかけて会社を設立し，門司・熊本・三角線，その途中から佐賀経由で長崎までの鉄道を建設させたいというものであった。これにたいし伊藤首相は許可の方針を定め，井上鉄道局長官の批判にもかかわらず1886年7月にそれを安場県令へ伝えた。
　1886年から翌年にかけて松山鉄道（のち伊予鉄道，松山・三津ヶ浜間），両毛鉄道（小山・前橋間），水戸鉄道（水戸・小山間），甲武鉄道（新宿・八王子間），大阪鉄道（大阪・桜井間等），関西鉄道（大津〔のち草津〕・四日市間等），山陽鉄道（神戸・姫路間，のち赤間関まで）の創立願がつぎつぎに提出されたのは，幹線であっても私設を許すことがあるという政府の方針が明らかにされたからであった。松方蔵相は，日本列島縦貫線は経済上および軍事上必要不可欠の路線であるので，収益の有無にかかわらず政府が建設しなければならないが，日本の現状からすると，政府保護のもとに山陽，九州両線を民間会社に建設・経営させた方がよいとして，山陽，九州両社にたいする保護を提案した意

見書を提出した。井上鉄道局長官の激しい私鉄批判にもかかわらず，政府は私鉄にも幹線を担当させる方針を変更しなかった。

かくして政府が私鉄会社を一般的に認めることになると認可の基準を示す条規が必要となる。そこで政府は日本鉄道会社特許条約書に準拠し，これを取捨増補した私設鉄道条例を制定した（1887年5月公布）。この条例に示された私鉄の要件はきびしいものであり，免許状下付の日より満25年以後の政府の買収権に関する規定もあったが，これにもとづいて，以後多数の会社が企画されたため，私鉄にたいする井上鉄道局長官の批判がくりかえし行なわれることになる。

中山道幹線から東海道幹線へ

1869年12月（明治2年11月），東京と京都（大阪）とを結ぶ線の建設が計画されたとき，東海道を通すか中山道を通すかは確定していなかったようであるが，レイ借款契約にかかわる鉄道線路計画図（田中時彦『明治維新の政局と鉄道建設』口絵）や前島密「鉄道臆測」，そして工部省出仕佐藤政養（与之助，1821〜1877），小野友五郎（1817〜1898）がまず東海道の測量を命じられたことから考えると，当初は東海道案が有力であったように思われる。

しかし，1871年2月（明治4年1月）に行なわれた佐藤，小野両名の復命書の内容は，蒸気船等，運送の便利な地の多い東海道よりも運送不便の地の多い中山道に鉄道を建設した方がその効用は大きいというものであった。おそらくこれを契機として，政府は同年，小野らに中山道について調査をさせ，1874年および1875年の2回にわたって建築師長ボイルにも中山道を調査させた。ボイルの意見もまた交通の便の良い東海道よりも，交通不便だが日本の中心を通過する中山道に鉄道を建設すれば，本線および「枝線」によってさまざまな経済的効果を期待できるというものであった。海運も陸運も比較的恵まれている東海道よりは中山道にこそ鉄道を敷設すべきであるという考え方は，当時政府によって承認されていたのである。

その後，前述したような事情により，中山道の東京・高崎間は日本鉄道が経

営することになったが（1881年），大垣・高崎間は政府が建設することになった（1883年8月内定）。これをうけて井上鉄道局長は意見書を提出し，東海道よりも中山道の方が工事は容易であること，海・陸運の便利な東海道よりも交通不便な中山道に敷設した方が効果も大きいことを理由として太政官の中山道案に賛成している。

1883年10月に中山道線が決定されて以来，工事は東は高崎から始められ，さらに西は大垣まで1884年5月に開通したので，大垣・名古屋（武豊）間で行なわれていた。ところが1886年，鉄道局が中山道中部山岳地帯の測量を行なった結果，工事は予想以上に難しく，工期はさらに7〜8年必要，工事費は東海道線の1.5〜2倍近くかかることがわかった。また完成後の東京・名古屋間の運転時間も東海道線なら15時間のところ，中山道線なら20時間かかり，営業収支も東海道線の有利なことは明らかであった。工事についても開業後の運輸についても中山道線は予想以上に条件が悪く，ボイルおよび井上の判断の甘かったことが明らかになったのである。そこで井上（当時鉄道局長官）は，1886年，東京・名古屋間は東海道線の建設を先行させるべきことを上申し，さきに東海道より中山道を優先すべきことを主張していた軍部も了解したので，内閣はすぐに東海道幹線着工を指示した（1886年7月19日）。

東海道線の開通期限は，伊藤首相と井上鉄道局長官との協議の結果，1890年の帝国議会開会前とされた。それまでに全通せしめ，議員の往復に便利なようにしようというのである。その後，測量も建設も工区を分けて行なった結果，工事は順調に進行し，1889年4月に東京・長浜間が全通，同年7月1日には，大津・長浜間と米原・深谷（1899年廃駅）間も開通したので，ここに新橋・神戸間376マイル31チェーン（605.7km）は全通した。全通当時，新橋・神戸間の直通旅客列車（当初1往復）の運転時間は，下りが20時間5分，上りが20時間10分であった。また下等運賃（1マイル1銭）は，新橋から名古屋まで2円35銭，京都まで3円29銭，大阪まで3円56銭，神戸まで3円76銭であった。それまで東京・関西間の旅客・貨物の輸送において優位を占めていた日本郵船会社は，同年7月，横浜・神戸間の下等旅客運賃を2円50銭に値下げすることも行

なったが，東海道線全通後，鉄道が旅客輸送の主流になっていくのである。

（星野誉夫）

人物紹介④

田 口 卯 吉（たぐち・うきち　1855〜1905）

　田口卯吉は，イギリス古典学派の自由主義経済学をわが国に導入したエコノミストとして知られるが，鉄道問題についても多くの論説を残し，明治政府の鉄道政策を自由貿易主義の立場から激しく攻撃したのである。田口は，安政2年4月29日（1855年6月13日）に生まれ，幕府の徒士西山氏を父としたが，幼にして田口家を継ぎ鼎軒と号した。はじめ沼津兵学校に学び，1869年（明治2）静岡の徳川藩校に移り医学を修めた。その後，1872年に大蔵省に翻訳局が設置されると直ちにその生徒となり，経済学と英語を学んだ。1874年から1878年にかけては大蔵省に出仕したが，1879年，渋沢栄一らの後援を得て経済雑誌社を創立し『東京経済雑誌』（以下『雑誌』と略称）を発刊した。田口の鉄道論は，主としてこの『雑誌』誌上において展開されていくことになる。

　田口がはじめて鉄道問題に関する論評を著わしたのは，『雑誌』第58号および60号（1881年4月）に掲載された「鉄道論」においてであった。田口は，ここで政府の手厚い保護・助成のもとに強行されようとしている日本鉄道会社（東京・青森間）の計画を鋭く批判するのである。田口によれば，鉄道は国内産業の発展に照応して敷設されなければならない。そうした立場からすれば，わが国の産業は，東京・青森間の鉄道敷設を必要とするほどには発達していない。むしろ現状は，「百里の鉄路を布くは千里の馬車道を開くに如かず」という状況で，その後，「漸次之（馬車道―引用者）を改めて鉄道となす，亦た可ならずや。是れ実に貧国を誘きて富国となすの順路なり」（「鉄道論」）というのであった。重要なのは，地方産業が自生的に発展するのにしたがって，それに応じた地方鉄道網を完備することである。日本鉄道会社のような大鉄道の建設を限りある資本の中で強行することは，かえって民間産業の発展と地方交通網の整備を阻止することになる。

　田口は，このような立場から当時農村工業として発展しつつあった桐生，足利を

中心とする両毛機業地帯の織物業に注目し、両毛鉄道会社（小山・前橋間）を設立し、その初代社長に就任するのであった。両毛鉄道は1887年3月に資本金150万円をもって設立されたが、田口は「余私に思ふに両毛の桐生足利佐野の如きは是れ我邦のマンチェストルなり」（「両毛鉄道布設の結果を豫察す」、『雑誌』第369号、1887年5月）と両毛機業地をイギリス産業革命の中心地マンチェスターになぞらえ、両毛鉄道をマンチェスター・リバプール鉄道とみたてたのである。かくて、両毛鉄道は地方産業の展開と結びついて計画された鉄道として、わが国における自生型産業鉄道の典型と評価されるのであるが、これはまた田口の鉄道論の具体的な実践の場でもあったのである。

　以上のごとき田口の鉄道論は、保護貿易主義の立場から『東海経済新報』を主宰し、鉄道問題についても政府の保護・助成のもとに私設鉄道会社を設立し全国的な鉄道網の拡大をはかっていくべきであるとした犬養毅の鉄道論と対立し、論争をくりひろげた。また、1890年恐慌以降にわかに台頭してきた鉄道国有論も、田口のとうてい容認するところとはならず、田口は『雑誌』誌上で国有反対論を展開していく。自由主義経済学を信奉する田口は、「鉄道の事業も亦た一箇の商業に外ならざるを信ずるか為めに苟も其企画の官家の誘導に成り若くは官家親ら之を架設せられんとするに当りては常に其挙の不策たることを述へ其計の不利たることを陳述」（「人民私立の鉄道を許可すべし」、『雑誌』第215号、1884年5月）してきたのである。

　こうした田口の鉄道論は、たんに明治政府の鉄道政策にたいする批判にとどまらず、「政商資本主義」としての特質を鮮明にしつつ強蓄積を続ける日本資本主義の体制批判としても十分に有効であったといえる。1905年4月13日、50歳で死去。

　　　　　　　　　　　　　　　　　　　　　　　　（老川慶喜）

第3章　産業革命と鉄道

第1節　工業化の進展と鉄道

鉄道網の形成と国内輸送体系の整備

　原始的蓄積，資本主義形成の画期をなす1880年代中葉以降，わが国の鉄道は表3-1にみるように官・私鉄ともに著しい発展を示した。1888年（明治21）における開業路線は官・私鉄合わせて1687kmほどであったが，国有化（1906年）後の1910年（明治43）には8243kmほどに達し，この間に5倍弱の増大をみたのである。そして，こうした鉄道網の拡大は，同時に国内輸送体系を鉄道中心のそれへと再編する過程でもあった。

　1872年（明治5）6月ごろから東京・高崎間，東京・八王子間，東京・宇都宮間，境・福島間，大阪・京都間，函館・札幌間などで運行を開始した馬車輸送は，1880年代に入るとより一層の発展をとげた。国内の馬車台数は，1875年の364両から80年の1792両，85年の1万526両，90年の3万1965両へと激増したし，旧道の改修や新道の建設も内務省管下の各府県によって活発に進められたのであった。

　しかし，こうしてようやく活況を呈しはじめた道路輸送も80年代中葉以降の鉄道建設の進展のなかで，鉄道沿線から駆逐され，鉄道駅とその周辺を結ぶ鉄道貨客の集配輸送（鉄道の補助的輸送業務）への転換を余儀なくされた。全国の長距離輸送を統轄していた内国通運会社が，1893年（明治26）に長距離輸送業務を廃して，主要な業務を鉄道貨客の集配業務へと転換したのは長距離道路輸送時代の終焉を伝える象徴的な出来事であった。

　鉄道建設の進展は，河川舟運などの内陸水運や沿岸海運にも大きな影響をも

表3-1 官・私鉄別開業の推移（1883～1905年）　　　（単位：km）

年　度	年度中開業キロ			年度末営業キロ		
	官　鉄	私　鉄	計	官　鉄	私　鉄	計
1883	17.4	101.4	118.8	292.3	101.4	393.7
1884	—	28.6	28.6	292.3	130.0	422.3
1885	67.8	86.7	154.5	360.1	216.7	576.8
1886	66.0	50.3	116.3	426.1	267.0	693.1
1887	57.4	204.9	262.3	483.6	471.9	955.5
1888	330.2	182.1	512.3	813.8	654.0	1,467.8
1889	169.5 ■ 97.4	191.2 □ 97.4	360.7	885.9	942.6	1,828.5
1890	—	422.8	422.8	885.9	1,365.3	2,251.3
1891	—	510.0	510.0	885.9	1,875.3	2,761.3
1892	—	249.1	249.1	885.9	2,124.4	3,010.4
1893	11.3	97.6	108.9	897.2	2,222.1	3,119.3
1894	37.4	251.6	289.1	934.6	2,473.7	3,408.3
1895	20.1 ▲ 0.1	257.2	277.3 ▲ 0.1	954.6	2,730.9	3,685.5
1896	61.9	287.4 ▲ 2.4	349.3 ▲ 2.4	1,016.5	3,017.5	4,034.0
1897	48.3	706.5 ■ 43.2 ▲ 0.9	754.9 ■ 43.2 ▲ 0.9	1,064.8	3,679.9	4,744.7
1898	171.5 △ 0.1	584.5 △ 2.9	756.0 △ 3.0	1,236.5	4,267.3	5,503.8
1899	118.3 ■ 15.7 △ 1.1	247.6 ▲ 0.1	365.8 ■ 15.7 △ 1.0	1,340.1	4,514.9	5,855.0
1900	188.6 ▲ 0.4	161.3 ▲ 1.6	349.8 ▲ 2.0	1,528.3	4,674.5	6,202.8
1901	176.6	100.6 ▲ 1.8	277.2 ▲ 1.8	1,704.9	4,473.3	6,478.2
1902	264.6 △ 4.3	69.9 △ 1.1	334.5 △ 5.3	1,973.8	4,844.3	6,818.1
1903	190.1	223.1 △ 2.1	413.2 △ 2.1	2,163.9	5,069.5	7,233.4
1904	187.7 ▲ 0.1	132.3 ▲ 1.3	320.0 ▲ 1.4	2,351.5	5,200.4	7,552.0
1905	113.2 ▲ 0.2	31.7 ▲ 0.8	144.9 ▲ 1.0	2,464.5	5,231.3	7,695.9

(注)1.　『明治四十年度鉄道局年報』付録「全国鉄道開業明細表」より算出。
2.　原表のマイル表示をキロメートルに換算，ただし，1マイル＝1.609km，1チェーン＝20mとする。幌内鉄道の数値は官鉄に含む。
3.　■＝路線の廃止または譲渡による減少，□＝譲受けによる増加，▲＝営業マイルの改訂または短小路線の廃止による減少，△＝同上による増加。

たらした。内陸水運は，1870年代から80年代にかけて展開された殖産興業政策の中で，政府の「誘導勧奨」のもとに発展した。殖産興業の基盤として全国的運輸機構の確立を意図していた明治政府にとって，鉄道建設がおぼつかないこの段階において，内陸水運は重要な輸送手段として認識されたのである。しかし，その後の鉄道建設の進展は，これら内陸水運に大きな打撃をおよぼすことになった。たとえば，山梨県令藤村紫朗の勧奨によって1874年に設立され，その後順調な発展を示した富士川運輸会社も，1905年（明治38），中央線が甲府以西に路線を延長すると急速に衰退していくのであった。内陸水運と鉄道との関係については，後者が前者を直接的に衰退に導くと一様に律することはできないとしても，鉄道建設の進展が傾向としては近世以来輸送の動脈として機能していき内陸水運を衰退に導いていくという事実を否定することはできない。

また，敦賀と京阪神・名古屋を結ぶ路線や高崎・信越線などの開通は，海上迂回路を陸上で短縮するという意義をもち，従来の沿岸海運に打撃を与えた。しかし，東京・横浜間，大阪・神戸間などの港湾と都市を結ぶ鉄道は，港湾の輸送中継基地としての機能を高め，鉄道と海運との相互補完的な関係を創出したのである。

ところで，産業革命の祖国イギリスでは鉄道は産業革命の末期に，いわばその「画竜点睛」として登場した。イギリスにおいて，18世紀半ばから19世紀初頭にかけての産業革命期に，増大する物資の輸送を支えて国内市場の形成を促進したのは，運河や河川などの内陸水運と道路輸送であった。しかしわが国の鉄道は，産業革命の起点ないしその進行とともに普及し，内陸水運や道路輸送に依存していた輸送体系を大きく変革し，国内市場の形成を促進していくという役割を担うのであった。

レール・車両製造業の未成熟

それにしてもわが国における鉄道建設は，関連諸産業，とりわけレールおよび車両製造のための鉄鋼業や機械工業などの発展を促すという役割はほとんど果たすことがなかった。というのは，資本主義確立期におけるわが国の産業構

造は著しく跛行的で，金融・運輸部門が先行的に発展し，鉄道建設は，重工業の著しい未熟と欧米重工業の本格的な発達という条件の下で進められなければならなかったからである。

かくして，わが国における鉄道建設は，ドイツの場合のように重工業の発達にたいして強烈な刺激を与えるということにはならなかった。ドイツの場合，1840年代以降の本格的な鉄道建設の過程は，同時に重工業中心の産業革命が進行していく時期であった。鉄道ブーム開始期の1842年の蒸気機関車の供給状況は，245両中イギリス製が166両（67.8%）を占め，ドイツ製はわずかに38両（15.5%）のみであった。しかし，1851年には1085両中ドイツ製が679両（62.5%），イギリス製が281両（25.9%）というように蒸気機関車の国内自給体制は急速に確立していくのである。

一方，わが国における鉄道建設は，機関車，車両類の多くを輸入に依存しつつ進行した。1909年の車両類の輸入額は503万6130円で機械器具輸入額合計の17.6%（英，独，米の順）を占め，国内生産額は181万2874円で機械器具工業全生産高の4.5%であった。このように機関車，車両類の輸入額は国内生産高を大幅に上まわっていた。そのため，鉄道建設は重工業の発展を促すどころか，むしろ貿易入超の増加をもたらすことによって，金融逼迫という事態を招き，その意味では他部門の発達を圧迫することにさえなったのである。

諸産業の発展と鉄道輸送

鉄道の開通は，貨客の輸送時間の短縮，運賃の低減化をもたらし，諸産業の発展を促した。すなわち，運賃の低下はその分だけ製品コストを引き下げるし輸送時間の大幅な短縮は資本の回転を早めることによって，結局はコストの低下につながるのであった。そして，旅客輸送の迅速化と低廉化は，労働力の地域間移動を自由にし，農民の他産業への移動を促進し，都市を中心とした労働力市場の形成を可能にした。また，1900年代における米穀輸送の船舶から鉄道への転換は，米穀市場の一元化を促進するとともに米価の低廉化につながり，低廉な労働力の創出に貢献することになった。かくして，鉄道の発展は諸産業

の急速な成長に大きく寄与することになったが,以下若干の事例をもとに具体的な考察を試みることにしよう。

〈日本鉄道の開通と上毛地方の蚕糸業〉 1881年（明治14）11月に設立をみた日本鉄道会社は，84年8月に上野・前橋間の第1区線を開業した。そして，さらに東北地方へ路線を延長し，第2区線は大宮から分岐し91年9月に青森までの全線が開業したのである。この間，1885年3月には赤羽・品川間も開通していたので，日本鉄道は京浜間官設鉄道と連絡し，上毛および東北地方の蚕糸業地帯を，開港場横浜に鉄道で直結することになった。

日本鉄道の開通が，上毛地方の生糸輸送にいかなる影響をおよぼしたかについては，1888年の『群馬県臨時農事調査書』が，「従来本郡ハ生糸ヲ以テ著名ナルモ，直ニ横浜等向テ輸出スルモノ二三会社ノミニテ，荷車ヲ以テ前橋ヲ経，新田郡平塚ニ送リ，川舟ノ便ニヨリ東京ニ至リ，然シテ汽車ニ托シ横浜ニ達ス，其運賃壱駄（九貫目入四個）金四円内外ヲ要シ，少ナクモ四五日間ヲ費セシガ，前橋ニ汽車ノ便開ケシヨリ其運賃凡半額ヲ減ジテ，二日間ヲ以テ横浜ニ達スルニ至レリ」（南勢多郡）などと報告している。このように，日本鉄道の開通は上毛地方の生糸輸送において輸送時間の短縮，輸送費の低減化をもたらし，これまで中山道および利根川を経由して横浜へ輸送されていた生糸が，鉄道で横浜まで直送されることになったのである。

〈両毛地方の織物業と両毛鉄道〉 桐生，足利を中心とする両毛機業地では，幕末から明治前期にかけて，マニュファクチュア経営を確認しうるほどまでに農村工業としての織物業が展開していた。この両毛機業地への鉄道導入の動きは，すでに日本鉄道上野・熊谷間が開通した直後から開始されていた。すなわち，足利の機業家市川安右衛門，おなじく織物買継商木村半兵衛らは，1883年（明治16）12月，織物輸送の便をはかるために日本鉄道第2区線を熊谷から分岐して途中館林，足利，佐野，栃木を経て宇都宮に至る路線に設定するよう陳情したのである。

この日本鉄道第2区線の誘致には失敗したものの，両毛機業地への鉄道の導入は，1889年11月の両毛鉄道（小山・前橋間）の全通によって実現した。両毛

鉄道の発起人の1人で初代の社長に就任した田口卯吉（1855～1905）は，両毛鉄道と両毛機業地との関係をつぎのように述べている。

「余私に思ふに両毛の桐生足利佐野の如きは是れ我邦のマンチェストルなりと。……然るに不幸にして両毛の地は港湾に接せずして僅かに利根の水流と馬背とに因りて以て貨物を運搬せり故に米穀を始め諸貨物の相場東京に比して非常に高価なることは諸君の熟知せらるゝ所の如し是れ諸君が織出する織物をして高価ならざるを得さらしめ物産の蕃殖市場の発達をして非常に遅緩せざるを得さらしむる者なり」（田口卯吉「両毛鉄道布設の結果を豫察す」，『東京経済雑誌』第369号，1887年5月）。

こうして，両毛機業地における織物業の展開を市場基盤として開業をみた両毛鉄道は，しばしば「生産力の発達と市場の展開に応じて何程かの自生力をもって発展した鉄道の少数の例」（島恭彦『日本資本主義と国有鉄道』）と評価されてきた。ただ，開業後の営業収入において旅客収入が貨物収入を大きく上まわっている（1896年における旅客収入は14万4000円で，貨物収入は6万3000円であった）ことをもって，その産業鉄道としての性格を否定する見解もある（中西健一『日本私有鉄道史研究』）。しかし，両毛鉄道の貨物輸送の動向が，両毛機業地における織物業の発展と深くかかわりあっていたことは事実であるし，その自生型産業鉄道としての性格は高く評価されなければならない。

〈中央線の開通と蚕糸業〉 1890年代になると，信州諏訪地方の蚕糸業者も鉄道による生糸輸送に積極的な対応を示しはじめた。1893年（明治26），高崎・直江津間の路線が全通すると，諏訪地方の生糸は甲州街道で八王子まで陸送することなく，和田峠をこえて上田付近の田中駅へもちこめば，そのまま鉄道で開港場の横浜へ輸送されることになったのであるが，諏訪地方の蚕糸業者が，田中駅へのルートは遠すぎるという理由から，上田・田中両駅間に大屋駅を開設してさらに生糸輸送の便をはかりたいとの陳情をおこしたのである。この陳情は政府の受け入れるところとなり，1896年1月に大屋駅が開設された。大屋駅が開設されると，繭，生糸の集散地は田中駅から大屋駅に移った。

それにしても諏訪からの生糸移出，諏訪への繭移入においては，和田峠をこ

えなければならなかった。そのため，蚕糸業者はこの間の道路の改修にも積極的にかかわってきたが，すでに1892年に鉄道敷設法が公布されたのを機会に中央鉄道期成蚕糸業連合会を組織し，同年12月に「対中央鉄道蚕糸業者意見」を政府および帝国議会の関係者に提出していた。蚕糸業者は，もっぱら輸送費の低減化と輸送時間の短縮をはかるという立場から「日本蚕糸業ノ脊髄タル神奈川県ヨリ山梨県ヲ貫キ長野県諏訪伊那郡ヲ経テ愛知県三河ヨリ名古屋ニ」鉄道を縦貫させることを希望したのであった。

　この蚕糸業者の希望は，比較線調査の結果，八王子から甲府，諏訪を経て西筑摩郡から名古屋に至る路線として採用された。しかし，この中央線の建設は笹子峠などの難工事もあってなかなか進捗しなかった。そこで蚕糸業者は当時建設中の篠ノ井線に注目し，1902年に篠ノ井・松本間が開通すると，松本から塩尻ないし岡谷までの鉄道建設の速成を請願した。さらに，諏訪郡長らも蚕糸業者の動きに呼応して甲府・塩尻間の速成をはかり，諏訪生糸同業組合も鉄道速成を請願した。蚕糸業者らの中央鉄道速成運動は功を奏し，1903年6月に甲府までの路線が開通し，同年12月には韮崎まで開通したのである。しかし，この中央線の建設工事は，その後日露戦争が勃発する（1904年2月）におよんで一時中断を余儀なくされた。

　こうした中で，1904年（明治37）3月，諏訪郡会は「中央鉄道速成意見書」を内務大臣に提出し，諏訪生糸同業組合も中央線鉄道速成同盟会を結成した。組合の製糸業者は，輸出品としての生糸の重要性を主張し，政府公債の発行による建設資金の調達という方法を提案したのである。政府はこうした意見を取り入れ，同年6月21日に岡谷までの工事再開を決定し，翌1905年11月には岡谷までの路線が開業した。

　かくして，中央線の開通には，諏訪地方の蚕糸業者による鉄道輸送への強い要望が作用していた。彼らはみずから資金を提供して鉄道会社を設立しようとはしなかったが，鉄道敷設法公布後の鉄道政策に乗じて，諏訪地方への鉄道の誘致運動を展開したのである。諏訪地方の生糸生産額は，1894年の14万4131貫から1906年の23万774貫と，この間に著しく増大しているが（鉄道院編『本邦

表3-2 国内石炭消費量の用途別比率 (単位:%, トン)

	船舶用	鉄道用	工場用	製塩用	合計
1886年	27.6%	2.1%	17.1%	53.1%	864,662 t
1896	22.6	8.5	51.0	18.0	3,069,046
1906	24.8	14.3	51.8	9.1	7,280,649

(注) 今津健治「戦前期石炭の消費地への輸送——若松港をめぐって——」(安場保吉・斎藤修編『プロト工業化期の経済と社会』数量経済史論集③, 日本経済新聞社, 1983年, p.258.)。

鉄道の社会及経済に及ぼせる影響』中巻), 中央線の開通はこの地方の蚕糸業の発展に少なからぬインパクトを与えたのである。

〈鉄道建設の進展と石炭鉱業の発展〉 鉄道建設の進展は, 石炭の輸送コストを低下させるとともに, それ自体が膨大な石炭需要をひきおこすという点で, わが国における石炭鉱業の発達に大きく貢献した。1880年代前半までのわが国における石炭市場は, 輸出が出炭高の5割近くを占め, 国内消費の中心は製塩用という構造を呈していた。しかし, こうした石炭市場の構造は, 1880年代後期以降の綿糸紡績業を中心とする近代的な工場制生産の展開と鉄道の発展によって大きく変化する。石炭の輸出高は絶対的には増大するが, その出炭高に占める割合は小さくなり, 石炭需要の重点は国内市場へ移った。そして, その国内市場は, 表3-2にみるように製塩用の占める割合が次第に減少し, かわって工場用, 船舶用, 鉄道用が増大していくのである。1886年(明治19)には, なお製塩用が過半を占めていたが, 1896年には工場用が過半を占めるようになり, 1906年には鉄道用も14.3%を占め製塩用を上まわるようになった。

こうした石炭市場の構造変化は, 産炭地構造の変化と連動していた。まず, 肥前地方(長崎・佐賀県)にかわって筑豊地方がトップの座を占めるようになった。さらに, 常磐地方と北海道が急速に出炭高を増加させてきた。石炭価格は, 輸送コストに大きく左右されるので, こうした産炭地構造の変化は, とくに炭田地帯における鉄道建設に関係している。

筑豊の石炭は, この地方に鉄道が開通するまでは, 遠賀川の水運にその輸送を依存していた。1880年代後半になって, 舟の運賃が上昇したこと, 採炭量の

増加などによって水運のみでは対応できなくなったことなどから筑豊の炭鉱資本家（安川敬一郎，麻生太吉など）の間で鉄道建設の要望が高まり，1888年筑豊興業鉄道会社が設立され，1891年に若松・直方間，1893年（明治26）には直方・金田間および直方・飯塚間が開通した。これに先立って，九州鉄道は博多・門司間を開通していたので，筑豊の諸炭鉱は若松，門司の積出港と直接鉄道で結ばれることになったのである。そして，その結果，1891年に97％を水運に依存していた筑豊の石炭は，1894年には49％を鉄道に依存するようになり，1899年になると鉄道と水運との比率はほぼ7：3ほどになった。

また，日本鉄道常磐線開通以前においては，年産わずか3万トン台にすぎなかった常磐炭鉱の出炭高は，同線開通後1899年に11万トン，1913年には60万トンと急激に増加した。鉄道開通以前トン当り2円59銭であった東京までの運賃は，常磐線開通以後1円80銭ないし1円90銭ほどに低下した。運賃の低下は常磐炭の価格を引き下げることになり，その結果需要が拡大し，出炭高の著しい増大をもたらしたのである。

北海道では，1882年（明治15）に札幌・幌内間が開通して幌内炭田の石炭輸送に鉄道を利用しうるようになったのをはじめ，幌内・幾春別間（1889年），岩見沢・輪西間（1892年），追分・夕張間（1892年）など各炭鉱地域を包含する鉄道網が形成された。そして，これらの鉄道によって小樽，室蘭両港まで輸送された北海道の石炭は，そこから船で横浜港に送られるようになったのである。

（老川慶喜）

人物紹介⑤

中上川　彦次郎　（なかみがわ・ひこじろう　1854～1901）

中上川彦次郎は，三井財閥近代化の立役者としてあまりにも有名であるが，1887年（明治20）3月の創業時から1891年10月にかけて，山陽鉄道会社の経営の任にあ

たった。中上川は安政元年8月13日（1854年10月4日），豊前国（大分県）中津藩士の家に生まれたが，彼の母は福沢諭吉の姉にあたっていた。その縁で中上川は，1869年（明治2）に上京し，福沢の慶応義塾に学んだ。福沢は，中上川の才能を認め1874年から7年間彼をイギリスに留学させるが，この福沢の教育とイギリス留学の経験によって，経済合理主義にもとづく中上川の思想と人格が形成されたのである。

帰国後，中上川は渡英中に親交を得た井上馨のもとで工部省と外務省に出仕したが，1882年3月1日，『時事新報』の創刊と同時に慶応義塾出版社（1884年7月に時事新報社と改称）の社長に就任した。そして，その後1887年3月に山陽鉄道会社が創立されると，創立委員総代に選任され，翌1888年4月の株主総会の決議にもとづいて正式に社長に就任したのである。

山陽鉄道は，1886年12月，兵庫県の主導のもとに県下の有志者が発起し，さらに三菱会社，藤田伝三郎，原六郎らの財界有力者の支持を得て計画された鉄道会社である。中上川に社長就任を要請したのは三菱会社の荘田平五郎であったが，発起人や兵庫県当局との間では社長以下の人事について必ずしも一致をみているわけではなかった。そこで，若干の紆余曲折はあったものの，結局井上馨の斡旋で中上川社長が実現することになったのである。

実業界への転身を考えていたこともあって，中上川は山陽鉄道の経営に意欲的であった。中上川は，社長に就任するとただちに「鉄道工事及経営に関する書籍を丸善の手を経て遠く英国より取寄せ，自ら研究せられて，日本の鉄道に一新気軸を出さんとせられた」（村上定「鶏肋」，日本経営史研究所編『中上川彦次郎伝記資料』，1969年）のであった。

山陽鉄道は，当初神戸・姫路間の鉄道敷設を計画していたが，政府の要請によって下関まで路線を延長することにした。中上川は，この山陽鉄道の事業について「山陽鉄道は我国東西鉄道連絡の幹線に当りて其両端には雄都良港あり貨客の運輸将来頻繁を加ふべきや必せり宜く後年の長計を立て姑息の失策を悔ゆ可らず」（菊池武徳『中上川彦次郎君』，1906年）との認識に立って，長期的な展望をもった独創的な経営を展開したのである。

まず人事面において，当時多くの私鉄がとっていた「鉄道局の官吏の古手を歓迎」（前掲「鶏肋」）するといった方法をとらず，大倉組土木部の技師長大島仙蔵を技師長に，また北海道庁技師岩崎彦松を汽車課長に招聘した。さらに，慶応義塾の卒業生を鉄道局に見習生として送り込み，官設鉄道の執務法を学ばせたりもした。

しかし，中上川の経営で特徴的なのは，むしろ線路建設と運輸の方法にあった。

初めから複線用地を確保したり，100分の1より急な勾配の線路建設を認めないなど，目前の利益にまどわされずに長期的な輸送計画にもとづいた線路建設を推進した。また，運輸に関してもバキューム・ブレーキ（真空制動機）を採用したり，機関車，客貨車なども将来の輸送需要をみこんで積極的に購入した。しかし，一方で外国品の直接購入，人員の削減など経営の合理化もかなり徹底して進めていることも見逃せない。

こうして中上川は，「山陽鉄道をして私設鉄道の模範たるに至らしめた」(菊池武徳『前掲書』)のであるが，民業自立の精神をそなえた彼はまた徹底した鉄道民営論者でもあった。中上川は，1891年に山陽鉄道会社社長を辞任して三井銀行に入るが，その後も鉄道事業の経営に関心をもち続け，1894年には渋沢栄一とともに官有鉄道の民営計画案を立て，翌95年には東京電車鉄道の設立計画に参画したりした。1901年10月7日，東京麹町永田町の自宅で死去。 （老川慶喜）

第2節 鉄道敷設法の成立とその意義

鉄道熱と井上勝の私鉄批判

松方デフレの終息と日本鉄道会社の良好な成績に刺激されて，1885年（明治18）以降各地で私設鉄道会社設立の請願が活発化した。1885年以降92年にかけて50社ほどの私設鉄道会社の設立が出願されたのである。しかし，これらのうち1892年までに開業をみたのはわずか12社にとどまり，その他は資金調達の失敗，鉄道企業としての諸条件の不備などの理由によって実現をみることができなかった。また，この間に計画された私設鉄道事業の資本金総額は5700万円に達していたが，実際の払込額は300万円ほどであった。このように，この時期に計画された私設鉄道事業には，かなりの投機的な泡沫会社が含まれていた（第1次"鉄道熱"）。

こうした状況にたいして，鉄道局長官井上勝（1843～1910）は批判的であった。井上は，1887年3月，内閣総理大臣伊藤博文に宛てた内陳書で，「右等出願者ノ情況ヲ察スルニ概ネ近来流行ノ鉄道病ニ罹リ宛モ発熱煩悶シテ譫言ヲ吐クモノヽ如ク」（鉄道省『日本鉄道史』上篇）と，この鉄道ブームに痛烈な批

判を浴びせたのである。

　井上は，1871年鉄道頭に就任して以来，一時期を除いて常に鉄道行政の最高位にあり，幹線官設官営主義を一貫して主張してきた鉄道官僚であった。井上は，すでに幹線鉄道の建設が検討されはじめた1883年3月，工部卿佐々木高行に提出した文書で，私設鉄道の弊害を列挙して，「鉄道ノ事ノ如キハ其用固ヨリ国ト異ナラス嘗ニ之ヲ私設ノ会社ニ委スヘカラサルノ原則アルノミナラス之ヲ委スルノ弊害実ニ甚シキモノナリ」（同上）と述べていたのである。

　しかし，日本鉄道会社の設立以後，政府部内においては私鉄保護政策が定着しつつあった。たとえば，大蔵卿松方正義は九州，山陽両鉄道会社にたいして，公債発行による官設鉄道の建設よりも「人民ノ結社布設ニ許シ応分ノ保護金ヲ與フルヲ以テ得策トナスヘキナリ」（同上）との立場から政府保護を認める方針を表明したのである。

　井上は，こうした私鉄保護政策にたいして，「其線路ノ地形等ニヨリ軍略上若クハ施政上必要ナルモノニシテ，営業上ノ収支如何ニ関セズ，政府自カラ布設スベキ所ヲ私立会社ニ布設セシムル場合ニ於テハ，相当ノ規約ヲ設ケ保助ヲ与フルモ亦可ナルベシ」（同上）と一定の留保をつけながらも，基本的には私鉄の技術水準にたいする不信などから反対の立場にあった。井上は，幹線官設官営主義を堅持して，鉄道政策の主導権を掌握しようとしていたのである。1887年（明治20）5月に公布された私設鉄道条例も，私鉄の乱立に一定の法的規制を加えようとしたものであった。

1890年恐慌と国有論の台頭

　1886年（明治19）から始まる企業勃興は，89年に至ってその頂点に達した。しかし，同年下半期には金融が逼迫し，金利は上昇しはじめた。そうした傾向は年末になってさらに強まり，90年1月には株式恐慌をひきおこし，前年までの企業設立ブームは一転して恐慌状態におちいったのである。この1890年恐慌は，日本資本主義が初めて経験する恐慌であったが，企業勃興の中心であった鉄道企業の中には，経営が悪化したり，株式払込みの停滞から建設工事の遅延

する企業が続出した。

　1890年恐慌に直面して，各地の商業会議所に結集するブルジョアジーは，いっせいに私設鉄道買収論を展開した。すなわち，1890年からその翌年にかけて，東京，大阪，広島，仙台，大津の各商業会議所は，私鉄の買上げ要請を決議したのである。さらには，広島，新潟の市会など地方公共団体においても私鉄の買上げを決議するところがでてきた。これらの商業会議所や市会の構成員の多くは鉄道投資の主体であったと考えられるから，当時の鉄道資本は恐慌の打撃によってその方針をいとも簡単に変えるほどに脆弱であったといえる。田口卯吉（1855〜1905）が，これらの私鉄買上げ論ないし国有論を「株屋の国有論」と揶揄するゆえんでもある。

　しかし，東京商業会議所が「今日鉄道国有の方針を定むるは我国現時の状態により最も得要なりと信する」（小谷松次郎編『鉄道意見全集』）として貴衆両院へ提出した請願書は，その真のねらいが鉄道株価の安定による景気回復にあったとはいえ，同時に鉄道政策の決定にブルジョアジーの意思を反映させるための審議機関の設置を要望していたという点で注目される。つまり，ブルジョアジーもこの時期に鉄道政策への参加を主張しはじめつつあったのである。

　渋沢栄一（1840〜1931），中上川彦次郎（1854〜1901）をはじめ三井，三菱などの財界主流も，私鉄の国家買収によって当面する経済的苦境から脱出することに賛成していた。しかし，彼らはその本質において私有鉄道主義，鉄道民営論者であって，資本主義の発展にともなう鉄道収益の増加，鉄道支配と産業支配との関連の緊密性などについて一定の見通しをもっていた。彼らは，国有化の気運をひきおこすことによって株価を安定せしめ，恐慌から脱出することをねらいとしたのである。

　それにしても，以上のごときブルジョアジーの私鉄買収論は，国有論の内容をなすべき鉄道建設計画や運営についての理論的見通しを全く欠いていた。しかし，1891年になって景気回復の兆しが現われると，鉄道国有の必要性を説いた書物やパンフレット類が数多く出版された。たとえば，逓信省郵便電信学校教授下村房次郎（1854〜1913）の『鉄道論』（1891年9月）は，近代国家にお

ける鉄道の発展を歴史的に把握し，鉄道の本来もっている輸送機能からしていかなる管理が政策上望ましいかと問題を提出し，いわゆる買上げ論的国有論を否定し，鉄道はすべからく公共の所有として国家の管理のもとにおくべきであるとした。また，法制局長官尾崎三良（1842～1918）も『鉄道国有論』（1891年12月）を刊行し，鉄道の機能が国家利益と結びつく以上，採算上の理由から工事の遅延している私設鉄道を買収し，国家資本によって建設を進めていくべきであると述べていた。

こうして，ブルジョアジーの私鉄買上げ論とは異質な国家利益と結びつけた形での国有論が台頭してきたが，これらの国有論はのちに述べる井上の「鉄道政略ニ関スル議」と内容的に結びついていくのである。

軍部の鉄道論

軍部は，兵部省の排外的な反対論があったとはいえ，かなり早い時期から鉄道の軍事的機能に関心を示していた。とりわけ，1877年（明治10）の西南戦争のさいにおける鉄道の軍事輸送に果たした効果は，軍部の鉄道にたいする認識を一挙に高めることになった。1879年，陸軍卿大山巌（1842～1916）は，鉄道局にたいしてその所有する車両の種類・数量・性能および運行状況について報告を求め，戦時体制下における鉄道利用の総合的な調査を開始したのである。

その後，1881年（明治14）に日本鉄道会社が設立されると，その特許条約書第24条で「非常ノ事変兵乱ノ時ニ当テハ，会社ハ政府ノ命ニ応シ政府ニ鉄道ヲ自由ニ使用セシムルノ義務アル者トス」と，戦時下における鉄道の軍事利用について明記した。さらに1884年2月25日付の太政官達では，「鉄道ノ布設変換ハ軍事ニ関係有之条，処分方詮議ノ為陸軍省ヘ協議可致」（工部省『工部省記録』巻3）というように，鉄道の建設・改良のさいにおける陸軍省との協議義務が正式に決定された。当時陸軍は，軍制の範をドイツにとり，普仏戦争におけるドイツの軍事輸送を学び，そうした観点からより総合的な鉄道政策を樹立しようとしていたのである。

こうして軍部，とりわけ陸軍は鉄道政策の決定に発言力を強めてきたが，そ

れは東京と京都を結ぶ幹線鉄道の建設計画が，中山道ルートに決定した（1883年12月28日）という経緯に典型的に示されている。すなわち，海上からの攻撃にさらされる東海道よりも，そうした危険の少ない中山道経由の方が適当であるという軍部の意向が採用されたのである。

軍部の鉄道の軍事的機能にたいする関心は，1886年以降，朝鮮問題をめぐる清国との戦争が予想されるようになると著しく現実性を帯びてきた。軍備増強と戦時体制の準備が焦眉の課題として意識され，鉄道問題についても，幹線ルートが東海道線をはじめ，日本，山陽，九州などの諸鉄道によって海岸線を通っていることは防備上極めて危険であること，軍隊の大量輸送という観点から軌間3フィート6インチを4フィート8½インチの国際標準軌間ないしそれ以上の広軌に変えること，さらには幹線はすべて複線にすることなどが主張されるようになったのである。

1888年（明治21）4月，参謀本部陸軍部によって刊行された『鉄道論』は，こうした軍部の鉄道認識をいわば集大成したものであった。そこでは，私設鉄道の計画がいたずらに利潤追求のためのみに行なわれ，軍事目的とは背馳する点が多いことを指摘し，鉄道の軍事的機能を認識する世論を喚起しようとしていたのである。そして，陸軍が鉄道政策の決定に干与すること，本州の幹線計画を決定すること，複線化を実現すること，従来の線路，停車場などの諸設備を改良することなどが提案されたのである。

こうして，軍部は来たるべき日清戦争に備えて，鉄道の軍事的機能についての認識を深め，鉄道政策にたいしても積極的なかかわりをもつようになったのである。

井上勝「鉄道政略ニ関スル議」と鉄道敷設法

ところで鉄道庁長官井上勝は，1891年（明治24）7月，自らの鉄道政策論を「鉄道政略ニ関スル議」にまとめて，内閣総理大臣伊藤博文に提出した。井上は，そこで鉄道の効用について「国防施政上ヨリ殖産興業上ニ至ルマテ社会百般ノ事業ニ便益ヲ与ヘ，所謂富強ノ要具，開明ノ利器タルヘキモノ」（鉄道省

『日本鉄道史』上篇）と軍事と経済の二面から把握し，全国的な鉄道網の形成（約5500マイル）とその資金調達の方法を論じたのである。井上によれば，そのために今後建設を要する鉄道は約3550マイルで，その建設費総額は2億1300万円であった。そして，このうち「国防ノ必要ニ依リ」（同上）緊急に建設を要するものと，測量済みで工費が安くしかも収益性のあるもの（6路線，801マイル）とを第1期予定線として7ヵ年計画で建設することとし，それに要する建設資金は予算方式ではなく，公債発行によって調達すべきであるとされていた。鉄道建設の計画を安定的に実行するために，公債発行の法律を制定することが要請されたのである。さらに井上の「鉄道政略ニ関スル議」では，幹線鉄道網の一環を担う私設鉄道は「政府ニ於テ之ヲ買収スルヲ策ノ最モ得タルモノトス」（同上）と私設鉄道の買収，幹線国有化論が展開されていたのである。

　この「鉄道政略ニ関スル議」は，内務大臣品川弥二郎（1843～1900）によってとりあげられ，1891年（明治24）12月17日の第2回帝国議会衆議院本会議に鉄道公債法案，私設鉄道買収法案として提出された。品川は，鉄道公債法案の提出理由を説明するなかで，まず鉄道の役割を「兵商二途ノ要員」と規定し，そうした立場から全国的な鉄道網形成の必要を論じたのである。品川によれば，3600マイルの鉄道を9ヵ年で建設し，その建設費（3600万円）は1892年度から9ヵ年にわたる公債発行によって調達すべきであるとされたのである。また，景気変動に左右されない鉄道経営の確立，輸送体制の均質化の実現などを達成するために鉄道国有化が必要であるとして，私設鉄道買収法案も同時に提出された。しかし，この2法案のうちまず私設鉄道買収法案が1891年12月24日の本会議で否決され，鉄道公債法案も同年12月25日に衆議院が解散されたため審議未了で廃案となった。

　こうして両法案とも未成立に終わったのであるが，その背後には田口卯吉や佐分利一嗣（1864～1924）らの鉄道国有反対論があった。田口はイギリスの自由主義的経済政策の理論をわが国の鉄道政策に適用し，政府の官設官営主義はもちろん私設鉄道保護政策をも批判し，自ら独立自営の両毛鉄道会社の設立に

第3章 産業革命と鉄道 65

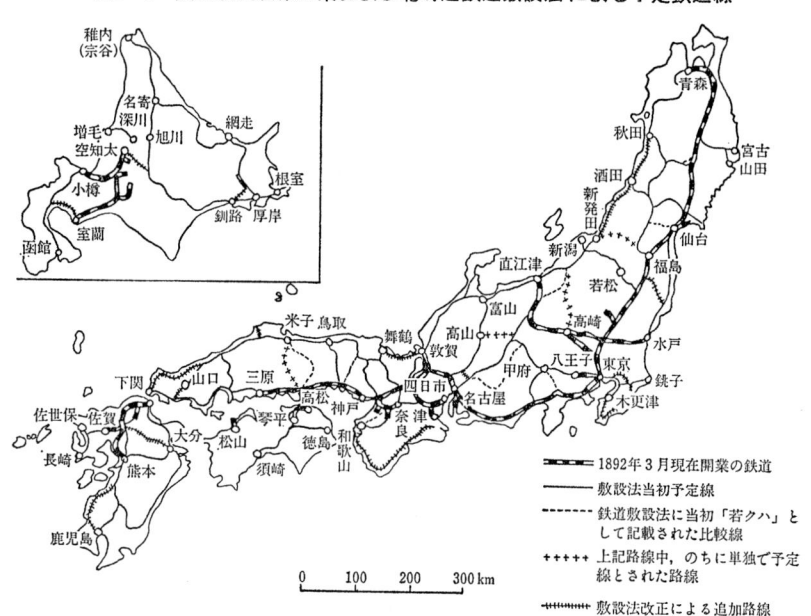

図3-1 鉄道敷設法第2条および北海道鉄道敷設法による予定鉄道線

━━━ 1892年3月現在開業の鉄道
――― 敷設法当初予定線
------- 鉄道敷設法に当初「若クハ」として記載された比較線
+++++ 上記路線中，のちに単独で予定線とされた路線
┉┉┉┉ 敷設法改正による追加路線

（注）原田勝正・青木栄一『日本の鉄道―100年の歩みから―』（三省堂，1973年）p.45，より転載（青木栄一原図）。

尽力した。また，佐分利一嗣は鉄道を営利事業とみる立場から独自の私設鉄道網を構想し，1892年4月に『日本之鉄道』を刊行した。いずれにしても彼らは国有反対論を展開したのであるが，これが自由党の議員や立憲改進党の中野武営（1848～1918）らによって支持され，前述のごとく鉄道公債法案，私設鉄道買収法案にたいして強い反対がなされたのである。

しかし，政府は1892年（明治25）5月，再びこれら2法案とその他の議員から提出された鉄道法案をまとめて鉄道敷設法案として第3回帝国議会に提出した。この鉄道敷設法案は，同年6月6日に衆議院を通過し，21日法律第4号として公布されることになった。

鉄道敷設法は，鉄道線路の建設を法定手続きにしたという点（第1条），政府の鉄道建設構想を示したという点（第2条）などでわが国鉄道政策史上画期的

な意義をもつものであった。鉄道敷設法に組み込まれた第1期予定線についてみると，中央線，山陽線，佐世保線など軍部の強い要求によるものや，北陸線のように地元の要求によるものなどが目にとまるが，いずれにしてもそれらは井上勝や品川弥二郎が構想した「兵商二途」の鉄道の使命をそのまま示したといってよい。鉄道建設の基本方針は，鉄道創業以来20年目にしてようやく整備されたのである。

しかし，私設鉄道の買収・国有化については完全に無視された。政府による私鉄の買収権限は認められたが，これには「帝国議会ノ協賛」というチェックポイントが設けられ，予定線を私設鉄道会社が建設するという方途も認められていたのである（第14条）。

とはいえ，鉄道敷設法は，私設鉄道条例とともに私鉄にたいする政府の優越的な地位を確立するものであったという点を見逃してはならない。鉄道敷設法の制定によって，鉄道政策における政府の強い主導権が確立され，鉄道政策の統一的な計画・運営が可能となったのである。なお，北海道については鉄道敷設法の適用から除外され，1896年5月14日に北海道鉄道敷設法が公布された。

(老川慶喜)

人物紹介⑥

牛場卓蔵（うしば・たくぞう　1850～1922）

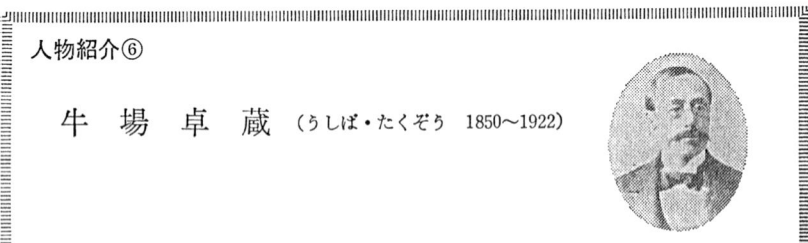

山陽鉄道会社で私鉄経営者として大いに敏腕をふるった牛場卓蔵は，嘉永3年（1850）12月伊勢国（三重県）の久居藩士原平一郎の三男として出生した。牛場姓を名乗るようになったのは，のちに牛場圭次郎の養子となったからである。

牛場は，1871年（明治4），上京して福沢諭吉の慶応義塾に入門し，英学を修めた。1873年，塾卒業後，牛場はしばらく役人生活などをおくったが，1882年に福沢が『時事新報』を創刊するとその社員となり，紙上に健筆をふるうことになった。その後，1887年3月，大倉喜八郎，渋沢栄一，藤田伝三郎らとともに日本土木会社

(のちの大倉土木)の創立に参画し，その取締役兼支配人に就任して実業界に身を転じた。

しかし，同年中上川彦次郎が時事新報社を辞して山陽鉄道に入ると，牛場もこれに従って山陽鉄道に入社した。そして，1894年4月に今西林三郎の後任として総支配人となり，中上川が山陽鉄道を去ったのちもそのままとどまり，1898年4月に専務取締役に就任し，取締役会長（社長）の松本重太郎を補佐することになった。そして，その後1904年4月，松本重太郎が辞職するとそれに代わって取締役会長に就任し，国有化されるまで山陽鉄道の経営に従事したのである。

山陽鉄道は，全線にわたって急勾配を排除して高速度運転を実現したり，寝台車（1900年），食堂車（1899年）の連結を開始したり，積極的な輸送サービスにつとめたが，それは牛場の経営方針によるものであった。山陽鉄道は，瀬戸内海の内航海運と激しい競争関係にあったため，牛場はそれとの対抗上積極的な経営を展開したのである。

それにしても，牛場は利潤の追求のみを目的とする私鉄経営者ではなかった。牛場は，1889年5月，「鉄道営業の方針」，（『鉄道時報』第14号）なる論説を発表し，「鉄道運賃の高下廉不廉は申すに及ばず，其運送方法の巧拙遅速等が如何に国の工業と外国貿易の盛衰消長に影響するか」と，鉄道の社会・経済に及ぼす影響を把握し，鉄道経営者はこうした鉄道の役割を認識してその責任を果たさねばならないとした。山陽鉄道の経営も，牛場のこうした経営理念にもとづいてなされたものであった。

さらに牛場は，1906年1月，「私設鉄道利益配当制限論」（『鉄道時報』第329～334号）によって，独自の鉄道民営論を展開する。これは，鉄道国有化直前に幹線私鉄経営者によって展開された鉄道国有反対論として極めて興味深いものである。

牛場は，欧米における鉄道発達の歴史を検討しながら，競争こそが鉄道進歩の原動力であるとの認識に立つ。しかし，そこから直ちに鉄道民営を主張するわけではなかった。牛場によれば，鉄道を民営とするか国有とするかは，それぞれの国の事情によって決められるべきであるというのである。わが国の場合，その地勢上より同一区間に複数の競争線を敷設することは事実上不可能であり，「鉄道の進歩発達上に一箇の有力なる発動機たるべき彼の競争と云ふものを実際に発動する余地がない」とみる。しかし，そのことをもって国有化を主張するには余りにも弊害が多いとして，鉄道民営論の立場から，競争にかわるべき鉄道進歩の原動力を「配当制限論」として展開するのである。牛場によれば，「株主への配当率を或る程度に限」り，さらに「鉄道の利益が増進すれば増進するに従ふて其余裕は悉く其鉄道の拡張

と改良に振り向け」るというのである。こうすれば，鉄道はますます進歩するであろうし，また，利潤率のみを高めようとする私鉄経営も封ずることができるのである。

かくして，牛場は山陽鉄道の経営者という立場から，独自の民営鉄道論を展開した鉄道家として，極めて興味深い存在といえる。1922年3月，兵庫県垂水の自邸で死去。72歳であった。
（老川慶喜）

第3節　私鉄の発展とその資本調達

私設鉄道の成立と発展

明治新政府は資本主義の急速な育成をはかるためには，鉄道の導入による交通手段の近代化を急務と考え，日本で最初の鉄道（新橋・横浜間）を自らの手で，いわゆる官設方式により建設した。しかし，当時の政府には全国的な鉄道網を官設方式によって整備するだけの財政的余裕はなく，また，不平等条約によって主権が制限され，植民地化の危険が存在するもとでは，外資の導入による鉄道建設も極力回避しなければならなかった。

このような政治的背景のもとで，すでに明治初年以来，1871年（明治4）10月の関西鉄道会社の設立をはじめ，民間資本による鉄道建設あるいは官設鉄道払下げの計画がいくつか現われたが，いずれも資金調達の失敗その他から実現をみることなく終わった。その後，80年に政府の殖産興業政策が直接官営方式から間接保護方式に転換した（同年11月に「工場払下概則」を公布）のにともない，再び民間資本による鉄道建設の機運が高まり，こうして設立されたのが81年11月の日本鉄道会社であった（開業は83年7月の上野・熊谷間）。蒸気機関を動力とする私鉄の第1号はこの日本鉄道会社であるが，私鉄の範囲を馬を動力とするものにまで広げれば，82年6月に新橋・日本橋間で開業した東京馬車鉄道会社がその第1号ということになる。

ところで，1881年（明治14）に始まる緊縮政策（松方財政の名で呼ばれる）は，深刻な不況をともないながら，資本主義発展のための諸条件（資本・賃労

働関係)を創出し，日本における原始的蓄積の仕上げともいうべき役割を果たした。事実，86年以降には金利の低下，輸出の急増などから景気は急速に回復し，私設鉄道をはじめ綿紡績などの近代的産業部門を中心に企業勃興期を現出することになった。産業革命の本格的な展開がこれにほかならない。

　以上のように私設鉄道が企業勃興の中心となった要因のひとつは，日本鉄道や1884年(明治17)6月設立の阪堺鉄道の営業成績が良好であったことに示されるように，私設鉄道の収益性が明らかになったことであった。しかし，産業革命が展開している過程では，私設鉄道が成立するために必要な交通市場的基盤はまだ十分には成熟していなかった。にもかかわらず私設鉄道が収益事業化したのは，一方では私設鉄道が貨物運賃収入よりも旅客運賃収入に依存しながら(86〜89年の平均では64.0%)，他方では最少の設備投資と鉄道労働者の低賃金により，利子率を上まわる利潤率をあげたからにほかならない。たとえば，最も基礎的な設備である軌道についての狭軌の採用，低い複線化率，高勾配の採用，道路との平面交叉などをはじめ，各種物的設備の貧弱さの主たる原因も，ここに求めることができよう。

　いま，1885年(明治18)から92年までの私設鉄道の出願状況をみると，その数は50件にもおよんでいるが，このうち実現をみたのはわずかに12件にすぎなかった。このことは，収益性の見通しもない投機的な計画が少なくなかったことを意味するものといえよう。また，「鉄道布設ヲ名トシ会社ヲ設立シ其株式ノ売買ヲ以テ一攫千金ノ巨利ヲ博セント欲スルモノ亦少ナカラス」(逓信省鉄道局『明治二十年度鉄道局年報』)という状況さえ見られたという。

　また，私設鉄道はその規模にもよるが多くは巨額の設備資本を必要とするところから，株式会社形態による資本の集中，その株式の市場での売買を不可欠の条件としていた。そのため，日本鉄道をはじめとする既設鉄道の株式は折からの好況のもとで高値をよび，両毛鉄道など新設鉄道の「権利株」(証拠金だけの株式予約証)のなかにプレミアム付きで売買されるものが出現するなど，投機的な鉄道株ブームをひきおこした。1886年(明治19)以降の企業勃興は，同時に，日本では最初の"鉄道熱"をともなって展開することになったのであ

る。

　この第1次 "鉄道熱" の過程で，北海道炭礦，関西，山陽，九州の各鉄道会社（日本鉄道とともに5大私設鉄道と呼ばれる）が設立され，このほかにも両毛，水戸，甲武，参宮，大阪，讃岐，筑豊興業などの鉄道会社が設立された。そして営業線でみると，1890年度末には私設鉄道のそれは1365キロと，官設鉄道の984キロを上まわり，以後，1906年の鉄道国有化に至るまで，全国的な鉄道網建設の主流は私設鉄道が担うことになった。

　第1次 "鉄道熱" は1890年（明治23）におこった日本最初の資本主義的恐慌によって頓挫を余儀なくされたが，日清戦争前には再燃し，とくに戦後には，戦勝にともなう償金の取得，台湾の領有，朝鮮市場の独占，そして清国の輸出市場化などを条件とする旺盛な企業勃興のなかで本格化した。すでに政府は92年6月に鉄道敷設法を制定して，将来官設鉄道として建設すべき路線などを決定していたから，以上のような第2次 "鉄道熱" は官設鉄道に予定された路線以外の，主として短距離の地方小鉄道の設立をめぐって展開されることになった。そしてこの場合も，「権利株」を含む投機的な鉄道株ブームをともなった点では，第1次 "鉄道熱" を上まわるものであった。それはともかくとして，この第2次 "鉄道熱" の過程では，房総，青梅，北越，豊川，京都，阪鶴，南海，七尾，中国，徳島，唐津興業などの鉄道会社が設立されたのである。

　しかし，第2次 "鉄道熱" も1897年（明治30）の中間恐慌とそれに続く1900年の本格的恐慌によって挫折・沈静化し，1902～06年の間に設立された私設鉄道は皆無となった。

株式発行のメカニズム

　私設鉄道が株式会社形態による資本の集中を不可欠の条件としたとするならば，会社設立と増資のさいの株式発行がいかに行なわれたか，そのメカニズムを具体的に検討することが必要になる。

　まず，明治期を通じて最大の私設鉄道となった日本鉄道について，会社設立のさいの資金調達・株式発行からみてみよう。特徴的なことは，まず第1に，

資本金の一部（590万余円）の発起人・賛成人（889名）引受けにより設立が認可されていることであろう。したがって，会社の設立後に一般株主の募集が本格化し，それが最終的に締め切られるのは1884年（明治17）5月のことであった。注目されるのは，この過程で，株主数は設立時の889名から83年6月には9527名にまで増加しているものの，株数はほとんど変化していないことであろう。このことは，発起人が引き受けた株式が多数の小株主に肩代わりされたことを意味するものにほかならない。

　問題は一般株主の募集がいかにして行なわれたかであろう。それは，発起人の中心となった岩倉具視（1825～1883）らが建設予定地の各県令・書記官にたいし株主募集の協力を求め，各県は予約した金額あるいは株数を天下り式に郡役所を通じて戸長に割り当てたり，あるいは地元有力者を説諭して引き受けさせるという方法で行なわれたのである。日本鉄道とほぼ同じ時期に北陸地方の鉄道建設を目的に計画された東北鉄道会社（未成立に終わる）の場合も，株主募集はおなじく旧領主が中心になった天下り式の割当方法がとられていた。第1次"鉄道熱"以前の私設鉄道にあっては，株式会社についての一般の理解が乏しい反面，資本金の規模が巨大であったこととも関連して，以上のような経済外的強制による株主募集・株式発行が行なわれていたのである。

　しかし，一定の資本蓄積の上に展開した第1次"鉄道熱"の過程では，経済外的強制による株主募集は消滅し，自由な市場関係にもとづく株主募集がとって代わることになった。そして，当時の株式会社のなかでは最大規模の資本金を擁する私設鉄道，たとえば九州（750万円），北海道炭礦（650万円），山陽（550万円，いずれも第1回募集分）をはじめ，多数の有力な鉄道会社の設立をみたのである。

　これらの鉄道会社の設立にさいしては，三井・三菱に代表される政商をはじめ，新興の産業資本家，大地主，銀行家，そして有力な華族などが発起人となり，あるいは大株主となって株式の相当の部分を引き受けたが，同時にまた，多数の中間諸階層の小額の貨幣資本をも動員していた。このことは，当時の鉄道会社の株主数がかなりの多数にのぼっていたことからも，明らかであろう。

たとえば，1890（明治23）年9月末に九州鉄道の株主数は2534人，翌91年9月末に日本鉄道の株主数は2909人，山陽鉄道のそれは1862人を数えていたのである。

そこで当時の鉄道会社による株主募集の具体的な方法をみると，まず発起人と賛成人は親戚・友人・知人などにたいして血縁・地縁関係を利用しながら直接的な勧誘を行なったが，広く社会的資金を結集するためには，これだけでは不十分であった。そこで盛んに利用されたのは日刊新聞・経済雑誌への広告であり，当時のこれらジャーナリズムの発達は，株主募集にも大いに役立てられたのである。また，広い地域に散在する株主から払込みを徴収するためには，その取扱いを銀行に委託することが必要であった。すでに日本鉄道は，1882年（明治15）3月の一般株主の募集にあたって，第一国立銀行や三井銀行など25行の銀行に払込みの取扱いを委託したが，他の鉄道会社もすべて同様であり，この点で国立銀行を中心とする銀行網の形成は，大規模な私設鉄道の株主募集にとって不可欠の条件となったといえよう。

以上のように，第1次〝鉄道熱〟の過程での株主募集・株式発行はすべて直接募集という単純な形式で行なわれたが，それにもかかわらず多くの鉄道会社が予定期日までに全額の募集を完了できたのは，折からの鉄道株ブームによるところが少なくなかった。当時，鉄道株は最大の投資対象であったばかりでなく，同時に他に適当な投機対象が少なかったこととも関連して，最大の投機対象でもあったのである。そのため，両毛鉄道の「権利株」（50銭払込み）が50円前後のプレミアム付きで売買されたように，新設の鉄道会社による株式募集が申込み超過になる場合も少なくなかった。

ところで，第2次〝鉄道熱〟における鉄道会社の株主募集・株式発行も，以上述べたところと何ら異なる点はなかった。しかし，現実の鉄道資本の蓄積という観点からみるならば，鉄道会社の新設にともなう株式発行よりも，〝鉄道熱〟によって促進された株式ブームのもとで，5大私設鉄道をはじめとする既設の鉄道会社が増資にともなう巨額の株式発行をあいついで行ない，線路の延長や各種設備の増強・改良を着実におし進めていたことのほうが重要であった

表3-3 鉄道会社の資本形成の推移　　　　（金額単位：千円）

年　度	新設		増資		合　計
	社数	資本金総額	回数	資本金総額	
1886～89	12	29,590(70.6)	4	12,300(29.4)	41,890(100.0)
90～92	6	3,540(36.6)	7	6,145(63.4)	9,685(100.0)
93～97	31	45,528(32.7)	49	93,612(67.3)	139,140(100.0)
98～1901	6	12,510(20.5)	24	48,453(79.5)	60,963(100.0)
02～06	0	0(0.0)	8	37,531(100.0)	37,531(100.0)

（注）　鉄道省『日本鉄道史』(1921年)，鉄道時報局『帝国鉄道要鑑』(1906年)などより作成。カッコ内は構成比。

（表3-3参照）。なかでも，1897年（明治30）度に日本鉄道が両毛鉄道の買収，複線の建設，車両の増設などのために行なった2600万円の増資は，1回の増資としては明治期を通じて最大の規模を記録することになった。

　問題は，以上のような増資のための株式発行が具体的にどのような方法で行なわれたかであろう。いま増資の方法を，新株の額面価格による株主割当と時価（またはプレミアム付き価格）による公募とに大別するならば，5大幹線鉄道をはじめとする鉄道会社の増資のほとんどは，前者の方法によって行なわれていた。そして，このような株主割当額面発行方式は，鉄道会社だけでなく他の会社でも多く採用されており，当時の代表的な増資方法であった。

　いうまでもなく，社会的にみて狭い範囲内の株主（投資家）層に依拠しながら，株式会社が急速な資本金の増加をはかるためには，資本の供給者である株主に有利な方法，つまり株主にプレミアム（株式の時価と額面の差額）を分与する額面発行を条件に新株の引受けを誘引する以外にない。いま，当時の鉄道会社の資本金の増加がいかに急速であったかをみると，会社の設立から1906年（明治39）の鉄道国有化までの20年前後の間に，日本鉄道は7回の増資で資本金を11.1倍に増加させ，九州鉄道は9回の増資（4回の合併増資を含む）で資本金を8.3倍に増加させ，また甲武鉄道は4回の増資で資本金を6.1倍に増加させていたのである。このような場合に，増資の方法としては株主割当額面発行は不可避であったといえよう。

銀行の株式担保貸付け

　鉄道国有化以前の私設鉄道の資本構成をみると，その中心となったのは，株式資本金と積立金とからなる自己資本であり，社債や借入金などの他人資本の占める比重は低かった。いま，他人資本の比重を調べてみると，1895年（明治28）度で8.3％，1905年度で12.6％にすぎなかった。鉄道の基礎的な投資が土地・レール・橋梁・車両などの設備から成り立つ以上，自己資本の比重が高いのは当然といわなければならない。自己資本の大部分を占める株式資本金は，すでにみたように，会社設立のさいの株式発行だけでなく，設立後の増資にともなう株式発行によっても調達されたが，問題はこれらの株式発行に応募した株主はいかにして払込みを行なったかであろう。

　この点で注目しなければならないのは，鉄道会社をはじめとする当時の株式会社が1株50円もしくは100円という高額面株を発行していたことであろう。そして，1890年（明治23）4月公布の商法（施行は93年7月）は「各株式ノ金額ハ……二十円ヲ下ルコトヲ得ス又其資本十万円以上ナルトキハ五十円ヲ下ルコトヲ得ス」（第175条）と規定したのである。商法がこのような高額面株を採用したのは，泡沫的投機的な株式会社の設立を抑制し，ある程度の資力をもった安定株主を確保することによって株式会社の資本的基礎を強固にしようと意図したことによると同時に，当時のドイツ商法およびフランス会社法の定めている額面金額が円に換算してそれぞれ37円，100円であったこともその有力な根拠とされたのである。

　それにしても，当時の貨幣価値からすれば50円は著しく高額であり，そのため商法公布の当時から，額面の引下げを要求する主張がくり返しなされることになった。にもかかわらず，50円額面に関する商法の規定はその後も何ら改正されることなく，実に第二次大戦後の1951年（昭和26）6月の改正商法の施行まで存続することになったのである。

　それはともかく，以上のような高額面株が長期にわたって定着をみる上で重要な役割を果したのが，分割払込みの制度であった。すなわち，この制度のもとでは，株式への払込みは1回ではなく何回かに分割してなされることにな

るが，株主は当然のことながら額面金額に達するまでの追加払込みを義務づけられることになり，かりに部分払込みのまま株式が譲渡された場合には，追加払込みは買い受けた新株主の義務となる。このような分割払込みの制度を必然化した要因は，まず第1に，高額面株の採用にともなう株主の払込み負担を軽減する必要であった。さらに，株式会社の配当支払いの負担を軽減する必要を第2の要因につけ加えることができよう。設立と同時に資本金の全額を必要としない株式会社（鉄道など）の場合は，事業の進行に応じた分割払込みを採用することにより，資本金の一部が遊休化することを回避し，配当支払いの負担を軽減できるからである。

ところで，問題は追加払込みが株主の都合ではなく会社の都合によりなされることであろう。そして株主が会社からの一方的な追加払込みの請求に応じうるためには，一定の資金を手もとに用意しておくか，何らかの方法で資金を調達することが必要になる。もし手もとに資金がなく，また資金の調達に失敗した場合には，当然追加払込みも不可能になる。このような場合には，会社はその株主から株式を没収し，払込み可能な新株主を求めて没収した株式を競売にかけることになる。

以上のように，株主が株式の引受けと同時に額面金額までの分割払込みの義務を負うということは，両者が時間的に分離するだけに，何ら現実の払込みを保証するものではなかった。つまり，分割払込みの制度は株式の引受けと払込みとが乖離するという矛盾を含んでいたのである。そして，この矛盾は"鉄道熱"のもとではしばしば表面化することになった。資力以上の多額の株式を引き受け，払込み不能におちいる株主が続出したのである。これでは，鉄道会社の資本調達も中途で挫折せざるをえないことになる。

しかし，銀行の株式担保貸付けは以上のような矛盾と困難をともかくも回避し，会社の資本調達を側面的に支える役割を果たすことになった。株式担保によって貸し出される資金の使途は株主の性格と借入れの目的とによってさまざまであり，なかには個人によって営まれる商工業の営業資金にあてられる場合も少なくなかったが，そのかなりの部分が株式の分割払込みにあてられたとい

えよう。そして明治期を通じて，銀行の株式担保貸付けは貸出し全体の3分の1近くを占め，その多くが鉄道株を担保としていたのである。こうして銀行のもとに集積された資金（預金）は，迂回的に私設鉄道をはじめとする株式会社の自己資本に転化したといえよう。なお，銀行の株式担保貸付けの盛行をもたらした有力な条件としては，日本銀行が1885年（明治18）以降，とくに90年の恐慌を契機として，銀行が保有する鉄道株などを担保とする銀行向け貸出しに積極的に応じてきたことをつけ加えることができる。

ところで，部分払込みの株式が取引所に上場される場合には，当然その株式の担保価値と市場性は増大する。当時，銀行が担保として歓迎したのは，このような株式（主として5大私設鉄道をはじめとする鉄道株）であったことはいうまでもない。そして，銀行が上場された鉄道株を担保にして株主に払込み資金を貸し出したとするならば，この場合には株式取引所を中心とする鉄道株の流通市場は，間接的に鉄道会社の株式発行と資金調達を支える機能を果たしたことになる。

以上のように，株式の分割払込みと銀行の株式担保貸付け，そして部分払込み株式の取引所上場は，いわば三位一体となって，私設鉄道の膨大な資本調達を可能にしたのである。社会的資本の蓄積それ自体がまだ低い水準にあった明治期に，このような株式会社金融のメカニズムが早くから確立したことは，日本の鉄道建設を外国資本の流入に依存することなしに可能にした有力な条件でもあったといえよう。

（野田正穂）

人物紹介⑦

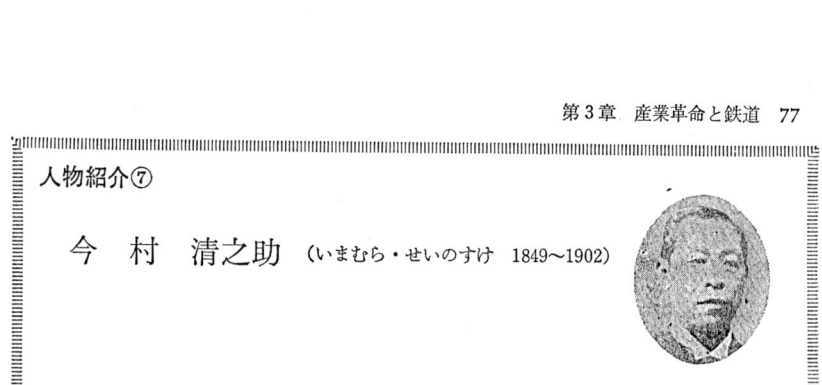

今 村 清之助 （いまむら・せいのすけ 1849～1902）

　明治期の「大鉄道家」で，文字どおりの「立志伝中の人」。
　嘉永2年3月3日（1849年3月26日），信濃国（長野県）下伊那郡出原村の貧しい農家の次男として生まれる。若くして商人として身を立てることを志し，横浜で行商・露天商等に従事し，のちにドル仲買人の手代となる。1872年（明治5）2月，23歳で独立し，ドル仲買のかたわら秩禄公債などの売買に従事し，77年1月には東京日本橋の土蔵の二階を借りて公債の集団売買（事実上の公債取引所）を開始した。そして渋沢栄一，福地源一郎らと提携し，78年5月には東京株式取引所を設立し，その仲買人となった（ただし，数年で仲買人を廃業）。
　1884年（明治17）4月，陸奥宗光に同行して約5ヵ月間の「欧米漫遊」の途にのぼり，各国でつぶさに鉄道事業を視察してその重要性を痛感する一方，のちに九州鉄道社長となった髙橋新吉や関西鉄道社長となった白石直治と親交を結んだ。帰国後は『外遊漫録』をまとめ，また86年11月の両毛鉄道会社の設立にさいしては発起人（のちに社長代理）となり，鉄道家としての第一歩をふみ出した。その後，九州鉄道，関西鉄道，山陽鉄道をはじめ数多くの鉄道会社の発起人・大株主あるいは取締役になり，一躍して「大鉄道家」としての地位を築き，名声を博するに至った。
　また，1888年12月には資本金25万円をもって今村銀行を設立し，その頭取に就任した。多くの鉄道会社へ投資し，その大株主となるためには，銀行信用（株式担保の借入れ等）の利用が必要となっていたからである。今村銀行は鉄道家としての今村の「機関銀行」にほかならなかった。
　以上のように，今村清之助は明治期の鉄道家のなかでは株式仲買人出身という点で，他に例をみない異色の鉄道家であった。このことは，鉄道会社の資金調達や財務管理の面で大きな功績をあげたこととも関連している。たとえば，両毛鉄道をはじめ多くの鉄道会社の資金調達（株式発行）にさいして，投資家や証券業者との個人的な結びつきを利用しながら，これを成功に導いたこと，また，九州鉄道をはじめ多くの鉄道会社でおこった路線の選定等をめぐる株主間の対立・抗争にさいしては，鉄道会社の収益など財務管理の立場からこれを調停したこと，などがあげられ

る。

　他方，1891年（明治24）1月には東京株式取引所相談役，同年4月には富士製紙相談役，同年10月には帝国ホテル取締役，94年9月には帝国商業銀行取締役，95年9月には函館船渠発起人，同年11月には東京水力電気発起人になるなど，鉄道以外の分野でも多面的な事業活動を行ない，また，89年11月には日本橋区会議員，92年5月には東京市会議員に選ばれ，教育・衛生の分野で力をつくした。

　1902年9月26日，胃がんのため53歳で死去したが，今村銀行は長男の繁三が頭取をつぎ，1931年（昭和6）9月まで，東京の中堅銀行のひとつとして発展をつづけた。
　　　　　　　　　　　　　　　　　　　　　　　　　　　　　（野田正穂）

第4節　鉄道技術の自立

お雇い外国人の貢献

　日本の鉄道はイギリスからの借款と技術指導によって建設され，その経営や技術管理，あるいは車両，諸施設の供給に関しても長期にわたって外国人の指導の下におかれていた。鉄道という事業は在来の日本の技術にとってはまったく未知数の技術システムであり，その導入にはあたっては全面的に外国の技術に依存しなければならなかったのである。

　このため，鉄道の技術システムはまず政府により雇傭された外国人技術者，いわゆる「お雇い外国人」によって日本に導入された。このことは，他の多くの近代技術に基盤をおく新しい産業の導入の場合と異なるものではなかった。

　鉄道における「お雇い外国人」の雇傭は，1870年（明治3）からはじまり，1873～75年（明治6～8）には100名以上が雇傭されていた。年度末の雇傭数でみると，京浜間鉄道開業の2年後，阪神間鉄道開業の当年にあたる1874年が最大となって115名を数えたが，その後は減少に転じ，1881年（明治14）以降は新規の雇傭もほとんどなくなった（表3-4）。これは日本人技術者が養成されて，逐次外国人にとって代わったことを示している。鉄道部門におけるお雇い外国人は大部分がイギリス人であり，とくに官鉄の運営にあたった鉄道寮

表3-4 鉄道関係の外国人職員の推移

年度	新規雇傭者	解雇者	各年度末現在員 高級者	中・下級者	計
明治 3	19	0	5	14	19
4	50	7	15	47	62
5	48	26	20	63	83
6	57	36	22	79	101
7	41	29	29	86	115
8	22	29	25	84	109
9	14	38	19	85	104
10	4	25	9	61	70
11	3	16			
12	7	17	7	36	43
13	6	8			
14	0	13			
15	2	6	6	16	22
16	0	3			
17	0	0			
18	0	11	5	10	15
19	0	0	5	10	15
20	1	0	5	9	14

(注)1. 新規雇傭者・解雇者―山田直匡『お雇い外国人』第4巻「交通」(1968年,鹿島研究所出版会)p.55.
2. 明治10年度以降は開拓使,九州鉄道雇傭者を含む。また年代不明の雇傭・解雇者を含まない。
3. 各年度末現在員―『日本国有鉄道百年史』第1巻(1969年,国鉄)p.316.(明治19年度のみ『雇外国人年報』)
4. 鉄道寮(局)雇傭者のみ。高級者は月給300円以上の職員。
5. 明治3～8年度は各12月末日,9～18度年は各6月末日,19～20年度は各翌年3月末日現在。

(局)に雇傭された者はほとんど全部がイギリス人であった。

鉄道創業期における外国人職員は,鉄道差配役(director, 1877年2月以降は書記官〔secretary〕),建築師長(engineer-in-chief),汽車監察方(locomotive superintendent),運輸長(traffic manager)のような高級職員から,日給払いの石工,罐工,鍛冶工,運転方(機関士),ポイントメンなどの現場職員まで

極めて多岐にわたり，駅務を除く専門職種をほとんど独占していた時代もあった。彼らは鉄道建設計画，測量，諸施設と車両の設計，列車計画と運転・保守など鉄道全般の指導と業務運営にあたったのであった。

鉄道技術者の養成

鉄道創業時から日本人は駅務関係の職種に多く採用されていたが，建設や工場，あるいは列車運転などにかかわる技術的な職種にも雇傭され，外国人職員の指導の下に，実務への参加を通じてそれぞれの現場業務に熟達の度を深めていった。機関方（機関士）の養成はこの種の現場における養成の典型であったと思われる。すなわち，日本人機関方は最も経験の深い火夫（機関助士）のなかから選抜され，工場において工具の使用方法，機関車各部の構造，その操作や取扱い方法を学んだのち，資材列車またはバラスト列車に乗務させて実地経験を積ませ，実地試験に合格後，機関方として採用され，列車運転あるいは入換作業に従事した。最初の日本人機関方が正式に採用されたのは1879年で，新橋鉄道局で3名（4月），神戸鉄道局で3名（8月）の登用が記録されている。同年11月には京浜間運転の全列車に日本人機関方が乗務するようになった。

しかし，指導的な高級技術者については独自の教育体系が必要であり，鉄道については1871年（明治4）9月，工部省に設けられた工学寮（翌年4月工学校を設置）にはじまる。この学校は初代建築師長として着任したモレル（Edmund Morel）の建議によるもので，大学校（4年）とその予科にあたる小学校（2年）より成り，大学校の専門は土木，機械，造家，電信，化学，冶金，鉱山の7科（修業年限6ヵ年）より成っていた。このうち鉄道と大きなかかわりのあったのは土木科であり，いうまでもなく鉄道の建設と深く関係していた。大学校は1877年（明治10）1月，工部大学校となり，1885年（明治18）12月の工部省廃止にともなって文部省に移管，翌年の帝国大学設置とともにその工科大学となって，帝国大学の機構に編入された。

工部大学校における養成と並行して，1877年5月，鉄道局も鉄道土木技術者の速成養成のため大阪駅舎内に工技生養成所を設立した。入所者は中学校卒業

程度の試験によって選抜された。工技生養成所は京神間建築師長シャービントン (T. R. Shervinton) 作成のカリキュラムによって教育され，数学，測量，製図，力学，土木学一般，機械学大要，鉄道運輸大要などの教科があった。1878年8月に開始された京都・大津間鉄道建設工事にははやくも養成所出身者が工事区間の責任者として起用され，同区間最大の難工事であった逢坂山トンネル（長さ664.8m）の掘削もすべて日本人スタッフにより工事が進められた。

　京都・大津間の建設に続く長浜・敦賀間や中山道幹線，東海道線の建設においても，線路の設計と工事の推進はすべて日本人技術者によって行なわれた。こうして建設部門においては鉄道創業10年足らずの期間で，日本人技術者は外国人技術者に完全にとって代わることとなった。事実，1882年（明治15）ごろまでに土木関係の外国人技術者はほとんど解雇されているのである。

　大規模な山岳トンネルの掘削成功の基盤には江戸時代から発達していた鉱山における坑道掘削技術がすでに存在していたことがあげられよう。このような在来技術に加えて，新たに学んだ三角測量や煉瓦による巻立てなどの外来技術が融合して，鉄道建設の土木技術を定着させていったのである。

　これにたいして，橋梁の設計や架設に関する技術は，日本に径間の大きい鉄製橋に関する技術がまったくなかったためか，その技術の定着はやや遅れて，1880年代後半となった。また，橋梁そのものの設計・製作は20世紀初頭まで多くの外国製橋梁機材に依存していた。

　工技生養成所は1882年（明治15）に閉鎖された。工部大学校の卒業生が逐次増加し，鉄道局自らが技術者を養成する必要がなくなったことが理由とされている。養成所の卒業生は全部で24名であった。

　京浜間鉄道の建設にあたっては，必要な機材の大部分は主としてイギリスからの輸入に依存した。木材，石材，煉瓦などの資材は当初より，あるいは比較的早期に国産品によることとなったが，鉄・鋼製品については国内製鉄工業の未発達のため，20世紀になっても大量の輸入に依存せねばならなかった。

　鉄・鋼製品の一例としてレールの供給をとりあげ，その国産化および機材の効率的な活用をはかるための規格化の過程を追跡してみよう。

京浜間鉄道の建設にあたって輸入されたレールは，錬鉄製の60ポンド双頭レールで，イギリスのダーリントン製鉄会社（Darlington Iron Co.）製であった。阪神間鉄道でも同種のレールが用いられたが，大阪・京都間では初めて錬鉄製の60ポンド[1]平底レールが採用され，京都・大津間においては材質が鋼鉄となって再び双頭レールに戻った。鋼鉄製平底レールは1880年（明治13）に初めて採用され，その後は鋼鉄製60ポンド平底レール（実重量は61.5ポンド）が官鉄と主要私鉄の標準型となった。のちに60ポンド第1種と呼称された形式である。しかし鋼鉄製双頭レールも補充用として1890年ごろまで輸入された。

当初はレールはすべてイギリス製であったが，1885年（明治18）にドイツ製が加わり，さらに数年遅れてアメリカ製も大量に供給されるようになって，日本はこれら3国にとって有力なレールの市場となるのである。私鉄では60ポンドの他に50ポンド，45ポンドなどのやや軽量級のレールも採用された。

1897年（明治30）からアメリカのペンシルバニア鉄道が制定した断面をもつ60ポンドレール（60ポンド第2種と呼称された）が採用された。

レールの国産は1901年（明治34）11月，官営八幡製鉄所の軌条工場の操業開始にはじまる。これは60ポンド第2種レールで官鉄の発注であり，のちに日本鉄道向けの同種のレールも製作された。しかし，国産品のみでは急速にのびるレールの需要を満たすことができず，第一次大戦の期間を除き，1920年代にい

図3-2　明治期におけるレールの発達

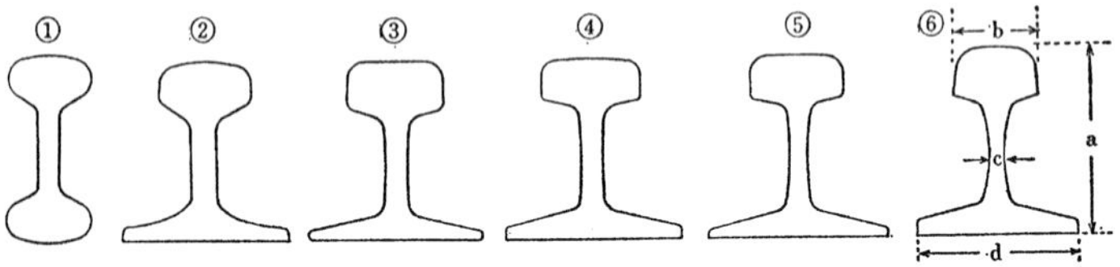

番号	名称	a	b	c	d	備考
①	60ポンド双頭型	$4\frac{3}{4}$(121)	$2\frac{1}{4}$(57)	$\frac{9}{16}$(14)	$2\frac{3}{4}$(57)	京浜・阪神間開業時
②	60ポンド第1種	$4\frac{1}{4}$(108)	$2\frac{1}{4}$(57)	$\frac{5}{8}$(16)	4 (102)	1880年以降、実重量61.5ポンド
③	60ポンド第2種(ペンシルバニア型)※	$4\frac{1}{4}$(108)	$2\frac{3}{8}$(60)	$\frac{1}{2}$(13)	$4\frac{1}{4}$(108)	1897年以降
④	60ポンド第3種(ASCE型)※	$4\frac{1}{4}$(108)	$2\frac{3}{8}$(60)	$\frac{31}{64}$(12)	$4\frac{1}{4}$(108)	1897年(東武)、1907年以降(国鉄)
⑤	75ポンド(ASCE型)※	$4\frac{13}{16}$(122)	$2\frac{15}{32}$(63)	$\frac{17}{32}$(14)	$4\frac{13}{16}$(122)	1907年以降
⑥	100ポンドPS型※	$5\frac{11}{16}$(145)	$2\frac{43}{64}$(68)	$\frac{9}{16}$(14)	5 (127)	(参考)1919年以降、のち50キロレールの標準型

単位インチ(カッコ内はミリメートル)　※国産化された型

（注）西野保行『鉄道史見てある記』吉井書店，1984年，pp. 84-86による。

たるまで大量の外国製レールの輸入が続けられた。その主力はアメリカ製とドイツ製で，イギリス製は1907年製くらいを最後として輸入されなくなっている。当時すでにアメリカの銑鉄生産量はヨーロッパ諸国を大きく凌いで世界一となり，ドイツのそれもすでにイギリスを追い越して世界第2位に躍進していたことも関連していよう。

　アメリカ製レールの優位はレールの断面形態にも新しい規格化を促した。19世紀末のアメリカではアメリカ土木学会 (American Society of Civil Engineering——ASCE) がレールの規格を定め，同国のレールメーカーはその規格によって生産を進めていて，やがてイギリスやドイツのメーカーもそれによるようになった。日本では南海鉄道が1896年製50ポンドレールを，東武鉄道が1897年製60ポンドレールを輸入し，いずれも ASCE 規格のものであった。官鉄も1907年製より ASCE 規格となり，60ポンド第3種と呼称した。

　60ポンド以上の重軌条の採用では1900年代に日本鉄道と山陽鉄道が70ポンドレールを導入し，官鉄にも1907年に75ポンドレールが用いられた。この75ポンドレールは国産品であった。

鉄道車両の製作

　京浜間鉄道の創業（1872年）にあたって準備された車両は，蒸気機関車10両，客車58両，貨車75両であり，続く阪神間の開業（1874年）には，蒸気機関車12両，客車83両，貨車77両が用いられた。すべてイギリス製であった。

　車両の保守・管理のために京浜間鉄道には新橋，阪神間鉄道には神戸に工場がそれぞれ創業時より設けられ，ともにイギリス人の汽車監察方の指揮下に置かれていた。これらの鉄道工場を通じて，日本人は車両の保守技術を学び，逐次，修理，改造，製作へと車両に関する技術を向上させていくことになる。

　〈蒸気機関車〉　京浜間の開業にあてられた機関車10両はすべて1B形の軸配置[2]をもつタンク機[3]であり，重量は19～26トンの間で，外側シリンダー[4]とスティーブンソン式弁装置をもつ点で共通していた。運転距離が29kmという比較的，短距離であったため，小型のタンク機関車がまず採用されたのであっ

図 3-3　明治初・中期の機関車の発達（1）
―――タンク機関車―――

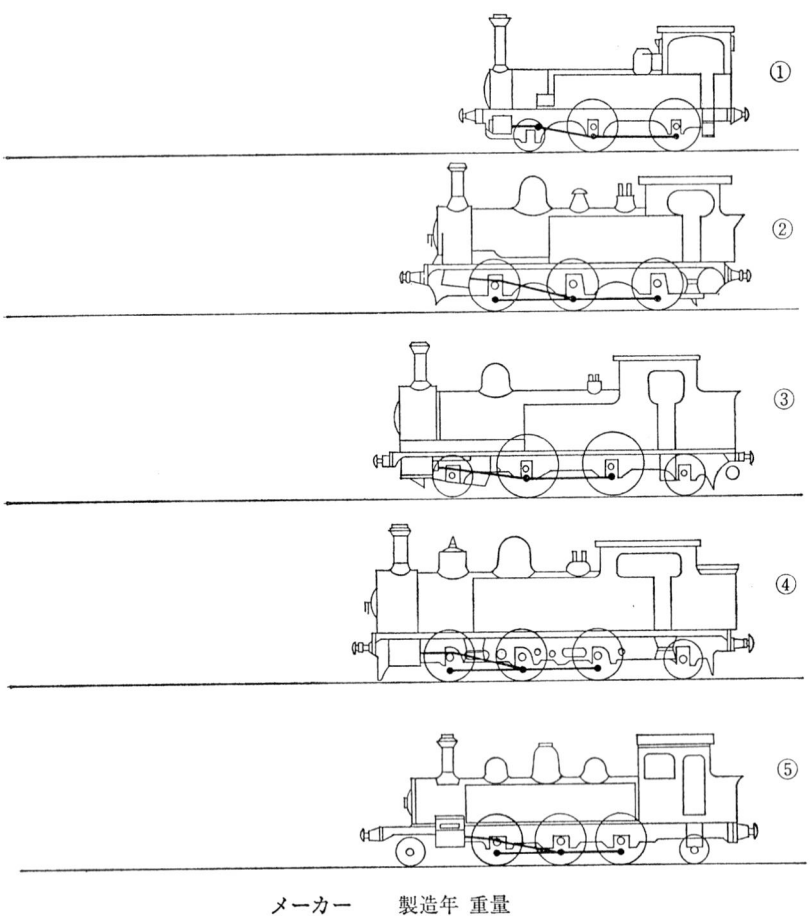

　　　　　　　　　　　　　メーカー　　　　製造年　重量
① 官鉄 1 号機〔150形〕（原形）Vulcan（英）　1871　19t　京浜間創業時
② 官鉄 B 2 形〔1800形〕　　　Kitson（英）　1881　37t　京都・大津間勾配線用
③ 官鉄 A 9 形〔860形〕　　　　神戸工場　　　1893　40t　最初の国産機、京阪神間平担線用
④ 官鉄 B 6 形〔2100, 2120形〕Dübsほか（英）1890～　49t　勾配線・貨物用
⑤ 山陽鉄道 6 形〔3300形〕　　Baldwin（米）　1894　37t　軽量多用途型

（注）臼井茂信『日本蒸気機関車形式図集成』1，誠文堂新光社，1968年，より青木栄一略図化。

図3-4 明治初・中期の機関車の発達(2)
——テンダー機関車——

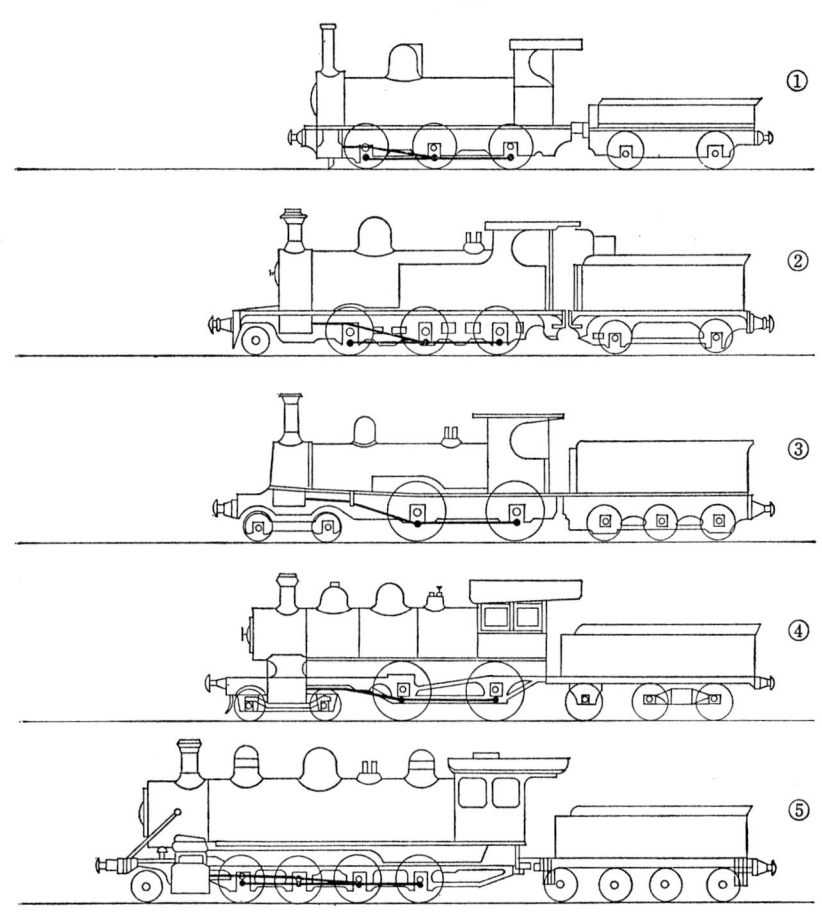

		メーカー	製造年	重量	
①	官鉄E1形〔7010形〕	Kitson(英)	1873	24t	京阪神間貨物用
②	日本鉄道W¾形〔7600形〕	N.Wilson(英)	1889	39t	幹線の勾配線用
③	官鉄D9形〔6200形〕	Neilson(英)	1897, 1900	31t	急行旅客用
④	関西鉄道早風形〔6500形〕	Pittsburgh(米)	1898	36t	急行旅客用
⑤	官鉄F2形〔9200形〕	Baldwin(米)	1905	47t	北海道石炭輸送用

(注) 臼井茂信『日本蒸気機関車形式図集成』2,誠文堂新光社,1969年,より青木栄一略図化。

た。これにたいして，阪神間では将来の延長を考慮してかテンダー機関車が含まれており，明らかに貨物専用と思われる機関車もあって，列車の用途や種別によって異なる機関車の運用がみられた。

　1876年（明治9），神戸工場においてC形テンダー機2両を旅客列車用とするため，シリンダーとボイラーはそのままで軸配置を2B形に，動輪も直径の大きなものに替えるという改造工事が行なわれた（1067mm→1372mm）。これは日本の鉄道工場で行なわれた最初の大規模な機関車改造工事であった。

　鉄道の建設が進むにつれて機関車の輸入が急増するとともに，用途によって多岐にわたる種類の機関車が登場した。またメーカーも多岐にわたり，イギリスのみならず，アメリカ，ドイツからも大量に輸入された。1880年代後半以降は私鉄が急増し，両数の上でも官鉄を凌ぐようになった。私鉄各社はそれぞれ独自に発注を行なったため，その種類も極めて多くなっている。

　これらのなかでとくに数的に多く輸入されたのは，短距離軽量列車用の1B1形タンク機，短距離貨物・勾配線用のC形・C1形タンク機，長距離旅客列車用の2B形テンダー機，石炭輸送などの重量貨物列車用に用いられた1D形テンダー機などがある。

　1880年代から20世紀初頭にかけての時代には世界的にみて蒸気機関車の技術が安定し，高い信頼性を得ていたが，同時に性能の向上と熱効率の向上をめざして多くの改善の試みが進行中であった。たとえば，創業時の機関車のボイラー使用圧力は$8 \sim 10$kg／cm^{2}程度であったが，1890年代以降には$10 \sim 12$kg／cm^{2}くらいに向上しており，また当初1300mm台以下であった動輪直径も1890年代末には高速旅客列車用機では5フィート（1524mm）以上のものが現われ，鉄道国有化以前の最大の動輪は直径5フィート2インチ（1575mm）に達していた。これは関西鉄道が1898年（明治31）に名古屋・大阪間の直通運転にあたってアメリカに発注した2B形テンダー機（6両，のちの6500形）に採用されたものであった。また19世紀後半に熱効率向上のため広く採用されていた複式機関車も1892年（明治25）に筑豊興業鉄道がアメリカから輸入した1C形テンダー機（1両，のちの8050形）を最初として多数が採用された。

機関車の国産は1893年（明治26），官鉄神戸工場において完成した１Ｂ１形複式タンク機関車１両（のちの860形）が最初のものであった。この機関車はイギリス人汽車監督方R. F. トレビシック（R. F. Trevithick）の設計と製作指導によった。以後，機関車の国産は神戸工場をはじめとして，北海道炭礦鉄道手宮工場，山陽鉄道兵庫工場，および民間メーカーの汽車会社，熱田鉄道車両などで行なわれたが，輸入機にくらべて極めて少数であり，かつ輸入機の設計を模倣したものが大部分であった。

　〈客車と貨車〉　京浜間および阪神間の鉄道開業時に用いられた客車はすべて２軸車で，台枠の上に車体を載せ垂直方向の荷重と水平方向の衝撃はすべて台枠の強度によって受けとめる構造を採用していた。これは当時のイギリスの客車の標準的な構造であった。ただし，京浜間鉄道で最初に用いられた客車が軸距８フィート（2438㎜），全長15フィート４インチ（5283㎜）という超小型の客車（『日本鉄道史』上篇で「最古客車図」として掲げられている）であったとする通説は誤りで，軸距12フィート（3658㎜），全長25フィート（7620㎜）のより大型の客車が実際に用いられた。超小型車は京浜間鉄道の２年後に開業する阪神間に配置されたようである。

　客車の国産は極めて早期に行なわれ，1875年（明治８）に神戸工場で，1879年に新橋工場で，それぞれ最初の製品を完成させている。これより1889年ごろまで客車の供給はこの両工場からなされることになり，官鉄はもとより，日本鉄道へも供給されたのであった。当時，台枠の鋼材や車輪・車軸は国内の製造能力がなかったので，この「国産」はもっぱら木造の車体部分に限定されていた。車体の製作は江戸時代より高い水準にあった日本の木工技術者にとって容易にマスターできるものであり，たとえば新橋工場の客貨車製作部門では1879年４月までにヨーロッパ人工員の仕事は完全に日本人にひき継がれていた。台枠の主材（側梁，横梁，筋違梁など）や車輪，車軸のような鉄鋼製品の輸入は20世紀初頭まで続けられた。

　客車の輸入はイギリスからだけではなく，北海道の幌内鉄道はアメリカより木造台枠の小型ボギー車を導入し，また1885年（明治18）以降の私鉄ブームで

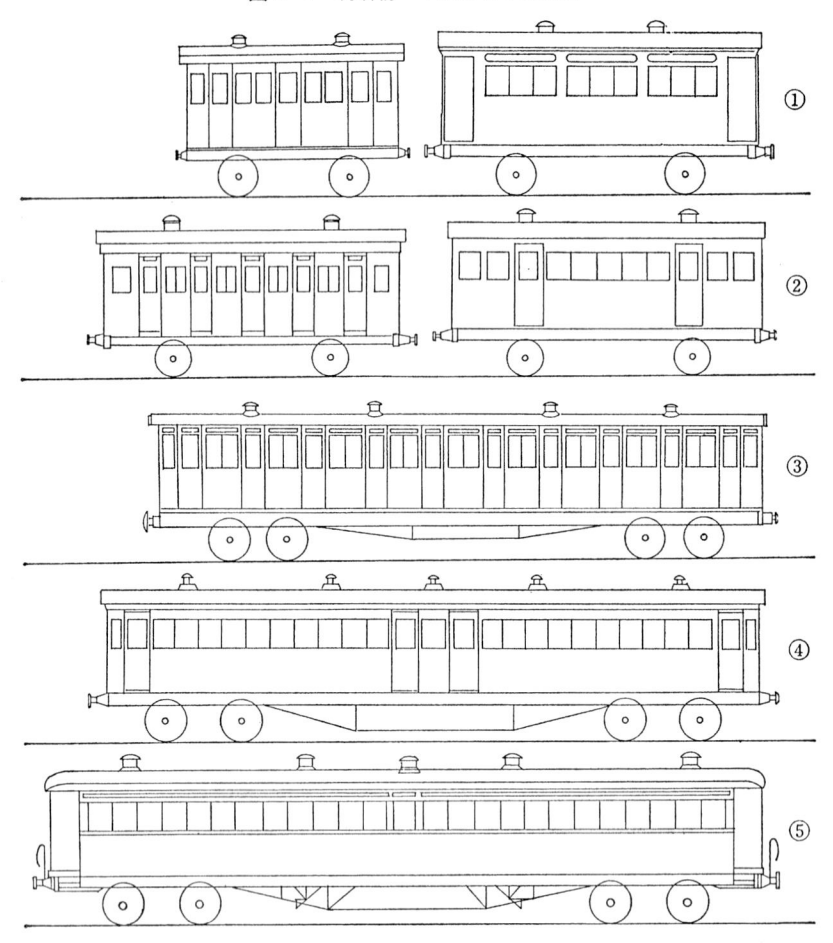

図3-5 明治初・中期の客車の発達

①1874年、阪神間開業時の下等車(左)、1872年京浜間開業時の中等車(右)、ともにイギリス製
②1875年以降、神戸工場で国産された下等車の標準型(左)
　1879年、新橋工場で国産された下等車(右)
③1876年、神戸工場で国産された下等ボギー車
④1889年、東海道線全通にあたって増備されたイギリス製下等ボギー車
⑤1897年、官鉄の標準型として新橋工場でつくられた下等ボギー車

(注)『客車略図』などより青木栄一作図。

は急速に進む鉄道網の拡大に国内の供給能力が追いつかず，一時的に外国（イギリスとドイツ）からの輸入が復活した。また，20世紀に入っても室内設備の豪華な寝台車や優等車が少数ながら輸入されている。

ボギー車は1876年（明治9）前後に阪神間鉄道で初めて下等車に採用されたが，台車はアダムスボギーと称される機関車の先台車を用いた一種の試作車と考えられ，全9両のうち1両は国産車であった。ボギー車の本格的採用は1889年の東海道線全通を機にイギリスから56両が輸入されたことにはじまり，のちにこれを模して，神戸・新橋工場でも国産された。長距離列車の増加に応じて，高速走行性能のすぐれたボギー客車の需要は高まり，1890年（明治23）には日本鉄道での使用がはじまり，20世紀初頭には北海道炭礦鉄道，日本鉄道，関西鉄道，山陽鉄道，九州鉄道などでは多数のボギー客車を保有し，その大部分は国産車であった。しかし，客車総数にたいして占める比率は官鉄でもようやく20％（1905年度末）に達した程度であった。

客車の製作は主として官鉄の神戸・新橋工場や五大私鉄の鉄道工場で行なわれたが，民間メーカーも1890年代以降に多数が設立されて私鉄への供給に応じていた。一般に官鉄および五大私鉄の工場は民間メーカーにくらべて質・量ともにすぐれた能力をもち，ボギー客車の大部分は鉄道工場で製作されていた。

国産化は標準化を促進し，1880年代以降になると数十両以上のオーダーで基本的構造と主要諸元の共通する客車が製作されるようになった。このことは部品の互換性や保守・点検の便利性を著しく向上させ，製作費や保守費の軽減につながったのであった。

貨車も二軸客車と同様に早くから国産化され，鉄道網の拡大とともに両数と車種を増やしていった。とくに家畜，木材，魚などの専用貨車は1880年代に登場し，さらに特殊貨車として雪搔車（1894年），油槽車（1900年）などが加えられた。

幹線列車サービスの進歩

鉄道網が次第に整備されていくと，旅客を単に運ぶのではなく，速く，快適

に輸送することが要求されるようになる。とくに長距離の旅客輸送にあたっては、さまざまの機能の設備を列車に設け、旅客に提供するサービスを向上させる動きがみられるようになった。

たとえば、1896年（明治29）9月、官鉄では初めて新橋・神戸間に急行旅客列車1往復の運転を開始し、翌年8月にはさらに増発して2往復とした。1898年8月より山陽鉄道も神戸・徳山間に2往復の急行列車を運転したが、これは官鉄の急行列車と神戸で接続し、徳山で門司行きの鉄道連絡船にも接続していた。これらの列車は他の列車より高速であったが、列車サービス設備の上ではとくに異なる点はなかった。しかし、山陽鉄道は1899年5月より食堂車（正確には一等食堂合造車）を、翌1900年4月より一等寝台車の使用を開始し、官鉄もまた1900年に一等寝台車を、翌年12月には食堂車を急行列車に連絡し、サービスの向上につとめた。

鉄道国有化の時点までに官鉄と山陽鉄道以外には日本鉄道が食堂車と寝台車を、九州鉄道が食堂車を保有し、また比較的短距離の鉄道でも観光客輸送の多かった成田鉄道、讃岐鉄道（山陽鉄道に合併）、南海鉄道では喫茶室設備をもつ客車を運転していた。

このように「快適な旅」を売る営業政策は徐々に拡大し、当初はその利用も一、二等客に限られていたが、やがて食堂車の利用は三等客にまで拡大した。

電気鉄道の発達

1890年（明治23）、上野公園で第3回内国勧業博覧会が開かれ、東京電燈会社の技師長藤岡市助がアメリカから輸入したスプレーグ式電車の運転が行なわれた。この電車はアメリカのブリル社（J. G. Brill & Co.）製で、軌間4フィート6インチ（1372mm）、定員22名、15馬力電動機1個を装備し、電圧500ボルトで、料金をとって一般の試乗に供された。

スプレーグ式電車とは、1887年にアメリカ人フランク・スプレーグ（Frank Sprague）がヴァージニア州リッチモンド市で営業運転に成功した構造の電車である。架空線から溝付車輪のついたポールによって集電し、釣掛式に架装さ

第3章　産業革命と鉄道　91

れた電動機の回転を歯車で減速して車軸に伝えるという，ごく最近まで用いられていた路面電車の標準的なメカニズムをほぼ完成していた。

博覧会における電車運転は全国的な反響を呼び，電気鉄道建設熱が各地で急速に盛り上り，1893年（明治26）には各地の電気鉄道計画者たちは「電気鉄道期成同盟会」を組織して，政府の許可促進を運動した。しかし，当時の鉄道局は電気鉄道に十分な知識も認識ももっていなかったため，なかなか許可しようとしなかった。また，電気鉄道計画者側にも投機的な動機で出願するものが多かったのである。

日本で初めて電車による営業運転を行なったのは京都電気鉄道で，1895年2月1日に開業した。最初の開業区間は京都駅南側・伏見京橋間の竹田街道上で，淀川水運と京都市街を結ぶものであった。

京都電気鉄道が最初に採用した電車は，車体長20尺（約6.1m），幅6尺（約1.8m），自重6トン，定員16人（のち28人に訂正，おそらく立席を加えたのであろう）で，台車はブリル社から輸入，車体は東京の井上工場で製作された。井上工場は馬車の車体メーカーであろう。直流550ボルトの単線架空式集電で，電動機は25馬力1個を装備したが，国産の三吉工場（東京）製とアメリカのジェネラル・エレクトリック（General Electric）社製の両者があった。台車と主幹制御器を外国（とくにアメリカが多かったが，イギリス製もあった）より輸入し，車体を国産するやり方は，明治期を通じての一般的傾向であった。

京都電気鉄道の開業に続いて，名古屋電気鉄道（1898年開業），大師電気鉄道（川崎，1899年），小田原電気鉄道（1900年），豊後電気鉄道（別府・大分間，1900年），江ノ島電気鉄道（1902年）がそれぞれ開業し，東京と大阪でも1903年に電気鉄道が走った。

1905年（明治38）以降には都市内部の街路上だけでなく，都市間や都市郊外に進出して，専用軌道上を走る電気鉄道も多くなった。

京都電気鉄道の開業以来15年を経た1910年度末（1911年3月31日）の日本では，15企業体，約347マイル（約559km）におよぶ電気鉄道が営業していた。電車総数は1842両であったが，そのうち定員が40人以上50人未満の電車が1400両

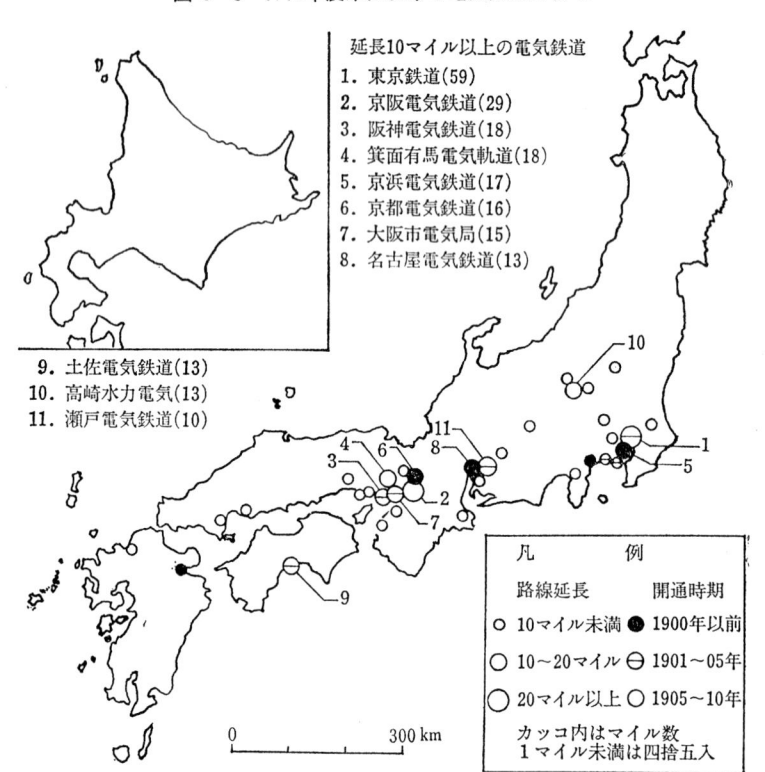

図 3-6　1910年度末における電気鉄道の分布

延長10マイル以上の電気鉄道
1. 東京鉄道(59)
2. 京阪電気鉄道(29)
3. 阪神電気鉄道(18)
4. 箕面有馬電気軌道(18)
5. 京浜電気鉄道(17)
6. 京都電気鉄道(16)
7. 大阪市電気局(15)
8. 名古屋電気鉄道(13)
9. 土佐電気鉄道(13)
10. 高崎水力電気(13)
11. 瀬戸電気鉄道(10)

凡　　例
路線延長　　　開通時期
○ 10マイル未満　● 1900年以前
○ 10〜20マイル　⊖ 1901〜05年
○ 20マイル以上　○ 1905〜10年
カッコ内はマイル数
1マイル未満は四捨五入

(注)『明治四十一・四十二・四十三年度鉄道院年報』(軌道之部)により青木栄一作図。

あって，定員40人未満の190両を加えると，86.3％が定員50人未満の小型車で占められていた(『明治四十一・四十二・四十三年度鉄道院年報』軌道之部)。これらの電車は車両構造上は1台の台車の上に車体をのせた四輪車(2軸車)で，各軸を駆動する2個の電動機を備えていた。電動機1個の出力は25馬力程度が多く，ボギー電車も少数ながら用いられていた。

　電車の運転は路面電車の形態ではじまったが，1904年(明治37)に蒸気鉄道の電化による電車運転が開始された。それは当時，飯田町・八王子間を営業していた甲武鉄道がとくに輸送需要の大きい飯田町・中野間に電車運転を併用し

たもので，従来，蒸気列車による飯田町・新宿間の約30分間隔運転は電車運転の開始によって10分間隔というフリークェントサービスを実現した。

このときの甲武鉄道電車は四輪車ではあったが，従来の路面電車とくらべて大型，かつ強力であった。この電車はジェネラル・エレクトリック社製の45馬力電動機2個，電磁式復式制御器を装備し，ブリル社製の台車，ジェネラル・エレクトリック社製の直通空気ブレーキなどは当時の日本の電車としては極めて先進的な装備であった。当時の路面電車が直接制御方式を採用し，手ブレーキを用いていたのにたいし，甲武鉄道の電車は連結運転を行なう計画であったので，総括制御と直通ブレーキの採用は不可欠のものであった。信号保安施設においても，日本における最初の自動信号装置を備えて，10分間隔の高速運転に対処していた。

電車用機器の国産は1899年に，東京の芝浦製作所が電車用電動機と制御装置の製作をはじめたのが最初とされているが，この時点では少数の製品の試作程度にとどまったらしい。また電車用台車は1901年（明治34）2月におなじく芝浦製作所でつくられ，京浜電気鉄道に納入された。台車はアメリカのペックハム（Peckham）社の製品，電動機はジェネラル・エレクトリック社の製品の模倣であって，その後，同形の電車用台車は川越電気鉄道，豊後電気鉄道にも納入された。しかし，一般に電車用台車や電動機，主幹制御器などの機器の大部分はその後も輸入が続けられ，1920年代まで続くのである。

注1) レールの規格は単位長さあたりの重量で表示する。「60ポンド」は1ヤードあたり60ポンドの意で，現行の表示では30kg（1mあたり30kg）となる。

注2) 機関車の先輪，動輪，従輪の軸数（または車輪数）の配置。先輪2軸，動輪3軸，従輪1軸ならば2C1（ドイツ式），4－6－2（ホワイト式），231（フランス式）と表記。本稿では現在，日本で広く用いられているドイツ式表示で軸配置を示すことにする。1B形は先輪1軸，動輪2軸，従輪なしを意味する。

注3) 水タンク，石炭庫を機関車本体の内部にもつ機関車。別に石炭と水を搭載する炭水車を連結するものをテンダー機関連と呼ぶ。

注4) 台枠，車輪にたいしてシリンダーが外側にある構造。

（青木栄一）

人物紹介⑧

藤　岡　市　助　(ふじおか・いちすけ　1857～1918)

　安政4年3月14日（1857年4月8日），旧岩国藩（山口県）藩士の長男として生まれる。1875年（明治8）4月工部省工学寮工学校（1874年開校，77年工部大学校と改称）に入学，1881年5月同校電気学科（電信学）を卒業した。卒業後母校の教師（1882年助教授，1884年教授）として電信学などの講座を担当した。1884年8月，米国で開催された万国博覧会に出張し，同地の大学，工場施設を視察した。1885年8月，東京銀行集会所の開所式において，わが国最初の白熱灯を点灯したことは有名。翌86年工部大学校が帝国大学工科大学となり，同校助教授に任ぜられたが，同校を辞任し，東京電燈会社の技師長となった。同社において，欧米に出張し，各国電気事業を視察，その後電灯事業等電気の普及につとめた。また1887年10月工科大学では電気工学の講座を嘱託で担当し，88年6月には電気学会の創立にたずさわった。さらに同年大倉喜八郎，久米民之助とともに電車事業を出願した。この出願は不許可となったが，1890年5月4日第3回内国勧業博覧会会場（東京，上野公園）においてスプレーグ式電車2両を運転した。この成功を契機とし電車事業の出願が続出することになるのである。
　電灯事業普及のために電球の国産化をはかって，1889年炭素線電球の試作に成功した。翌90年白熱舎を設立し，東洋における電球製造事業の開祖となる。白熱舎を日清戦争後の1896年，東京白熱電灯球製造株式会社と改称，同社の取締役社長となり，電気機器の製造販売，工事請負等の事業を発展させた。なお同社はのち芝浦製作所（発電機，モーター等製造）と合併して東京芝浦電気株式会社になった。
　1891年（明治24）8月工学博士となる。この時期，上記第3回内国勧業博での電車運転の成功を契機として電車事業出願が多数にのぼったが，許可されなかったため，その認可を求めて雨宮敬次郎ら有力実業家が電気鉄道期成同盟を組織し，これに主力メンバーとして参加し電車事業の啓蒙を続けた。1894年3月東京市内で電車事業を発起し，その後雨宮らの発起計画と合同し，これをさらに藤山雷太らの計画と合同を重ねて1899年東京市街鉄道が創立されるに至った。同社は1906年9月数寄屋橋・神田橋間を開業するにおよび同社の技師長となった。他方，東京馬車鉄道が

電化を計画し，特許されるにさいし，1900年11月同社の顧問となった。この時期の電車事業では電力の供給が課題となったが，当時開発された蒸気タービン発電機を採用することでその課題を解決した。

　このように，電鉄事業成立のために電鉄部門にとどまらず，電力供給事業など電鉄関連部門にもかかわることのできる技術者として，当時設立された電鉄事業に数多く参画した。すなわち，1897年小田原電気鉄道（取締役），1899年京浜電気鉄道（技術顧問嘱託），同年阪神電気鉄道（電気顧問），1907年11月郷里山口県の岩国電気鉄道（取締役社長）などがそうした例であった。とくに路面電車は東京にあっては1911年8月東京市電気局の運営する時代となり，市内交通を独占し，その路線は192kmに達し，市内を四通八達の状況とし，市民の足となっていた。

　藤岡は，以上のような電鉄事業をはじめとする電力利用事業全般にわたり大きく貢献した。1915年には英国フェローズ・オブ・ロイヤル・ソサイエティー・オブ・アーツ（F・R・S・A）となり，1918年（大正7）3月5日死去。62歳。

（佐藤豊彦）

第5節　鉄道労働力の形成と労働運動の開幕

官鉄労働力の形成と問題点

　わが国の鉄道導入過程で，いわゆるお雇い外国人の果たした役割は，決して小さくない。その職種も，広範にわたり，高給をもってむかえられた。たとえば，日本国有鉄道『国鉄歴史辞典』によると，職工などは日給だったが，1875年（明治8）の場合，最低2円であり，年々昇給して2年後には4円ぐらいになったという。だから，月給100円を越えるわけであり，これは奏任官7等の給料にあたる。ちなみに，日本人職工の日給は30銭であった。また鉄道創業当初の機関車乗務員は，すべてお雇い外国人に委ねているが，1877年日本人鉄道技術者養成のため，大阪駅構内に工技生養成所を設立し，24名の卒業生を送り出した。1879年には，最初の日本人機関士3名が誕生した。この養成所の出身者が，その後の日本人技術者の主要メンバーとなり，それまでのイギリス人の下働きの地位から脱却していった。

　1870年（明治3）3月，鉄道建設がはじまって，民部省にその事務を行なう

掛がおかれたが，職員の任用については，一般行政官にくらべて，その業務の特殊性から，15等以下の官吏や，雇・職工・人夫など官吏以外の下級職員を使用することが多かったので，その任用およびその進退は鉄道事務総理監督正・副役土木権正が行なうとされたようである。同年12月12日工部省が新設されると，鉄道事務は同省の所管となる。1872年（明治5）6月，「鉄道寮職制幷事務章程」が制定され，「①本寮付属月給20円以下で定員内のものを任免すること，②各課の職員を配置換えすること，③他官庁の通訳・翻訳その他の技術者を緊急の必要により傭・付属の名目で一時使用すること」（日本国有鉄道『日本国有鉄道百年史』第1巻）は，鉄道頭の専決事項とし，卿・輔に事後報告をすればよいこととなった。なお，これを受けて，京神間出張鉄道寮では「職人定雇規則」を制定し，年齢18〜35歳までの身体強健な者を選んで，1，2ヵ月試用のうえ，採用することを決めているが，この場合，世話人や口入れを通さず，本人と直談で決める方針をとったという。

　文官試験制度が発足したのは，1887年（明治20）のことである。ただし，技術官および特別の学術・技芸を要する者の任用は，試験によらず選考任用によることとされた。駅長についても，1890年9月から約3年間だが，特別任用制度（試験任用）が実施された。他方，1889年7月，東海道線が全通すると，勤務形態も複雑になり，「鉄道庁列車乗務者宿泊料及乗務日給支給規程」が制定され，列車乗務員の宿泊料および乗務日当は，一般の宿泊料や日当とは区別されて支給されることになった。さらに業務の進展にともない，駅夫その他雇員以下の職員を多数使用することになったため，1892年雇員以下の採用内規を定めた。1900年（明治33）6月，鉄道作業局運輸部に初めて女子職員10名が採用された。

　鉄道現業職員の勤務時間等は，1873年（明治6）の「鉄道寮汽車運輸規定」によると，「昼夜トナク定限ノ時間従事シ」，「休日等ハ勿論無之」とあり，人員および経費節約の方針から，昼夜引き続き勤務する方法をとっており，現業職員には休暇が与えられていなかったらしい。1881年6月，運輸業務に従事する判任官以下の身元取締りに関する規則を定めた。この内規では，本人奉職中

の身元保証として身元金を納めさせ，万一本人の過誤，不注意によって鉄道局に損失をおよぼした場合に，その弁償に充てるものとした。身元保証金は，身分・職名によって100円と50円の2種に分かれていた。前者は，駅長・駅長助役・出札掛・荷物掛・書記であり，後者は，車長・ヤードメン・改札掛・駅夫世話役・守線手・指示方・合図方・駅夫・小使の職種である。この身元保証金は，本人の辞職・転任・免職などの場合に限って払い戻され，本人死亡のときはその家族に渡された。

　職員は，身分上官吏と雇とがあったが，前者は官吏一般に適用されていた給与規則によって給料が支給され，雇は職種によって支給額が異なっており，通常日給であった。しかし，『工部省記録』によると，月給12円・15円・18円で雇い入れられている者もあり，また，日給の古参者が月給になっている例もある。各職の給額は，よくわからない面が多いが，1879年（明治12）鉄道局から工部省への雇入報告によれば，初任給15～33銭，翌1880年には12～50銭で雇用されている。

日鉄ストライキと日鉄矯正会

　鉄道の発展にもかかわらず，厳しい労働条件を課せられていた鉄道労働者たちは，待遇改善を要求して立ちあがることになる。1897年（明治30）には，官設鉄道新橋工場（大井工場の前身）のストライキがあり，翌98年には，有名な日本鉄道の機関士400名のストライキがおこった。日鉄ストは，労働者階級の自覚を生んだものとして，日本の労働運動史上画期的な事件といえよう。実は，これより先1897年7月，労働組合期成会が結成され，その影響を受けて，この年から翌年にかけて労働争議が頻発し，97年の暮には鉄工組合が結成された。わが国最初の労働組合機関誌『労働世界』が創刊されたのも，同年のことである。労働組合期成会には，砲兵工廠，鉄道局工場，日本鉄道大宮工場などの「鉄工」が多数加入したので，高野房太郎（1868～1904）はアメリカ労働総同盟（AFL）にならって，「鉄工」の職能別組合を創設したのであった。この鉄工組合は，当初急速に発展し，支部も石川島造船所，日本鉄道の各工場に拡

大，99年末には40にのぼった。

さて日鉄ストは，1892年4月，日鉄がそれまで官鉄に委託していた運転業務を自営に移したさい，日鉄線での運転に従事していた官鉄の機関車乗務員が，そのまま日鉄に「譲渡」された直後からの運動の経験のうえに行なわれたといえそうである。すなわち，官鉄在職当時から待遇＝身分に不満を抱いていた機関方は，日鉄への移籍後，さらにその扱いに不満をつのらせ，身分昇格，増給嘆願運動を活発化していったのである。確かに，日鉄従業員1万207名のうち，機関方・火夫は蔑視され，他の職種より冷遇され，昇給も差別されていた。不平をいう者は，辺地の機関庫に配転されたという。

1898年2月，機関方有志が我党待遇改善期成大同盟会を組織し，各機関庫に秘密裡に臨時増給，待遇改善を呼びかけたのである。これが引き金となって，25・26日の2日間，日鉄線の列車は完全にとまった。青木正久「日鉄機関方争議の研究」（労働運動史研究会編『黎明期日本労働運動の再検討』所収）によると，争議の結果，日鉄では，(1)職名改称（機関方→機関手，火夫→機関助手，掃除夫→クリーナー），(2)身分昇格（機関手心得以上は三等役員），(3)賃金増額（機関手，機関助手とも5～15銭増給）の3ヵ条要求が実現された。また被解雇者も10名中8名が新規採用の形で復職することとなり，残り2名もしばらくして復職した。このように，日鉄争議はほぼ労働者側の全面的勝利をもって終わったのである。周到な準備と強固な団結，世論の支持が勝利の原因といわれる。

以上の結果，我党待遇改善期成大同盟会を解散し，1898年4月，日鉄矯正会が結成された。この会は，機関手，機関助手の入会を義務づけ，温厚篤実，品行方正を目的とするものであり，18機関庫に支部を設置し，毎月日給1日分を積み立て，労働組合期成会と親密であった。また日鉄争議は，全国の鉄道機関手にも波及したが，1899年の日鉄大宮工場における鉄工組合員の解雇にともなう争議は，労働者側の敗北におわった。それはともかく，日鉄矯正会は，1900年（明治33）3月の治安警察法制定前後より圧迫されてしまう。すなわち，1901年4月の大会で社会主義を標榜，普通選挙同盟会加盟を決定したことなどにより，同年11月に警察から解散を命ぜられたのである。前述の鉄工組合も，やは

り治安警察法制定を期に，経営者側の圧迫が加わり不振におちいり，同様の推移を余儀なくされた。1901年後半には，その活動をやめ，活版工組合も小さいグループを残してまもなく解体せざるをえなかった。要するに，日鉄ストライキ等を主要な動機とした治安警察法の制定は，労働者の団結を禁止し，この結果，労働運動は後退を余儀なくされていったのである。

(武知京三)

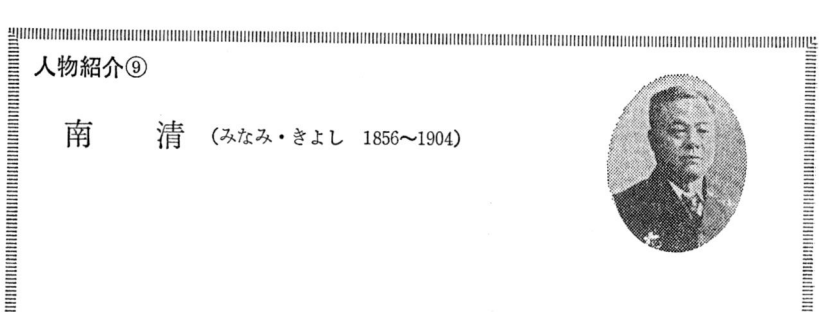

人物紹介⑨

南　清　(みなみ・きよし　1856～1904)

　南　清は，「技術者として，また経営者として群をぬいた存在」(日本交通協会編『鉄道先人録』，1972年)と評されるが，南は単なる鉄道技術者および経営者にとどまるものではなかった。南は，むしろ「英国的な自由主義経済思想に基礎をおく鉄道民営論」(『汎交通』第68巻10号，1968年10月)を展開した鉄道論策家として，わが国鉄道史上において特異な地位を占めているのである。

　南は，安政3年5月1日(1856年6月3日)会津城内で南舎人の四男として生まれた。百石の小禄で，その生計は決して楽ではなかったといわれる。1869年(明治2)，15歳の時に上京し，箕作塾，慶応義塾，開成学校などで英語を学び，1872年工部省に入省し，翌1873年工部大学校に入学した。

　南の鉄道事業へのかかわりは，工部大学校在学中の1878～79年に，大阪鉄道局に出張し，京都・大津間の線路工事に従事したのに始まる。この線路工事で，南は琵琶湖付近の工事に外国人技師が設置した一曲線の不適なることを指摘し，はやくも鉄道技術者としてのすぐれた素質をのぞかせている。その後南は，1883年に井上勝鉄道局長のもとで工部省御用掛となり，以後高崎・軽井沢間の測量，磯部・横川間の建設，東海道線沼津・天竜川間の建設などを担当した。

　また，南は1879～83年，1895年の2度にわたって欧米留学を経験した。とくに最初の留学ではイギリスのグラスゴー大学で土木学を修める一方，専門工場で鉄道建設，築港工事などについての実地応用の技能を磨いた。南の鉄道論策には，イギリ

ス,アメリカでの鉄道建設の状況についての記述が随所にみられるが,この2度の欧米留学が南の鉄道論策に強い影響を及ぼしていることは疑いない。

南は,また山陽,筑豊興業,阪鶴,唐津,北海道などの諸鉄道をはじめとして,多くの私鉄経営にたずさわっている。山陽鉄道時代(1890~96年)には,中上川彦次郎とはかり外国品購入法の改善,工事請負入札法などの改善につとめ,会社に多大の利益をもたらした。また,1901年には唐津鉄道と九州鉄道との合併を実現し,唐津鉄道の経営危機を救っている。このように南は,鉄道経営者としてもすぐれた手腕を発揮したのである。

しかし,南は単なる鉄道技術者および経営者ではなかった。南は『鉄道経営の方針』(1899年刊),『鉄道経綸の刷新』(1902年刊),『鉄道経営策』(1903年刊)などの著書をつぎつぎと著わし,独自の立場から全国の鉄道体系を構想し,政府の鉄道政策にたいしても鋭い批判を展開したのである。

ところで南によれば,「鉄道の経綸は実業の発達を以て一貫の主義」(『鉄道経綸の刷新』)とするもので,鉄道の建設はなによりもわが国商工業の発展を促進するものでなければならなかった。こうした商工立国主義の立場から,南は全国に8大幹線(帝国縦貫鉄道)を形成し,それぞれを別企業に経営せしめて相互の競争を促し,わが国鉄道の進歩改良をはかるとしたのである。

また,こうした商工立国主義にもとづく南の全国的鉄道体系の構想は,「実業の嶢点たる大阪を中心とし」(『鉄道経綸の刷新』)て組成されるべきものであった。南は,1897年4月から1904年1月に死去するまで阪鶴鉄道会社の社長に就任していたが,この大阪と舞鶴を結ぶ南北両海港連絡鉄道の実現をめざす阪鶴鉄道の経営は,南の鉄道論策のいわば実践の場であったともいえる。

それにしても,南の鉄道論策は鉄道国有化論が台頭しつつあった当時,極めて大きな反響をよんだ。参謀本部の大沢界雄の執拗なまでの南への駁論は,南の鉄道論策の反響の大きさの一面を物語るものといえよう。1904年1月20日,49歳の若さで死去した。　　　　　　　　　　　　　　　　　　　　　　　　(老川慶喜)

第4章　鉄道の国有化

第1節　国有化問題の系譜

3回にわたる鉄道国有化運動

　鉄道国有化論議とその実現をめざす運動には，1890年（明治23）から1906年（明治39）までに，大きくいって3回の高揚期がある。第1回目は，第1次鉄道ブームに終わりを告げた1890年恐慌を背景とするものであり，第2回目は日清戦争前後からの第2次鉄道ブームに続く1897～98年恐慌と1901年恐慌を背景とするものであり，そして第3回目は，日露戦争中に準備され実現されたものである。なぜ，3回目の国有化運動が実現し，前2回のそれは実現しなかったか。鉄道官僚，軍事官僚，ブルジョアジーという鉄道国有を推進した社会階層の動き，とくにブルジョアジーのそれに焦点をあてて，この問題を分析した中西健一の『日本私有鉄道史研究』に依りつつ，考えてみよう。

　なお，1960年代までの中西健一の業績を含むわが国の鉄道国有化研究の特徴のひとつは，いわゆる「ビスマルク的国有化」と対比するという視角をとる点にあった。本節では直接言及しえないが，論争の整理については，桜井徹「日本における鉄道国有化（1906—7）をめぐる問題点」（儀我壮一郎編『現代企業と国有化問題』所収）を参照されたい。

　第1回目の国有化運動は，1890年恐慌による私設鉄道の株式払込みの困難，鉄道建設の停滞の発生を背景に，鉄道創業時から一貫して国有化原則を主張していた鉄道庁長官井上勝（1843～1910）の「鉄道政略ニ関スル議」（1891年7月）にもとづき，第1次松方内閣が鉄道公債法案と私設鉄道買収法案を第2回帝国議会に上程したことを契機に本格化する。ここに，鉄道国有および鉄道政

策のありかたが一挙に政治問題化されたのである。この時の論議は小谷松次郎編『鉄道意見全集』(1892年) に収録されている。

だが，すでにのべられているような過程 (第3章第2節) を経て，この運動は鉄道敷設法を産み出すにとどまり，私設鉄道の買収は実現されなかった。なぜか。

その理由として，第1は，ブルジョアジーの態度がある。たしかに，「この時期には，東京・大阪・広島・仙台・大津など各地の商業会議所の首脳部，……さらに，大阪第十三国立銀行・灘酒銀行などの金融機関首脳部や各地の企業家たちが，相次いで私設鉄道買収の請願書を政府や帝国議会に提出した」(日本国有鉄道『日本国有鉄道百年史』第1巻) が，しかし，東京商業会議所による貴衆両院への「私設鉄道買収を希望するの義に付請願」(1891年12月) の過程と内容を分析した中西健一によれば，渋沢栄一 (1840～1931) をはじめ三井，三菱などの財界主流は，投機的資本家とは異なり，長期的には私有主義なのであり，彼らは不況からの一時的脱出手段として鉄道国有化を主張したのであるといわれる。事実，第2次鉄道ブームが到来したとき，渋沢，三井の中上川彦次郎 (1854～1901)，益田孝 (1848～1938)，三菱の荘田平五郎 (1847～1922) などの財閥ブルジョアジーは鉄道民有調査会を組織し，官設鉄道払下げを計画した。

他方，両毛・成田鉄道などの地方中小鉄道の経営に参加していた田口卯吉 (1855～1905)，佐分利一嗣および伴直之助などが英国流の自由主義的鉄道政策にもとづく有力な国有化反対論を展開し，これが議会の反対勢力の論拠となったのである。こうした論調は，地方中小鉄道が大私鉄に統合されていくつぎの段階ではその基盤を失なっていく。

第2は軍部の態度である。軍部はすでに1888年 (明治21)，参謀本部による『鉄道論』を刊行していたが，その主張は所有形態の変更にではなく，輸送力の増強，とくに山間鉄道の敷設や広軌改築などに力点をおいていた。

国有化論議はこれ以降沈静化し，かわって軌制問題が登場する。1896年 (明治29)，東京・四日市両商業会議所の建議もあって，軌制取調委員の設置とな

り，広狭両軌の得失を含め調査が進展するが，98年度限りで同委員は廃止される。ここで注目されることは，その理由のひとつが，この軌制問題を終始リードしてきた参謀本部において，「研究ノ為海外ニ派遣セラレタル将校（陸軍輜重兵少佐大沢界雄—引用者）カ明治三十一年帰朝シテ，軍事輸送上ニ於テハ線路系統ヲ整頓シ連絡ヲ確実ニスルヲ以テ要件ト為スカ故ニ列車ノ速力ハ寧ロ第二ノ問題ニ属シ軌道ノ広狭ハ主要ノ論点ニアラズトノ論」（鉄道省『日本鉄道史』中篇）を展開し，それが同本部の有力な見解となったことにあり，このころより鉄道国有化に軍部は積極的となった。

　2回目の国有化運動は，1898年（明治31）5月の東京・京都の両商業会議所の政府と貴衆両院への国有建議・請願および同年12月の東京商業会議所の貴族院への請願によって本格的に開始される。いわばブルジョアジーのイニシアチブによるものであった。

　「鉄道ハ国家ノ最大交通機関ナリ，其能ク貫聯統一シテ整然タル運転ヲ為シ得ルト否トハ直チニ国運ノ隆替ニ関スルモノアリ，之ヲ国防ノ上ヨリ観ルモ，将タ其事業ノ性質ヨリ言フモ，断シテ国有ト為サヽル可ラス」（『東京商業会議所月報』第70号，1898年6月，渋沢青淵記念財団竜門社『渋沢栄一伝記資料』第21巻）ではじまる東京商業会議所の請願は，小会社分立と経営困難という私鉄経営の限界と外債による鉄道買収の景気回復に与える効果を指摘し，当面2億円の外債発行を財源として国防上必要な鉄道の買収を提案した。鉄道国有化の軍事的意義の重視は，軍部の積極的な支持を期待してのことであった。

　この運動は，さらに自由党の国有化政策とも連携していた。第1次大隈内閣（隈板内閣）の崩壊後に成立した第2次山県内閣が，旧自由党をとりこむためにその政策を容認したこともあって，1899年（明治32）2月，星亨（1850～1901）らは，鉄道国有建議案を第13回帝国議会に提出した。それが可決された結果，政府は鉄道国有調査会を設置し，同調査会の答申にもとづいて鉄道国有法案および私設鉄道買収法案を第14回帝国議会に提出したが，旧自由党内の意見対立もあって審議未了に終わった。

　こうして，軍部の積極的支持を得，かつ政党をまきこみながらも，このとき

も鉄道国有化は実現しなかった。

その要因は，第1に，この運動の推進主体が，「投機師的色彩の濃い」雨宮敬次郎（1846〜1911）や井上角五郎（1860〜1938）らによって組織された経済研究会や京都の鉄道資本家などであり，「余は先年も今日も同じことで鉄道官有論には全く反対である」（「渋沢栄一の非鉄道国有論」，『時事新報』第5311号，1898年8月）という渋沢栄一の見解に示されるように，財界主流はなお，鉄道国有化に反対ないしは消極的だったからである。もちろん，不況が続くなかで，さらに1901年（明治34）春からはじまる本格的な恐慌をむかえて，東京商業会議所は同年2月に，外資導入による内国債償還と私設鉄道の買収を内容とする「経済整理ニ関スル建議（請願）」を，さらに，同年12月には，東京・京都・大阪・神戸4商業会議所連合の決議による「鉄道国有実行ニ付キ建議（請願）」を桂内閣および貴衆両院へ行なったが，このときには，「鉄道国有其物は素より賛成なれば之が実行を希望する」（「鉄道国有問題と渋沢男」，『東京経済雑誌』第1113号，1901年12月）と渋沢も述べたように，財界全体が経済救済手段として国有化を肯定せざるをえなかったのである。だが，同時に，渋沢は買収公債発行が金融に及ぼす影響を含めて，その実行方法になお疑問をもっていた。

第2の要因は，当時の財政事情および財政政策にあった。1901年12月，東京商業会議所の陳情を受けた桂太郎首相は，「此鉄道国有問題を前にも述ぶるが如く余の熱心に其実行を希望する処なりと雖も，経済救治と云ふが如き彌縫策として之を行ふは不可なり，宜しく財政の整理と伴ひ別段の計画として之を行はんことを望む」（「東京商業会議所陳情委員の首相訪問」，『東京経済雑誌』第1114号，1902年1月）と述べた。日清戦後の軍備拡大を中心とする財政膨張政策が破綻しており，不況下での金融市場にたいする圧迫をおそれる銀行資本の立場からも，非募債主義，健全財政主義が望まれたのである。

前回イニシアチブを担った鉄道官僚は，今回は表舞台に登場していない。この時期，鉄道官僚はどのような考えかたをもっていたか。とくに注目されるのは，1901年3月の『鉄道時報』に掲載された逓信次官田健治郎（1855〜1930）

の所論「外資と鉄道」である。この論文で,「予の鉄道国有を主張する本旨は一に鉄道の統一に在り,統一の結果に依り運輸機関の疎通活動を致さしめ依て以て生産力の発達を促し併せて将来国庫財源の一要素たらしめんと欲するに在り」（木下立安編『日本の鉄道論』,傍点原文）と,鉄道統一が国有化の最大の根拠と考えていたのである。軍部はもちろん,さきに紹介した東京商業会議所も鉄道統一を根拠としている。この田の見解は後述する「鉄道国有ノ趣旨概要」につながっていくが,第3回目の鉄道国有化運動をみるまえに,鉄道統一が主張される客観的背景についてみてみよう。

分立経営体制と鉄道統一への動き

わが国の鉄道事業の特徴は,官私併存であるだけではなく,多数の私鉄の併存する分立経営体制にあった。私鉄の企業数のピークは,1899年（明治32）度末の43であり,そのときの1企業平均の開業路線マイルは,65マイル（105km）であった。こうした分立経営体制が,資本主義の発展にともなう輸送需要量とその範囲の拡大と対立し,鉄道輸送の統一が経営の内外から要請されるにいたることは当然であった。すなわち,とくに1890年代後半以降,鉄道合同の進展がみられるのである。

「開業シタル鉄道ニシテ他ノ鉄道ニ合併シ又ハ譲渡シタルモノ」（鉄道省『日本鉄道史』中篇）は,つぎのようであった。

 1891年度 水戸→日本
  96年度 両毛→日本,摂津→阪鶴,浪速→関西
  97年度 筑豊→九州
  98年度 阪堺→南海,伊万里→九州
  99年度 河陽→河南
 1900年度 南予・道後→伊予,大阪→関西
  01年度 豊州・唐津→九州,太田→水戸
  03年度 播但→山陽
  04年度 讃岐→山陽,紀和・南和→関西

05年度　奈良→関西

　1892年（明治25）度の水戸鉄道の日本鉄道への合併にはじまる私鉄の合同は，主として大手私鉄（とくに，九州，関西，山陽）による中小私鉄の吸収・合併という形をとるが，その数は上述の2回の恐慌を背景として多くの中小鉄道が経営困難におちいったことを契機として増加する。もちろんそこには，鉄道輸送の統一による輸送・経営の効率化，市場の拡大を土台とする大手私鉄の収益増進および競争の回避という意図もあった。

　他方，官設鉄道についても，廃業した釧路鉄道を政府が買い上げた例もあるが，合同と同じ意義をもつものとして重要なのは，1904年（明治37）12月に，関西鉄道との競争関係から西成鉄道の買収を前提に借り受けたこと，また，同年10月と12月，阪鶴，山陽の各鉄道にたいして管理上の不便を解消するためにそれぞれ舞鶴線，呉線を貸し渡したことである。

　しかしながら，鉄道合同は，当事者の利害対立から阻害された。たとえば，日露戦争勃発における日本鉄道による東武・総武両鉄道の合併交渉については「三社の首脳部は何れも合併の趣意に賛成し乍ら唯合併条件の点で折合ふことが」（原邦造『原六郎翁伝』中巻）できなかった。この点で，鉄道国有法案が議会に上程された1906年3月に，日本，北海道，総武，甲武，成田，東武，房総の各会社の社長・幹事・課長が会合した時の決議のひとつに，同法案が不成立になった場合，「出席者中の有志者発起となり関東東北北海道に於ける各鉄道会社の大合同に就て研究」（「鉄国案と鉄道業者の意向」，『東京経済雑誌』第1328号，1906年3月）し，合同価格等は同法案に準拠するとあるのは注目される。また，1903年（明治36）の4月から5月にかけて，山陽と九州との合併推進の動きもあったが，ついにわが国では私鉄の幹線鉄道間の合併は実現をみなかった。大規模な，かつ幹線間の鉄道合同は，国有化によって実現されたのである。分立経営体制のもとで，統一的鉄道輸送の役割を代替したのが，官鉄と私鉄間，私鉄相互間の連帯運輸ならびに相互連絡（駅の共同使用や列車の相互乗入れ）である。

　官鉄と私鉄間の連帯輸送は，すでに1885年3月の新橋・横浜間と日本鉄道に

第4章 鉄道の国有化

表4-1 旅客・貨物輸送にしめる連帯輸送の比率の推移

鉄道会社	年度	旅客輸送				貨物輸送			
		輸送人員		輸送収入		輸送トン数		輸送収入	
		(千人)	他線発比率(%)	(千円)	他線発比率(%)	(千トン)	他線発比率(%)	(千円)	他線発比率(%)
日本鉄道	1898	14,369	2.9	3,704	3.7	1,564	7.9	3,098	6.3
	1902	15,552	5.5	4,743	7.5	2,385	11.9	4,905	10.7
	1905	14,231	4.7	5,400	10.3	3,275	18.6	6,892	16.9
山陽鉄道	1898	5,353	5.3	1,604	12.9	585	9.5	437	4.8
	1902	7,370	6.7	2,545	21.6	848	14.5	722	20.1
	1905	9,870	6.7	3,923	22.3	1,437	18.6	1,867	30.7
関西鉄道	1898	3,124	12.1	710	24.2	158	25.3	140	28.0
	1902	7,642	10.1	1,588	16.9	594	22.2	503	20.2
	1905	10,266	7.1	2,164	10.3	825	15.5	696	15.1
九州鉄道	1898	9,249	1.5	1,832	2.4	2,661	25.9	1,690	22.3
	1902	11,026	0.9	2,687	3.3	5,071	0.3	2,864	1.0
	1905	12,846	1.3	3,305	3.9	6,299	0.5	3,728	1.3
北海道炭礦鉄道	1898	1,026	0.3	332	0.6	807	0.1	1,049	0.2
	1902	1,145	6.7	502	10.7	1,608	5.1	1,883	5.6
	1905	1,292	8.8	523	14.4	2,097	11.2	2,213	12.3
その他の私鉄合計	1898	33,740	8.0	3,731	12.1	2,346	11.7	1,085	10.5
	1902	33,656	8.1	4,972	14.4	2,398	25.6	1,198	24.8
	1905	34,145	9.2	5,343	15.9	3,193	28.0	1,824	28.8
私鉄合計	1898	66,861	5.8	11,912	8.5	8,121	14.6	7,500	10.0
	1902	76,391	6.6	17,039	11.9	12,904	9.7	12,075	10.0
	1905	82,618	6.6	20,659	13.1	17,127	12.6	17,219	15.6
官設鉄道	1898	31,314	4.4	7,685	5.7	1,821	15.7	3,286	12.2
	1902	31,897	6.7	11,548	9.3	3,183	27.6	5,052	23.0
	1905	31,027	7.9	13,518	15.8	4,403	23.0	7,981	26.1

(注) 1. 『鉄道局年報』各年度版より作成。輸送人員・トン数・収入の数値の単位未満を四捨五入したため,「私鉄合計」欄の数値は,各社集計数値とは必ずしも一致しない。
2. 官設鉄道の他線発は1898年度は「各会社割合収入」,1902年度は「社扱局部所属」,1905年度は「社線発局線着数量及局収入」の各項目。私設鉄道の他線発は他線扱いの項目。
3. 1898年度の官設鉄道には北海道の砂川・留萌間は除外され,貨物に小手荷物が含まれる。
4. 1898年度の山陽鉄道の他線発は,門司・大阪などの出張所扱いを含み,1905年度の山陽鉄道には讃岐線は除外されている。1902年度の北海道炭礦鉄道の他線発は,日本郵船扱いを含む。

はじまり，以後，89年9月山陽鉄道と，同年12月関西鉄道との間に開始され，鉄道延伸にともない，その範囲は，単に2線間だけでなく3線・4線間にわたるものもあり，全国的な規模となった。他線発の輸送量・収入を連帯輸送実績とすると，表4-1から，まず，連帯輸送の比重は上昇傾向にあること（九州鉄道と関西鉄道で減少するのは，鉄道合同の影響によると思われる），輸送量よりは収入に占める比重の方が高いこと，とくに，それは旅客に比較して貨物において高いことがわかる。連帯輸送が貨物においてより重要となってくるのである。また，私設鉄道にくらべて官設鉄道の連帯輸送の比重が高いことも，注目しておこう。このような連帯輸送は，つぎのような問題点をもっていた。

まず第1は，運賃計算業務の煩雑さが連帯輸送を阻害する面をもったことである。1903年1月号の『東京経済雑誌』第1168号（「鉄道共同計算所の設置」）によれば，「小会社分立して鉄道を所有する 今日に於ては，連絡運輸の結果として種々計算の混雑を来たし，或場合に於ては殆んど二社以上の連帯を許さざる如きことあり」と，その解決策として全国的規模での共同計算所の設置が要請されるが，同誌は，その実施の可能性について否定的である。なお，貨物運賃は，距離比例制を採用していたため，それを補完するものとして極めて多様な特定・特約運賃割引があり，その数の増加にともない，運賃制度を根本から覆すような恐れが生じてきた。

第2は，運賃が通算制ではなかったところからおこる弊害である。『東京朝日新聞』の1905年5月9日付は，旅客に比較してはるかに賃率が会社間で異なり，かつ大幅割引のある貨物の場合に，とくにそれは顕著であり，具体例として横浜・甲府間をとりあげ，一社ないしはスルーレート（through-rate）によるときは「貨主は今日の僅かに六分の一の賃金にて商品の運搬を為し得べきなり」（日本国有鉄道『日本国有鉄道百年史』第3巻）とのべている。

第3は，連帯輸送の増加は，とりわけ直通列車の運行を必要とし，事実，一定程度行なわれるのであるが（旅客では，1895年10月の山陽鉄道広島と官設鉄道大阪・京都間が，また貨物では98年3月，山陽の社線列車の大阪乗入れが最初），しかし，1905年（明治38）12月「各鉄道間＝連絡輸送列車ヲ通行セシム

ルノ主義ヲ定メ甲鉄道ヨリ乙鉄道ニ其ノ通行ヲ申込ムトキハ之ヲ拒ム能ハサラシムルコト」などの改善策を記した「鉄道ノ連絡輸送ニ関スル建議案」が議員から提出され，翌年2月に可決されたのであり，このことは連絡輸送が実際には各社間の利害の対立から不十分であったことを示している。

　もちろん，こうした事情が直ちに鉄道国有化をもたらしたわけではない。山陽鉄道専務取締役の牛場卓蔵（1850～1922）や関西鉄道社長の片岡直温（1859～1934）のように鉄道統一は国有化の根拠にはならないと主張する人びともいた。だが，少なくとも，産業資本によって国有統一が容認される素地が形成されてきたといえよう。

　ここで注目されるのは，1900年ごろから産業資本は保護貿易を，とくに鉄道にたいしては特別賃率の採用を要求してくることである。たとえば，全国商業会議所連合会の決議「国家経済ノ方針ニ関スル意見」（1900年5月22日）は，資本の充実，商工業経営の改良，貿易機関の完備とともに，運輸交通機関の完備をあげ「鉄道其他運輸交通ノ機関ヲ速成シ，以テ各部ノ統一ヲ保チ，海陸ノ連絡ヲ謀リ，且ツ特別運賃ノ制ヲ立テ，内国製品ノ運搬ニ便ヲ与フルコト」（『第九回商業会議所連合会報告』，前掲『渋沢栄一伝記資料』第22巻）を主張した。

　こうした特別運賃の設定に，国有化への契機が含まれていることは，商業連合会委員が先の決議を首相官邸に陳情したとき，芳川顕正逓信大臣が「成ル程ソレ（特別運賃制の設定―引用者）モ出来得ルコトナレトモ私設鉄道会社ニ対シ左様セヨト云ハヽ，私設鉄道会社ハ必スヤ之ニ対シテ如何ナル保護ヲナシ呉ルヽカト云フニ相違ナク，要スルニ鉄道ヲ国有ニテモスルノ外ハ行ハレサルコトナリ」（同上，傍点引用者）と述べたことからもわかる。

　分立経営体制の下で，運賃体系がスルーレートでないことによって，とくに貨物運賃が著しく高くなっているという指摘を考慮するならば，特別運賃の設定＝運賃の低減と鉄道の統一とは密接に関連していたといえよう。

日露戦後経営と鉄道国有化

　第3回目の国有化運動は，日露戦争中の1904年（明治37）末から翌年はじめ

にかけて，大浦兼武（1850〜1918）逓信大臣と田次官が協議し，閣議に図ることにはじまる。財政関係の調査が不充分なため閣議決定には至らなかったけれども，第21議会終了後に，山之内一次鉄道局長を主任とする調査委員会が設置され，同委員会は次期議会に法案を提出することを目的として「鉄道国有ノ趣旨概要」と「私設鉄道買収調査概要」をまとめた。

「鉄道国有ノ趣旨概要」は，「鉄道ハ一般交通ノ用ニ供スルモノニシテ其ノ性質道路ト異ナラス」（逓信省『鉄道国有始末一斑』）と，その冒頭で鉄道の国有原則を主張し，国有統一の効果として「運輸ノ疎通」「運賃ノ低減」「設備ノ整斉」と，輸送力の増強と運賃の低減をあげる一方，鉄道経営においては，「総係費ノ節減」「運輸費ノ節約」「設備上ノ節約」「貯蔵品ノ節約」と「運転上ノ便利」など経費の節減効果を指摘した。そして，今日における国有統一の意義は，①国有鉄道の収入は煙草・塩専売とともに国庫財源に寄与しうる，②国有鉄道を担保に外債を有利におこすことができる，③鉄道統一によって産業を振興し海外発展が可能となる，④私鉄への外国人の株式投資を防ぎ，軍事輸送の機密を確保しうることにある，と結論した。

この見解は，のちに西園寺公望首相が鉄道国有法案の衆議院上程にさいしてのべた提案理由の骨格を形成するが，国有統一の意義についての重点は変化する。「私設鉄道買収調査概要」は，かなりの修正を経ながらも同法案の基礎を形成する。

それでは，なぜ実現することになるのか。

第1は，すでに述べたように桂は，財政整理をまって国有を断行したいと考えていたのであり，行政整理委員会における議論の一環として「国庫の収入を増大すると共に官業にも根本的改革を加ふるの議あり，鉄道国有案は其の一」（大浦氏記念事業会編『大浦兼武伝』）になった経緯がある。しかも，この時，官民共同経営案がでたが，国有案を主張していた大浦逓信大臣を山県有朋が「軍事上より視るも，国有を最善とす」と激励したのである。さらに，財政顧問の元老井上馨（1835〜1915）も「実はこれまで鉄道国有といふことには余り賛成ではなかったが，既に時機が熟したと考へる。自分も賛成するから大いに

努力するやうに」(井上侯伝記編纂会編『世外井上公伝』第5巻)と,これまた大浦や田を激励した。ただし,この井上の激励は,財政顧問の立場というよりは,むしろ三井の「守護神」としての立場によるものであろう。なお,日露戦争中に井上は,鉄道国有の準備として鉄道工場の統一と鉄道抵当法案の成立を田に要望している。後者は,私鉄の外資導入の促進を直接の目的として,1905年(明治38)2月に成立する。

だが,第2に,より重要なのは,一方で産業を掌握し,他方で銀行資本家として戦費調達を通じて国家財政・政策を左右しうるまでに成長した財閥ブルジョアジーが,海外進出を中心とする「戦後経営」の重要な一環として鉄道国有を承認することになったことである。

渋沢は,1905年10月の第14回商業会議所連合会において,日露戦後経営と鉄道の役割を大要,つぎのように位置づけている。すなわち,戦費調達のために累積した内外債(約16億円〔うち外債8億円〕をあわせて1906年度末には国債残高は21億円にも達し,その国債費は一般会計歳出の33%を占めた)の処理が最大の課題となり,それを償還するためにも国内産業を勃興し,輸入を減少させるとともに,輸出,とくに中国市場への輸出が促進されねばならないのである。ところが,最大の輸出品である生糸については,生産費に占める輸送費の割合が高く,また綿製品についても中国市場ではなお米国製品に圧倒されている状態である。その輸出ルート・市場としての満州,朝鮮の役割も大きくなるのである。鉄道統一による運賃の低減と,満・韓の鉄道の整備と国内の鉄道との連絡網の形成が必要とされるのである。したがって,「現政府が若し鉄道政策に依て輸出入抔の上に注意を加へ国力を増進すると云ふ見地から鉄道国有を主張するものなれば止むを得ず,自分等も最初は反対した政策であるけれども今日の場合或は同意せざるを得ぬかと思ふ」(『竜門雑誌』第213号,1906年2月,『渋沢栄一伝記資料』第9巻)と述べたのである。そして,この見解は,周知のように,阪谷芳郎(1863〜1941)大蔵大臣の第22回帝国議会における「戦争ニ依ッテ得タ勢力範囲ノ拡張ト云フコトヲ利用シテ往クガ一番デアリマス」(『第二十二回帝国議会衆議院鉄道国有法案外一件委員会議録』第2回)とい

う演説と軌を一にしているのである。鉄道国有法案と同時に京釜鉄道買収法案が議会に上呈され，可決されるとともに，同年南満州鉄道株式会社が設立される理由でもある。

日露戦後経営の重要な一環として，国際収支の改善と中国市場への進出のために鉄道運賃の低廉化などの鉄道整備が必要であるという主張は，三井銀行理事の波多野承五郎（1858～1929）の日露戦後経営論をはじめとして，ほぼ三井財閥につながる人びとにも共通するのである。また，三井同族管理副部長の益田孝は，すでに戦時中の1905年6月，原敬（1856～1921）にたいして「戦後幸に償金を得ば鉄道国有と鉄道広軌に改正を断行したし」（原奎一郎編『原敬日記』第2巻）と主張した。こうした背景には，1900～05年（明治33～38），その輸出入取扱高が日本の輸出入額の10～17％（松元宏『三井財閥の研究』，なお，主要取扱品は輸出では石炭，綿糸，綿布，生糸，輸入では棉花，機械，鉄道用品，大豆粕であった）を占めており，そして日露戦後「当時米国製品に依つて独占されていた満州の綿製品市場をどうしたら日本の手に入れられるかということを研究して」（第一物産株式会社『三井物産株式会社小史』）おり，鉄道国有法発布の翌月には満州輸出綿布組合の成立・活動を主導することになる三井物産の活動が考えられるのである。さらに，政友会の「輸出奨励調査会輸出奨励方法事項」（『大日本紡績連合会月報』第151号，1905年3月）も同一であった。三井財閥の人びとは国有化に支持を表明したし，議会で多数をとる立憲政友会（第22回帝国議会の衆議院の議席数は，立憲政友会149，憲政本党98，大同倶楽部76，政交倶楽部36，その他20である）は，選挙基盤の培養の関係からも国有法案の審議に賛成の態度をとるのである。

ただし，財閥ブルジョアジーは産業ないしは商業資本家であるが，同時に証券所有者ないしは銀行資本家であるとともに五大私鉄を中心としてその主要株主でもあった。証券所有者の立場としては鉄道買収公債の金融上への影響を恐れた。一般的には「時として対立関係に立つとはいえ結局において産業資本の成熟のうちに金融資本の支配力は強化されねばなら」（富永祐治『交通における資本主義の発展』）ないのはいうまでもない。しかし，「金融資本」は直接的

には買収公債の交付は株券と債券が交換されるにすぎないとして承認した（その利害は，むしろ公債交付過程と国鉄会計の改正問題において現われた）。問題は，鉄道から資本を引き上げることを財閥ブルジョアジーが承認しえたかどうかであるが，これは，各財閥によって相違する。後述するように，買収価格がそれを承認させたのであった。

次節において，以上の点がどのように，鉄道国有法の成立，私鉄の買収と公債の交付過程，および国有統一の結果実現する帝国鉄道において現われているかをみていこう。

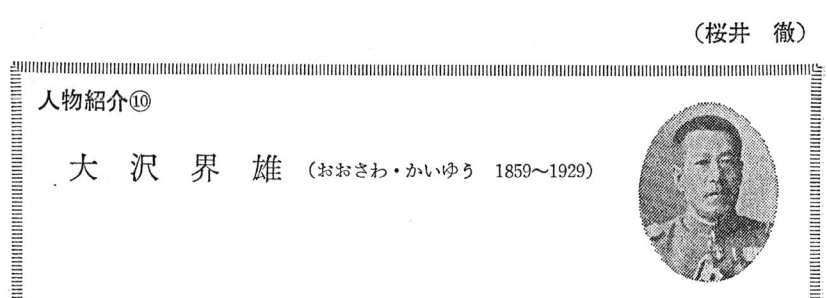

(桜井　徹)

人物紹介⑩

大　沢　界　雄　（おおさわ・かいゆう　1859～1929）

安政6年9月24日（1859年10月19日）生まれ。本籍愛知県。1881年（明治14）12月陸軍士官学校卒（旧第4期），1885年5月中尉に任官，1888年12月陸軍大学校卒，翌年11月輜重兵中尉として輜重兵第1大隊（東京）付となる。1890年3月参謀本部出仕を命ぜられ，同年11月輜重兵大尉，1892年参謀本部第一局員，1893年1月兵站輸送研究のためドイツ駐在を命ぜられ，日清戦争中の大部分をドイツで過ごし，1895年4月帰国，輜重兵少佐，兵站監部参謀となった。

1880年代から，陸軍は外征軍隊の動員輸送に鉄道を利用することを構想していた。そのため，普墺戦争以来，とくに普仏戦争において鉄道による兵力輸送に成功し，これが戦勝に大きく貢献したとされるドイツに，兵站業務担当将校を留学させたと考えられる。大沢は，日清戦争後の，1896年5月以降，参謀本部第四部員として勤務，1898年10月輜重兵中佐に進級した。その直前の1898年7月「鉄道ノ改良ニ関スル意見」を発表した。この論文（単行パンフレット，日本交通協会図書館蔵，その全文は日本交通協会機関誌『汎交通』第68巻第10号〔1968年10月刊「明治百年記念特集号」〕に収録）は，軍事輸送のための鉄道国有化の必要性とならんで，とくに輸送力の増強のための改良の必要性をとなえた。この問題について，陸軍は，

はやくから広軌改築論をとなえてきた。しかし、大沢は、ボギー台車の採用、軌間の3倍まで車両の幅を増すことができるようになったことなどによって、狭軌のままでも搭載力を増加しうると主張した。このほか、車両、線路の改良、貨物輸送の改良などの輸送力増強の方策、鉄道行政の改革、職員の養成などを挙げ、これらを実現することによって軍事輸送の態勢を強化しうるとした。

この論文によって、陸軍の鉄道についての基本的な立場は明確となった。そして、陸軍はこのときから広軌改築論を放棄し、また速度よりも、輸送の能率を向上するための列車系統の整理など運行計画に主眼をおくようになった。大沢は、こののち、「鉄道国有論」(『鉄道協会誌』第1巻第2号)を発表、また鉄道の国有化をめぐって南清との間に論争を展開した(この論争は木下立安編『日本の鉄道論』、1909年、に収録されている)。

こののち大沢は、1901年(明治34)11月参謀本部第三部長、輜重兵大佐となり、日露戦争にさいしては、参謀本部第三部長のまま大本営運輸通信長官として兵站事務を管掌(1905年1月任少将)、戦後は1907年11月参謀本部付、1908年12月参謀本部第三部長再任、1911年12月由良要塞司令官、1912年2月任中将、同年(大正元)9月待命、1914年1月予備役に編入された。1929年(昭和4)10月15日死去した。

(原田勝正)

第2節　鉄道国有化の実現とその意義

鉄道国有法の成立過程とその特徴

さて、鉄道国有法は、つぎのような過程、つまり、「鉄道国有法案」「鉄道国有ノ趣旨概要」およびその他の付属文書の閣議提出(1905年12月22日)——同閣議決定(同12月25日)——桂内閣総辞職後、西園寺公望内閣で「鉄道国有法案」、「鉄道国有ノ趣旨概要」の閣議提出(1906年2月17日)——閣議決定(同2月27日)——第22回帝国議会衆議院に法案上程(同3月6日)・原案可決(賛成243、反対109、同3月16日)——貴族院で大幅修正・可決(賛成205、反対62、同3月27日)——同日(議会最終日)、衆議院に修正案回付・即日可決(賛成214、反対0)という過程で成立した。この過程での特徴はつぎの点である。

第1は、西園寺内閣で閣議に提出された「鉄道国有ノ趣旨概要」は、すでに

紹介したそれとくらべると，その後半，つまり鉄道国有化＝国有統一の意義に言及した部分が大幅に書き直されていることである。もちろん，個々の内容は日露戦後の状況に適合させ書き直していることはいうまでもないが，とくに「㈠鉄道国有ハ産業振興ノ資タルコト」（前述の③に相当），「㈡外人ノ鉄道制御ヲ防止スルコト」（前述の④）および「㈢戦後財政ノ整理ニ便スルコト」（前述の②）の3項目に整理され，叙述の順序が変更されていることは注目されるべきことである。すなわち，鉄道国有化の意義の三番目におかれていた産業振興上の意義が先頭におかれ，一番目ないしは二番目におかれていた財政整理上の意義は最後になり，順序が入れ代わっているし，さらに国有鉄道の収入が国庫財源に寄与するという主張はごく簡単に言及されるにとどまっている。しかも，「㈢戦後財政ノ整理ニ便スルコト」の項の末尾に「以上財政ノ整理ニ関シ述フル所ハ素ヨリ国有統一ノ主タル理由ニ非ラスト雖国有統一ノ自然ノ結果トシテ戦後財政整理ノ便ニ資スルコトヲ得ハ其ノ利益亦尠カラサルヘキ……」（逓信省『鉄道国有始末一斑』，傍点筆者）という「付言」が追加されている。以上の変更は，国有化の目的は財政収入確保ではなく，さらに財政整理への寄与も二次的ないしは付随的にすぎなくなったことを物語っている。このことと，西園寺が桂から政権を引き継ぐさい，「過日内話せし通り鉄道国有法案の閣議決定し置きたれば夫に因て得る所の利益を実業上に向くる事となして折合ふ事可ならんと云へり」（原奎一郎編『原敬日記』第2巻）と桂が原敬に述べたこととを関連させると，買収価額を引き上げて財閥と妥協するという意味もあるだろうが，同時に国庫収入や鉄道財政への寄与よりも産業振興を優先させるという意味にもとれよう。事実，国有化後国鉄からの国庫納付金はなく，国鉄の財政は困難を抱えていたのである。

第2は，買収対象路線の修正についてである。法案の第1条は「一般運送ノ用ニ供スル鉄道ハ総テ国ノ所有トス但シ一地方ノ交通ヲ目的トスル鉄道ハ此ノ限リニ在ラス」と幹線国有原則を規定し，西園寺内閣の閣議提出時には対象路線は17であったが，閣議決定で32に拡大し，さらに未開業路線も買収可能としたことである。なお，当時の私鉄会社数は38である。この買収対象路線数の拡

大は，直接的には原内相によって行なわれ，地方の「政府の買収を目当てに経営されて来たボロ鉄道」（加藤伯伝記編纂委員会編『加藤高明』上巻）の買収運動がその背景にあったといわれている。だが，貴族院は原案の17に再修正した。この過程で「一地方ノ交通ヲ目的トスル鉄道」とは何を指すかが問題となったが，貴族院での17の選定基準は，主に「鉄道敷設法の予定線に属する分を取つて其他二三必要なるものを附加」（『大日本帝国議会誌』第6巻）するとされたにとどまった。

　第3は，買収期間の変更である。西園寺内閣で閣議提出されたとき，買収期間は1906年（明治39）と1907年の2年間であったが，閣議決定では1906年から5年間と延長され，さらに，貴族院の修正で10年間に延長された。その延長の意図は，公債発行の財政・経済に与える影響を小さくしようとすることにあった。しかしながら，1906年7月，買収遅延は，産業上に損害を及ぼし，運賃の高騰をもたらし，財政上に損害を及ぼすなどの理由を述べた「鉄道国有ノ実行ヲ速ニスルノ議」が閣議決定され，当初の原案どおり，1906～07年の2年間で買収されることになった。

　第4は，同時に提出された京釜鉄道買収法案がほとんど論戦もなく議会を通過したのにたいして，鉄道国有法案は，西園寺内閣の閣議決定にさいしての加藤高明（1860～1926）外相の反対・辞表提出や，衆議院における修正案の議会最終日の一日だけの審議，そこでの「わが国議会史初めてのなぐりあい」と反対政党の一斉退場という異常な事態のもとで成立したことである。

　加藤外相が岩崎弥太郎（1834～85）の娘婿であり，立憲政友会＝三井，憲政本党＝三菱，という関係から，それらの事件の背景には，鉄道国有化により不利益——九州炭をめぐり，三菱は三井に対抗する手段として九州鉄道を位置づけ，それを支配していた——をこうむる三菱の反対の策動があったということが指摘される。たしかに，三菱は九州鉄道や山陽鉄道を戦略手段として位置づけており，また，三菱の荘田平五郎は競争に重点をおく鉄道政策を主張していた。このことは三菱が国有化に積極的でなかったとしても，国有化に絶対的に反対であったことを意味しない。むしろ買収条件次第では賛成したと思われる

のである。加藤外相の辞職行為＝三菱の反対という図式についても否定的見解が提起されており、また，三菱の反対運動は買収価格を高めるという意図によるものであったといわれている。事実，議会での議論は条件付き反対論も多かったのである。

　買収条件次第で，財閥を含めて鉄道資本が私鉄から資本を引き上げる事を承認したということについては，当時の私鉄の経営分析を前提として考える必要がある。日本鉄道と山陽鉄道について，そのことを考察した論文として桜井徹「日本鉄道株式会社の資本蓄積条件と国有化問題——国家独占生成に関する準備的考察——」上・下（『大阪市大論集』第25，26号），同「山陽鉄道株式会社の資本蓄積条件と国有化問題——国家独占生成に関する基礎的考察——」（『商学集志』第49巻第3号）がある。

　すなわち，17私鉄の鉄道買収価額は建設費2億3890万円の約2倍の4億7054万円（無認可建設費を除くと4億6737万円）であり，これに，貯蔵物品・兼業の買収費を加え被買収鉄道の借入金を控除した4億5620万円の五分利公債が交付されたが，それは17私鉄の払込資本金額の2.1倍になっており，買収価額が私鉄に有利であったことがわかる（表4-2参照）。個別的にみると，日本，北炭，山陽，九州，甲武など財閥が主要株主である鉄道や，総武などの買収前6営業期間の対建設費益金割合の高い鉄道が著しく有利になっている。また，低収益の会社も，その配当との関係からすれば決して不利ではなかった。

　しかも，鉄道買収価額を，西園寺内閣が提出した鉄道買収見込価格と比較すると，全体で約4600万円増加している。これは，買収過程において，鉄道買収価額＝買収日の建設費×6営業期間（1902年度下期から1905年度上期）の益金平均割合×20（ただし，この価額が建設費に達しない場合，ないしは1905年度末に開業後6営業期間を経過しない路線を有する場合は，買収価額は建設費内で協定する）を引き上げる行為があったことを示している。

　それは，主につぎの2つの方法で行なわれた。

　第1は，買収日の建設費を増加させることである。益金割合が5％を超える会社は，鉄道国有法公布以降の新投資については一定の利益がある——たとえ

表4-2 鉄道買収価額

被買収鉄道会社	買収年月日	1906年3月31日現在建設費 決定額	1906年3月31日現在建設費 調査額	認可シタル建設費	買収ノ日ニ於ケル建設費
北海道炭礦	1906.10.1	11,486	11,705	666	12,152
甲　　武	10.1	3,819	3,318	1,076	4,895
日　　本	11.1	53,678	54,479	1,380	55,058
岩　　越	11.1	2,723	2,584	6	2,729
山　　陽	12.1	36,263	36,728	1,866	38,129
西　　成	12.1	1,753	1,957	－2	1,751
九　　州	1907.7.1	51,073	51,397	5,410	56,324
北　海　道	7.1	10,479	10,925	886	11,365
京　　都	8.1	3,458	3,472	0	3,458
阪　　鶴	8.1	6,379	6,429	554	6,933
北　　越	8.1	7,156	7,206	151	7,307
総　　武	9.1	5,304	5,194	850	6,154
房　　総	9.1	2,055	2,071	160	2,216
七　　尾	9.1	1,523	1,515	9	1,532
徳　　島	9.1	1,297	1,304	34	1,332
関　　西	10.1	22,993	27,463	1,797	24,790
参　　宮	10.1	1,861	1,894	911	2,772
合　　計		223,302	229,641	15,755	238,897

(注) 1. 逓信省『鉄道国有始末一斑』1909年, 付録, p.49, 57-58, 66. ただし, 1906年3月31日買収見込価格表〔乙号〕(同書, pp.88-89)による.
　　 2. 鉄道買収価額は無認可建設費を除く。また, 九州と山陽の「買収ノ日ニ於ケル建設費」には, 1906年3月31日現在建設費(決定額)と「認可シタル建設費」との合計に一致しない（た
　　 3. 公債交付総額＝鉄道買収価額＋貯蔵物品買収価額－借入金控除額その他＋兼業買収価額。

ば, 益金割合が10％の場合, 建設費100円の買収価格は200円になり, 新投資100円につき100円の利益を得る――ことが確実となったので, 「そこで各鉄道は盛んに増設工事を始めたもので, 例へば日本鉄道がその当時所有してゐる今の山の手線を急に複線にする, 総武, 関西, 参宮の各鉄道会社も皆, 複線を敷設する。又甲武鉄道はお茶の水で工事を中止してゐたものを俄に万世橋までの延長をやるとか, それが皆申し合せた様に昼夜兼行で, まるで火のついた様な騒ぎ」(清水啓次郎編『交通今昔物語』)になったのである。これが, 政府の鉄道

・公債交付総額　　　　　　　　　　　　　　　　　　　　（単位：千円，％）

建設費＝対スル益金平均割合		鉄道買収価額		公債交付総額 A	払込資本金 B	A／B
決定値	調査値	決定額	見込額			
12.49	12.46	30,366	29,168	30,997	12,650	2.45
14.52	14.66	14,214	9,729	14,600	2,665	5.48
12.50	11.98	137,609	130,533	142,524	58,200	2.45
—	—	2,521	1,956	2,422	2,640	0.92
10.30	10.08	78,525	74,043	76,639	36,100	2.12
—	—	1,705	1,260	1,847	1,650	1.12
10.10	9.50	113,751	97,655	118,508	50,300	2.36
—	—	11,365	10,925	6,132	6,340	0.97
—	—	3,340	2,763	3,296	3,420	0.96
—	—	6,928	6,352	4,284	4,000	1.07
5.30	—	7,747	7,134	3,722	3,700	1.01
10.44	9.94	12,853	10,326	12,406	5,760	2.15
—	—	2,135	1,922	960	1,040	0.92
—	—	1,490	1,430	994	1,100	0.90
—	—	1,310	1,236	697	750	0.93
7.26	5.70	36,013	31,308	30,438	24,182	1.26
9.91	9.96	5,497	3,774	5,729	3,099	1.85
—	—	467,371	421,513	456,195	217,596	2.10

現在の建設費の調査額，対建設費益金平均割合の調査値，鉄道買収見込額は，西園寺内閣提出の鉄道は，無認可建設費減額分（159千円，0.6千円）が控除されており，したがって九州の場合にはその値だし，千円未満四捨五入のため，その他の合計値と同様，若干の計算上の不一致はある）。

国有を早めた動機のひとつになったのであり，また建設費の増加申請にたいして一定の基準を設けることになったのである。しかしながら，1906年3月31日の建設費にたいして，全体で約7％，1576万円増加しているし，九州一社でその増加額の約3分の1，それに甲武・日本・山陽・関西を合計すれば約7割を占める。比率的には，参宮は49％，甲武は28％の増加となっている。

　第2は，益金割合を増加させる行為である。益金平均割合＝6営業期間の益金÷6営業期間の建設費×2は，西園寺内閣時のそれと比較すると甲武や参宮

でごくわずかに低下している例もあるが、その他は上昇しており、とくに関西の1.56％をはじめとして日本、九州、総武では0.5％以上、上昇している。北越の場合には益金平均割合は5％未満であり、したがって買収価額は建設費内で協定することになっていたのだが、実際の買収では、その割合は5.3％となっているのである。このことは、益金割合算定について、政府の算定手続きの杜撰さもあり、またそれを高める種々の主張——主に所得税の控除や、未開業線の収益計算の処理、および営業費に属していたものを建設費に振り替えること——が私鉄側によってなされ、それを一定程度、政府が認めたことの反映である。

　このような事情が買収価額の決定を遅らせていた時、日露戦後恐慌の影響で株価が下落し、公債交付の見通しがないこともあって、鉄道株価の下落が一層すすんだ。この過程については省略するが、公債相場の維持と買収公債の早期交付を求める被買収鉄道会社および銀行資本の共同要求と、それに対応した政府の公債価格維持政策の言明もあって、公債相場は徐々に回復に向かい、買収公債の交付も実現され、被買収鉄道の株主は、安定したかつ株式額面の2倍以上に相当する公債を保有することとなったのである。

　この交付にいたる過程で注目されることは、鉄道株式の下落が進行した時、中小株主を中心として「資金を必要とするものは、損失を覚悟のうえで所有株式を安価に売却」（野田正穂『日本証券市場成立史』）したが、それが現物商・仲買人を通じて、「銀行をはじめとする資産家の手に集中することになった」（同上）ことである。したがって、財閥が主要株主である鉄道の買収価格が有利であったことを考慮すると、買収公債の交付は、日本鉄道の最大株主である十五銀行の「経営に大きな安定度を加え」（三井銀行八十年史編纂委員会編『三井銀行八十年史』）たといわれるように、とくに財閥、銀行の資力を増加したのである。この意味において、鉄道の買収は、財閥を中心とする資産家を国家が保護するものであったといえよう。

　だが、鉄道買収公債の交付の意義はそれにとどまらない。すなわち、買収価額は1907年の「工・鉱・運輸業の資本総額6億2200万円に近い巨額であって、

これが国有化によって現実の生産資本から遊離し，新しい生産部門へ投資される可能性がつくり出された……ことの資本蓄積に果した役割」(山崎隆三編『両大戦間期の日本資本主義』上巻)をみる必要がある。

　交付公債はどこへ再投資されたのであろうか。この全面的解明は今後の課題であるが，日露戦後勃興しつつあった重工業（たとえば，北炭は日本製鋼所および輪西製鉄所設立資金の一部へ直接充当）や電力業（とくに，生命保険業の投資状況にしめされるように）に向かったと推定されるのである。また，十五銀行に次いで最大の鉄道株保有数を誇っていた三菱の場合，旗手勲『日本財閥と三菱』によれば，それは同財閥の大陸進出（中国への貿易・借款・投資の拡大や朝鮮での小作農業の経営や兼二浦鉄鉱区の開発など）の資金的背景となったといわれる。三井物産による海外進出が三井財閥の流通面での国有化推進の背景をなすものであったとすれば，国有化は資金面で三菱財閥が大陸へ進出する契機となったのである。

鉄道の国有化とその意義

　17私鉄の買収にともない，官設鉄道は，未開業線を含む3004マイル（4834.3km）の路線，1118両の機関車，3067両の客車，2万884両の貨車，そして4万8409人の職員を継承し，帝国鉄道ないし国有鉄道と呼ばれるようになった。この鉄道業における国鉄のシェアは，1905年度末と1907年度末とを比較すると，営業マイルでは32.0%から90.9%に，輸送人キロでは37.7%から83.8%に，輸送トンキロでは29.4%から91.4%へ，従業員数では37.2%から88.4%へ増加し，国鉄は陸上輸送機関として独占的地位を獲得した。

　これに対応して，経営管理機構が大幅に変貌した。一方では，鉄道作業局が1907年，帝国鉄道庁に，さらに翌年，内閣に直属する鉄道院に改組されるとともに，大規模かつ全国的範囲にわたる経営組織を管理するため，全国を5区に分け，北海道・東部・中部・西部・九州の各鉄道管理局を設置した。

　他方，財務会計制度では，営業収入・支出＝収益勘定のみが特別会計の対象であり，建設改良＝資本勘定は一般会計に属するという形をとっていた官設鉄

道会計法（1890年3月公布）に代わって，1906年（明治39）4月に公布された帝国鉄道会計法によって資本と収益の2勘定を含む特別会計が創設された。しかし，その場合も建設改良費は一般会計から受け入れ，益金は一般会計に納付する形を依然とっていた。しかし，1909年（明治42）の改正によって，鉄道益金をもって建設改良資金に充当し，不足の場合は鉄道会計の負担において公債を発行することが規定され，鉄道会計の一般会計からの独立は一応実現されることとなった。それは，健全財政・非募債主義という金融資本の要求と，国家財政に依存せずに鉄道の拡充を要求する産業資本・地主，さらには自己の権力基盤の確保を願う鉄道官僚の利害が一致したためであるといわれている。

それでは，鉄道の国有統一はどのような効果をもったのか。それについて，「鉄道国有ノ趣旨概要」で述べられていたような当初の国有統一の効果が実現されたかという点から，簡単に述べておこう。

まず，運賃低減についていえば旅客では，それまで，小会社の多くが三等運賃＝法定最高率の1マイル2銭の比例運賃によっていたのにたいして，大私鉄は比較的低廉で，概して遠距離逓減制を採用しており，また一等，二等の三等にたいする倍率も各鉄道間でさまざまであった。しかし，1907年11月の運賃改正で異種賃率を全線で同一にし，近距離区間は元鉄道作業局線や買収前の2, 3大私鉄の賃率と同一にし，全体として運賃の低減がはかられたが，注目すべきは，路線別ではなく通算法による遠距離逓減制が採用されることによって，運賃低減が遠距離旅客の場合にとくに顕著であったということである。そのことは，国有化＝改正前後の主要区間の運賃比較において明白である。たとえば，新橋・静岡間は，国有化前の1円73銭から国有化後は1円66銭と8％の引下げであるのにたいして，新橋・奈良間は4円40銭から3円40銭，新橋・広島間は6円52銭から4円13銭へ，それぞれ23％，32％の引下げになっている。

旅客以上に各社で複雑な賃率であった貨物の場合は，混乱を避けるため，まず1906年10月より全国を4つの区域に区分したにすぎなかったが，そのとき初めて遠距離逓減制が採用され，ついで1912年10月，山陽線を除く運賃統一によって，運賃の低減がみられるとともに，遠距離逓減制が拡充された。しかも，

注目すべきは，とくに輸出振興のために綿織物（1913年，満州・朝鮮および鉄道院の3線連絡で2割2分の低減），石炭，生糸などにたいする特定運賃が設定されたことであるが，ここでは指摘するにとどめておこう。

また，運輸の疎通や設備の整斉については，その効果を正確に測定するのは困難であるが，貨車のばあい，所属制の廃止にともなう配車の合理化や，運輸系統の整理によって長距離直通列車の運転・増発が可能となり，これらが，列車回数の増加などの要因とあいまって輸送力を拡大したといえる。

つぎに，「鉄道国有ノ趣旨概要」は，国有統一によって，総係費，運輸費，貯蔵物品の代価，車両費の一部合わせて約182万円が節約されると推計した。たしかに，総係費は営業費にしめる割合（鉄道省編『国有十年』によれば，被買収私鉄を含む1902～06年度の5カ年の平均は8.3％にたいして1907年度，3.0％，1908年度，2.6％などであった）においても，営業マイルあたりの金額（同様に，5年間の平均金額は533.9円にたいして1907年度，254.4円，1908年度，239.1円であった）においても減少したけれども，その他の節約の効果は，明確ではない。主に日露戦後の物価騰貴や設備の改善などによって，運輸費や保存費・車両修繕費は増加を示しているからである。

この結果，「輸送量の増加が当然もたらすべき一輸送単位当りの営業費減少はみられず，むしろ反対に僅かな増加を示して」（富永祐治『交通における資本主義の発展』）おり，したがって営業収入の増加があったにもかかわらず，国有化以前の被買収鉄道と官設鉄道合計のそれとはもちろんのこと，官設鉄道だけと比較しても営業係数は悪化している（後者については表4-3により明らかであるが，前者〔船舶収支は除く〕も同様に算出すると，1901～05年度，45.1，1906～10年度，49.8であった）。ただし，いずれの値も，大正期に入るにつれて回復している。

しかしながら，営業収支の推移をみるだけでは，国有化が国鉄財政に与えた影響を把握することはできない。買収公債およびそれに密接に関連する利子及債務取扱諸費を考慮する必要がある。買収公債の影響で資本総額が膨張し，それにたいする益金比率は営業係数の場合以上に悪化している（国有化前に被買

表4-3 国有化前後の国鉄の経営・財務

累計額 期間(年度)	(A) 営業収入	(B) 純営業費	B/A 営業係数	(A-B)/C	(C) 年度末資本総額	借入資本比率	(D) 建設改良費等資本支出決算額	建設費決算額
1891～95	27,898	11,669	41.8	8.0	202,081		11,093	8,120
96～1900	58,301	28,037	48.1	7.5	401,750		64,034	45,296
1901～05	97,848	44,922	45.9	6.8	779,904		65,701	51,721
06～10	356,648	182,170	51.1	5.4	1,608,161	80.0	625,237	88,345
11～15	554,065	263,113	47.5	6.0	4,835,302	77.2	230,075	92,784

(注) 1. 鉄道省経理局編『国有鉄道会計一覧』1933年度版、ただし建設改良費等資本支出決算額は、『鉄道統計資料 累年表』昭和58年度版(1985年)より作成。
2. 純営業費は営業費から補充費・行政監督費および線路調査経費を控除したもの。利子及含まれていない。
3. 建設改良費等資本支出決算額は、ここでは建設費・改良費・補充費の各決算額に買収加えたものである。
4. 1906～10年度末資本総額、利子及償務取扱諸費の各累計額は、1909～10年のものであ E／(A－B)および借入資本比率も同期間の数値である。

収鉄道を含めた場合には、年度首資本総額にたいするその比率は、さらに、1901～05年度、8.5％、1906～10年度、5.6％となる)。利払額は、1908年(明治41)度以前は不明であるが、いま、純益金累計額を建設改良費等資本支出決算額の累計額で割ると、表4-3のようであり、国有化後は、その値は買収価額のために全体として低いのである(前後10年を計算すると、1891～1905年度では70.6％であり、1906～15年度では54.4％である)。しかも、国有化前と比較して建設費よりも改良費が増加しているのも国有化後の特徴であり、したがってこの部分も含めて膨張する資金需要は、借入資本に依存せざるをえなかったのである。利子及債務取扱諸費は1908年度以前は不明であるが、以上のことを考えると、その増加が益金を圧縮したことは明らかである。

ましてや、買収公債の償還は当初の計画どおりにいくはずがなかった。計画では、益金は当初の3年間は、毎年200万円ずつ増加し、つぎの5カ年は増加の割合は1割ずつ減少し、さらにつぎには5年目ごとに2割ずつ減少するとして、当初の5カ年は益金をもって公債利子を支払い、残額を改良費にあて、6

指標		(単位：千円，%)
$\dfrac{A-B}{D}$	(E) 利子及債務 取扱諸費	$\dfrac{E}{A-B}$
146.3		
47.3		
80.6		
27.9	58,893	68.3
126.5	176,995	60.8

日本国有鉄道情報システム部

債務取扱諸費は，営業諸費にも

価額(1906〜10年の期間のみ)を

り，したがって(A－B)／C，

年目からは3等分し，改良費，国庫納付，公債償還にあてるとし，その結果37年目に買収公債のすべてを償還できるとした。しかしながら，国鉄会計から一般会計への国庫納付も，大正期にはなかったし，公債償還についても，臨時鉄道国有準備局書記官として鉄道国有の業務に携わった中川正左は，1928年刊行の『帝国鉄道政策論』の中で「未だ嘗て之が償還の計画ありたることなし。如斯は政府が当初宣言したる趣旨を全然没却せるもの」と非難しているところである。いずれにせよ，こうした状態が国鉄会計の一般会計からの独立化を阻害し，大正期における建主改従，改主建従をめぐる議論のなかで，国鉄財政は困難をもちつづけるのである。

（桜井　徹）

第3節　植民地経営と鉄道

植民地化と鉄道の役割

　拓務省拓殖局が「植民地に関する事務を総轄する立場」から植民地の事情を紹介する『殖民地要覧』(1920年)は日本帝国主義の植民地支配の目的や課題が概括されて植民地経営の実態を具体的に把握する素材になる。しかし，支配側の資料であり，他の資料と関連して事実をより明らかにする必要があろう。

　『殖民地要覧』は，日本の植民地にたいする究極の目的は「母国の優秀なる文化を移殖して土民を啓発する使命の上に」，「在来民を同化して文化の恵沢に浴せしむる」としている。この視点から日本帝国主義の植民地を日本人（内地人）の移植地とし，第2には内地と植民地との間の貿易を通じて支配を強化し，さらに植民地を，米，大豆，砂糖，塩，水産物，綿花，羊毛，石炭，鉄など食糧および原料の供給地として規定している。表4-4は内地と植民地の貿

表4-4 植民地の貿易状況 (1918年)

		朝　　鮮	台　　湾	樺　　太	関　東　州
輸移出	内　地	千円 137,204	千円 105,962	千円 21,431	千円 34,216
	外　国	16,984	33,394	—	40,394
	計	154,188	139,356	21,431	74,610
輸移入	内　地	27,273	70,665	18,451	45,433
	外　国	131,036	33,554	92	28,826
	計	158,309	104,219	18,543	74,259
総　計	内　地	164,477	176,627	39,882	79,649
	外　国	148,020	66,948	92	69,220
	計	312,497	243,575	39,974	148,869

(注)　拓務省拓殖局『殖民地要覧』(1920年5月発行) より作成。

易を表示したものだが，植民地の対内地貿易は輸移出貿易中76％，輸移入貿易中44％を数え，総貿易中においては61％である。台湾および樺太は内地の関税区域内にあるとして無税であるが，朝鮮は，1910年併合後10年間は関税を維持し外国貿易と同様に取り扱われ，また関東州も貿易上では外国と見なされている。これを貿易品目別に見ると，食糧・原料が内地に移出されて植民地型の貿易を構成している。日本帝国主義は，これら植民地に政府と民間の両面から投資を行ない，とくに鉄道，港湾とそれに関連する事業には多額の投資が行なわれている。『殖民地要覧』は植民地の投資を

1　朝鮮
　(1) 鉄道その他の事業にたいし起債額　7900万円
　(2) 朝鮮で業務を営む会社の払込み資本金額　4000万円
　(3) 内地人および内鮮人の経営する工場の資金額　2250万円

2　台湾
　(1) 公債および借入金　8200万円
　(2) 台湾に本店を有する会社の払込み資本金額　8700万円

(3) 工場資金額　1億2000万円
　3　樺太
　　樺太に本店を有する会社の資本金額　1100万円
　4　満州
　　(1) 関東州，満鉄付属地および領事館管内に本店を有する日本人会社の払込み資本金額　2000万円
　　(2) 日中合併会社の払い込み資本金額　1700万円
　　(3) 満鉄の払い込み資本金額　1億3200万円，社債　1億2300万円

と推定している。これらの投資は，植民地支配の有効な道具としての役割を果たしてきたといえよう。とくに植民地の鉄道を見るとき，植民地化の一環として極めて有効な支配・抑圧の手段として大きな役割を演じつつ形成・発展してきたのである。慶応3年12月(1868年1月)，幕府は小笠原壱岐守の名で米国公使館員ポートマンに江戸・横浜間の鉄道敷設ならびに使用の免許状を与えていたが，ポートマンは幕府の崩壊によって法的根拠を失ったこの免許状が明治政府によって継続されることを要求し，これが容れられないことから軍事的な威圧をもってその要求を主張したことがある。日本はその体験を朝鮮に逆に利用することとなった。日本の植民地経営の特質は一面において先進欧米諸国から文化・文明を導入したことからくる従属性と，他面で朝鮮など大陸に向かっては欧米の技術を利用しながら侵略する二面性に支えられている。鉄道はこのような植民地経営の原動力としての役割を果たしてきたといえよう。

　かかる視点から，台湾・朝鮮の植民地経営と鉄道の役割を考えてみたい。

台湾鉄道の成立過程

　1895年（明治28）4月，下関条約が結ばれて日清戦争の講和が成立し，台湾と澎湖諸島が割譲され，台湾の植民地支配が始まった。台湾の鉄道は，日本が支配する以前の1886年に清国政府から派遣された台湾巡撫劉銘傳によって，基隆・新竹間（62マイル）の建設が進められ，1891〜93年に営業を開始した。この区間は，地形上の関係から難工事が予想され，劉銘傳の発案でドイツ人技師

ベッケルに設計を依頼し，イギリス人マディソンを技師長として建設に当たったが，清国政府は軍事上，産業開発上の緊急と工事経費の切詰めから，トンネル工事を避け線路延長を短縮した結果，勾配や急曲線の区間が多く，営業運転を始めてからも，運転上多くの危険が続出した。劉銘傳は，鉄道建設と同時に台湾の郵便・通信制度の確立にも貢献し，郵便切手を鉄道乗車券に代用した「竜馬郵票代火車票」を考案して，鉄道と郵政の総合化を試みている。しかし台北・新竹間の工事中に清国政府によって解任された。台湾鉄路管理局編『劉銘傳と台湾鉄路』(1974年)によると，清国政府の官僚でありながら台湾の近代化に貢献し，本国から反対が出たことによって解任されたとされている。台北駅付近の省立博物館庭園に現在でも，劉銘傳が台湾鉄道に初めて使用したドイツ製の機関車「騰雲号」が保存・展示されて，劉銘傳の事蹟を残している。

　下関条約の結果，1895年6月日本の台湾・澎湖諸島にたいする支配が確立すると同時に，軍事輸送の必要性から台北・新竹間の運転を再開した。費用は臨時軍事費特別会計から支出されていたが，翌96年に一般会計により台湾総督府事業費をもって支出し，劉銘傳時代の線路・車両等の改善に当たらせ，工事は臨時に編成された鉄道工兵隊によって行なわれた。この年の7月，軍用のほかに一般営業を開始し，97年には営業法が施行された。99年に台湾を南北に結ぶ縦貫鉄道の工事が北部から始まり，旧線改良，工事材料の運搬のために淡水支線を建設して，9年の建設期間を費して1908年4月全線開通した。

　縦貫鉄道の開通は，貨物の流動構造を変貌させ，食糧や原料供給としての植民地化を促進した。開通以前は台湾の東西に物資が移動していたが，鉄道の開業によって南北に変化するとともに，淡水港をはじめとする台湾の中部にある港湾が衰退して，鉄道の両端にある基隆と高雄の両港が躍進を遂げることとなった。表4-5は1935～39年にわたる台湾鉄道の運輸収入ならびに客貨割合を表わしたものであるが，1939年の運輸収入実績は旅客収入が1444万円，貨物収入1977万円，合計3422万円であり，貨物収入が客車収入を上まわって総収入の58％を占めている。これは台湾鉄道の植民地鉄道としての特質を示すものである。表4-6は台湾鉄道使用貨物トン数構成比であるが，石炭，砂糖，米，肥

表4-5　台湾鉄道運輸収入ならびに客貨割合の推移　　　（単位：千円）

年　度	客車収入	貨車収入	合　計	割　合 客　収	割　合 貨　収
1935	9,152	14,324	23,476	39%	61%
1936	9,223	16,026	25,249	37	63
1937	10,007	16,130	26,137	38	62
1938	11,608	18,500	30,108	38	62
1939	14,446	19,773	34,219	42	58
1935～39年度の増加額	5,294	5,449	10,743		

（注）本表には台東線は含まれていない。台湾経済年報刊行会編『台湾経済年報』昭和16年版より作成。

表4-6　台湾鉄道主要貨物量の構成比　　　1938年

順位	貨物	割合	順位	貨物	割合
1	石炭	20.0%	10	糖蜜	1.7%
2	砂糖	14.8	11	雑穀	0.3
3	米	10.7	11	茶	0.3
4	肥料	8.0	13	柑橘	0.2
5	木材	4.4	13	塩魚	0.2
6	砂利，砂	4.2	13	その他果物	0.2
7	セメント	3.2	13	豚	0.2
8	甘蔗	3.1		その他	26.7
9	芭蕉実	1.8		計	100.0

（注）表4-5と同じ。

料の4品目で全輸送量の53.5%を占め，この側面からも植民地的性格を如実に示している。

　台湾鉄道の管理は，支配直後は軍用鉄道として利用し，その組織も，台湾鉄道線区司令部の下で臨時台湾鉄道隊が業務を担当し，1897年総督府民政部が引き継ぐことになった。台湾鉄道のみならず朝鮮鉄道の場合もいずれも鉄道隊によって，軍事的行動の一環として鉄道用地の確保から車両の運行まで行なわれていた。鉄道隊は日清戦争の経験から創設されるに至ったもので，96年鉄道大隊として編成され，台湾や朝鮮における建設に従事し，日露戦争が始まるとと

もに京義線の建設に任じ、ついで遼東地区に進出し、さらに満鉄本線の修理と連繋して安奉線に軽便鉄道を架設して「鉄道を野戦に於いて使用し得るの証左を如実に示した」(吉原矩『日本陸軍工兵史』)。

台湾の鉄道は、島民の生活に利便を提供しながらも基本的には極めて軍事的な側面を持っていた。

朝鮮鉄道の形成と特質

朝鮮の最初の鉄道は1899年(明治32)京仁鉄道合資会社によって仁川・鷺梁津間に営業が開始された。朝鮮鉄道の敷設が日本で具体化されたのは、日清戦争直前の1894年7月外相陸奥宗光の命をうけた竹内綱が朝鮮に渡り、第五十八銀行頭取大三輪長兵衛と謀って京仁鉄道の敷設を計画した時である。

日本の大陸政策は、それ以前から、日本資本主義の特質を反映して、大陸への軍事的・経済的進出を謀り、鉄道はその有効な進出と支配の手段として評価されてきた。朝鮮鉄道が持つ軍事的・政治的な役割について大隈重信(1838〜1922)はつぎのように述べている。「目下朝鮮を治めてゆくには、第一着に日本が京城に銀行を立て、国王の命令によって、日本から一千万円ばかりの金を朝鮮に貸し、鉄道、生産の業を起すべきである。その抵当には相当の海港を以てするが宜い。鉄道の計画は釜山から京城に至り、続いて平壌、義州に及び、一方は釜山から元山にかけて咸鏡道を通じ、ロシア境迄線を延ばしたい。他日シベリヤ鉄道が成った暁、朝鮮からわが山陽、東海鉄道に連絡し、世界の公道としたら、その収入が少くなからう。そして貸付余金は兵備、生産のほかに浪費させないで、日本がその監督に当るべきである。もし朝鮮で疑惑、故障を生じたら、大院君及び国王を廃して、義和宮を戴き、それぞれ干渉するが宜からう。場合によると、渋沢君に主宰させ、銀行の方は適当の人物に支配させれば宜い」(『大隈侯八十五年史』第2巻)。大隈重信は朝鮮鉄道を東海道線、山陽線とシベリア鉄道とを直結する路線として意義づけ、大陸政策の展開と同時に鉄道計画の推進という鉄道敷設権獲得の重要性を指摘した。軍部も1892年(明治25)朝鮮鉄道の調査作業に着手し、軍事的要請から朝鮮鉄道の必要性を強調してきた。参

謀次長の川上操六は朝鮮をはじめ大陸各地を旅行して資料の集収や調査研究をすすめてきた。その伝記『陸軍大将川上操六』(1942年)には，「大将は嘗に其の部下将校を朝鮮，支那，中央亜細亜，南洋群島に派遣し，各地の情報を蒐集して，大陸作戦の調査研究に資したるのみならず，亦実に躬自ら朝鮮及び支那の旅行を企て，其の作戦準備に遺算なからんことを期した」と記されている。

　このような背景の下で竹内綱によって朝鮮の視察が行なわれ，京仁，京釜両鉄道が日本にとって緊急を要することを痛感した竹内綱はその旨を政府に申し入れた。政府は大鳥圭介公使に「釜山，京城その他に鉄道を敷設」することを韓国政府に要求させたが容れられず，日清戦争が起こり軍事的圧力を背景に強制的に暫定合同条款の第2項で京仁・京釜鉄道の建設を承認させた。それはまさに国家権力による利権運動と民間側のそれとが合体して，資本蓄積の弱小性を補いながら，資本移出を試みようとした経済的側面と，軍事的・政治的な側面が具体的に現われているのである。

　しかし竹内綱，大三輪長兵衛，増田信之らによって京仁・京釜鉄道会社の設立が計画されたが成功せず，鉄道建設は放置されたままであったが，1896年京城・仁川間の鉄道敷設権がアメリカ人モールスに許可されるに至り日本の朝鮮にたいする鉄道敷設運動は，軍部，資本が総力を挙げたが失敗，モールスから敷設権の譲渡を受けることによってかろうじて京仁鉄道を完成させることができたのである。表4-7は朝鮮鉄道が異なった経営形態の下で敷設され，運営されてきたことを示している。京仁鉄道は，形式的には純民間的な営利企業，京釜鉄道は，特許会社の性格を持ち，半官，半民，半軍用として経営されてきた。しかし京仁鉄道も京釜鉄道も国家による積極的な財政援助の下での鉄道資本輸出であることに変わりはない。鉄道の普及によって，朝鮮鉄道は国内の鉄道と満鉄を結びつけ，大隈重信の指摘する「世界の公道」の夢は，実現への第一歩を踏み出し，東京から満州まで日本の鉄道による統一支配をなしえたのである。しかし，朝鮮のみならず台湾の民衆は鉄道を破壊する抵抗運動を続け，植民地鉄道はその歴史を閉じるまで拒否され続けてきたのである。表4-8は朝鮮鉄道の輸送実績の推移を表わしたものである。

表4-7 1906年鉄道国有化直前の朝鮮の鉄道

管理系統	営業・軍用の別	線名	区間	完成年月	延長マイル	計
統監府鉄道管理局	営業線	京仁	永登浦・仁川	1900年7月	19.4哩	293.6哩
		京釜	草梁・西大門	1904年11月	274.2	
臨時軍用鉄道監部	軍用線	京義	竜山・新義州	1906年4月	310.6	344.3
		兼二浦支線	黄州・兼二浦	1905年	8.7	
		馬山	三浪津・馬山	1905年	2.0	

(注) 京仁・京釜線は1906年4月1日，軍用各線は9月1日現在。『朝鮮鉄道史』昭和4年版より作成。

表4-8 朝鮮鉄道輸送実績の推移

年度	旅客人員	貨物トン数	運賃収入		
			客車収入	貨車収入	収入合計
	千人	千トン	千円	千円	千円
1906	1,550	221	1,322	691	2,013
1907	2,625	391	2,119	1,143	3,262
1908	2,117	737	2,336	1,620	3,956
1909	1,930	71	2,103	2,714	3,817
1910	2,024	888	2,352	2,210	4,562
1911	2,429	1,063	2,719	2,471	5,190
1912	4,399	1,105	3,545	2,281	5,826
1913	4,995	1,388	3,815	2,534	6,349
1914	4,768	1,386	3,660	2,756	6,417
1915	5,040	1,656	3,961	3,356	7,317
1916	5,288	1,896	4,325	4,355	8,680
1917	7,067	2,474	6,017	6,010	12,027
1918	9,367	2,608	8,992	8,181	17,173
1919	12,184	3,642	11,434	10,201	21,635
1920	12,421	3,186	12,668	11,148	23,816
1921	13,821	3,331	13,361	11,414	24,775

(注) 朝鮮総督府鉄道局編『朝鮮の鉄道』(1928年)より作成。

(石井常雄)

人物紹介 ⑪

後 藤 新 平 （ごとう・しんぺい 1857～1929）

　安政4年6月4日（1857年7月24日）に生まれる。旧水沢藩（岩手県）の出身。水沢藩醫立生館を経て，1874年（明治7）須賀川医学校に入学し，76年愛知県病院の医師を振出しに，83年内務省衛生局長に出仕した。90年4月から2年間ドイツに留学して衛生行政学を修め，帰朝後内務省衛生局長となった。93年11月相馬事件のため入獄したが無罪となった。日清戦争終結にあたり，帰還将兵の検疫事業を臨時陸軍検疫部事務官長として同部長児玉源太郎陸軍次官をたすけて完遂させた。98年2月台湾総督となった児玉源太郎のもとで同年3月，台湾総督府民政局長となり（同年6月同府民生長官），翌99年11月台湾鉄道部が設けられるとその部長を兼任し，ここに植民地鉄道とのかかわりが生じた。
　日露戦後の1906年（明治39）4月男爵，同年6月，南満州鉄道株式会社設立についての勅令が公布され，7月児玉源太郎（当時参謀総長）を委員長とする設立委員会が設けられると，その委員に任命された。同年11月南満州鉄道株式会社は設立され，同月13日その初代総裁となった。1908年7月，西園寺公望内閣が辞職し，桂太郎内閣が成立すると，同内閣において満鉄を逓信大臣の管理とすることなどを条件として入閣し，逓相に就任した。同年12月，鉄道院が内閣直属で設置されるとその初代総裁を兼任し，鉄道国有後の鉄道事業全国統一のための多くの課題に取り組み，1911年8月までの2年9カ月その任にあった。
　その後1912年（大正元）12月，第3次桂内閣の成立で再び逓相に就任し，さらに鉄道院総裁および拓殖局総裁を兼任した。しかし同内閣は護憲運動の嵐の中に成立後わずか2カ月後の13年2月に倒れ，鉄道院総裁については床次竹二郎と交替した。さらに第一次世界大戦中の16年10月，寺内正毅内閣の内務大臣として三たび鉄道院総裁を兼任した。この兼任期間は1918年4月に同内閣の外相に転任するまでのほぼ1年半であった。すなわち鉄道院設置以来3回，通算してほぼ4年5カ月その総裁をつとめたことになる。
　このように台湾総督府鉄道部，南満州鉄道，ついで鉄道院とその舞台は変転するが，内外の鉄道事業のほとんどの領域において活躍を続けた。たとえば南満州鉄道

にあっては，同社設立まもない1908年5月，満鉄全線の広軌化（1435ミリ軌間）を実現させ，また国内においても広軌鉄道への改築を主張し，11年（明治44）4月広軌鉄道改築準備委員会官制公布にこぎつけて，その副会長をつとめた。広軌改築は幹線改良による輸送力増強策として最も急進的とされ，その後1917年，横浜線原町田・橋本間で広軌車両の運転試験が行なわれて，広軌改築実施への展望を可能とした。しかし，この改良主義にたいし，建主改従という地方線の急速な建設政策が政党圧力により強行され，広軌改築計画は放棄された（1919年）。このほか，後藤は鉄道院総裁任期中，国鉄大家族主義を高唱し，鉄道国有後の鉄道経営を確立させた。すなわち，1907年5月帝国鉄道庁職員救済組合を発足させ，また1909年以降職員教育の統一をはかって中央・地方の鉄道教習所を整備した。さらにその後の重要な事業として実現をみたものには丹那トンネルの建設，関門トンネルの掘削，中央停車場としての東京駅の建築，東海道線の電化案など多くのプランを続々と打ち出した。その後鉄道院を辞任してから寺内内閣の外相としてシベリア出兵の外交を指導し，1922年9月子爵に昇叙，1920年から東京市長，1923年（大正12）山本権兵衛内閣の内相兼帝都復興院総裁を兼ね，翌24年辞任した。1928年（昭和3）11月伯爵，1929年4月13日，73歳で死去。東京，青山墓地に葬られた。　　　　　　　（佐藤豊彦）

第5章 国有化以後の鉄道政策

第1節 広軌改築問題の展開

狭軌採用の過程

東海道本線をはじめとする在来線の軌間が狭軌といわれる1067mm（3フィート6インチ）であるのにたいし，新幹線が広軌といわれる1435mm（4フィート8インチ½）であることは，周知の事実である。鉄道の軌間が広いほうが，スピード，輸送量や速度について，狭軌よりもすぐれていることは自明の理であるが，なぜ，日本の鉄道では最初から標準軌間（4フィート8インチ½）を採用しなかったのであろうか。

軌間決定のいきさつから，広軌鉄道の有利さの認識による広軌改築をめざした計画の変遷，別線による広軌鉄道，すなわち新幹線の実現まで，その道筋をたどってみよう。

日本で最初に鉄道建設が着手されたのは1870年（明治3），どのような事情から軌間が1067mmに決定されたのか，その理由については不明な点が多い。たとえば『日本鉄道史』には，「軌間ノコトニ何等一言モ之ニ及ヒタルモノ無ク，畢竟該銀行（イギリスのオリエンタル銀行—引用者）事件ノ善後ヲ策セシムルニ必要ナラザルヲ以テ言及セザリシナランモ三呎六吋ハ我ニ於テ異議アルニ非ザレハ結局暗黙ノ間ニ之ヲ承認シタルモノノ如ク……三呎六吋ハ確定不動ノモノト為リ将来ノ軌制ハ茲ニ決着スルニ至レリ」（同書上篇）としるされている。

鉄道創業時に日本政府から委託されて資金・資材の調達にあたったホレーショ・N・レイ（Horatio Nelson Lay）が，1870年（明治3）7月29日，建築師長

として日本に来ていたエドマンド・モレル（Edmund Morel）にあてて書簡を送り，そのなかで建設に必要な人員・資材について述べた。そのなかで，レイは軌間についてつぎのように書いている。

「二鉄線路ノ距離ハ三フィート六インチニ定ム」（「公債定約書類」第2冊，『明治前期財政経済史料集成』第10巻所収）。

この決定は，レイが顧問として雇ったプレストン・ホワイト（Preston White）の意見を参考にしたと思われ，日本側ではこれをそのまま受け入れたと考えられる。なぜ狭軌が適当であるとイギリス人たちが考えたかについては，当時，イギリス国内で軌間についての論争があり，小規模の鉄道には，むしろ狭軌を採用したほうが経済的であることが論じられ，このような意見にもとづいてイギリスが海外で建設した鉄道，たとえばオーストラリアの一部，ニュージーランドでは1067mm，インドでは1mの軌間を採用した例もある。もっとも，イギリスが海外に鉄道を建設する場合，そこは植民地であり，国内全体の発展をはかるというより，生産地，あるいは市場と開港場を結ぶのみという経済的理由が優先したという事情も一部存在していた。

ともあれ，日本でもイギリスの資金と技術を導入する以上，そのような狭軌を取り入れる動きが支配的となったことは当然であったといえるかもしれない。しかも，当時，鉄道建設にあたった日本側の代表，たとえば大隈重信，伊藤博文なども，軌間の意味についてはほとんど知ることもなく，したがって建設費の安い狭軌の採用を認める結果となった（第2章第1節参照）。

実際に鉄道が営業を開始し，線路が延長されていく過程では，少なくとも1889年（明治22）東海道線が全通するまでは，鉄道当局の首脳部にとってはいかにして鉄道建設を促進するかということが先行し，軌間問題については，ほとんど考慮されなかったといってよいであろう。しかしながら，この間，たとえば1877年の西南戦争にさいして軍隊の輸送に大きな力を発揮した鉄道は，軍部の注目するところとなったのである。そしてドイツ，フランスなどヨーロッパ諸国の鉄道による軍事輸送の効果を学んだ陸軍首脳部は，鉄道の軍事的役割について大きな関心をもち，日本の鉄道を軍事的観点から改良するという意見

を発表するに至った。参謀本部の『鉄道論』(1888年刊)は軍事輸送のための鉄道の建設を説いた文献であるが、そこで広軌鉄道への改築が強く主張されたのである。だが、鉄道局長井上勝はこのような軍部の主張に真っ向うから反対した。この後、軍部は軍事的観点から、幾度か広軌改築論を唱えた。

　その後の1894年(明治27)にはじまった日清戦争は、明治政府が初めて直面した本格的な対外戦争であった。このとき、全国から軍隊を出港地の広島に急速に集結するのに、鉄道は大きな力を発揮した。このことは、10年後の日露戦争(1904〜05)についても同様であった。この間、1896年(明治29)には、帝国議会で広軌改築問題がとりあげられ、同年4月逓信省に軌制取調委員がおかれて、広軌改築についての調査が行なわれたが実現には至らず、1898年度で中止された。その理由は、軍部の広軌改築論放棄が主な原因であるといわれている。

輸送量の増大と広軌改築への気運

　しかし、日露戦争が終わり、国内における重工業が著しく発展すると、広軌改築問題は軍事輸送以外の理由からもとり上げられるようになった。

　すなわち、国内の輸送需要が急速に増大し、それにともなって列車の運転回数および各列車の重量が増加するという現象がはっきりと現われてきたのである。とくに1906年(明治39)の鉄道国有法によって主要な私設鉄道が国有化され、国内の幹線鉄道が統一的に運営されるようになると、このような輸送需要の増大に対応するための施設の改良を統一的に実施することが可能となり、改良の気運はとみに高まっていった。

　このような改良案のなかで、まずとり上げられたのが軌間問題であった。

　1909年(明治42)、当時の鉄道院総裁後藤新平は広軌改築論を積極的に唱え、鉄道調査所にたいし、東京・下関間の広軌改築調査を命じ、翌年10月仮の措置として広軌の建築定規を定め、これによって建築・改良工事を実施することにした。そして1911年4月、広軌鉄道改築準備委員会を内閣に設置して具体的な調査にあたらせた。その結論は、同年8月詳細な報告書としてまとめられ

たが，さしあたり東京・下関間をはじめとする主要幹線の改築から着手し，12年間をかけて全国の線路を広軌に改築するという計画であった。

しかし，同じ月の30日，新たに成立した西園寺公望内閣は閣議を開いてこの計画を中止することにした。すなわち日露戦争後の財政逼迫などの事情が主な原因であり，広軌改築計画は，結局実現することなく終わった。

その後，1914年（大正3）大隈重信内閣が成立すると，かつて広軌論を唱えた仙石貢鉄道院総裁は再び改築計画を推進し，同年7月，広軌改築取調委員が指名された。1916年（大正5）4月，内閣に軌制調査会がおかれ，綿密な調査研究が行なわれた。この調査会は内閣総理大臣大隈重信を会長に，仙石にかわった鉄道院総裁添田寿一を副会長とし，陸海軍首脳部，大蔵・逓信両省の高級官僚をメンバーに加え，さらに鉄道院から5名の代表が参加した。そしてまず，将来の輸送需要を指定し，広軌・狭軌両者の輸送力・改良費・営業費のおのおのについて比較を行ない，また工事の方法・財源についても調査し，1916年10月6日，副会長の名で内閣総理大臣に報告書を提出した。

この報告書によると，1943年（大正32〔昭和18〕）には，東海道線の1マイル（約1.6km）平均旅客は44万9000人，同貨物は46万4000トンに達することとなり，これにともなって列車回数は遠からず行きづまることが予想される。したがって早急な広軌改築が必要であり，しかも広軌改築によって輸送力は現在よりも飛躍的に強化される見通しが確立しているとされた。その他改築費についても，狭軌の場合の改良費とくらべれば広軌改築は高くつくが，上記の見通しに立つと，かえって狭軌のままの改良よりも低廉となる，という結論が出た。

1916年（大正5）10月9日，寺内正毅内閣が成立すると後藤新平が鉄道院総裁となり，計画をさらに具体化し，1917年（大正6）横浜線の原町田付近で実際に広軌線路を併設し，ゲージを改造した機関車や客貨車を使用して実験が行なわれた。この実験では広軌および狭軌の接続方法，接続点における台車の交換方法などについても詳細な調査が行なわれ，それぞれ実現の可能性はかなり大きいものと評価されるに至った。これらの実験にもとづいて鉄道院は国有鉄道軌間変更案を発表し，広軌改築の実現の可能性は次第に具体化したのであ

る。

広軌改築計画の挫折

しかしその後，1918年（大正7）原敬内閣が成立すると，いわゆる建主改従（鉄道建設を主とし，改良は従とする）政策が台頭し，翌19年2月，床次竹次郎鉄道院総裁は帝国議会で広軌改築否定の発言をし，また1920年以降，第一次大戦後の反動恐慌がおこると積極的な財政政策が不可能となり，広軌改築計画は実現不可能な状態におちいった。

このような状況のもとで1920年（大正9），当時鉄道省建設局長であった大村鋿太郎は「軌間変更ハ不必要デアル」という狭軌論を発表，そのなかでつぎのように述べた。国鉄のトンネル断面は小さく，そのために大きな車両を必要とする広軌鉄道に改築するには莫大な費用がかかる。また現在の狭軌でも，ヨーロッパの車両程度のものは運転可能であり，車両の長軸の採用で動揺はかなり防げる。機関車も大型化しなくても電車化するなど性能アップが可能だし，速度，列車の動揺，列車抵抗などは広軌・狭軌いずれの場合もその差はない。営業面からも閑散線の広軌鉄道はかえって不経済であるし，主要幹線の場合にも，線路増設によって輸送力の行きづまりを解決することは可能である。このような理由から，むしろ現在の狭軌鉄道の改良によって輸送力の増強をはかることのほうがより有効である，というのがその要旨であった。

これにたいし，前鉄道院副総裁古川阪次郎は「我国鉄道軌制に関する説明」を発表し，狭軌論を反駁して，ほぼ軌制調査会の報告書の資料を利用しながら広軌改築の必要性を論じた。その要旨は，(1)速度の増大，安全の確保などによる経済的な輸送の実現，(2)国際的な基準の採用により外国と共通の技術水準を確保できること，(3)戦時においてアジア大陸の鉄道は日本の鉄道資材をそのままもちこめること，(4)将来における輸送需要に対応する弾力性をつけうること，などであった。

また，前鉄道院技監島安次郎も「軌間ノ変更」というパンフレットを発表し，技術的観点から広軌改築の必要性を論じた。島は，工作局長の技監として

以前から広軌改築の実現のため努力し、横浜線の実験も率先して指導にあたった人物である。

その後、関東大震災その他の事件や戦後の慢性恐慌によって、ついに広軌改築計画は実現せず、そのまま第二次大戦にはいったのである。

広軌改築計画が実現しなかったかわりに、狭軌のままで広軌なみの輸送力をつけるための努力が続けられていった。たとえば1921年（大正10）制定の鉄道建設規程では、車両・建築限界その他広軌なみの基準が設定されるなど、軌間の大小によっておこるハンディキャップを克服することが当面の大きな目標となった。しかし、列車速度の点に関するかぎり、狭軌の弱点は克服できなかった。1930年（昭和5）、平均時速60kmをこえる特急列車「つばめ」号が、当時の技術者や労働者たちの血のにじむような努力によって実現したが、最高時速は95kmにとどまり、100kmの壁を破ることはできなかった。

だが、標準軌間を採用した南満州鉄道では、1934年（昭和9）から特急列車「あじあ」号の運転を開始し、最高時速130km、大連・新京間で平均84.1kmに達し、国際的な列車のスピードに挑んで、何らひけめを感じさせない成果をあげた。ここでは広軌・複線・50キロ軌条という条件で、軸重24トンの大型蒸気機関車が使用されたが、日本国内では狭軌のため軌道負担力が小さく、主要幹線でも軸重16トンをこえることができず、大きい機関車を採用できないため、速度におけるハンディキャップは除去できなかったのである。

しかるに、1938年（昭和13）、日中戦争のため軍事輸送が増大し、また軍需生産のための原料・製品の輸送がのびた。とくに東海道・山陽の各本線の輸送力は逼迫し、打開策が検討された結果、いわゆる弾丸列車計画が検討されることとなった。

1938年12月、鉄道省企画委員会に鉄道幹線調査分科会が設置され、主要幹線の輸送力増強、日本対大陸間の交通経路の調査・研究が開始され、翌年7月16日、この分科会にかわって鉄道幹線調査委員会が発足し、委員長には広軌論者の元老島安次郎が就任した。そして鉄道大臣からの諮問「東海道本線及び山陽本線における国有鉄道の輸送力拡充方策如何」について討議が開始され、11月

6日，広軌複線を増設し，高速度列車の集中運転を行ない，線路その他の規模は朝鮮・満州の幹線鉄道と同等，またはそれ以上のものとすべきことを答申した。この結果，鉄道省は鉄道会議の諮問を経て1940年（昭和15），約5億5000万円を鉄道改良費に計上し，第75帝国議会に提出，貴衆両院を通過していよいよ計画は実現の機会を見たのである。

1941年（昭和16），日本坂隧道・新丹那隧道・新逢坂山隧道などの掘削が開始されたが，太平洋戦争の深刻化にともなって，1943年ついに工事は中止の止むなきに至った。

第二次大戦後の1956年（昭和31），十河信二国鉄総裁のもとで，東海道本線の広軌線増設計画が発足した。東海道本線の輸送力行きづまりの打開策であった。新幹線の構想には戦前の弾丸列車の規格と同一のものが多く，ここにようやく日本の広軌鉄道実現を果たしたのである。

（原田勝正）

人物紹介⑫

島　安次郎（しま・やすじろう　1870～1946）

明治3年8月7日（1870年9月2日）和歌山市の薬問屋の次男として生まれ，(東京)帝国大学工科大学機械工学科を卒業（1894年）の後，関西鉄道に入社，間もなく汽車課長に就任，1901年まで在職した（この間1897～1901年には参宮鉄道顧問技師を兼任）。当時関西鉄道は名古屋・大阪市内（網島→桜ノ宮→湊町と変化）間の列車直通運転を実現しつつあったが，島は新しいアイデアをつぎつぎと実現させて，関西鉄道のサービス向上に貢献した。

その第1は，1896年（明治29）11月，客車車体窓下に白，青，赤の色帯を塗装して，それぞれ上・中・下等を示すように定めたことで，旅客が一見して客車等級を識別できるようにしたことである。このアイデアをその後国鉄や他の私鉄がとり入れて，広く用いられた。第2は名古屋・大阪間の直通運転に備えて，動輪直径5フ

ィート2インチ（1575mm），軸配置2B形の複式高速機関車「早風」形（国有後6500形）を採用したことで，1898年に6両がアメリカのピッツバーグ社で製作された。この時までの日本の高速旅客用機の動輪直径は5フィート（1524mm）が最大であり，鉄道国有後の1911年までこの形式が最大の動輪をもつ機関車としての記録を保持したのであった。のちの官鉄と関西鉄道との列車の競争にはこの機関車が活躍したが，それは島の退職後のことである。

　1901年（明治34）5月，関西鉄道を辞して逓信省技師となり，1903〜04年にわたって欧米に出張し，車両の構造，その検査，車両工場などについて調査を行なったが，鉄道国有後の1910年，スイスのベルンで開かれた万国鉄道会議に出席し，会議終了後はドイツに留学，折から鉄道院が同国に発注した大型高速旅客用機関車の製作監督にあたった。1912年帰朝して工作課長，1915年工作部長と累進して鉄道院の車両設計の中枢に位置することになるが，その在任期間は蒸気機関車の国産化体制が確立して，旅客用機8620形，貨物用機9600形などの第1世代の国産標準形機が完成して，量産を続けた時期であった。その意味で，彼は国産機関車の標準化のリーダーとして高く評価されている。

　時あたかも広軌改築計画が鉄道政策上の問題点となり，1914年に広軌改築取調委員が任命されるや島もその一員となった。また1916年に設置された軌制調査会にも出席して，とくに車両技術の専門家として具体的な計画策定に参与している。1917年5月より島のリーダーシップのもとに改築の実験が行なわれた。それは横浜線原町田・橋本間に広軌路線を併設し，広軌に改造された機関車や客貨車を運転して改築にあたっての具体的な問題点を検討したり，大井工場で貨車の車軸取換装置を試作して，広狭両軌の接続駅においてたやすく車軸の交換ができるような方法を考えたりしている。1918年4月に島は鉄道院技監に任ぜられ，広軌改築計画作成の技術面のリーダーとして活躍が期待されることになるが，同年9月の原敬政友会内閣の出現ですべての計画は画餅に帰し，彼も翌年6月に技監を辞任して，鉄道院から退くことになる。退職後は南満州鉄道理事などを歴任している。

　島は鉄道車両工学のすぐれた実務家であるとともに学究の徒としても知られ，東京帝国大学工科大学教授を兼任した時期もあり，1913年には工学博士の学位を得ている。論文のなかには，「本邦鉄道車両の牽引及緩衝装置」（『帝国鉄道協会会報』第9巻第2号，1908年4月）や「明治年間に於ける機関車の沿革」（同上，第17巻第7号，1916年10月）のように鉄道技術発達史に関する発表も含まれていた。

　1946年（昭和21）2月17日，75歳で死去。　　　　　　　　　　（青木栄一）

第2節　鉄道技術の確立

車両製造技術の確立

　国有化された17私鉄を加え，日本の鉄道網の大部分を管理・経営することになった鉄道院にとって，国有鉄道を完全な統一組織として機能させることは，最も重要かつ緊急に必要なことであった。とくに，各私鉄ごとに特色をもっていた鉄道技術の水準や様式の統一は極めて重要であった。

　日露戦争後の時期は日本の重工業の発展期にあたり，製鉄・造船などの部門における技術の確立，国産化が急速に進みつつあった。鉄道技術においても，蒸気機関車をはじめとする鉄道車両の国産化と標準化が鉄道国有化を機に促進されることとなった。

　鉄道国有化以前の日本の鉄道では，蒸気機関車は大部分を外国からの供給に依存していた。官私鉄の鉄道工場や民間メーカーである汽車会社（大阪）では若干の国産機が送り出されていたが，その多くは輸入機のデッドコピーにすぎなかった。

　新たに国産化すべき機関車はもっぱら幹線用機関車に集中されたが，それは幹線鉄道における輸送需要が高まりつつあり，サービスの向上が当面の課題であったからである。しかも新しい国産機関車には在来機を上まわる高性能が要求され，同時に標準型として大量生産されることが期待されて，軽量旅客用，貨物用，高速旅客用の3系列のテンダー機関車の設計が1909年（明治42）から開始された。このうち，軽量旅客用はその後の輸送需要の伸びに適応できず，比較的少数の生産にとどまったのにたいし，貨物用と高速旅客用の機関車は長期にわたって生産され，国産標準機関車の第1世代を形成した。また，この時期の試作および量産機の大部分は，ボイラーの熱効率を上げるため，過熱式が採用されたが，これは世界の蒸気機関車設計の潮流に沿うものであった。

　貨物用機は軸配置1D形，動輪直径1250mmの9600形が量産され，1913〜26年に国鉄向けのみでも総生産両数は770両に達した。また，高速旅客用機は，未経

図5-1 明治末期の標準型機関車

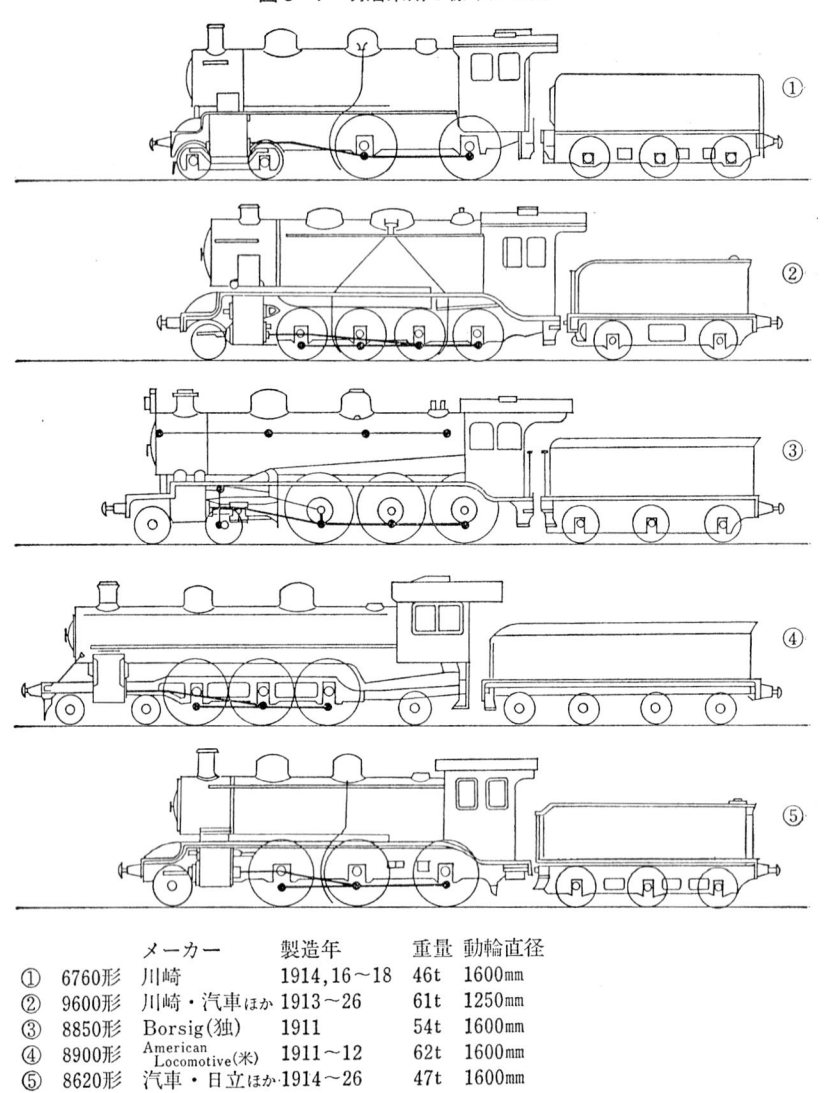

		メーカー	製造年	重量	動輪直径
①	6760形	川崎	1914, 16〜18	46t	1600mm
②	9600形	川崎・汽車ほか	1913〜26	61t	1250mm
③	8850形	Borsig(独)	1911	54t	1600mm
④	8900形	American Locomotive(米)	1911〜12	62t	1600mm
⑤	8620形	汽車・日立ほか	1914〜26	47t	1600mm

(注) 臼井茂信『日本蒸気機関車形式図集成』2，誠文堂新光社，1969年，より青木栄一略図化。

験の大型機となるため，基本的要項のみを提示してイギリス，ドイツ，アメリカのメーカーに発注した。これによって，8700形，8800形，8850形，8900形の4形式が1911〜12年に輸入され，主として東海道本線の長距離列車に用いられた。軸配置は2C形（8900形のみ2C1形），動輪直径は1600mmの大型機で，8700形と8850形については国内メーカーに新型機の製造経験を積ませるため，まったく同じ形式が国産されている。そしてこれらの輸入機を基本として亜幹線にも使えるように若干小型化された8620形（軸配置1C形，動輪直径1600mm）が1914〜29年にわたって量産された（国鉄向け生産数672両）。

このほか，急勾配線区用のマレー式機関車や多動輪E形機関車も1911〜12年に輸入され，後者はその改良型4110形が国産化された。

ここにおいて，国鉄では幹線用の標準型機関車の国内での量産に成功し，蒸気機関車の輸入は1912年で終止符が打たれた。のちに3シリンダー型機の実験的な輸入がみられるだけである。しかし，これによって日本の鉄道における蒸気機関車の完全な国産体制がととのったと考えるのは誤りで，当時の国内メーカーの生産能力は日本の鉄道全体の需要を満たすには不足しており，急速に路線網を拡大しつつあった軽便鉄道では依然として小型機関車の輸入が盛んであった。ドイツやアメリカを主力とする機関車の輸入は，1920年代後半まで続けられたのであった。

客車の生産については，1890年代にはほぼ国内自給の能力が完成し，各鉄道が独自に標準化を進めていた。1910年，鉄道院は客車に関する標準仕様書を定め，これにもとづいてつくられたボギー客車を基本型客車と呼んだ（1919年により大型の基本型が制定されたので，中型基本型客車と称された）。この基本型客車は1917年度まで製造が続けられた。そして1912年度から国鉄では二軸客車の新製をまったく停止した。

機関車や客貨車の標準化と国産化を進めるにあたって，国内の車両製造体制もまた大きく変化した。従来は官私鉄の鉄道工場が車両生産能力の上で民間メーカーを凌駕していて，民間メーカー側は大阪の汽車会社が機関車製造能力をもつだけで，その他は二軸客貨車程度の製作経験をもつにすぎなかった。

鉄道院は車両の国産化と標準化を進めるにあたって，民間メーカーの設計参加とこれへの発注を通じて，その育成をはかった。とくに機関車の製作メーカーとしては従来の汽車会社に加えて神戸の川崎造船所が参加した。機関車の国産化を推進したのはこの両メーカーであり，とくに川崎造船所はすでに造船業で築かれた資本と経験を活用して，先発の汽車会社を凌ぐ生産実績をあげた。基本型客車の製作には，上記の両メーカーに加えて，名古屋の日本車輛，東京の天野工場（のちの日本車輛東京支店）が受注している。

　鉄道院は1912年度以降，みずからの鉄道工場ではもっぱら車両の検査・修理を行ない，新製は原則として民間メーカーに委ねることを決めた。こうして鉄道院の発注に支えられて，民間メーカーは急速に技術水準と製作能力を向上させたのであった。1920年代に入ると，日立製作所（大阪，のち笠戸），日本車輛，三菱造船所（神戸）も国鉄機関車の製作にあたるようになった。

　軽便鉄道用の小型機関車製造では日本車輛と雨宮鉄工所（のち大日本軌道鉄工部）の実績が顕著であった。

電気鉄道の発達

　路面電車の形態で誕生した電気鉄道は1910年代に入ると急速に普及し，路上を走るだけでなく，大都市郊外や都市間交通にも活用されるようになった。とくに，蒸気鉄道が電化されて電車運転が行なわれるようになると，車両の大型化，高出力化，総括制御化，さらに運転距離の延長にともなう架線電圧の向上などが促進された。そしてこれらの技術的発達をリードしたのは，中央線（1906年甲武鉄道より引継ぎ），山手線（1909年電化），京浜線（1914年電化）の3電車線を運転するようになった鉄道院であった。

　当時の電車は車体のみが国産で，電気部品，台車は輸入に依存した。アメリカのジェネラル・エレクトリック（General Electric），ウェスティングハウス（Westinghouse），ブリル（Brill），ドイツのジーメンス・シュッケルト（Siemens Schuckert），イギリスのイングリッシュ・エレクトリック（English Electric），ブラッシュ（Brush）などの世界的にも有名であったメーカーが主な供給者で

あった。電気部品の国産化は第一次世界大戦で輸入が困難となったのを機に促進されたが，鉄道院では1916年（大正5）に50馬力電動機の試作に着手，翌年には量産に成功した。また1921年には105馬力電動機も国産化された。しかし，国内の生産能力は急速にのびる需要に追いつかず，電気部品の輸入は1930年前後まで続いたのであった。

電気機関車は，1890年代後半から鉱山内部やトンネル工事で用いられていたが，営業用鉄道では1912年に信越本線横川・軽井沢間の運転に用いられたのが最初である（第3軌条集電，電圧600ボルト）。この区間は66.7‰の連続勾配区間を含み，1893年の開業以来，アプト式ラックレールによる方式が採用されていた。アプト式はスイス人ローマン・アプト（Roman Abt）の考案した装置で，レールの中間に2～3枚の歯型のついた鋼板（ラックレール）をたがいに歯型をずらせて固定し，これに車両側の原動機に結ばれた歯車（ピニオン）をかみ合わせて，急勾配線で運転するものである。従来の蒸気機関車では速力，牽引力の不足とともに，トンネルの連続する区間であったために，煤煙による乗務員の窒息事故がしばしば起こって，その解決が必要となっていたからである。しかし，当時の国鉄において電気運転は大都市地域や山地で用いられる特殊な動力であって，幹線鉄道の基幹となる運転形態とは意識されていなかった。

列車サービスの向上

1906年（明治39）4月，官鉄は新橋・神戸間に「最急行」と称する高速旅客列車を運転し，利用客からは運賃のほかに急行料金を徴収した。この列車は，1，2等客のみ利用できる列車であり，当初は機関車の牽引力が高速列車の運転に不足していたためにわずか4両編成の列車にすぎなかった（のちに5両編成となった）。

この最急行列車は1912年（明治45）6月より新橋・下関間に運転を開始する特別急行列車に発展した。この列車も一，二等車のみの編成で，食堂車，寝台車，展望車を含む7両の客車より成っていた。当時の新橋・下関間約1136kmを下り列車25時間8分，上り列車25時間15分で運転し，表定速度約45km／時で，

1930年まで日本の鉄道を代表する列車となった。特別急行列車の運転は1911～12年に欧米から輸入した大型旅客用機関車によって可能となったものである。

このような列車サービスの向上は日露戦争後の日本の国際的地位の向上と深くかかわっており，東京ステーションホテルの開設，英文旅行ガイドブックの発行などとともに，多くの外国人観光客の誘致をねらう国際観光事業振興の一環でもあった。

これらの一連のサービス向上の試みは当時鉄道院運輸部にあった木下淑夫のアイデアとされているが，それは日本の国鉄が利用者本位の鉄道に変容していく最初のステップであったといえるであろう。

（青木栄一）

第3節　軽便鉄道の普及

軽便鉄道法の成立

1906年（明治39）の鉄道国有化によって，主要私鉄17社が政府によって買収された。その結果，私鉄として残されたものは開業20社，未開業3社となったが，いずれも短小路線で，路線延長50kmを越えるのは，東武，中国，成田，南海の4鉄道のみとなった。

鉄道国有法が，「一般運送ノ用ニ供スル鉄道ハ総テ国ノ所有トス但シ一 地方ノ交通ヲ目的トスル鉄道ハ此ノ限ニ在ラス」（第1条）と定めているように，鉄道国有化以後，私鉄は地方的交通の供給者として，国有の幹線鉄道網の形成を補足するものと位置づけられることになった。しかし，私鉄の新たな出願は国有化以後ほとんどみられず，その規模は国有化以前とくらべ著しい縮小をみせた。こうした私鉄の規模縮小は，1907～08年の恐慌の影響にもよるが，それ以上に監督法規たる私設鉄道法が現状にそぐわなくなったことに基因している。幹線を形成する大私鉄は国有に帰し，私鉄の存在形態が局地的，地方的なものに限定されることになったにもかかわらず，その監督法規は日本，九州などの大私鉄に適用されていた私設鉄道法であったため，認可その他の条件が煩雑か

つ厳重で，出願を躊躇せしめたものと思われるのである。

　そこで政府は，地方交通の発展をはかるという名目で，1910年（明治43）4月軽便鉄道法を公布し，さらに1911年（明治44）3月には軽便鉄道補助法を公布したのである。軽便鉄道法は全文わずか8ヵ条で，これに私設鉄道法の準用条項を加えても15ヵ条にしかならない極めて簡易な法律であった。また，認可の手続きも簡単になり，私設鉄道法のように仮免許，本免許という2段階の手続きは必要なく，免許は1回で与えられ，指定期限内に工事施行の認可を受ければ直ちに着工できることになった。免許資格も私設鉄道法では株式会社と定めていたが，個人あるいは合名・合資会社のような組織でもよいとされた。軌間採択にあたっての制約もなく，曲線，勾配の制限もゆるやかで，線路，停車場，標識，車両などの設備も簡便なものですんだ。さらに，旅客運賃率の最高制限もなく，認可さえ得ることができれば道路上への敷設も可能であった。なお，軽便鉄道にたいする建設上の規定は，各鉄道の特殊性を考慮して個別の命令書によって定められ，従来の私設鉄道および軌道の軽便鉄道への変更も可能であった。

　軽便鉄道補助法は，軌間762㎜（2フィート6インチ）以上の軽便鉄道を対象としたものであるが、「毎営業年度ニ於ケル益金カ建設費ニ対シ一年五分ノ割合ニ達セサル時ハ政府ハ該鉄道営業開始ノ日ヨリ五年ヲ限リ其ノ不足額ヲ補給スルコトヲ得」（第1条）と定めていた。この軽便鉄道補助法は，1914年（大正3）の改正で補助期間が5年から10年に延長された。そして，1919年に軽便鉄道法が廃止されて新たに地方鉄道法が成立すると，軽便鉄道補助法も地方鉄道補助法へと引き継がれた。そして21年3月の改正で補助率の引上げ，補助期限の延長が行なわれた。

　こうした軽便鉄道法および軽便鉄道補助法の成立は，日露戦後の各地域社会に大きな反響をよび，以後，地域社会で軽便鉄道の建設が進捗していく。そして，軽便鉄道の普及は，鉄道網の拡大という点で，わが国鉄道史上に新しいひとつの時代を画することになったのである。

政友会の鉄道政策と軽便鉄道

ところで，こうした軽便鉄道政策を推進したのは，当時農村を支持基盤として帝国議会の多数派を形成していた政友会であった。日露戦争（1904〜05）の勝利によって「万国対峙」の課題が達成されると，戦争の危機感と軍事費の圧力によって抑えられていた地方利益実現の要求はいっせいにふきだし，政友会地方支部の大会決議がひしめきあうことになった。そうした地方利益要求の相当部分を鉄道の新設ないし速成の要求が占めていたのである。たとえば，1909年（明治42）8月の政友会東北大会で決議された15の要望事項のうち，9項目は鉄道にかかわるものであった。

しかし一方，当時鉄道院総裁であった後藤新平（1857〜1929，逓信大臣を兼任）は，鉄道の広軌改築を実行して幹線鉄道輸送機能の改善をはかろうと考えていた。後藤は，全国の鉄道体系を「普通鉄道，軽便鉄道及軌道ノ三機関」（「明治43年4月18日地方長官会同における演説草稿」，『後藤新平旧蔵文書』）から成るものとし，それぞれの役割を「普通鉄道ハ一国交通ノ幹脈並重要ナル地方連絡ヲ維持シ，軽便鉄道ハ専ラ地方局部ノ運輸ヲ疎通シ，軌道ハ道路交通ヲ補助」（同上）するものとした。このうち 幹線に属する普通鉄道は政府が経営にあたり，当面の広軌化の対象はここに求められるのである。したがって，軽便鉄道は幹線の広軌化によって敷設の遅れることが予想される地方未成線に代替すべきものとして予定されていたのである。とくに，その多くは民間の経営によるものであったから，それは地方への鉄道普及に要する政府の財政負担を軽減するものでもあった。

政友会の鉄道政策は，この後藤が主張する広軌改築案とは真っ向うから対立するものであった。政友会総裁原敬（1856〜1921）は，後藤の広軌改築案を批判して、「広軌のことは，遠き将来に於ては必要ならんも，余の見る所にては，日本の鉄道は欧米に於けるが如く，長距離の間に貨物を運搬するの必要なし，故に鉄道に伴ふて要所々々の港湾を修築せば各勢力範囲に於ける貨物を集散し得るものなるに因り，俄に広軌に改良するの必要なし。且つ広軌には非常の改良費を要するに因り，寧ろ各地に延長するに若かず」（原奎一郎編『原敬

日記』第4巻)、と述べている。原によれば、長距離かつ大量の貨物輸送は沿岸海運によるべきであって、鉄道は「地方産業ノ振興」を目的として各地域社会への普及をはかるべきであるというのである。

こうした立場から、政友会は1910年（明治43）3月の第26議会に「全国鉄道速成及改良ニ関スル建議」を提出し、「地方開発ノタメニナル路線」（『大日本帝国議会誌』第7巻）の建設を主張したのである。地域社会における鉄道網の整備が、商品流通、地価の上昇、山林および各種埋蔵物の騰貴などの経済的側面ばかりでなく、文化交流などにおいても、各地域社会に大きな影響を及ぼすであろうことは容易に想像できるが、政友会の鉄道政策は各地域社会の地方利益実現の要求を吸い上げ、自らの党勢拡張に役立てようとしたものであることは明らかである。

後藤は、こうした政友会の鉄道政策を無視して幹線の広軌改築を進めることはできなかった。官僚出身の後藤は、鉄道建設を政争や党略の具にすることを強く拒否してきたが、衆議院議席の過半数を占める政友会を無規することはできなかったのである。軽便鉄道法と軽便鉄道補助法の成立は、政友会を通じて表面化してきた鉄道網の拡大という地域社会の要求にたいする後藤の妥協であったともいえる。

地域社会と軽便鉄道

軽便鉄道法と軽便鉄道補助法の成立は、全国の地域社会で大きな反響をよび、地域社会からの自発的な鉄道建設をひきおこした。軽便鉄道法の施行された1910年（明治43）8月から、1926年（大正15）までの軽便鉄道および地方鉄道の免許および開業路線を示すと、表5-1のようになる。各年度の免許路線についてみると、1911～13年と1918年以降にピークのあることがわかる。しかし1918年以降の軽便鉄道は、大都市近郊に計画されたものや、鉱工業関係のものが増加しているので、いわゆる地域社会における軽便鉄道としては1911～13年の1回のみのピークとなる。また、表5-1によって示されるもうひとつの特徴は、免許路線と開業路線の大きな隔たりである。これは、地域社会におけ

表 5-1　軽便鉄道・地方鉄道の免許・失効・開業

(1910～1926年)

年　度	免　　　許	指定変更*	免 許 失 効	国 有 化	開　　業**
1910	633.0km	769.2km	—km	—km	(374.0) km
1911	1,762.0	289.1	24.4	—	143.2
					(7.3)
1912	1,629.6	182.4	86.6	—	255.3
1913	1,468.0	36.4	385.5	—	521.4
1914	456.0	10.1	439.0	—	487.6
1915	136.0	—	910.9	—	469.6
1916	326.6	40.7	478.9	—	143.9
					(37.1)
1917	283.3	407.6	415.9	—	91.1
					(321.9)
1918	495.2	—	509.9	—	230.2
1919	1,009.5	—	194.1	—	129.4
1920	785.2	—	85.6	130.4	108.4
1921	594.3	—	59.6	—	250.6
1922	1,350.1	—	105.9	35.0	372.8
1923	954.6	—	112.3	—	487.4
1924	597.5	—	730.6	—	332.8
1925	421.2	—	260.3	23.8	330.9
1926	933.4	—	230.3	11.9	480.2

(注)　原田勝正・青木栄一『日本の鉄道』三省堂, p.152 より作成。マイル・チェーン表示を km に換算（1マイル＝1,609m, 1チェーン＝20m）。『明治四十三～大正四年鉄道院年報』、『大正五～昭和元年鉄道院（省）鉄道統計資料』による。
　*　私設鉄道または軌道より軽便鉄道に指定変更されたもの。
　**カッコ内は私設鉄道または軌道の開業線で指定変更されたもの。

る鉄道建設が免許を受けながらも資金調達，その他で多くの困難をかかえており，実際に開業までこぎつけるのはごくわずかであった，ということを意味している。

　ところで，この地域社会において軽便鉄道の建設を推進したのはどのような人びとであったか，岡山県の下津井鉄道を事例に検討してみよう。下津井鉄道

表5-2　下津井軽便鉄道の株主分布　　（1912年4月30日現在）

地名		株主数					持株数	株数比率
県名	市町村（郡）名	100株以上	50～99株	20～49株	10～19株	9株以下	計	
岡山県	下津井町	7	9	12	7	32	67	2,164	36.1%
	赤崎村		1	4	2	3	10	169	2.8
	味野町		2		1	11	14	167	2.8
	小田村	2	2	3	14	6	27	620	10.3
	郷内村			1	3	2	6	56	0.9
	藤戸村		4	1	1	14	20	309	5.2
	茶屋町		3	3	3	21	30	310	5.2
	琴浦村			1	1	9	11	90	1.5
	灘崎村		1				1	50	0.8
	福田村			2		28	30	93	1.6
	岡山市		3	2		2	7	204	3.4
	倉敷市		1				1	50	0.8
	その他岡山県				3	3	6	43	0.7
香川県	丸亀市	1	2	11	29	71	114	1,051	17.5
	仲多度郡	1					1	420	7.0
	その他香川県			1	1	2	4	114	1.9
大阪市					1		1	40	0.7
愛知県西加茂郡				1			1	50	0.8
計		11	30	42	66	202	351	6,000	100.0

（注）「下津井軽便鉄道株式会社『第1回報告書』」による（原田勝正・青木栄一『日本の鉄道』三省堂，1973年，p.158.）。

は，1913年11月に下津井・茶屋町間（21.0km）を開業した軽便鉄道であるが，その株主分布（1912年4月）を示すと表5-2のごとくである。株主の圧倒的多数が沿線地域社会の在住者で，しかも，9株以下の零細株主が多い。株主総数351人のうち202人（57.5％）は9株以下の零細株主で，1株，2株の株主もけっして珍しいことではなかった。四国の丸亀市在住者が114名を占めているが，これは下津井鉄道そのものが宇野線と宇高連絡航路の開業に対抗して，旧来の下津井・丸亀航路を維持しようとする目的で計画されたものであるから，

丸亀市も沿線に準ずる地域とみなしてよい。こうした沿線地域社会の零細株主は，収益という利潤を目的にした投資ではなく，共同体内におけるある種の分担金ともいうべき性格を有していたとみることができる。下津井鉄道は，国有化以前の私設鉄道のようには，財閥その他の中央資本の投資をほとんどひきつけることがなかったのである。

さらに，軽便鉄道の株主として一般的にいくつかのタイプが考えられる。その第1は，沿線地域社会の地主である。彼らはしばしば大株主として名を連らねるが，しかし，すでに明治期を通じて農地を兼併し，資本蓄積を進めてきた大地主にとって，軽便鉄道が魅力的な投資対象となるべくもなかった。彼らにとっても，軽便鉄道への投資は，配当収入を目的とするのではなく，地域社会にたいする自己の利益の還元行為としか考えられないのである。

第2に，沿線地域に在住する大株主のなかには，自己の経営する産業の原料，製品の流通を円滑にするために出資をするといういわば地方産業資本家の存在も考えられる。しかし，軽便鉄道が特定の鉱工業資本と結びついたという事例は，岐阜県の東濃地方のように陶磁器工業の経営者や商人が鉄道建設を計画したという例もあるが，全国的には稀であるといわなければならない。

第3に，沿線の地域社会の出身で，中央の政・財界で活躍する人物が大株主として名を連らねる場合もしばしばみられる。こうした人びとは，鉄道経営にかかわることはほとんどないが，監督官庁などへの運動や政界などへのはたらきかけに独自の役割を果たした。

第4に，沿線の地域社会の出身ではないが，沿線地域社会との間に取引関係など何らかの利害関係をもつようになった人びとも，軽便鉄道の株主として名を連らねる場合がある。しかし，このようなケースは極めてまれであるし，彼らが鉄道経営にかかわるということもなかった。

第5に，軽便鉄道が投資の対象としてはあまり魅力のないものであったが，東京ないし大阪に在住する企業家で，明らかに利潤を目的として軽便鉄道に投資をした人びともいる。大日本軌道を主宰した雨宮敬次郎（1846～1911）や，大阪の才賀商会を率いる才賀藤吉（1870～1915）などがその代表である。雨宮

は主として蒸気鉄道に，才賀は電気鉄道に関係したが，両者とも軽便鉄道建設のプロモーターとして，その普及に大きな足跡を残した。

　最後に，鉄道企業にはそれほどの関心をもっていない企業家でも，著名な寺社や観光地をめぐる軽便鉄道にたいして，積極的な投資活動を行なう場合がある。しかし，彼らは軽便鉄道の計画が順調に進展しないとみると途中で脱落するし，レールや車両の価格が騰貴するとその売却を主張したりするのである。軽便鉄道の計画を途中で挫折せしめるのは，多くの場合，この種のタイプの資本家であった。

　ところで，前述のごとく地域社会における軽便鉄道の計画は，1911～13年をピークに以後激減する。第一次世界大戦の勃発によって，レールや機関車の輸入がとまり，鉄鋼製品の価格が高騰したこと，資本需要が高まり，軽便鉄道のような利益率の低い部門への投資が敬遠されたこと，などにその要因を求めうるが，軽便鉄道自体の体質や軽便鉄道政策にも少なからぬ要因があった。

　まず，資本蓄積の乏しい地域社会では，軽便鉄道の建設にあたって，建設予算を過少に見積り資本金を低く定めようとする傾向があった。既述のごとく，免許路線と開業路線との間にかなりの隔たりがあるのは，計画時の建設予算が実際よりも低額に見込まれていたことに起因している場合が多かった。また，資材や土地の価格騰貴によって，建設費が当初予算を大幅に超過することもしばしばあった。軽便鉄道にはそれを補う資金的余裕はほとんどなかったので，多くの場合当初から借入金に依存することになった。補助金の額と借入金にたいする支払い利息の額が同額という場合も決して珍しくはなかったのである。配当は無配もしくは優先株だけの配当というのが一般的で，地域社会が軽便鉄道に投じた資本は，利潤はおろか換金性をも失って半永久的に固定化されてしまうのである。地域社会にとって，軽便鉄道とはいえ，自力で鉄道を建設し維持していくのはなお過重な負担であったのである。

　さらに，国有鉄道が軽便鉄道の建設を手がけたことも，地域社会における鉄道建設熱にブレーキをかけた。国有鉄道による軽便鉄道の誘致に成功するならば，地域社会は資金調達の苦労も，開業後の経営の苦心もなく，鉄道利用によ

る利益のみを享受できるのである。地域社会が地元選出の政治家を通じて国有鉄道の誘致運動を展開しはじめたのはそのためであるし，また地元選出議員もこれを自らの集票に役立てようとしたのである。いわゆる「我田引鉄」政策が開始され，地域社会における鉄道建設熱は政府への依存を強めていくことになるのであった。

　それにしても，軽便鉄道法の成立以後，私設鉄道法によって免許を受けたものは極めてわずかとなった。それどころか，既設の私設鉄道も国有化されるかまたは軽便鉄道に指定変更となり，1918年（大正7）には私設鉄道法の適用を受ける私鉄は皆無となった。そこで政府は1919年4月に私設鉄道法と軽便鉄道法を廃止して，新たに地方鉄道法を公布した。地方鉄道法は，軽便鉄道法の規定を強化し，これまで命令書によって要求していた諸条件を法律の条文のなかにとりこんだものである。そして，政府の補助金政策も，地方鉄道補助法によって引き継がれ，さらに増額されていったのである。

（青木栄一・老川慶喜）

人物紹介⑬

　　雨　宮　敬次郎　(あめのみや・けいじろう　1846～1911)

　雨宮敬次郎は弘化3年9月5日（1846年10月24日）甲斐国東山梨郡牛奥村（現塩山市）の名主の三男として生まれた。14～15歳のころから繭や生糸の取引にたずさわるようになり，1872年（明治5），26歳の時に横浜に移住して生糸貿易商をめざし，同時に生糸と蚕種紙を中心とした相場師として大をなすにいたった。

　彼が鉄道事業にかかわるようになる契機は甲武鉄道株の低落に乗じて大量の同株を取得し（1888年），大株主として経営の実権を握ったことにある。続いて1891～92年（明治24～25）ころには北海道炭礦鉄道株を買い集めて経営陣に加わり，川越鉄道の創業にあたり，そのリーダーシップをとった。このころになると，彼は生糸

貿易商としてよりは有力な鉄道資本家として名をなすようになり，東京周辺の多くの私鉄に投資し，それらの経営にもかかわるようになった。とくに新しい都市交通機関として有望視された電気鉄道への関心を高め，東京市街鉄道の創立にあたっては，多くの競願者との間で権謀術策をつくし，市議会における激しい政争をも克服してその経営の主導権を争った。彼は同社の社長就任に成功はするが，社内重役陣の主導権争いは開業（1903年）後も続き，東京市内に併立した他の2社の電気鉄道（東京電車鉄道・東京電気鉄道）との合併問題でも合併反対の立場に立つ雨宮は苦しい戦いを強いられた。

雨宮の鉄道投資は投機的な要素が強く，比較的短期的な視野で高い利潤を追求する姿勢が顕著であったと評されている。鉄道事業と並行して，製鉄（岩手県仙人鉄山），水力発電などの事業にもかかわったが，1890年代，1900年代前半における彼の主たる事業はやはり鉄道にあり，甲州財閥と通称されたグループのうちでは最も鉄道経営の実績の豊富な人物となった。

1906年，彼の事業の中心というべき甲武鉄道が国有化され，東京市街鉄道の社長も辞任するに至って，彼は将来の鉄道投資の有望な分野として大都市内の高架電気鉄道と地方都市周辺の蒸気軌道に注目する。前者は彼の死とともに企画倒れに終わってしまうが，後者は地域社会側の強い要望を背景として大きく発展し，雨宮の名をさらに高めることとなる。

雨宮が地方の小規模な鉄道とのかかわりをもったのは1890年代からで，1895年に開業し，日本における人車鉄道のはしりとなった豆相人車鉄道（小田原・熱海間）への参画であった。しかし，建設費を安価に押えることができるとはいうものの，その輸送能力の低さと人件費の占める高さは，この種の鉄道が決して有利な交通機関にはなりえないことを示していた。彼はこの種の鉄道の動力近代化が不可避であることにいちはやく気付き，石油発動車（単気筒10馬力程度の焼玉機関を主機とする小型機関車）の試用に関心を示したこともあるが，最終的には信頼性のある小型蒸気機関車を動力に採用して，その近代化をはかるに至った（1908年）。

彼は当時次第に経済力を高めつつあった地方都市とその周辺の農村に注目して，鉄道の建設を熱望しつつあったこれらの地域に軌道条例による簡易な蒸気軌道を薦め，彼自身も株式の過半を保有することにして，全国各地に普及させようとはかった。こうして，1906～07年に熊本軽便鉄道，静岡軽便鉄道，伊勢軽便鉄道，広島軌道，浜松軌道，山口軌道，信達軌道の7社が特許を得，1908年6月，これら7社に熱海軌道（旧豆相人車鉄道）を加えた8社を合併して，大日本軌道を創立，自ら社長に就任した。これは，1910年（明治43）からはじまる政府による軽便鉄道政策の

先取りともいえるものであった。合併した各鉄道はそれぞれ大日本軌道の支社となり，独立採算制の下で運営された。また，1907年11月，軽便車両を専門とする雨宮鉄工所を創設し，各社への車両供給を開始するが，1911年8月，これも大日本軌道に合併して，その鉄工部とした。

　1911年1月20日，雨宮は熱海の別荘で死去し，大日本軌道は彼の最後の事業となった。この事業は婿養子雨宮亘に引き継がれ，第一次大戦後におよぶが，敬次郎という中心を失った会社は逐次独立の道を歩むことになる。

（青木栄一）

第4節　国際連絡運輸の形成

国際連絡運輸の重要性

　日露戦争を契機として日本資本主義は飛躍的な発展を遂げ，内地と朝鮮および満州との政治的，経済的関係は著しく接近した。ことに1905年（明治38）の京釜鉄道の開通後は渡鮮する旅客・貨物が増加した。当時，日本と朝鮮を結ぶ定期船は大阪あるいは長崎を基点として，釜山，元山，木浦，仁川などへ週1～2回程度就航する船舶があるにすぎず，その他はほとんど小型帆船を利用する以外になかった。増加した貨物も船便不足のため滞貨が生じ，その解決策として山陽鉄道会社が系列下の山陽汽船会社と提携して，汽船壱岐丸（1680総トン）を下関・釜山間に隔日就航させて，山陽鉄道と京釜鉄道との間に連絡運輸を開始し，さらに壱岐丸の姉妹船対馬丸を加えて毎日就航することとなった。

　1906年12月，山陽鉄道が国有化されると下関・釜山航路も国営化され，夜間と昼間の隔日運航を実施した。この下関・釜山間定期航路と京釜鉄道会社との間の旅客および貨物の連絡運輸はわが国の国際連絡運輸形成の先駆をなしたといえよう。

　国鉄の国際連絡運輸が本格的な課題となったのは，日露講和のポーツマス条約第6条の規定によって長春（寛城子）・旅順口間の鉄道およびそれに付帯する地方の特殊権益が日本に譲渡され，この鉄道を経営するため南満州鉄道株式会

社を資本金4億4000千万円（政府出資2億2000万円）で創立したことによる。17私鉄を買収して国家独占資本としての地位を明確にした国鉄と，京釜鉄道買収法によって国有化した京釜鉄道，軍用線から営業線へ移管された京義鉄道によって，鉄道は内地，朝鮮半島を縦貫し，さらに南満州鉄道と直結することによって「日本帝国主義の基盤」を確立した。そして，南満州鉄道（満鉄）を地方的鉄道としないためにも，東清鉄道と連絡運輸を締結し，寛城子・哈爾浜間（京浜線），哈爾浜・満州里間（浜州線）に連絡することによって輸送効果を向上する必要があった。

政府は1907年ロシアと「満州ニ於ケル日露鉄道接続業務ニ関スル仮条約」を結び，満鉄と東清鉄道の割譲線路の境界点，境界点における線路の接続方法，接続駅の旅客・貨物の輸送に関する事項等を協定し，条約の追加項目として「両国諸鉄道間ニ旅客及貨物ノ直接交通ヲ開始セシムカ為成ルヘク速ニ特別協定ヲ遂ケムコト」を確認した。満鉄は，追加項目を具体化するためロシアとの交渉に入るが，東清鉄道との連絡運輸が実現するには3年の期間が経過した。

国鉄の国際連絡運輸は，鉄道省運輸局編『国有鉄道国際連絡運輸史』（1937年）の指摘によると，地形上の特質から

(1) ウラジオストク経由北満州に至る日満国際連絡運輸
(2) 中華民国との間の日中国際連絡運輸
(3) シベリア経由欧亜国際連絡運輸

に大別することができる。

ウラジオストク経由については内地からの海上輸送は大阪商船会社が週3回定期就航しているが，東清鉄道およびシベリア鉄道との間の連絡運輸は確立されておらず，また日満国際連絡運輸もロシア側の利害から交渉は進展しなかった。1908年に満鉄総裁後藤新平はロシアを訪ねて政治家と会見し，満鉄と東清鉄道の提携について意見を交換して国際連絡運輸の利益を説いて歩いたと伝えられている。この問題を担当した鉄道院の青木治郎は，当時をつぎのように回顧している。「日本は日露戦争までは，島帝国として国際交通に仲間入りをしなかつた，また実際問題として仲間入りをする必要もなかつたのである。然るに

日露戦争後、南満州鉄道を経営する様になると、忽ち国際交通に参加する必要を生じた。即ち満鉄と東支鉄道—当時の東清鉄道—との運輸連絡問題が起つたのである。満鉄は東清鉄道同様五呎の広軌であつたが、日露戦争の時、日本が三呎六吋に改築した、日本は五呎の広軌に使用する機関車も貨車もない、それで軍事輸送に差支へたので、本国並みの三呎六吋の狭軌に改築した訳である。従つて満鉄と東清鉄道は、長春を境界として五呎と三呎六吋の軌間に截然分れ、通し運転をすることが出来なくなつた、これは経済的にも実際問題としても甚だ不便である。さらに満鉄は、満州の経済機関となると同時に他面、シベリア鉄道を通じて欧亜連絡の使命を果さねばならない。それには眼前の局面を、何としてゞも打開せねばならぬといふ立場になつた」(清水啓次郎編『交通今昔物語』)。

　1908年11月、日満連絡運輸会議が翌年3月まで開かれ、連絡運輸の交渉を進めたが、妥結調印したのは1910年になってからである。3月に「日満連絡運輸旅客及手荷物賃率規則」および「日満旅客連絡運輸加入運送業者相互ノ関係ヲ定ムル約定」を政府は公布して、4月1日ようやく日満旅客・手荷物の連絡運輸が開始されたのである。1912年には社団法人ジャパン・ツーリスト・ビューローが創立され、内外旅行の斡旋と遊覧地の紹介、雑誌『ツーリスト』、『旅程と費用概算』その他案内記類の販売、乗車券、旅館券、遊覧券などの発行、団体旅行や傷害保険や手荷物保険の取扱い、旅行小切手(円、ドル、ポンド)の発行など、満・鮮・中国旅行の斡旋を始めて国際連絡運輸の発展を促すこととなった。

国際連絡運輸の背景にあるもの

　国際連絡運輸の形成過程における特徴はどこにあるのか。このことを端的に示したのが鉄道院線、朝鮮鉄道、南満州鉄道の"三線連絡運賃問題"である。日露戦争の結果、日本の領有に帰した南満州鉄道は、営口、大連の二港湾を所有し、いずれも満蒙地方に出入する貨物の取扱い港として重要であるが、満鉄は大連湾、旅順口の租借権、満鉄線を有効に利用するため、1909年海港運賃を設

定して，大連港は営口港より長距離に位置するにもかかわらず，両港対満州奥地間発着貨物の運賃を同一とすることを決めた。ところが1911年鴨緑江架橋工事が完成し，安東・奉天線の広軌改築工事が竣工して鮮満間鉄道の連絡網が確立し，直通列車の運行を実現した。このことによって大連経由の海上輸送ルートにたいし，朝鮮鉄道を経由して満州各地に連絡することが可能となった。しかし海港運賃によって大幅に運賃が引下げられている大連経由にたいして，朝鮮鉄道は運賃の引下げを実施しない限り対抗できないことになった。朝鮮鉄道は大連ルートに対抗しうる水準まで運賃の引下げを実施することになり，1913年以降，3鉄道間によって特定運賃をめぐって厳しい対立と係争が起きた。これがいわゆる"三線連絡運賃問題"である。しかし，その背景には運賃問題のみならず軍部および大陸に市場を求める資本の強い願望が存在していた。

第1の軍部であるが，朝鮮鉄道の運賃が高率な場合，鉄道を利用せず海上を輸送して大連から満鉄を利用するとすれば，朝鮮鉄道にたいする軍事的な価値が損なわれ，平時における朝鮮鉄道の改良にも影響し，軍事上好ましくない結果が出ると評価して，朝鮮鉄道が有利になるような打解策を要求した。たとえばこの問題を調査した鉄道局総務課参事の和田駿は「綿糸布外十品種ノ三線連帯低減運賃制ニ就テ」の意見書で，軍部を代弁してつぎのように記している。

「将来西比利亜全線ノ複線輸送ニ抗スルニ足ル兵員ヲ満州ニ送ラムトスルニ当リ一部ハ朝鮮ヲ経由シ他ノ一部ハ海路大連ヲ経由セシメントスルモ船腹不足ト日数ヲ要スル点ヨリ到底其ノ目的ヲ達スルコトヲ得ズ且近年潜航艇ノ発達著シキモノアリタル結果遠距離ノ海上輸送ヲ為スハ途中其ノ襲撃ヲ蒙ムルノ危険尠カラザルヲ以テ参謀本部ニ於テハ従来ノ計画ヲ一変シ戦時ニ在リテハ全然朝鮮及安奉線ヲ経テ陸路輸送ヲ為スノ方針ヲ採リ従テ輸送力ノ関係上現在ノ単線ニ加フルニ猶一線ヲ増設スルコトヲ必要トセリ」（江口寛治『朝鮮鉄道夜話』）。

これは日露戦争における鉄道の重要性を軍部が深刻に体験した帰結であろう。したがって軍部は朝鮮鉄道経由が海路にくらべて近距離で危険性が少なく，輸送時間も大阪・奉天間が大連経由にくらべて1日以上短縮されるとして，内地

から大陸への貨物輸送は朝鮮鉄道,安奉線を利用すべきであると主張している。国際連絡運輸の形成において軍部の狙いのひとつはこの点にあるといえよう。

　第2の問題は日本の資本である。鉄道国有化による国鉄,朝鮮鉄道,南満州鉄道の統一は,大陸にたいする軍事的な目的の展開であるだけでなく,日本資本の海外,とくに大陸市場進出への重要な条件である。鉄道賃率の統一的な制度化と海外市場に進出する貨物の等級化と運賃の低廉化は欠かすことができない。1905年山陽鉄道会社が連絡運輸を開始した時期には,内地と朝鮮および満州間の輸出入総量はわずか9135トンにすぎず,1日平均では50トンである。5年後の1910年に日韓併合条約を締結し,その結果,韓国を日本の植民地として新たに朝鮮総督府を設けて以来,急速に輸送量が増大し,11年には輸移出5万6489トン,輸移入2万4309トン,合計8万798トンと10倍近く伸びている。これを発地別に見ると,輸移出では幡生以東発71％,九州発15％,下関発14％であり,着地別では朝鮮鉄道着（釜山を除く）55％,釜山着20％,満鉄線着20％,東清鉄道着5％である。また輸移入貨物を見ると,発地別には朝鮮鉄道線（釜山を除く）49％,釜山発48％,満鉄線発3％で東清鉄道は0％となっている。着地別には幡生以東着60％,九州着13％,下関着27％の順となっている。品目別に見ると,輸移出品では綿糸布,藁工品,生果,和洋酒,砂糖類が大半を占め,輸移入品は米,肥料,大豆,海草,塩干魚などである。

　大阪の梅田駅から発送された朝鮮・満州行の貨物の1924年から33年の平均を見ると,朝鮮行は54％（このうち釜山着が40％）,満州行は46％（このうち東清鉄道は26％）の割合となっている。品目別では綿布が全発送貨物の約50％を占め,ついで綿糸,人絹布,鉄板,毛織物,染料および塗料,石鹸,衣類となっている（大阪合同運送株式会社編『大阪発朝鮮満州行貨物運賃変遷史』）。これらの発送貨物は,日本資本の大陸進出における代表的な貨物で,いずれも特定・特約運賃が設定されている。海路よりも朝鮮鉄道の運賃が割高になるとすれば資本にとって大きな損失となるわけで,軍部とともに"三線連絡運賃問題"に関心を持ち発言をしたのは,資本の立場からすれば当然であったであろう。

特定運賃とは割引運賃であって、鮮満方面に発送される貨物は、内地貨物と異なり、貨物品目、発着駅、荷主および取扱い運送店が限定されているため、運送店および特定の荷主と鉄道との間で随時割引を特約し利用することができた。日本資本の植民地市場への鉄道運賃面での厚遇であったといえよう。

1910年、日満連絡運輸が開始されたが、それは日本と北満州および沿海州間の連絡にすぎず、日露間の交通を促すためこの年の7月シベリア経由国際連絡運輸第5回会議をブリュッセルで開き、日本の国有鉄道とロシア、ヨーロッパの鉄道との連絡運輸の交渉を進め、1911年3月、日満露旅客および手荷物の輸送を始めたのである。満鉄は1909年に大連・長春間の線路を4フィート8½インチに改築して準備を進めてきた。この連絡運輸に参加したのはロシア、ヨーロッパの鉄道で、ここに多年の課題であった欧州鉄道との直結が初めて実現したのである。

表5-3 朝鮮鉄道による国際連絡運輸の推移

				1919年度	1920年度	1921年度	1922年度	1923年度	1924年度	1925年度
対支那鉄道	旅客(人)	発運		258	271	250	195	279	198	108
		通過	上り	1,182	1,443	1,280	890	759	440	496
			下り	2,044	2,293	1,912	1,533	1,997	1,461	941
		到着		191	113	118	127	151	133	90
対露国鉄道	旅客(人)	発運		191	35	130	105	101	122	167
		通過	上り	—	—	—	27	10	—	13
			下り	1,105	437	490	315	447	354	636
		到着		—	—	—	—	—	—	—
	貨物(トン)	発送		232	603	1,485	520	672	1,194	1,066
		通過	上り	80	2	6	—	2	—	—
			下り	4,327	1,928	4,823	4,484	3,553	3,755	5,548
		到着		—	—	—	—	—	—	—

(注) 朝鮮総督府『朝鮮鉄道状況』第17回（1926年12月）より作成。

表5-4 朝鮮鉄道・南満州鉄道・国鉄の車両保有状況（1925年）

			朝鮮鉄道	南満州鉄道	国鉄
機関車	テ ン ダ ー	両	150	—	2,662
	タ ン ク	〃	97	—	1,168
	計	〃	247	425	3,830
	10マイル平均車両数	〃	1.89	6.03	4.9
客 車	ボ ギ ー	両	565	—	6,400
	そ の 他	〃	—	—	3,902
	計	〃	565	432	10,302
	10マイル平均車輛数	〃	4.57	6.16	14.4
貨 車	有 蓋	両	1,567	2,959	31,706
	無 蓋	〃	1,199	3,683	27,901
	計	〃	2,766	6,642	59,607
	10マイル平均車両数	〃	21.13	95.15	74.4

（注） 朝鮮総督府鉄道局編『朝鮮の鉄道』(1928年）より作成。

1913年には各種国際連絡に朝鮮経由の経路を追加し，10月には日支旅客および手荷物の連絡運輸を開始し，1914年には日満貨物連絡運輸を確立してほぼ国有鉄道の国際連絡運輸の基礎が形成されたといえよう。しかし，第一次世界大戦の勃発により，わが国と西欧諸国との連絡運輸のほとんどが中止または廃止されたが，朝鮮経由，大連経由およびウラジオストク経由の日満旅客連絡と，朝鮮経由の日満貨物連絡がわずかながら稼動していた。25年2月ソビエト社会主義共和国連邦との国交が回復したので，国際連絡運輸の復活について交渉の結果，1929年にシベリア経由欧亜旅客および手荷物の連絡運輸を，まず日本，東支，ソビエト連邦，ラトビアおよびリトアニア間に開始することになった。

表5-3は朝鮮鉄道を利用した国際連絡運輸の推移を第一次世界大戦終了の翌年1919年から25年までの情況で示し，表5-4は25年の朝鮮鉄道，満鉄，国鉄が保有する車両数を比較したものであるが，朝鮮鉄道の弱体が看取できる。

朝鮮鉄道，南満州鉄道はいずれも国際連絡運輸の支柱を形成する幹線的機能をもち，やがて満鉄特急「あじあ」号が大連・哈爾浜間を13時間で結ぶこととなる。台湾鉄道や樺太鉄道は地方的な鉄道としての性格にとどまったが，鮮満ルートは日本帝国主義が敗北するまで輸送の大動脈としての役割を担っていったのである。

（石井常雄）

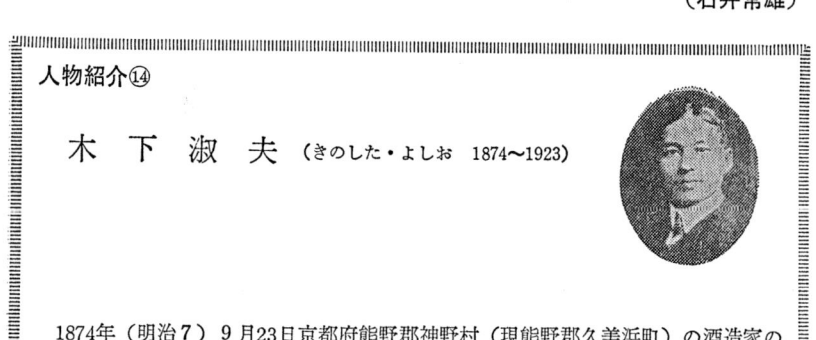

人物紹介⑭

木下淑夫（きのした・よしお　1874〜1923）

1874年（明治7）9月23日京都府熊野郡神野村（現熊野郡久美浜町）の酒造家の次男として生まれた。第三高等中学校（のち第三高等学校，京都）から，第二高等学校（仙台）に転校，1898年，東京帝国大学工科大学（のち東京大学工学部）土木工学科を卒業，東京帝国大学大学院で法律・経済を専攻中，1899年鉄道作業局工務部主記課に鉄道技手として採用された。

1900年（明治33）7月，逓信省鉄道作業局官松本荘一郎に随行して欧米を視察，翌年2月帰国した。帰国後鉄道作業局運輸部旅客掛長として，官設鉄道の旅客営業の近代化をはかり，1902年8月，貨物掛長三本武重と協力，名古屋・大阪間の利用者誘致をめぐって関西鉄道会社とはげしい競争を演じた。この競争は翌1903年10月から1904年4月にかけて再燃したが，鉄道の近代的企業としての営業方針を確立するという点で画期的な事件となった。

1904年9月，欧米出張を命ぜられ，アメリカでペンシルバニア大学のエモリー・R・ジョンソン（Emory Richard Johnson）教授（運輸・商学）につき，近代的な交通理論，交通運転，企業運営の理論を学び，引き続きドイツ，イギリスに留学，この間1905年5月には第7回万国鉄道会議（ワシントン）に委員として出席，1907年10月帰国した。

1908年（明治41）11月帝国鉄道庁運輸部旅客課長，同年12月鉄道院運輸部営業課長となった。さらに，1914年（大正3）7月には鉄道院運輸局長となり，鉄道国有

後における国有鉄道の運輸業務全般の責任者となった。この間1910年（明治43）7月第2回日露連絡運輸会議（セント・ペテルブルグ）に派遣，日本とロシア東清鉄道（中国東北部），シベリア鉄道（ロシア沿海州）との貨物連絡運輸の協定締結交渉にあたり，国内では，国有後の運賃体系の統一，列車体系や接客設備の整備，特別急行列車の運転開始，臨時列車，仏教団体専用臨時列車の運転，掲示・通知・通報の文体の変更（命令体→候文ないしは「マス」口調会話体），外国人観光客誘致の諸方策の実施，ジャパン・ツーリスト・ビューローの創立，速達便貨物列車の運転，冷蔵車の使用開始，貨物運賃の改訂，合理化など，運輸全般にわたる業務の改善を実施した。

1918年（大正7）政友会の原敬内閣が成立し，自党の利害のための建設を優先する「建主改従」政策がとられ，木下は中部鉄道管理局長に事実上左遷され（1920年鉄道省設置にともなう地方官制改正により東京鉄道局長），1920年結核のため休職，関東大震災直後の1923年9月8日東京大森の自宅で逝去した。

生前多くの論文を執筆，とくに自動車の登場による鉄道の将来の問題を見通し，その対応策を論じた『国有鉄道の将来』（死後，友人同僚がまとめた同名の遺著に収録）は，木下の透徹した鉄道経営の視点と問題意識によるものである。また鉄道院編纂の『本邦鉄道の社会及経済に及ぼせる影響』（全3巻，付図）は，鉄道の社会的・経済的役割を記録した文献として現在も高い価値をもつ。訳書にE・R・ジョンソンの"Principles of Railroad Transportation"を訳した『鉄道運輸原論』（1920年，鉄道時報局）がある。

（原田勝正）

第5節　鉄道労働力の形成とその特徴

鉄道国有化と国鉄大家族主義

鉄道国有化の結果，国鉄の従業員数は鉄道省編『国有十年』などによれば，従前の2万8000名から8万8000名に激増した。このため，1908年（明治41）～10年の間に，4800名余の人員整理が行なわれ，これによる人件費の節約は，年額149万5000円に達した。後藤新平（1857～1929）鉄道院総裁の経費節約方針にもとづく結果であるが，一方，後藤は信愛主義を提唱している。

新しく国鉄傘下に入った労働者たちは，それぞれ会社が違うように，気風が異なっていたため，何よりも一体感を鼓舞する必要があったようである。だか

ら，鉄道国有化は，新たな労務政策成立の起点となり，後藤の考え方により国鉄大家族主義の精神運動が展開されることになる。すなわち，「鉄道従業員ハ凡テ一家族タルノ精神ヲ以テ相奨メ相扶ケ，家族ハ家長ノ命ニ従ヒ，其期待スルトコロ個人ヲ離レテ常ニ其家ノ名誉利益ノ為ニ活動スヘキモノ」（鶴見祐輔『後藤新平』第3巻），「上は総裁より下は駅夫，工夫に至る迄，其連鎖に一の欠点なく，上下意思疎通し，相和合して一般事業の経営全きを得べし」（同上）という立場が典型的にそれを示している。鉄道国有化にともなう特異な経営家族主義の展開をそこに看取することができよう。たとえば，1909年（明治42）には家族パスを発行し，1911年には常盤病院を開設している。また，つぎの床次竹二郎（1867～1935）総裁は，1913年（大正2）から毎年定期的に職員と家族の慰安会を催す行事をはじめたのである。

　経営家族主義の観点から，労働者の経済的地位向上をはかり，労働運動の台頭を押さえようとする新たな労務政策の展開は，同時に身分編成を変容させたといわれる。西成田豊「官営鉄道工場の労務政策と賃労働」（労働運動史研究会編『黎明期日本労働運動の再検討』所収）によると，鉄道国有化により，国鉄に引き継がれた私鉄労働者の少なからぬ部分が身分的に優遇され，雇員に編入されたことを明らかにしている。下級職員・労働者中の雇員比率は国有化前の20％前後から，1907年（明治40）には27％になり，雇員の特権的性格の稀薄化が進んだという。さらに，1913年（大正2）には，判任官・雇員の間に新たに鉄道手の身分が設けられたのである。

　鉄道手は，鉄道院官制の改正により設けられたが，正規の判任官として任用されない者を判任官待遇とすることにしたものである。勤労意欲を向上させ，内部昇進の道を開いたものといえる。一方，雇員以下の採用に関しては，それぞれの官制における各部長，各課長，各事務所長，各出張所長などの専決事項とされたことに注意しなければならない。ただ，鉄道労働には特殊な技術を必要とする業務が多いため，個々の職種について独立の採用規程が定められていった。

　上述のような動きがみられたものの，国鉄職員は，勅任官・奏任官・判任官

の上級職員に比し，雇員・傭人と呼ばれる従事員＝下級職員が圧倒的に多いことはいうまでもない。1909年（明治42）6月，「鉄道院職員中央教習所規程」「同地方教習所準則」が制定されたが，これらはもっぱら国鉄部内の実用的人物の養成を目的としたものであった。私立の岩倉鉄道学校なども，同様に鉄道の現場ではたらく要員を対象とする養成機関であるが，他方，いわゆる幹部の採用は帝国大学や高等専門学校などの一般高等教育機関に委ねている。

　国鉄労働者の業務内容は，多様なものであるが、「運転」「駅務」部門が本来の交通労働者であり，この2部門の従業員数が圧倒的に多い。東海道線全通後，一昼夜交代の徹夜勤務が行なわれるようになるが，とくに乗務員労働の不規則性——拘束時間と標準労働時間の二重性——は，鉄道労働のひとつの特徴であった。また非乗務員（駅・機関庫）における農業労働と結合された一昼夜交代勤務は，特殊日本的な性格であるといわれる。そこでは，いわば「非番日はむしろ主要労働日」（佐竹義昌『交通労働論』）であったのである。

　国鉄労働者の拘束時間は，準備時間等を入れると，当然延長せざるをえないが，その賃金を判任官，雇員，傭人の三層についてみると，富永祐治はその著『交通における資本主義の発展』においてとくに明治期においては，7, 8割前後を占める傭人級の賃金が，一般の賃金および少数の国鉄労働者上層部のそれの増加傾向に著しく遅れをとっているのが特徴であったという。たとえば，1912年（大正元）の傭人層の日給は51銭であり，これは農業労働者および家計補助的な機織労働者よりわずかに高く，日雇い人夫の賃金にさえ，平均的には劣っている。さらに，国鉄労働者の三層部の労賃上昇率を比較すると，上層部ほど大であり，物価指数の動きにたいしても上層部ほど有利で，傭人では物価指数の上昇に取り残されているのである。

電鉄労働力の形成と問題点

　主として，1903年（明治36）開業の大阪市電および日露戦後の電鉄ブームの先駆となった関西主要電鉄の場合を例に取りあげよう。大阪市電は，最初から市営主義の原則が貫かれたことでも注目されるが，中西健一『日本私有鉄道史

研究』(増補版)によると,築港線開通当時の運転手・車掌はわずかに8名,技術現業員は4名,運輸監督はなく,工夫は軌道修理,架線作業,車両修繕をいずれも同一人が行なうという状態であり,労働力体系の形成は未熟なものであった。乗務員8名のうち,3名は先発の電鉄企業から雇い入れ,5名は大阪で募集したらしい。その後,市電従業員数は増加するが,技術現業員間の分業の成立は,1908年のことであった。大阪市電気局『大阪市営電気軌道沿革誌』によると,この年の7月,車掌・運転手355名,監督35名,転轍手・信号人40名,職工72名,工夫48名に達したという。市電路線が拡大されるにしたがい労働力の量的増大がみられ,同時に質的向上をともなっていったのである。1909年9月には教習所を開設し,1913年(大正2)には付属寄宿舎を建設して見習生を収容した。

　中西健一の前掲書によると,創業段階における市電従業員の初任給(日給)は,運輸監督75銭,車掌・運転手32銭であった。この賃金は後述の他の電鉄企業にくらべると恵まれていたといわれるが,それでも活版植字工や日雇い労働者のそれに近いものである。とくに技術現業員にくらべ,本来的交通労働者である運輸現業員の賃金が著しく低いのが目立った。また賃金形態については,多額の精勤手当制度があったことが注目される。労働条件は,路線網の拡大にともない,労働者数を増加させたものの,必然的に長時間労働を課することになった。そのため,1908年8月,小規模ながら運転手・車掌27名が過度労働を不満としてストライキを行なっている。これは公営電鉄におけるストライキの嚆矢をなすものであったが,警察が介入し,首謀者8名が懲戒解雇され,労働者の敗北におわった。中西健一は,さらに精勤手当制度に関連して,不穏な動きがみられたことを明らかにしている。1910年7月,低賃金をこの精勤手当によって補充するところの大きかった運輸監督,運転手,車掌,信号手,転轍手など1000名の労働者がその増額を要求して,天神祭を期してストライキを決行すべく態勢を固めたのであるが,事前にこれを察知した市当局が,改善策を講じたのでストライキの勃発は押さえられたという。

　市電現業員の募集は,教習所開設以来,月2回教習所にて採用試験を行な

い，車掌・運転手の不足を来たした場合にも，市内1,2の新聞に募集広告をして必要な要員を確保していた。ところが，第一次世界大戦ブームが招来するや，多数の電鉄労働者が高賃金の軍需産業部門へ流出したため，市当局は，あらためて労働力の確保に腐心しなければならなかった。大阪市電の場合，1916年（大正5）1月に地方募集計画をたて，19年7月の廃止に至るまで，西は九州・四国より，東は新潟・長野・静岡等の諸地方へ募集員を派遣して，各府県の市町村の援助を得て農村労働力の吸収により急場をしのいだ。

つぎに，私鉄に目を移そう。『阪神電気鉄道八十年史』によると，同社では，1899年（明治32）6月，「職員事務章程」を制定している。技術長は，部下の職員の任免進退についても，具状することができたという。1904年（明治37）2月に，達第1号で「職員服務ニ関スル件」が一般的命令として公布され，さらに具体的な服務規程が制定された。「運輸従事員規程」によると，運輸課長は運輸従事員を採用することができる（第1条），運輸従事員の勤務時間は1日10時間以上とする（第3条），時間外の勤務の方法（第4条），運輸従事員採用時の身元保証金の取決め（第8条）など，注目すべき条項が目につく。

営業開始に先だって，この年12月運輸従事員採用試験を行なっている。試験の結果，成績優秀者から順次採用したというが，経験者で車掌・運転手であったことを証明する書類を持参する者は試験を免除された。翌1905年（明治38）1月，成績優良なる者39名を選抜採用し，先発の甲武鉄道，京浜電気鉄道，京都電気鉄道で運転技術の実習をさせている。

蒸気鉄道から電気鉄道へ変身をとげた南海鉄道は，当初支配人が職制編成の任にあたり，1900年（明治33）に鉄道現業員にたいする職制も制定されるに至るが，「鉄道従事員（運輸関係）の採用に就ては創業後数年間採用に関する規則を設けず唯慣習と常識とにより現場長・主任に於て適当に人選を為し其禀申に基いて夫々の職に採用」（南海鉄道株式会社『南海鉄道発達史』）するという状態であった。その後，1905年11月に課雇については，課長の専決事項とした。かくて，駅夫は駅長が採用という形式がながく続くことになる。

一方，南海鉄道では電車併用運転に先だち，1907年2月，電車運転手・車掌

表5-5　企業別・職種別労働者数　(1911年)

	技師	技手	工手	工夫	運転監督	車掌	運転手	転轍手信号手	書記	その他		合計
										事務	工務	
私営企業	人53	人299	人377	人2,157	人230	人1,596	人1,510	人381	人692	人967	人705	人8,967
一企業平均	1.4	7.8	9.9	56.7	6.0	42	39	10	18	25	18.5	235
公営企業	19	87	163	1,337	394	2,313	2,087	187	98	615	1,214	8,514
一企業平均	6.3	29	54.3	446	131	771	696	62	33	205	404	2,838
計	72	386	540	3,494	624	3,909	3,597	568	790	1,582	1,919	17,481

(注)　中西健一『日本私有鉄道史研究』増補版，ミネルヴァ書房，1979年，p.529.

の採用規程を制定し，同年4月運転手として約30名の見習を採用，阪神電鉄へ委託して約3ヵ月間実務教育を受けさせている。その後，教習所を開設し，新規採用者はここで約4ヵ月間学科等の教習を受けたうえ，2ヵ月間営業線での実習に従事することになった。京阪電気鉄道も全く同様であり，開業に備え，運輸従事員を大量に採用し，当初阪神電鉄へ実務教育を委託したのであった。

さらに，1911年度における電鉄労働力の企業別・職種別構成をみると，表5-5のようであり，いわゆる運輸従事員が圧倒的に多い。表には入っていないが，1914年（大正3）開業の大阪電気軌道も同様である。また労働力の公営企業への集中がめだっている。公営企業では，軌道工事に着手したばかりの京都市電はまだ運輸開始に至らず，ほとんどすべてが東京・大阪両市電の労働者数であるが，後者の特徴は，第一次世界大戦後の名古屋電鉄，京都電鉄，横浜電鉄のような大都市の私有電鉄の公有化によっていっそう強められていく。なお当該段階における私営電気鉄道を見ると，名古屋電鉄，京都電鉄，京阪電鉄，南海鉄道，箕面有馬電軌，阪神電鉄などの大都市所在電鉄では500名以上の労働者を数える。反面，熱田電軌，伊香保電軌，岩村電軌，岩国電軌などは極めて零細であった。

(武知京三)

第6章　第一次世界大戦以後の鉄道

第1節　重化学工業化の進展と鉄道の役割

第一次世界大戦と重化学工業の進展

　第一次世界大戦（1914～18）を契機としてわが国産業界は，主戦場たる欧州大陸から遠くへだたり，参戦国でありながら戦火の圏外という地の利がもたらす市場的好条件に乗じて，世界市場を制すべく工業生産を飛躍的に伸ばした。この時期のわが国資本主義の工業化を主導したものは，重化学工業部門であった。このことは種々の産業統計により立証されるが，たとえば大戦の始期と終期とにおける原動機使用工場数総計の変化を重化学工業部門と非重化学工業部門とに対比して示せば，表6-1のとおりである。
　さらに，これを工場規模における大資本経営という視点から，従業員（職工）数500人以上を擁する工場の同時期における数的変化を見ても，表6-2のように重化学工業への資本の集積化動向はより顕著に示されている。
　また，矢木明夫の整理によれば，第一次世界大戦開戦の1914年と休戦の翌19年とをくらべても工業生産は3.4倍，10人以上使用工場数1.3倍，同上労働者数は2倍となった。全産業の事業計画資本額でみると10倍になっている。14年より19年までだと16倍であり，製造工業だけでみると30倍になっている。安場保吉が作成した生産指数によると，大戦中の成長率は年率9.3％と高い。これを産業部門別でみると，機械器具（28.1％），金属（10.7％），化学（8.8％），食料品（7.9％）などが高い。ともかく重化学工業の進展がめざましく，全工業生産額の中で，重化学工業の生産額が14年28.8％，19年30.7％，20年36％と伸びている。この時代の重化学工業の発展は，外的な偶発的条件によってひきおこ

表6-1　原動機使用工場の変化　　　　　　　(1914年・1919年)

		1914年（大正3）		1919年（大正8）	
		工場数	(指数)	工場数	(指数)
重化学工業部門	機械器具工業	1,178	(100)	2,753	(234)
	金属工業	776	(100)	2,049	(264)
	化学工業	738	(100)	1,674	(227)
	窯業	323	(100)	868	(269)
非重化学工業部門	紡織工業	6,882	(100)	11,364	(165)
	食料品工業	2,165	(100)	3,613	(167)
	製材木工業	914	(100)	1,912	(210)
	印刷製本業	793	(100)	1,010	(127)

(注)　南亮進『鉄道と電力』(『長期経済統計』12, 東洋経済新報社, 1965年)による。

表6-2　従業員500人以上雇傭工場数の変化　　(1914年・1919年)

		1914年（大正3）		1919年（大正8）	
		工場数	(指数)	工場数	(指数)
重化学工業部門	機械器具工業	20	(100)	50	(250)
	金属工業	6	(100)	18	(300)
	化学工業	9	(100)	17	(189)
	窯業	5	(100)	11	(220)
非重化学工業部門	紡織工業	158	(100)	252	(159)
	食料品工業	4	(100)	4	(100)
	製材木工業	—		—	
	印刷製本業	3	(100)	2	(67)

(注)　表6-1と同じ。

されたものであり，内的な構造的変化によるものではない。したがって，質的には直ちに大きな変化をみせたものではない。しかし，量的にも大きい変化があったし，またこれを契機として質的変化をひきおこす端緒となったという意味では，第一次大戦の日本重工業の発展に与えた影響は小さいものではない（矢木明夫『日本近代経済史』）。

　さて，ここで大戦中から戦後期を通じて，わが国の重化学工業部門を構成する諸産業の動向をひととおり見ておこう。

鉄鋼業は，造船や機械製造などの諸工業が戦時需要の伸びにより生産を増強する動きに対処しつつ，外国からの輸入が杜絶したので，政府の強い保護政策のもとで鉄鋼メーカーの拡充・増加が見られ，生産能力5000トン以上の企業が42にものぼり，その生産額も倍増し，鉄鋼73％，鋼材48％の自給率を達成するに至った。戦後恐慌によって業界の整理，資本の集中が進み，主要メーカーは財閥資本の支配下に組み込まれていく。再開された欧米からの鋼材輸入に対処して国内メーカーはきびしく合理化を迫られ，また軍備縮小にともない民間市場に需要開拓の重点を移して生産増強につとめ，鋼材は1921年，銑鉄は23年に恐慌前の生産高を越え，26年にはそれぞれ61％，62％の自給率を示した。

造船工業は，大戦の影響を直接的にもっとも大きく受け，未曾有の造船ブームのうちに工場数10倍余，資本金額6.5倍，職工数4.5倍とめざましい発展をとげた。鉄鋼船建造に必要な鋼材については，アメリカ合衆国の戦時鉄材禁輸政策に対処してわが国独自のアイデアたる「船鉄交換契約」を同国との間に締結してその入手ルートを確保している。大戦終結とともにブームは去り，汽船建造量は急速に落ち込み，さらに軍縮政策による八八艦隊計画中止が追打ちをかけるなかで業界の整理が進み，企業集中と生産体制の強化がみられる。

機械工業では，工作機械・化学機械・採鉱機械および蒸気機関車などの生産が戦時期に大幅に伸展し，これらの諸機械類の国産自給体制が確立した。また新しい産業エネルギーとして電気の利用技術が開発され，電力の実用化が軌道に乗り，大戦中にわが国の工場の使用する原動力として電力の利用率が蒸気力のそれを追い抜き，1919年（大正8）には工場電化率は62％に達した。こうして産業界における電力革命の時流のなかで，電気機械工業が電力業とともに財閥系資本のバックアップにより急成長を示した。電力業は戦後恐慌のなかで需要の激減のため電力過剰の時代に入り，企業の集中が進み，大企業間の競争が激化していく。

化学工業は，大戦により輸入の杜絶した外国製品に代替して，乾溜・染料・電気化学などの分野への進出がめだった。当時のわが国化学工業界の構造は過半を人絹と製紙が占めており，工業薬品と化学肥料の生産シェアは合わせても

30％に達しなかったが、それでもその投資額は戦時期にそれぞれ11倍、5倍という伸びを示している。戦後、化学肥料（硫安）の生産は上述の過剰電力を利用した合成法により新たな進展をみた。それ以外の化学工業製品については、戦後外国製品の輸入攻勢に対処して工業先進諸国からの技術導入と産業合理化の動きが国家の保護政策とあいまって、それらの業界に国際競争力をつけさせることになった。

　セメント工業もやはり産業用基礎的素材産業として、大戦中に大いに発展・膨張した。戦後は恐慌のなかで企業の整理・集中が進み、財閥系企業を中心にカルテルの結成を見ている。

　こうしてみると、一般にわが国の重化学工業は、もともと外国からの移植産業であっただけに、原料面・技術面・市場面で対外的な従属性をもちつつそれを克服するだけの内的成熟がないまま、たまたま欧州の戦場化による先進各国業界の足踏みを奇貨として市場機会にめぐまれたわが国がそれらに追いつくために積極経営として展開された。そして大戦中の短期的ブームのなかでそれなりに拡大・発展をとげたものの、大戦終結による新局面で恐慌や外国製品との競争再開・激化などのきびしい試錬にさらされる間に、わが国の重化学工業生産体制は、膨張していた業界の整理と大資本への集中という形で財閥系企業のリーダーシップのもとに国内的に再編成されていったのである。

　以上の説明からうける印象がそうであるように、第一次世界大戦期ないしそれに続く時期は、わが国産業経済史の展開のなかで「重化学工業化」の時代と一般的に認識されているが、この「重化学工業化」というのは、この時代のわが国の産業経済の構造的変化の指標的イメージにほかならず、当時の産業界の実態の総括的表現ではないことは、ことわるまでもなかろう。この時期のわが国の工業生産の現実的な展開においては、戦争という外発的要因による重化学工業の多面的急成長現象を突出させながらも、やはり量的にそのウェイトを増大しつつある紡績工業を中軸とする軽工業部門が、より大きなシェアを占めていた。わが国の近代工業の構造は、当時、なお依然として軽工業という性格を脱皮しきれずにいたのである。

その基底部には極めて後進的な農村社会の経済構造が横たわり，その後進性に規定された農村工業が近代機械技術体系と組み合わされ，資本主義体制のなかで整理・再編成されてきた。それら製糸・紡績・織布などの諸産業が軽工業の範疇を成して基幹産業として確立していく一方では，外国から新規に移植された近代機械・金属・化学諸工業が主として軍需的契機から重工業ないし重化学工業として突出的に発達するというかたちで，わが国のいわゆる「産業革命」は極めて不均等な，跛行的な展開を示してきたのである。

鉄道による工業化の促進

わが国の産業界のこうした構造に直接・間接にかかわりつつ，原料・資材・半製品または商品，あるいは労働力の国内的移動・再分配にあたって，最も有効に機能してきたものこそ，鉄道にほかならなかった。そして，第一次世界大戦後には重化学工業が時代の工業化の指標になったとはいえ，鉄道はより大きな比重において工場動力源たる石炭および軽工業一般の原材料や二次産品の陸上輸送の主要手段でありつづけたのである。したがって，大戦の直前までのわが国の工業化と鉄道との関連を総括してみても，鉄道の工業に及ぼした影響は，戦中・戦後を通じて基底的には変わっていないといえよう。

すなわち，まず機械紡績，セメント，洋式製紙，人造肥料などのような移植産業はもとより，製糸・織布のような在来産業までも，工場の近代的施設が進められるなかで，蒸気動力を採用する場合は直接的に，また電力を採用する場合はその火力発電の資材として間接的に，石炭の大量需要がひきおこされた。そのため，わが国近代工業化の基礎エネルギー源としての石炭を国内各地の産炭地帯から工業地帯へ輸送する効率的手段として鉄道が重点的に建設され，石炭の需給関係の安定強化を通じて，鉄道がわが国近代鉱工業の発達に資するところは極めて大きなものがあった。

つぎに，工業の原材料需給についてみると，鉄道の開通・発達によって，在来産業の場合ではその需給の地域的範囲が拡大され，そのルートが再編成されて，従前の独占的生産体制がくずれ，近代工業経営への脱皮が促された。

そして移植産業の場合では国内の原材料産地，あるいは外地産原材料輸入港からの鉄道の開通・発達によって，原材料入手ルートが確立され，工業立地の大前提となった。この面でも鉄道がわが国の近代工業化に占める役割は大きかったといえよう。

さらに，工業製品の販路拡張，販売促進という面からみても，鉄道の開通・発達によって市場圏が拡大され，既成の商品流通ルートが改変再編成されていくが，とりわけ鉄道によって全国各地への直送の利便が開けたため，しぜん輸送日数の短縮，輸送手続きの簡略化による輸送コストの低減や，商品輸送中の質・量的保全という流通サービス体制が整備された。こうして鉄道は近代的商業取引活動の強化を通じて，商品生産を担うべき工業の発達を促進する大きな力となった。

また，鉄道は財貨のみならず人間の国内的移動についても旧時代には考えられなかった範囲と数量とにおいてそれを可能にした。とりわけ，わが国の近代工業生産が必要とする大量の労働力について，その供給地たる地方農山村地帯から都市部工業地帯へのすぐれて経済的な輸送手段として機能したことにおいて，鉄道はわが国の工業生産体制存立・運営の一大支柱にほかならなかった。

なおまた，鉄道はその物的施設そのものが巨大な総合的工業技術システムの集約物として各種工業生産の対象となり，工業界に大きな市場を提供してその発達をおのずから推進しつつあった。さらにまた，鉄道は社会的制度としての機能の上で，たとえば運賃政策をわが国近代工業振興の目的において策定してきており，鉄道貨物の等級付けにより賃率の合理的な設定や低減をはかり，また工業労働者の運賃割引きをするなど具体的な施策を通じ，工業の奨励と発達に間接的にも大きく寄与してきたのである。

ただし，鉄道と工業化とのこうした一般的関連は大戦中・戦後を通じても基底的には変わらなかったにせよ，その間，加速度的に重みを増してきた重工業ないし重化学工業の動向が，その後のわが国の鉄道のあり方に大きな変革を迫りつつあったことも，事実であった。

大戦中の国有鉄道は一般に盛業を示し，「大正六年度ノ実績ヲ以テ四年度ニ

表6-3　鉄道貨物の輸送量と輸送力　　　(1916～1926年)

年　度	貨物輸送トン数 千トン	(指数)	貨車両数 両	(指数)	貨車積載トン数 トン	(指数)
1916	45,457	(100)	43,457	(100)	422,165	(100)
17	52,460	(115)	45,663	(106)	460,622	(109)
18	57,528	(127)	47,614	(109)	509,114	(121)
19	64,125	(141)	50,276	(117)	564,419	(134)
20	60,949	(134)	51,110	(122)	588,661	(139)
21	61,390	(135)	51,220	(125)	604,627	(143)
22	68,311	(150)	53,898	(140)	653,297	(155)
23	69,431	(153)	55,275	(142)	680,655	(161)
24	75,144	(165)	56,190	(146)	699,156	(166)
25	77,057	(170)	57,987	(151)	731,109	(173)
26	81,424	(179)	59,992	(161)	759,178	(180)

(注)　鉄道省運輸局『貨物輸送便覧』(1928年)。

対スルニ旅客延人哩ニ於テ四割，貨物延噸哩ニ於テ五割ヲ増進」(鉄道省編『日本鉄道史』下篇)したが，とりわけ鉄道貨物輸送量は，大戦中の国内産業界の活況下の貨物出荷量の激増と，海運運賃高騰による貨物の陸送転移の動きにともなって，表6-3のとおり大戦中から戦後の反動恐慌の一時期をのぞいて，引き続き堅調を維持して増加の一途をたどった。

これによると，貨物輸送トン数と貨車積載トン数との伸び率はほぼ同じテンポであるのにたいし，貨車両数の伸び率が相対的に低いが，それは，国有鉄道当局が貨車を大型化して1両当りの積載量を増大させたためである。すなわち，有蓋の15トン積み貨車は1915年（大正4）度から製作されるようになったが，1919年度には有蓋貨車の過半を占めてきた8トン積み貨車7224両にたいし5173両と大きく追い上げてきており，また無蓋の15トン積み貨車は1914年（大正3）度から製作されてきたが，1919年度には，それまで無蓋貨車の大部分を占めていた9トン積み貨車3056両にたいし5572両と，それを凌駕したのであった（前掲『日本鉄道史』下篇）。それというのも，この時期，鉄道当局は，大戦を契機として，勃興した重化学工業の資材や製品，ないしは当時ようやく国内自給が可能になった電気機械器具・機械類・工業薬品・麻糸布・ゴムおよ

びセルロイド・人絹・化学肥料・板ガラスなどの諸生産の伸展にともなう出荷物の輸送トータルの量的増大に加えて，個別的輸送単位の大型化にも対処せねばならなくなったからである。すなわち，大戦後の貨物輸送は「工業及水力電気工業等の発達に伴って重量及容積の大なる貨物が漸次増加する傾向にあり，之れが鉄道で運送する事が出来ないとすると事業家の不便は勿論，国家産業の発達にも重大な影響を及ぼすので貨物積載上及運転保安上特別の方法を講じ出来得る限り臨時の約束によって重量及容積の大なる貨物を運送する事」（鉄道省編『貨物輸送便覧』，傍点引用者）を，鉄道当局も表明したのであった。

要するに，重化学工業化を新しい時代の経済のアクセントとして急激に進展したこの時期の国内産業各分野の生産＝出荷のラッシュに対処すべく，わが鉄道当局は「各般ノ施設ヲ行ヒ以テ輸送力ノ増加シ滞貨救済ノ実ヲ挙クルニ努メタリ，即チ線路及停車場設備ヲ改善シ有力ノ機関車，貨車及其付属品ヲ増備シ以テ輸送力ノ振張ヲ図リ倍賃扱制度ヲ改正シ期日規約品，急用品等特ニ急ヲ要スル貨物ハ旅客列車又ハ特定貨物列車ニ聯結搭載シテ急送ノ方法ヲ講シ大量貨物ノ留置料ヲ改メ又貨車留置料ヲモ修正シ積卸時間ヲ短縮シ重量貨物貸切方ヲ改正シ又貨車使用方一部ヲ改正シ其他連絡船ヲ増備シ従事員ヲ増加スル等ノ方法ヲ以テ未曾有ノ滞貨ヲ掃蕩スルニ努メ……大正七年度ニ入リテ其効果実現シ滞貨減少ノ成績ヲ示スニ至」（前掲『日本鉄道史』下篇）ったのである。

年々増大する鉄道貨物の山積みと直接立ち向かう牽引役たる貨物用蒸気機関車としては，9600形機が1918年（大正7）当時，旅客用の8620形機と並んで最初の国産標準機関車として生産されていたが，質，量ともに進展する産業輸送上の要請からして，それよりも速力，牽引力においてまさる9900形機（貨物用・勾配用，のちのD50形機）が，18900形機（旅客用，のちのC51形機）に約4年おくれて大正12年に完成を見ている。その間，わが国経済界の動向は，1920年の反動恐慌を経て慢性的な不況に落ち込んでいくなかできびしい整理・合理化と大資本への集中が進められてきた。産業輸送の面で鉄道が果たす主導的役割は変わっていないものの，新興の自動車（トラック）輸送の市場参入の影響も無視できなくなりつつあって，国の鉄道政策や鉄道行政のレベルで新たな取

組みが求められるようになったのである。

(宇田　正)

第2節　鉄道行政と鉄道政策

木下淑夫の鉄道経営論

　さきの大規模な国有化を契機として，全国的な支配網を確立した国有鉄道はこの時期の軍事的・政治的要請によって，端的にいえば近代社会・経済の一基幹機構としての鉄道事業の資本主義的合理化経営路線を否定される方向に向かった。そして当の否定された合理主義的経営路線の体現者こそ，大戦中の鉄道院運輸局長木下淑夫にほかならない。ここで，本節の課題の理解を深めるために，木下の独自な国有鉄道経営観をふりかえってみよう。

　木下淑夫は1874年（明治7）京都府熊野郡に生まれ，東京帝国大学工科大学において土木工学を学び，のち大学院に進んで法律・経済を修めて1899年鉄道作業局に鉄道技手として採用された。翌年，鉄道作業局長官松本荘一郎に随行して欧米を視察，さらに1904年9月より1907年10月までの間欧米に出張し，いくつかの大学で在外研究員として研鑽を重ね，帰国した。その後1914年（大正3）7月には鉄道院運輸局長に昇進し，国有鉄道経営に敏腕を振った。

　木下イズムといわれたその独自な国有鉄道経営観の大要は，その遺著『国有鉄道の将来』(1924年)からうかがうことができる。

　すなわち，大正10年代に入って，国鉄経営の状況は年間の純益1億2,3千万円で利益率において1割という「世界無比」（同書）の好成績を挙げているが，木下淑夫の見るところ，それは「今後に於て甚だしく増加の見込なきのみならず，新線の濫設さるゝに於ては利益率は漸次減少することゝなる」(同上)。国鉄が当面する課題として，国内輸送需要の質的・量的変化に対処すべく既設路線の改良事業に巨額の投資が緊急に迫られている。ところが，第43帝国議会で成立した国鉄10年計画のなかで未成線・新計画線あわせて9000マイルの鉄道建設がうたわれており，そのために20～30億円の資金が新たに必要となってく

る。これらの「建設改良事業を真面目に遂行せんには，今後鉄道益金以外数年後には年々一億数千万円より漸次増加して二億円以上別途の財源を求めねばならぬ，我国財界は鉄道に対して是等莫大なる投資に要する公債応募の余地ありや否や……我国有鉄道の事業計画は現在の儘遂行せんとせば前途非常の難関に遭遇し，……鉄道会計は終に破産の已む無きに至る」（同上）であろう。このさい現実を直視して既成路線の改良に重点を置き，「多大の輸送量を有する区間は宜しく現在の鉄道を改良し，或は複線乃至複々線を設け，或は軌間の変更を加うるを可」（同上）とする一方，国内各地方に「今後完成すべき新設諸線路の多数は沿線の貨客僅少」（同上）であり，鉄道建設投資の効果が多くを期待できないので，それらの地方的路線体系にはさしあたり，より経済的な自動車交通を開設して鉄道輸送に代用するほうが国鉄経営上ものぞましい。木下淑夫の見解をまとめてみると，だいたい以上のようになる。

　木下は，かつて新進気鋭の鉄道エリート官僚として明治30年代後半における私鉄関西鉄道との貨客争奪戦への取組みで鍛えられ，その後在外研究員としてアメリカ合衆国交通学界の権威の講筵に列し，あるいはアメリカ鉄道業界の実際に触れて鉄道の近代経営の理論と実践とを体得し，のち鉄道院運輸局長の立場にあって，その学識と体験とを生かして国鉄の近代経営体制の確立につとめた。さきの大規模な私鉄国有化により，全国的な鉄道網を擁することになった国鉄の事業運営をつかさどる木下は，国鉄輸送そのものを近代社会における経済体制の一環として位置づけ，その事業を資本主義的経営方針のもとに推進したのである。すなわち「鉄道国有実施にともなう全国的運賃体系の決定にあたっては，運賃の引上げによって利用者が減少することを防がなければならない」（原田勝正『日本の国鉄』）とし，「旅客・貨物を通じて，積極的な利用者誘致を図る必要がある」（同上）とする木下の采配のもと，明治末期から大正前期にかけて，国鉄事業経営のさまざまな分野にわたって「鉄道創業以来はじめての現象」（同上）とまでいわれるほどに多くの新しい方策が実施された。たとえば，旅客輸送の面では，季節的行楽客・団体参拝客・修学旅行生などの利用に便利な臨時列車の運転，特別急行列車の運転，接客設備や応対マナーの改

善，駅や車内での公共的掲示文章の文体・用語・表現の改善，旅行斡旋機関の開設，外国人観光客の誘致工作，あるいはシベリア鉄道・南満州鉄道を介しての国際連絡運輸体制への参入などが挙げられる。また，貨物輸送の面では，大貨物運賃の賃率引下げや貨物等級表の改正，あるいは長距離冷蔵貨物列車・速達便貨物列車の運転，特種荷物用の貨車の整備など，荷主へのサービスが積極的に進められたのである。

このほか，全国的な幹・支線体系の再編成，車両形式の称号体系の改定，さらには国鉄輸送力の増強をめざしての抜本的施策である広軌改築の準備が進められたし，また蒸気機関車の全面的国産化が実施される一方，幹線や山地路線での電気機関車による列車牽引が開始された。

この時期の国鉄部門挙げてのこうした一連の積極的運営の中心的存在は木下淑夫であり，彼をたすけて多くの有能なスタッフが腕をふるったのである。

軍事的要請と行政組織の拡充

しかしながら，第一次大戦ののち，世界的な政治・経済秩序の再編成の過程で新たな国際的緊張がしだいに高まるなかで，とくに戦後の反動恐慌を引き金とする慢性的な経済不況に落ち込みつつあったわが国社会には，その基幹的体制としての国鉄の運営をめぐり，上に述べたような木下淑夫のビジネスライクな経営路線とは不協和音的な機運がしだいにひろがりつつあった。それは，極東アジアにはらまれた国際的緊張の高まりに対処すべく，わが軍部当局の戦略的要請からする軍事化と，いまひとつは政党政治の展開に促された党略化の，二つの動きにほかならなかった。

まず軍事化の面からは，さきの国有化，すなわち国鉄輸送網の全国的拡大の実現に対応して，軍事動員輸送態勢を優先的に組み込んだ列車ダイヤの作成＝「列車運行計画を立てるさいに，まず，最低限必要な軍用列車のスジを白紙のダイヤグラムに書きこみ，その上で一般の列車のスジを入れていくという方策がとられ……列車計画にさいしては，参謀本部から運輸担当の将校がこれに参加するという慣例」（原田，前掲書）がすでに成立しており，その後毎年恒例

の陸軍大演習にさいして，そうした列車計画により実地に軍用列車の運行がテストされていた。そして，現実に第一次大戦中の1914年（大正3）8月には日本も参戦してドイツ領青島に出兵のため軍事輸送が開始され，同年11月，青島を占領した陸軍により山東鉄道の管理に着手，翌年3月にはその管理部が編成された（部長は鉄道院監督局長の藤田虎力）。さらにのち1918年8月，わが国のシベリア出兵宣言を契機として，木下淑夫が陸軍省より鉄道業務の嘱託を受けて，シベリアおよび中国へ出張したことは，シベリア鉄道共同管理などに見られるわが国鉄道政策の帝国主義的進展の論理によってのみ理解できるものといえよう。

　この時代，つまり明治末期の国有化以後，第一次大戦を経て大正期から昭和期につながる時代は，国鉄による全国的輸送体系の独占的再編成を背景に，国鉄の政治的・経済的重要性がとみに高まったことと，また鉄道にたいするさまざまな社会的要請に対応するために，わが国の鉄道行政の組織そのものが著しく拡充・強化された時代であった。すなわち，国有化後の1908年（明治41）12月には内閣に直属する鉄道主務官庁として鉄道院が設置され，地方組織として東部・中部・西部・九州および北海道の5鉄道管理局が開設された。鉄道行政長官としての鉄道院総裁には，初代の後藤新平（逓信大臣兼任）以後，原敬（内務大臣兼任），後藤新平（再任，逓信大臣兼任），床次竹二郎，仙石貢，添田寿一，後藤新平（再々任，内務大臣兼任），中村是公，床次竹二郎（再任，内務大臣兼任）と9代にわたり歴代の有力な政治家がその地位を占めている。1920年（大正9）5月に至って，鉄道院が昇格した形で新たに鉄道省が設置され，鉄道の政治的・社会的重要性の高まりは，ついに鉄道体系を中核とする全国的輸送行政を専管する中央官省の実現となった。初代鉄道大臣には元田肇が任命された。同時に，従来の鉄道管理局は鉄道局とあらためられた。翌21年10月14日には鉄道開通50年祝典が挙行され，これを機として，国鉄は22年より10月14日を「鉄道記念日」と定めた。

　こうして，鉄道行政ないし経営を担うべき体制は制度として確立したが，時あたかも政党政治の時代に入り現実政治の局面では立憲政友会と憲政会との2

大政党が対立し，政権が両者の間をめまぐるしく往復するのにともなって，国の鉄道政策ないし行政の実際的運営は政権党の党利党略に左右されて斉合性と一貫性を失い，わが国の鉄道のその後のあり方にゆゆしい影響を及ぼすことになったのである。

政党政治と我田引鉄

それはさておき，この時期に鉄道政策史上，大きな意義をもつアイデアとして，1914年（大正3），時の大隈内閣のもとで鉄道院総裁仙石貢により打ち出されたいわゆる7カ年計画がある。すなわち，さきの鉄道国有化を機として帝国鉄道会計法が制定・施行され，その後まもなく同法改正により鉄道特別会計の形式だけは整備されたものの，それはかならずしも国鉄事業の実態に即したものではなかった。そこで，鉄道事業自体の独自的な構造と長期的性格とにかんがみ，短期的な一般財政事情に制約されずに鉄道の建設・改良計画を円滑に進捗させ，これにより，鉄道独立会計の立法趣旨を生かすという発想から，大隈内閣の7カ年計画が策定されたのである。そのため，一般会計から減債基金の一部を鉄道の建設ないし改良費に振り向け，また将来における鉄道益金および資本勘定の雑収入を推定計上するなどして，数年度にわたる継続財源を確立するというのが，その骨子である。具体的には「一般会計よりの借入金即ち減債基金繰入額を四年度以降十年度までの七ヶ年間毎年度二千万円宛とし，一方鉄道益金及雑収入は四年度に於て一千八百万円五年度以降は毎年二百万円宛増加するものと推定して財源を確立し建設改良を行はんとする」（松村金助『鉄道功罪物語』）ものであった。

この計画案は第35帝国議会に提出されたが議会解散のため不成立となり，翌1915年5月の臨時議会に再提出され，当年度新規着手の建設・改良費を追加予算で要求して容認された。さらに5年度以降着手分についてはあらためて第37議会に提出され，その協賛を得ることができた。「大隈内閣以前の鉄道計画を見るに，建設改良の財源は単に当該年度の分を定めたに過ぎず，毎年その都度遣繰算段をしてゐたものである。その結果切角工事に着手しても後年度に於て財

政上の都合により資金調達が甘く行かなければ，その工事は尻切蜻蛉に終らざるを得ない。然るに大隈内閣によって樹立された七年計画は向後七ヶ年間の建設及改良費財源を確立してゐるので，斯る障碍に煩はさるゝことなく工事を円滑に行ふことが出来て，よく独立会計の精神に添ふものと言ふべきである。その後今日に至るまで建設及改良費財源が当該年度以降三ヶ年乃至六ヶ年間に亘り確立さるゝことゝなったのは，実に大隈内閣の七ヶ年計画に端を発するもの」（同上）と評価されてよかろう。

このような一部の建設的な施策や行政組織の法制上の整備拡充にもかかわらず，とくに大正期においてわが国の鉄道政策ないし行政は，政党政治の体質的な悪弊によって，まさしく鉄道建設をめぐる党利党略の典型的所産たるかの大船渡線の「なべづる」のように歪曲されていった。

すでにはやくから，地方弱小私鉄の救済的国有化や路線免許申請などにからんでその例は数多くあったが，国有化以後も，わが国資本主義経済の後進性に制約された国内社会の跛行的近代化の進行のなかでとり残された地方農村社会にも，近代政治・経済の一定の成果を「均霑」するといううたい文句で，とくに地方農村部に政治的基盤をもつ政友会の党利党略がらみのいわゆる「我田引鉄」の動きが強引におし進められた。その一大集約的な政治的ビヘイビアが，1921年（大正10）2月に帝国議会に上程された鉄道敷設法の改正案にほかならない。党勢拡張をねらって地方農村向けの「積極政策」を旗印にする政友会内閣は，首班原敬の号令一下，予定線路149路線，その総延長6350マイルにのぼる鉄道網を全国的に建設する計画を打ち出したのであったが，その予定線の大部分はかならずしも全国的な交通経済の観点からは必要とは認められない，かつ事業としての経営的基盤も弱い「一地方ノ交通ヲ目的トスルモノ」（「鉄道国有法」第1条但書）にすぎなかった。しかし，同法案は難航のすえ翌22年3月議会を通過，4月11日公布された。この改正法公布後，1923年度および24年度において新たに28路線が建設すべきものとして採択され，こうした動きはその後年に至ってさらにエスカレートしていくが，それらの経済的実効をともなわない党略本位の地方短小路線の濫設は国鉄財政を圧迫し，いまに残るその赤字

的体質の禍根をいたずらに培ったのである。こうした事態の帰趨を冷静に予測し，政党政治家たちの恣意的な「我田引鉄」政策を，近代的鉄道官僚としての信念と学識とによって批判してやまなかったのが，木下淑夫であった。果たして，政党政治の時流にさからうものとして木下は，1918年（大正7）10月4日付で鉄道院運輸局長という鉄道官僚の主導者的地位から突如，中部鉄道管理局長という地方現場的ポストに移される。この更迭について鉄道院総裁中村是公さえ「左遷であるかどうかは別とし……今暫く現位置に留めおきたかった。それが国家のため，非常な利害関係の岐れるところだと思うからである」（『国鉄興隆時代』）と述べ，言外に政党政治家勢力による木下の「疎外」をにおわせている。

　この時代の鉄道行政ないし政策を特殊に規定したものは，上述したような政党政治の経済外的論理であるが，その政治的構造は，当時のわが国社会の跛行的進展度を反映して，相対的に後進性をとどめる地方農村部に政治的地盤をもつ政友会がいわゆる「建主改従」方針を謳ったのにたいし，産業ブルジョアジーに支持層をもち，都市部に基盤をもつ憲政会が急速な都市化と工業化の進展に対応しきれなくなった既設の鉄道輸送施設の改良に重点を置く，いわゆる「改主建従」方針を取ったという形で二元的であった。その両者に共通する党略の論理による対立と妥協のくりかえしのなかで，この時代の国鉄は一挙にその構造的危機を深めていったのである。

（宇田　正）

人物紹介⑮

床　次　竹二郎　（とこなみ・たけじろう　1867〜1935）

慶応2年12月1日（1867年1月6日）に生まれる。旧薩摩藩（鹿児島県）の出

身。1890年（明治23）帝国大学法科大学政治学科を卒業し，大蔵省に入り，内務省に転じて徳島県知事，ついで秋田県知事などを歴任した。1906年（明治39）1月内務省地方局長，こえて1911年9月第2次西園寺内閣のとき内務次官となった。1913年（大正2）の大正政変で桂内閣が倒れ，薩摩閥の山本権兵衛内閣（同年2月に成立）のとき第4代の鉄道院総裁（最初の専任総裁）に就任した。その任期は翌1914年3月山本内閣がジーメンス事件で退陣するまでの1年1ヵ月余であった。

　同内閣では行財政整理が課題のひとつとされ，鉄道院総裁として判任官以上の職員定員を大幅に減少させ，反面雇傭員の増員をはかった。すなわち現業重視の方針を立て，さらに現業職員に昇進の機会を与えるため「鉄道手」の制度を設けて，これを判任官待遇とした。同様の現業対策として20年以上勤続して優秀な者を対象とした功績章が制定され，あるいは慰安会も催されはじめたのも彼の任期のときであった。

　1915年立憲政友会から衆議院議員に当選し，政治家として転出した。こえて1918年（大正7）寺内内閣が米騒動で倒れ，政友会メンバーを主力とした原敬内閣が成立すると同内閣の内務大臣として入閣し，兼任で再度鉄道院総裁となった。この内閣は議会絶対多数の政友会を背景とし，第一次大戦後の恐慌期にのぞみ，いわゆる力の政治を押し通した。その内相として，労働問題，思想問題に取り組み，とりわけ資本と労働の調和について各種調査事業を企画・実施するため協調会を組織した（1919年2月）。鉄道院総裁としては，1920年5月鉄道院が鉄道省に昇格・改組するまで，その任期は1年8ヵ月間にわたった。その間労働問題については鉄道院にあっても，第一次大戦後の物価高騰にともなう生活難，労働問題の激化という世相が国鉄運営に反映し，1920年4月大日本機関車乗務員会が結成される事態もみられた。これらの動向にたいする鉄道院当局の労働対策として同年6月国有鉄道現業委員会を発足させたのである。また，日露戦争後その輸送需要の拡大に対応しようとして後藤新平らが中心となり，広軌改築計画の実現をめざして調査，改築の提唱がくりかえし続けられていた。他方，床次らは狭軌のまま鉄道を改良し，普及させることを主張し，この広狭2派の論争は続けられていた。これに決着をつけるために1919年2月第41回帝国議会において鉄道院総裁（原敬内閣）として国鉄を広軌に改築する意志のないことを宣言した。

　1921年11月，原敬首相が東京駅改札口で大塚駅員中岡艮一に刺殺され，後継の高橋是清内閣が成立すると，その内相として留任した。その後，政友本党，立憲民政党，ついで新党倶楽部を結成し，その総裁あるいは顧問を歴任。1929年（昭和4）政友会に復帰，1931年12月13日犬養毅政友会内閣が成立すると，同内閣の鉄道大臣

として三たび鉄道長官に就任した。この内閣は翌32年5月15日，犬養首相が暗殺されるにおよんで，翌日総辞職した。

犬養内閣の鉄相任期中の1932年4月，東京地下鉄道が三越前まで開通して同地下鉄と省線間に連帯運輸を開始した。そのほか同年2月陸運統制委員会を新設，また同年2月には鉄道弘済会を設立し，退職者・殉職者遺族の救済事業の拡充をはかった。さらに新線建設の促進をはかり同年4月従来の甲線（幹線），乙線（準幹線），丙線（地方線）の線路等級区分をさらに拡大し，丁線（のち簡易線）を設定した。これは本屋がなくホームのみある駅員無配置駅の設置により建設費を削減し，ガソリン車を運行しようとするものであった。

1934年（昭和9）立憲政友会を離党して，岡田啓介内閣（34年7月8日成立）の逓信大臣に就任したが，翌35年9月8日在任中に死去した。行年70歳。

（佐藤豊彦）

第3節　都市交通の近代化と郊外電鉄の発展

都市化の進展と鉄道

東京・大阪など大都市への人口の集中は，1920年代から30年代にかけても引き続き進行した。1920年（大正9）10月の第1回国勢調査によれば，表6-4のとおり東京府の人口は370万人（うち東京市は217万人），大阪府の人口は259万人（うち大阪市は125万人）であったが，それが10年後の1930年（昭和5）には東京府は541万人（東京市207万人），大阪府は354万人（大阪市245万人）に達した。とくに東京の場合は，1923年9月の関東大震災の影響もあって，旧市内

表6-4　国勢調査による人口の推移　　　（単位：人）

年	東京府	東京市	大阪府	大阪市
1920	3,699,428	2,173,201	2,587,847	1,252,983
1925	4,485,144	1,995,567	3,059,502	2,114,804
1930	5,408,678	2,070,913	3,540,017	2,453,573
1935	6,369,919	5,875,667	4,297,174	2,989,874
1940	7,354,971	6,778,804	4,792,966	3,252,340

（注）　1.　『昭和国勢総覧』上巻，東洋経済新報社，1980年。
　　　　2.　東京市域は1932年に15区から35区（現在の23区）へ拡張している。

の停滞と周辺地域の伸びが著しい。

こうした人口分布の変化は，近郊鉄道の発達がもたらしたものということができる。それまで旧市内の交通においては路面電車が主力となり，人力車その他がこれを補完していたが，国鉄近郊区間の電車化と民営郊外電鉄の普及は，これらの沿線である周辺地域に新しい住宅地を発展させた。そして都心部が業務地区へと機能純化していくのと合わせて，郊外と都心部との間に朝夕の通勤輸送を発生させるようになった。

旧市内においても，従来の路面電車だけでは拡大した都市圏の交通の主軸としては不十分であり，都心を貫通する都市高速鉄道 (rapid transit)[1] の必要性が高まってきた。こうして，東京では1920年代に国鉄電車の環状線完成や地下鉄の開業をみた。大阪でも1930年代に地下鉄の建設が進められた。

都市内交通の近代化

〈路面電車〉 わが国で都市内の交通機関として電車が採用されたのは1895年（明治28）2月の京都電気鉄道（京都市電の前身）が最初であり，98年5月名古屋電気鉄道（名古屋市電の前身）がこれに続いた。東京では82年6月以来東

表6-5 東京市内の交通機

年　度	市　電		国　電		地　下　鉄		私　鉄	
	乗客数	%	乗客数	%	乗客数	%	乗客数	%
1925	467,001	56.0	208,554	25.0			117,399	14.1
1926	441,190	50.1	243,184	27.6			126,206	14.3
1927	439,673	45.1	277,737	28.5			146,786	15.1
1928	445,085	40.5	318,932	29.0	8,193	0.7	179,731	16.4
1929	421,190	36.5	332,182	28.8	7,676	0.7	196,199	17.0
1930	369,738	33.4	332,462	29.1	10,042	0.9	190,063	17.2
1931	335,440	31.2	310,816	28.9	10,637	1.0	179,481	16.7
1932	300,778	27.3	312,914	28.4	14,437	1.3	180,505	16.4
1933	295,687	25.1	331,647	28.2	17,795	1.5	189,000	16.0
1934	287,462	22.7	342,626	27.1	25,413	2.0	199,301	15.8

（注）　大槻信治『交通統制論』，春秋社，1936年。

京馬車鉄道[2]が市内交通の幹線として営業していたが,同社は東京電車鉄道と改称して1903年8月に電化を行ない,東京市街鉄道,東京電気鉄道の2社も生まれて民営3社による路面電車網が形成されていった。この3社は1906年9月に合同して東京鉄道となり,さらに1911年8月に市営化されて東京市電となった。大阪では,東京と同じ1903年の9月に電車を開業した当初から,これを市営としていることが特色である。その他の主要都市にも,1910年前後までにおおむね路面電車の開業をみた。

　1920年代にバス・タクシーが本格的に実用化されるまで,路面電車はほとんど唯一の近代的な都市交通機関であった。このためその経営状態は良好で,各企業とも増大する需要に応えて,路線網の拡張や車両の大型化などを積極的に進めなければならなかった。民営路面電車の市営化は,1920年前後に神戸,京都,横浜,名古屋と行なわれたが,これは独占事業である路面電車を市が直営することで,市民により良いサービスを提供するという名目とともに,収益性の高いこの事業の経営が市の財政に寄与するというねらいもこめられていた。

　ところが1920年代に入ると,大都市の市内交通における路面電車の地位は,表6-5,表6-6のとおり急速に低下していった(表6-5が市内の私鉄の乗客

関別乗客数　　　　　　　　　　(単位:千人)

バス		タクシー		合　　計	
乗客数	%	乗客数	%	乗客数	%
40,559	4.9			833,513	100
52,283	5.9	18,751	2.1	881,613	100
76,313	7.8	34,081	3.5	974,590	100
92,100	8.4	55,047	5.0	1,099,089	100
106,322	9.2	89,966	7.8	1,153,535	100
119,325	10.8	95,112	8.6	1,106,741	100
139,508	12.9	100,533	9.3	1,076,451	100
161,960	14.7	131,887	11.9	1,102,482	100
192,570	16.4	150,745	12.8	1,177,445	100
230,298	18.2	118,975	14.2	1,264,075	100

表6-6　大阪市内の交通機関別乗客数　　　　　　（単位：千人）

年度	市　　電		地　下　鉄		バ　　ス		タクシー		合　　計	
	乗客数	%	乗客数	%	乗客数	%	乗客数	%	乗客数	%
1924	300,283	96.2			4,093	1.3	7,707	5.2	312,083	100
1925	304,644	92.8			11,203	3.4	12,614	3.8	328,461	100
1926	309,137	90.9			14,281	4.2	16,659	4.9	340,077	100
1927	303,819	81.3			42,834	11.5	26,842	7.2	373,495	100
1928	305,625	77.6			56,021	14.2	32,233	8.2	393,879	100
1929	298,828	72.0			76,114	18.3	40,143	9.7	415,085	100
1930	280,806	66.6			92,713	22.0	48,338	11.4	421,857	100
1931	249,970	59.6			115,658	27.6	53,927	12.8	419,555	100
1932	232,669	56.0			127,188	30.6	55,544	13.4	415,401	100
1933	239,570	54.9	4,981	1.1	136,045	31.2	56,108	12.8	436,704	100

（注）　大槻信治『交通統制論』，春秋社，1936年。

数を含むのにたいし，表6-6はこれを含まないので注意が必要）。それとともに路面電車の経営は，次第に悪化することになる。市街地が周辺地域へ拡大すると，これに他の交通機関が対応するようになり，路面電車の路線網の拡張も停滞する。

〈幹線鉄道の都市交通線〉　官設鉄道および1906年（明治39）の鉄道国有法で買収された私設鉄道17社は全国的な幹線網を形成するものであったが，これらの鉄道においても，都市内および近郊区間の需要に応じて近距離列車の運行が行なわれた。この場合，電車は小単位頻発運転を行なうのにもっとも適しており，国有化前の甲武鉄道では1904年8月に飯田町・中野間を電車化し，やがてこの電化線は御茶ノ水まで延長された。これがわが国における都市高速鉄道の発祥である。

　国有化ののち，国鉄では甲武鉄道から引き継いだ中央線に続いて山手線の電化を行ない，ついで1914年（大正3）12月には京浜間に従来の列車線とは別に電車専用線を設けて電車列車の運転を開始した。19年3月には中央線が東京に乗り入れ，中野から東京・品川・池袋経由で上野まで直通する「の」の字運転が行なわれるようになった。そして，残る神田・上野間が1925年11月に完成し

たことにより山手線電車の環状運転が実現し、国鉄電車（鉄道院当時は院線電車、鉄道省時代は省線電車と呼ばれた）は、東京の南・西・北から都心に直通する唯一の都市高速鉄道となった。さらに、1932年（昭和7）7月には御茶ノ水・両国間が開通し、東京の東で孤立していた総武線の電車化も進められた。

これら東京付近の国鉄電車は、基幹的な都市高速鉄道という性格から、輸送力の面では路面電車はもちろん、当時の私鉄近郊電車（1～2両編成が主体）より格段にすぐれていた。京浜線は当初から3両編成の電車を運転しており、1920年前後には4両ないし5両編成、1930年前後には7両ないし8両編成が用いられるようになった。中央線・山手線の電車も京浜線の後を追って長編成化されていった。また中央線では、列車・電車分離用に建設されていた御茶ノ水・中野間の複々線を改良・活用し、1933年（昭和8）9月から朝夕に限り急行電車（現在の快速）を運転し、緩行電車は総武線との直通を行なうという画期的な方式を採用した。

なお、国鉄では山手環状線内について特定運賃を設定し、5銭または10銭で乗車できる区間を拡大していたので、市内7銭均一の市電にたいしても相当な運賃上の競争力をもっていた。

こうした国電網の成立の結果、1920年代に東京の周辺に生まれた民営の電気鉄道は、ほとんどが山手環状線に接するところを起点とし、都心への連絡は国鉄または市電にたよることになった。このため、山手線は東京の都市交通における「万里の長城」（杉本義則「東京地方に於ける交通統制の具体的方策」、『交通統制に関する当選論文集』所収）にたとえられることもある。

これにたいし、大阪では1932年12月に初めて片町線が電化され、1934年7月以降京阪神間が電化されて既設の民営都市間電車と競争するようになったが、大阪の市内交通に占める国鉄の比重は小さかった。わずかに1933年電化された城東線（現在の大阪環状線の一部）が大阪、天王寺という南北のターミナルを連絡する機能を果たしていた。

〈地下鉄道〉 東京の都心部における国鉄路線は、おおむね高架で建設されたが、既成市街地における用地取得難と路面電車の輸送力逼迫は、今後追加され

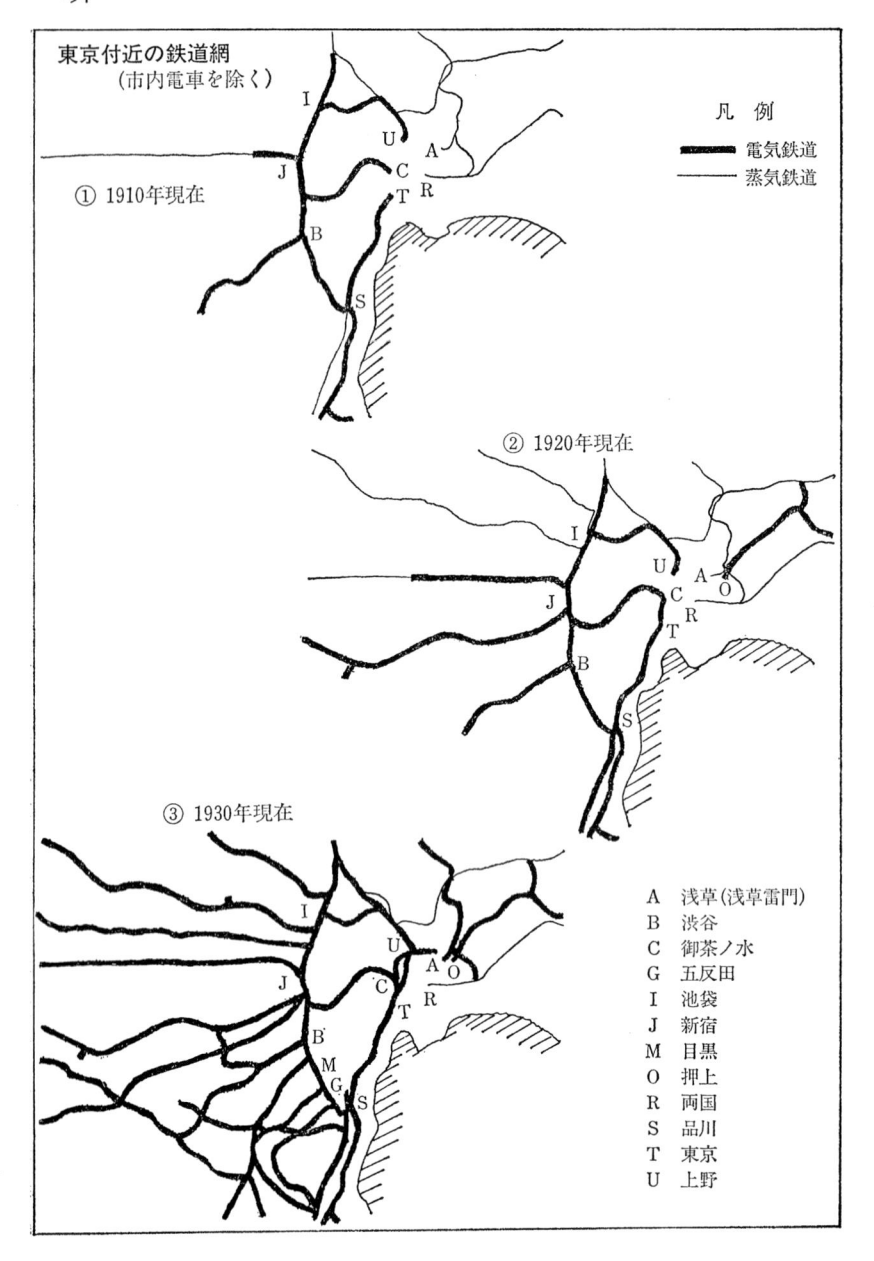

東京付近の鉄道網
(市内電車を除く)

凡　例
━━━ 電気鉄道
─── 蒸気鉄道

① 1910年現在

② 1920年現在

③ 1930年現在

A　浅草(浅草雷門)
B　渋谷
C　御茶ノ水
G　五反田
I　池袋
J　新宿
M　目黒
O　押上
R　両国
S　品川
T　東京
U　上野

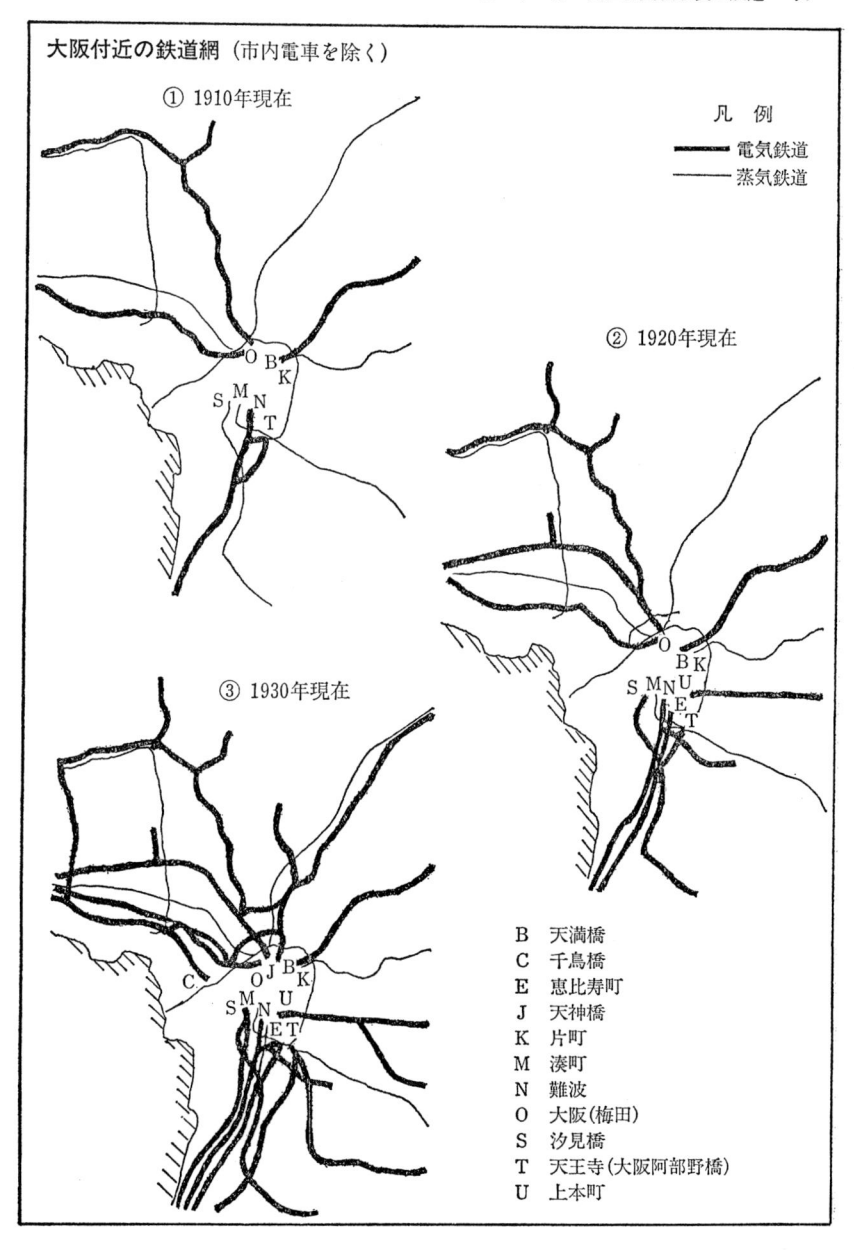

第6章 第一次世界大戦以後の鉄道　195

大阪付近の鉄道網（市内電車を除く）

① 1910年現在

② 1920年現在

③ 1930年現在

凡　例
━━━　電気鉄道
──　蒸気鉄道

B　天満橋
C　千鳥橋
E　恵比寿町
J　天神橋
K　片町
M　湊町
N　難波
O　大阪(梅田)
S　汐見橋
T　天王寺(大阪阿部野橋)
U　上本町

るべき都市高速鉄道として地下高速鉄道の必要性を高めるに至った。1920年前後には欧米の大都市にならい東京にも地下鉄建設を計画する企業が現われるようになったが，そのなかからいち早く準備を進めた東京地下鉄道が，1927年（昭和2）12月に上野・浅草間を開業し，同社は1934年までに路線を新橋まで延長した。東京市も地下鉄網の計画を立ててその免許を取得したものの，財政難から行き悩み，この権利の一部を譲り受けた東京高速鉄道が1938年11月から翌年にかけて渋谷・新橋間を開業した。

大阪では路面電車の場合と同じく地下鉄も最初から市営で発足し，1933年5月に最初の開業をみて以来，1938年4月までの間に梅田・天王寺間を開通させた。

建設費が割高なため資本費負担の大きい地下鉄のような事業が，この時代には公的補助も受けずに民間企業の手で開始され，東京地下鉄道株式会社が配当を続けていたというのは今日からみると不思議に思われるが，当時は減価償却が制度化されていなかった。もし現在のような減価償却を行なったとすれば，同社も当然欠損となっていたことになる。大阪市の場合は，地下鉄建設が都市計画事業として街路の新設とともに実施され，沿線からの受益者負担の制度を一部活用したことが注目される。

郊外電鉄の発展

〈近郊電車の普及〉 都市内の路面電車に起源を発する電気鉄道[3]は，一方では既設蒸気鉄道の電化に進み，他方では近郊（suburban）または都市間（interurban）の電気鉄道の新設となって発展していった。

すでに1900年代に京浜電気鉄道（現在の京浜急行電鉄）および阪神電気鉄道が開業していたが，1910年代前半には箕面有馬電気軌道（現在の阪急電鉄），京阪電気鉄道，愛知電気鉄道（現在の名古屋鉄道），京成電気軌道（現在の京成電鉄），京王電気軌道（現在の京王帝都電鉄），大阪電気軌道（現在の近畿日本鉄道）などが登場した。

1920年代に入るとこうした近郊電車の新設は一気に加速され，大都市周辺だ

けでなく地方都市にも及んだ。とくに東京西南部では，池上電気鉄道，目黒蒲田電鉄，東京横浜電鉄（いずれも現在の東京急行電鉄）があいついで開業し，沿線を住宅地に変えていった。このうち目黒蒲田電鉄は，田園都市株式会社の傍系として生まれ，英国の田園都市にならって郊外に模範的な住宅地を開発しようというものだった。阪神電気鉄道や箕面有馬電気軌道では，開業当初から兼業として不動産業を行なっており，こうした方式は不動産収入と鉄道利用者確保の両面で経営に資するところが大きく，いわゆる開発利益の還元として，今日に至るまで都市近郊における私鉄経営の基本的な戦略となっている。

　さらにいくつかの私鉄では，沿線で遊園地などの娯楽施設を経営したり，学校を誘致したりして，都心に向かう通勤客とは別方向の需要の喚起をはかった。また，ターミナル駅を改良してビルディングを建築し，ここに百貨店や食堂を設けるなど，経営の多角化が進展した。こうした作戦をもっとも積極的に展開して成功したのは，箕面有馬電気軌道を改称した阪神急行電鉄（現在の阪急電鉄）であった。

　電気鉄道の兼業として重要なもののひとつは沿線における電気供給事業であった。電気鉄道のなかには，鉄道部門よりも電力部門の方が経営の主体となっているものもあった（路面電車・バスを経営する公営企業も電力事業を兼営しており、「交通局」ではなく「電気局」という組織名であった）。そのほか，電力資本の系列に属する中小私鉄も少なくなかった。

　〈蒸気鉄道の電化〉　蒸気鉄道の電化は，1900年代の甲武鉄道に続いて南海鉄道（現在の南海電気鉄道）でも行なわれていた。電気事業が発展した1920年代には，東京付近の武蔵野鉄道（現在の西武鉄道），東武鉄道をはじめ全国各地の蒸気鉄道に電化が流行し，残った非電化私鉄の多くはガソリン・カーを導入して小単位頻発運転によるコストの節減とバスへの対抗をはかるようになった。

　こうして私鉄における動力の近代化はこの時代に大きく進展し，国鉄が1950年代まで蒸気動力を主体としていたのとはきわだった対比をみせた。

　〈長距離都市間電車の登場〉　前述した南海鉄道は，1911年(明治44)11月に難波・和歌山市間の電化を完成して延長60kmを越える都市間電車となっていたが

1920年代後半には東武鉄道の電化が100kmを越える長距離電車を実現させ，さらに小田原急行鉄道（現在の小田急電鉄），参宮急行電鉄（現在の近畿日本鉄道），阪和電気鉄道（現在の国鉄阪和線）なども新設されて，私鉄は一挙に長距離都市間電車の時代を迎えた。これにたいし国鉄では，1930年（昭和5）3月に電車化された東京・横須賀間がようやく60kmを越えた程度であり，私鉄にくらべ，この面での立ち遅れが著しかった。

とくに大阪電気軌道・参宮急行電鉄の同系2社は，大阪から宇治山田までの直通路線の完成に続き，名古屋方面への進出をはかり，傍系の関西急行電鉄と3社の連携により1938年6月ついに大阪・名古屋間を結んだ。速度でも快適性でも蒸気列車よりすぐれた長距離電車の進出は，東京から日光へ，大阪・名古屋から伊勢へといった区間で平行する国鉄に甚大な脅威を与えた。

平行線の間の競争は私鉄相互間でも激しく，なかでも先発企業の南海鉄道に対抗して建設された阪和電気鉄道では，全線ノン・ストップで平均時速81.7kmという，国鉄・私鉄を通じて戦前のわが国における最高速列車を走らせて，旅客の獲得を図った。

このように国鉄・私鉄間あるいは私鉄相互間の平行線が各地に出現したのは，当時の政友会・民政党の2大政党の政治工作による免許が行なわれたことも一因であり，鉄道国有法で私鉄は一地方の交通を目的とするものに限られたはずであるのに，前述のような長距離都市間電車にたいしても免許が与えられた。また，こうした私鉄企業熱の背景には，都市近郊や都市間の電気鉄道が比較的安定した収益の見込まれる事業であり，新線建設にたいしては地方鉄道補助法にもとづく政府の補助金[4]も与えられる場合があるなど，経営上有利なものとみられていたことがあげられる。

もっとも，このため時には免許の獲得をめぐる贈収賄の疑惑も発生し，1929年（昭和4）8月にはいわゆる私鉄疑獄事件がおこり，関係者が検挙されるに至る。

しかし，実際には新設の電気鉄道の経営は必ずしも順調とはいえなかった。小田原急行鉄道や東京横浜電鉄は政府の補助金に大きく依存していたし，阪和

表6-7 地方鉄道補助金交付実績

動力・軌間		1924 年 度	1929 年 度	1934 年 度
	mm	円 (%)	円 (%)	円 (%)
蒸　　　　気	1067	1,958,717 (66)	2,562,970 (39)	597,557 (8)
〃	762	381,198 (13)	360,275 (5)	—
蒸気ガソリン併用	1067	—	1,130,835 (16)	2,555,595 (36)
〃	762	—	106,624 (2)	94,212 (1)
ガ　ソ　リ　ン		—	—	73,234 (1)
電　　　　気	1435	330,974 (11)	344,930 (5)	234,578 (3)
〃	1067	174,550 (6)	1,815,263 (26)	2,879,799 (41)
〃	762	—	87,061 (1)	85,435 (1)
鋼　　　　索		—	51,423 (1)	74,241 (1)
蒸気電気併用		143,331 (5)	509,164 (7)	457,967 (6)
合　　　計		2,988,770 (100)	6,968,545 (100)	7,052,618 (100)

(注)　鉄道省『鉄道省鉄道統計資料』各年度版より作成。

電気鉄道は開業の当初は欠損を続けていた。地方の中小電気鉄道のなかには，いち早く廃業に追いこまれるものもあった。

また，表6-7の補助金のうち，現在では大手私鉄の路線網に統合されている鉄道にたいして交付されたものは，1924年度が6社39万4000円（全体の13%），1934年度が13社101万5000円（全体の14%）となっており，この補助金が都市近郊の鉄道網の整備にも役立ったことを示している。

注1）　都市高速鉄道

都市内の鉄道のうち，路面電車を除いた専用の軌道を走行するものをいう。この場合の「高速」（rapid）とは，道路上で他の交通に阻害されることがないという意味であり，一般の鉄道以上に速力が大きいということではない。

注2）　馬車鉄道

東京馬車鉄道は都市内の旅客輸送に用いられた馬車鉄道としてわが国における数少ない例のひとつであり，こうした形は東京以外では函館，札幌などの数都市でみられたにすぎない。

なお馬車鉄道には，軽便鉄道の前身ともいうべき地方的な交通に用いられるものがあり，1910年代を中心に各地で出現した。

注3）　電気鉄道

初期の近郊電車または都市間電車の多くは，路面電車と同じく法制上は軌道条

例(のちの軌道法)に準拠しており,狭義の「鉄道」ではなかった。しかし,これらの「軌道」もその後,次第に路面併用区間を廃止して高速電車に脱皮していった。本書ではこれらを根拠法令の如何を問わず,電気鉄道と表現することにする。

注4) 補助金

地方鉄道補助法にもとづく政府の補助金の交付実績を1924年(大正13),1929年(昭和4),1934年(昭和9)の各年度についてみると表6-7のとおりで,1924年度には蒸気動力の鉄道にたいし全体の8割,電気動力の鉄道にたいし2割が交付されていたのが,1934年度には電気鉄道に交付された割合が半分以上となっている(鉄道省『鉄道省鉄道統計資料』各年度版)。

(和久田康雄)

人物紹介⑯

小 林 一 三 (こばやし・いちぞう 1873~1957)

第一次大戦前に都市近郊私鉄の経営多角化戦略の原型を開拓した先駆者。

1873年(明治6)1月3日,山梨県韮崎町の豪商の家に生まれる。92年に慶応義塾を卒業したのち,三井銀行に入社したが,日露戦争後,公社債引受け専門の証券会社の設立を計画したかつての上司の岩下清周によりこの会社の支配人にスカウトされた。しかし,小林が大阪に赴任した1907年(明治40)1月は,戦後の株式ブームの崩壊が始まった月であり,会社設立の計画は立消えとなった。やむなく浪人した小林は,岩下の世話で阪鶴鉄道(同年8月国有化される)の監査役に就任し,鉄道との関係が始まった。

これよりさき,阪鶴鉄道の重役(大株主)は大阪の梅田から池田・宝塚・有馬方面,また宝塚から西宮方面に電気鉄道を敷設することを計画していたが,この箕面有馬電気軌道(1918年2月に阪神急行電鉄と改称)の設立が1906年12月に特許されると,折からの株式ブームのなかでその「権利株」は20円ものプレミアムを付けるほどの人気を集めた。しかし,翌年1月の株価暴落で約半数の株式は引受け手がなくなり,会社の設立は暗礁にのり上げた。そこで,この電気鉄道の成功を確信した

小林は，発起人との間に一切の責任を負うという誓約書をかわし，残りの株式を北浜銀行その他に引き受けてもらい，1907年10月，独力で会社の設立にこぎつけた。以後，専務取締役として独創的な経営戦略をつぎつぎにうち出していく。

まず，開業に先立ち沿線予定地で30万坪以上の土地を買収し，ここで1910年（明治43）月賦による土地付き住宅の分譲を開始した。また同年11月には箕面に動物園，翌11年5月には宝塚に豪華な大理石造りの大浴場を備えた新温泉を開設し，さらに14年（大正3）4月からはこの新温泉で宝塚唱歌隊（のちに歌劇団と改称）の歌劇の上演を開始した。以上のような乗客誘致のためのアイデアは大きな成功を収め，業績は向上し，配当率は14年3月末の5.0％から24年3月末には12.0％となった。

また，1925年（大正14）には梅田のターミナル・ビルで日用品のマーケットを開業し，さらに29年（昭和4）4月には地下2階・地上8階の新館で阪急百貨店を開店した。このように，小林は昭和に入ってからのターミナル・デパートの発展でもその先頭に立ち，阪急百貨店は3回の増築の結果，39年2月には売場面積4万5502m²とターミナル・デパートでは日本最大となった。

長く専務取締役の地位にあった小林は，27年（昭和2）3月に社長に就任したが，このころにはその卓越した経営手腕は東京でも認められるようになり，25年12月，目黒蒲田電鉄の監査役（のちに取締役となる），28年5月には東京横浜電鉄の取締役に就任する一方，27年7月には東京電燈（東京電力の前身）の取締役（のちに副社長を経て社長となる）に就任し，同社の経営再建に辣腕をふるった。さらに，映画・演劇の分野にも手をひろげ，32年8月には東京宝塚劇場（のちに東宝映画と合併して東宝となる）を設立して松竹に対抗した。

1940年（昭和15）7月には第2次近衛内閣の商工大臣，45年10月には幣原内閣の国務大臣兼戦災復興院総裁に就任したが，公職追放にあう。51年8月の追放解除後は東宝の社長に復帰し，57年1月25日，84歳で死去した。小説・随筆など多数の著書がある。
　　　　　　　　　　　　　　　　　　　　　　　　　　　　（野田正穂）

第4節　労働運動の展開と社会政策

国鉄労働者の組織化と現業委員会

最初に，第一次世界大戦後における国鉄労働者数の推移をみると，国鉄は当時の独占的官営企業で，その基礎が安定していること，また新線の建設，私鉄

の買収が一定の計画のもとに行なわれ、営業キロ数が増加したため、漸増傾向を示している。もっとも、昭和恐慌期には減少しているが、一般の企業とは異なり、景気変動による職員の退職または馘首が行なわれなかったため、鉱工業労働者などにくらべると、減少率は低い。年齢別構成では、青少年層が漸次減少し、壮年層が増加傾向を示している。年長者が多いこと、永年勤続者が多いことも、工鉱業労働者とくらべた場合の特徴のひとつといえる。

1920年（大正9）鉄道省への改組とともに、職員養成機関としての中央研修所は鉄道省教習所に、地方教習所は鉄道局教習所にあらためられた。さらに、鉄道50年祝典記念事業のひとつとして、翌年10月教育制度に大改革を加え、従来の職業教育を現業幹部の養成と普通教育に重点を置き換えた。すなわち、鉄道省教習所に高等部を設け、また現業従事員の中堅たるべき職員を養成するため、鉄道局教習所に普通部を新設したのである。記念事業のひとつとして、同時に鉄道省給費生制度が設けられた。

ところで、第一次世界大戦後の諸情勢が日本の労働運動に与えた影響は実に大きいものがある。政府は日清・日露戦争のころと異なり、労資関係のあり方など、社会問題にたいして積極的な対応策を検討するようになったのである。その方向は、工場委員会構想に代表されるように現実的なものであって、いわゆる日本的協調主義が形成されていく過程であった。米騒動後の労働運動の発展に対抗するため、原敬（1856〜1921）内閣の床次竹二郎内相が企画し、政府補助金と財界の寄付金を財源として協調会が創設されたのは、1919年（大正8）12月のことである。労資協調を目的とするこの団体は、事業として社会政策・社会運動についての調査・研究、政府への進言、争議の仲裁・調停などを行ない、『社会政策時報』や『労働年鑑』を刊行した。

鉄道院では、1919年8月、労働問題研究委員会を設けたが、これが実らないうちに、同年11月ワシントンで開かれる第1回国際労働会議に送る労働者代表の選任問題を契機として、東京鉄道局管内の機関庫を中心に、20年4月、国鉄としては最初の労働団体である大日本機関車乗務員会が結成された。乗務員会は、「皇室中心主義」を掲げ、穏健なものであったが、その結成は当局にとって

驚きであり，それへの対抗策として，協調会への諮問と賛成を経て，翌5月国有鉄道現業委員会を設置した。プロイセンの制度にならったこの組織は，全国現業員（当時の鉄道手・雇員・傭人の身分の者）の意見を徴するために設けた上下の意思疎通機関であり，まさに国鉄大家族主義を具体化したものと位置づけることができ，この後における当局の労働政策の方向を確立したものといえよう。その組織は，全国を119区に分け，各区に1委員会をおき，現業従事員100人につき1人の割合で委員を選出した。この委員会は，さらに5人ないし10人につき1人の割合で委員を互選し，各鉄道局ごとに連合現業委員会を組織することになっていた。当初の選挙資格は，現業に1年以上勤務する20歳以上の男子たることを要し，被選挙資格は，(1) 2年以上国鉄に勤務，(2) 1年以上委員会の区域内に勤務，(3)現に鉄道局長の定めた選挙区内に在勤，(4)年齢25歳以上の男子たることを要件とする。委員会の議長は，鉄道局長が任命し，委員会には現業委員以外の出席者として，大臣または局長の指名による職員および任意的な局長の出席があった。ちなみに当時の国鉄職員身分別1人当り平均月額給与をみると，表6-8のように，高等官と判任官以下の平均給与の差は，実に大きなものがあった。1920年を例にとると，判任官平均給与は高等官平均給料の35%，鉄道手は33%，雇員は20%，傭人は18%程度にすぎない。

現業委員会には，現場下級職員の切実な生活を反映した要求が出されたが，会そのものは上下の意思疎通機関であって，決議・実行機関ではなかった。さ

表6-8 国鉄職員身分別1人当り平均月額給与

年　度	高等官	判任官	鉄道手	雇　員	傭　人	総平均	指　　数 (1920年=100)
1920	円 254	円 90	円 85	円 51	円 47	円 52	100.0
22	251	89	83	50	45	51	98.1
24	241	88	84	50	44	50	96.2
26	251	88	84	51	45	52	100.0
28	255	89	86	53	44	53	101.9

（注）　日本国有鉄道『日本陸運二十年史』第2巻，1956年，p.525より抜粋。給与額は，賞与および手当等を含む。

きの大日本機関車乗務員会は，当局の労働政策によって1年たらずで解散させられてしまうが，その後の組合運動の展開のなかで，現業委員会の存在およびそのあり方が論議の対象となる。すなわち，1924年（大正13）政府の普選実施の声明と労働組合の間接的承認により，組合運動は再び高揚し，国鉄部内では二つの活動がめだってきた。大日本機関車乗務員会解散後，やがて一部は同年7月東京市電自治会に関係をもつ部外の識者らとはかって，大日本鉄道現業員同盟を組織し，他方，同年9月に組織されたのが国有鉄道現業委員会委員後援会であった。「同盟」の数は数百名を出ないけれども，穏健な労働組合であり，「後援会」は，その名の示すように，現業委員会の活動後援を目的とした。東京を中心に，機関車乗務員，省線電車乗務員2千数百名の集まりで，機関誌『現業公論』を発刊した。のち，この2つの団体は，部外有志の斡旋により，同盟を解散して後援会に吸収され，1926年（大正15）2月，全日本鉄道従業員組合と名乗り，「組合主義」を標榜して再出発することになる。結成当時の組合員数は，およそ2500名と発表された。最盛時の1927年（昭和2）1月末には，組合調べで，地方連合会2，支部34，組合員7400名となる。組織率は4％程度であった。しかし，労働農民党支持を決議するにおよんで穏健派から遊離していくことになり，当局からは弾圧される。日本国有鉄道編『日本国有鉄道百年史』第7巻によれば，1927年2月から3月にかけて，組合幹部の現場職員3名が解雇，1名が転勤，また関係各鉄道局では年度末整理で，組合員である従業員73名が解雇されたという。その後，一連の組合更生運動が試みられたものの，当局の態度は強硬で，1931年（昭和6）ごろに同組合は消滅する。他方，急進派は，1930年4月におこった東京市電の大争議の応援運動を機縁にして，日本共産党と密接な関係があるといわれた全協（日本労働組合全国協議会）加盟の日本交通運輸労働組合東京支部の傘下に入り，その国鉄分会として復活した。いわゆる非合法運動時代に入っていったのである。

電鉄労働者の状態と労働運動の高揚

　まず，大正期における電鉄労働力の形成について小括しておく。中西健一

『日本私有鉄道史研究』(増補版)によると,第1の型は,大都市の公営電鉄および一部の都市間私鉄の場合である。たとえば阪神電鉄のように,その沿線がほとんど都市化されている都市間大私鉄では,労働力の供給源を農村に求めるとはいえ,沿線中心の縁故募集でなく,ほとんど全国的規模におよぶか,それに近い程度の広い公開的労働市場を通じて雇傭されていたという。これにたいし,大都市とその周辺地域を結ぶ郊外私鉄は中間的性格をもつとされ,第2の型を設定する。たとえば,南海,京阪,大軌などの関西大私鉄では,沿線農村を労働力の供給源とし,しかもそれを主として縁故採用という形式で雇傭していたという。第3の型は,地方中小私鉄の場合であり,労働力形成の条件は,第2の型に似ており,農村社会との結合がいっそう強く,大部分は労働力養成機関たる教習所設備を欠いていた。したがって,運転手・車掌の経験者を再雇傭することを好んだという。以上の相違は,一方で電鉄労働者の意識構造と階級的自覚の成長を大きく規定することになったとされる。

　1921年(大正10)度採用の東京・大阪両市電の運転手・車掌見習の出身地方別の状況をみると,前者は関東を中心とする東日本,後者は近畿を第一とする西日本が優位であるが,両市電とも全国的規模にわたっていることが報告されている。京都市電を含め,いずれも農村出身者が多かったのである。また市電大争議後の1925年には,主として財政問題から東京市電が女子車掌,大阪市電が少年車掌を採用したが,その労働条件等は決してめぐまれたものではなかった。

　つぎに,電鉄労働運動の面からみると,中西健一の前掲書によれば,この時期はおよそ3つの時期に分けることができる。第1期は,第一次世界大戦から戦後の好況期で,はげしい物価騰貴が多くの電鉄争議を惹起し,その過程で電鉄業における最初の労働組合である日本交通労働組合の成立をみる時期である。第2期は,1920年3月,戦後恐慌が勃発し,不況と失業の増大が労働者の立場を弱め,資本の反攻によって組織運動は困難をきわめた時期である。第3期は,1924年,労働者側が積極的な態度に出て,とくに関西の電鉄労働者が一斉に立ちあがり,ゼネラル・ストライキを思わすような連続的な争議が勃発した時期である。

以下，この間の諸事情を瞥見しよう。1919年は，国際労働機構（ILO）が創設された年であるが，その一般的原則のひとつに，1日8時間労働，1週48時間制を決めていた。日本の電鉄労働者は，これにはほど遠い状況におかれており，この年を画期に，主として賃上げと労働時間短縮を要求して立ちあがることになる。1911年8月，東京鉄道を買収して発足した東京市電では，市営移管よる私鉄会社解散手当金分配の不公平への不満からストライキがおこったが，以後1937年（昭和12）までに大小30回の争議を数えた。1919年9月には，東京市電の労働者が元時事新報記者中西伊之助（1890〜1958）を理事長として，前述の都市交通労働者による最初の組合である日本交通労働組合を結成した。このときの宣言は，「交通労働者は文化の母である」と述べている。そして，11月1日には，「人格の尊重，8時間労働制，歩合給（哩数賃金）を改め日給制」などを要求して約2ヵ月にわたる大闘争を展開して注目を集めた。さらに，この問題は翌年にも引き継がれ，当局の組合切崩しに憤激するとともに，待遇改善を要求して，4月25〜29日に全線ストを敢行したが，大弾圧を受けて惨敗に終わり，組合も壊滅してしまった。

　同様の運命をたどったものの，1919年10月，関西では最初の横断的組織である関西電鉄従業員同盟会が成立した。他方，大阪市電の労働者は一連の待遇改善を要求し，同年には画期的といわれる10月争議を経験した。その歴史的意義は，労働時間短縮・賃上げに一定の成果をおさめ，労働条件や福利施設の改善をかちとったこと，3車庫では堂々と職場集会がもたれたことなどにあるとみられる。また市電10月争議は，関西各電鉄に影響し，のちの労働組合結成の原動力となった。当時の運輸現業員は，明治期と同様，概して低賃金と生活難にあえいでおり，加えて交通労働に特徴的な労働環境と労働の時間的不規則性のため，神経痛，呼吸器病，循環器疾患，眼病などの職業病を惹起していた。組織的運動には，不利な「中休み制度」も存在した。

　1922年（大正11）3月，大阪市電最初の労働組合である西部交通労働同盟が，前掲中西伊之助らの指導を得て，大電争議の最中に誕生したが，当局は，翌4月1日労資協調の諮問機関ともいうべき大阪市電気鉄道部運輸委員会を発足さ

表6-9　乗務員の労働時間および賃金　　　　　　　　　1924年6月末現在

種別 電鉄	実務時間	勤務時間	初任日給	月手取り	賞与金 その他	初任平 均月収
京都市電	8	10.30	円 1.20	円 ―	円 20.60	円 57.00
大阪市電	8	10.00	1.60	10.00	11.20	69.20
神戸市電	7.30	10.00	1.40	10.00	12.70	64.70
京　阪	6	10.00	1.35	―	20.25	60.00
大　軌	7.30〜8	10.00	1.30	―	18.75	57.70
南　海	7〜8	10.00	1.35	―	18.00	58.50
阪　神	8〜9	10.00	1.35	―	25.40	65.90
阪　急	7.25	10.00	1.35	―	24.25	61.00

(注)　大阪交通労働組合編『大交史』p.133。原資料は，『大阪毎日新聞』1924年7月2日付。

表6-10　乗務員の労働時間・勤続年数および賃金

1924年7月末現在

種別 電鉄	実務時間	平均勤続 年数	初任 日給	初任 月収	平均 日給	平均 月収
阪　神	7	年 3	円 1.32	円 63.90	円 1.57	円 80.00
阪　急	8	2	1.22	68.70	1.44	78.60
南　海	8	1.5	1.32	65.58	1.44	71.74
大　軌	7	1.5	1.30	63.80	1.46	70.20
京　阪	6	6.5	1.32	65.30	1.65	78.50
大阪市電	8	2.5	1.60	81.48	1.88	93.80

(注)　表6-9と同じ。原資料は，『エコノミスト』1924年9月1日号。

せている。このため，すぐに弾圧を受け，地下活動を余儀なくされていたが，1924年春ごろから，その再建が公然と行なわれ，運転手・車掌の電車乗務員を中心とする西部交通労働同盟は，市電内での最大の組織となり，同時に関西における交通労働者全体に大きな影響を与えた。すなわち，南海阪堺線と大軌が西部交通労働同盟に加入してその支部になったのを皮切りに，4月に阪神電鉄従業員組合（6月に郊外電鉄労働組合と改称），5月に南海本線の南海同志会，6月には同友交通労働組合（京阪）と兵電従業員組合，7月には京都市電交通労働組合などがあいついで結成されるに至ったのである。そして，その年

なかばには，当局の意表をついた高野山籠城作戦でよく知られている大阪市電大争議をはじめ，関西主要電鉄で，いわゆる生活改善闘争がいっせいに爆発したのであった。当時の市電乗務員や関西主要電鉄労働者の生活状態は，基本的には1919年段階とあまり変わっておらず，相変わらずの低賃金ならびに不規則な長時間労働が指摘される。たとえば大阪市電の場合，1回の遅刻・早退・欠勤のない「満点勤務」は，事実上不可能であり，妻帯者では生活費の不足分を主婦の内職によって補わねばならぬ状態だったという。『大交史』（大阪交通労働組合編）には，電鉄労働者の労働時間，賃金および勤続年数などのデータが掲げられているが（表6-9，表6-10），これによると，(1)関西の公・私営電鉄においても企業間の賃金格差はあったこと，(2)賃金形態に関しては，さらに諸手当の月収に占める割合が高いこと，(3)労働時間については，「標準勤務時間」制をとっており，「実務時間」とは別に「勤務時間」をもつ二重性であったこと，(4)劣悪な労働条件を反映してか，また西部交通労働同盟結成と同時に弾圧を受けたことも重なり，概して勤続年数が短いこと，などが指摘されている。

　1924年5月から7月にかけての関西電鉄労働者の一斉決起は，第二次世界大戦前の電鉄労働運動史上画期的なものといえるが，そのパターンは，経済的要求を嘆願書として提出し，それが拒否されるや各企業ごとに争議に突入するというものであった。嘆願書の内容は，8時間制実施，公休日増，基本給の値上げ，賞与の本給繰入れ，各種手当の増額，退職手当の設定，病院・寄宿舎の設立もしくはその完備，被服給与，労働組合の承認など，広範囲の積極的な要求を含んでいるものが多かったといわれる。

　ところで，西部交通労働同盟は，高野山大闘争の敗北で解体を余儀なくされ，その後は，市電当局によってつくり出された大阪市電自助会の動きが目立った。もとより旧西部交通労働同盟の流れをくむ大阪市電従業員組合，大阪交通労働組合の動きがあり，当時大阪市電気局内には，電気労働部門は別として，自助会を含め，3つの労働者組織が存在していたのであるが，やがて自助会は御用組合から脱皮し，日本交通労働組合を再建した東京市電従業員自治会の主導のもとに，日本交通労働総連盟（1926年6月）を結成するのである。一

方では，いわゆる総同盟分裂と無産政党の誕生などがあり，一段と混迷の度を深めたが，左派系の日本交通労働総連盟は，昭和期に入ると，都市交通労働者の組織化と結集に大きな役割を担った。

（武知京三）

第5節　観光開発と鉄道

鉄道と観光地とのかかわり

　洋の東西を問わず，観光と交通とは切りはなして考えることのできない密接な関係にある。交通機関が発達し，また国民の所得水準が上昇するにしたがって，観光を目的とする人の動きは増大するとともに，その行動地域も著しく拡大した。観光地の発達は，これをめぐる交通網の整備を要求し，交通網の整備は逆に観光地の発達を促した。交通こそ観光地の盛衰を規定する大きな要因といえるであろう。

　観光地の繁栄，すなわち，多くの観光客の誘致が望まれるのであれば，観光市場である大都市地域と観光地との間の交通網を整備することが不可欠の条件である。また交通企業側からみると，観光客が増加することは，関連線区の輸送量，運賃収入がふえることであるから，観光客輸送を目的とした交通条件の改善は，現代の交通経営の重要な要素となっている。さらに交通企業による観光地の育成や交通路の新設・改良による観光地の変容などについては，多くの実例をみることができる。

　鉄道もまた，観光地との間に密接な関係を保ってきた。日本の鉄道史を観光とのかかわりで概観すると，1890年代の鉄道熱が急速に高まる時代から，鉄道と観光地との間には密接な関係がみられた。そして，第二次世界大戦後の1955年（昭和30）ごろまでは，鉄道こそ観光開発と最も深い関係にあった交通機関にほかならなかったのである。

既存観光地と鉄道の導入

　江戸時代の日本は，一般大衆のモビリティの程度という点では決して小さな国ではなかった。全国の有名社寺には広い地域にわたって講が組織され，団体による参詣が行なわれていた。伊勢参りや金毘羅詣では全国的な規模で行なわれていたし，江戸を中心とする成田山参詣や大山参りも盛んであった。このような有名社寺への参詣は信仰にもとづく宗教的な行為には違いないが，それ以上に当時の大衆にとっては最大のレクリエーションであったと解すべきであろう。したがって，有名社寺は当時における最大の観光地と考えねばならない。

　温泉における湯治も江戸時代に活発化した観光活動であった。大部分の温泉は，ごく近隣の地域から浴客を集めていたにすぎなかったが，熱海，箱根，草津あるいは有馬のように，江戸や京都，大阪のような大都市から多くの湯治客を呼ぶ知名度の高い温泉も存在した。

　知名度の高い社寺や温泉地への交通の流れの存在が鉄道計画にあたって考慮されたのは，当然のことであったといえよう。日本の鉄道網発達の過程で，第1次鉄道熱（1885〜90年ごろ）および第2次鉄道熱（1894〜97年ごろ）の時代は幹線鉄道網の建設に主力が注がれた時代であるが，すでに著名な社寺や温泉の存在が鉄道ルートの選定を左右した例は多く，とくに私鉄ではその傾向が顕著であった。また私鉄（軌道を含む）のなかには，最初からこれらの観光地との結びつきを主たる目的としてつくられたものも存在した。たとえば，1889年（明治22）6月に丸亀・多度津・琴平間を開業した讃岐鉄道，1897年1月に佐倉・成田間を開業した成田鉄道はそれぞれ金毘羅参詣客，成田山新勝寺への参詣客の輸送を主目的としていた。小規模な軌道としては，豆相人車鉄道（小田原・熱海間，1895年7月開業）や大師電気鉄道（六郷橋・川崎大師間，1899年1月開業），帝釈人車軌道（金町・柴又間，1899年12月開業）などがこの種のものとしてあげることができる。これらの社寺や温泉は，江戸時代から多くの大衆を引き寄せていた観光地であり，これによる交通の流れが容易に鉄道の利用客となると見込まれたのであった。

大都市近郊の観光開発と鉄道

1900年代に入ると,鉄道と観光地との関係にも新しい傾向がみられるようになる。それは,従来の鉄道があくまで既存の社寺への参詣客や温泉の湯治客などを輸送の対象としていたのにたいして,新たに多くの大衆を誘致できる観光地を創造しようとしたことであった。

この時期には都市間,あるいは大都市からの放射線が電気鉄道として盛んに建設されたが,とくに注目すべき現象は,電気鉄道企業にも大都市と有名社寺を直結しようとしたものが多く現われたほかに,大都市近郊に遊園地や海水浴場を経営して,観光資源を自ら創設し,これによって乗客誘致を積極的に行なうようになったことである。

阪神電気鉄道が開設した打出海水浴場(1905年)や香櫨園遊園地(1907年),また京阪電気鉄道による香里遊園地(1912年),京浜電気鉄道の羽田海水浴場(1912年)などは,比較的早期に行なわれた事業であったが,単なる資金援助の域にとどまっていたり,鉄道経営が不振になればたちまち閉鎖してしまう程度のものが多かった。しかし,箕面有馬電気軌道(1910年3月開業)が宝塚で始めた温泉浴場や歌劇団の開設となると,より積極的な観光事業推進の意図がみられる。同社は開業時より沿線で土地・住宅の分譲を行なって,大都市における私鉄経営に新機軸を打ち出していたが,1911年,小規模な鉱泉の存在で知られていた同鉄道の終点宝塚に宝塚新温泉と称する温泉浴場を開業し,さらにこれに関連して,1914年(大正3)から宝塚少女歌劇の公演を開始したのであった。

こうして,大都市とその近郊に路線網をのばす電鉄企業は,既存の有名社寺への連絡の改善に意を用うるとともに,近郊地域に遊園地,海水浴場,運動場などのレクリエーション施設の開設を積極的に推進した。この傾向は第一次世界大戦後の1920年代にいたって,さらに強化されることとなる。それは単に従前と同様な施設が量的に増加するだけではなく,総合的なレクリエーション施設の建設などが盛んに行なわれたのであった。

たとえば,阪神電気鉄道は武庫川改修工事による廃川敷地22万4000坪の払下

げを受けて，ここに甲子園と名付ける野球場，テニスコート，プール，運動場，遊園地，動物園などのレクリエーション施設を1924～32年（大正13～昭和7）に逐次開業している。とくに最初に完成した甲子園球場は，その開発拠点の役割を果たした。この球場は朝日新聞社主催の全国中等学校優勝野球大会を誘致し，さらにその有効な利用をはかって，1935年（昭和10）には電鉄傘下のプロ野球チーム大阪タイガースが創立されるのである。阪神急行電鉄においても1911年に完成した宝塚新温泉の敷地を1920年代に入ると拡張し，劇場，遊園地，動物園，植物園，図書館，プールなどを含む総合的な施設に発展させたのであった。

広域観光地域の形成と鉄道

　第一次世界大戦をはさむ1910年代には日本経済の急速な成長がみられたが，これによる大都市への人口集中，とりわけ中産階級の急増は，大都市の内外における観光活動を活発化させることになった。大戦後の1920年代には大都市を中心として，日本人の生活様式のなかにレクリエーションと旅行が定着し，家族旅行，修学旅行，その他さまざまの種類の団体旅行などが，全国の史蹟，社寺，名勝などをめざして殺到した。また，スキー，スケート，登山などの屋外レクリエーションが大衆化して，その施設は全国的に拡大した。

　この時期の特色ある動きとして，自然景観保護運動を背景とした広域観光地域の設定があげられる。自然景観保護運動は，1931年（昭和6）の国立公園法公布と，1934年の最初の国立公園地域指定に結実する。国立公園のようなすぐれた自然景観が広くひろがっている地域では，そのなかに分布する各種の観光資源を相互に結びつけ，その多様性を生かして多くの観光客を誘致するやり方が，鉄道企業によって各地で採用された。

　この時期に行なわれたこの種の観光開発の典型例は，東武鉄道によってなされた日光・鬼怒川地域にみることができる。

　日光は東照宮，二荒山神社，輪王寺のいわゆる2社1寺の門前町として知られており，男体山（二荒山）は山岳信仰の聖地であった。東武鉄道による日光

第6章 第一次世界大戦以後の鉄道　213

図6-1　日光と鬼怒川温泉地域要図（1935年ごろの交通網を示す）

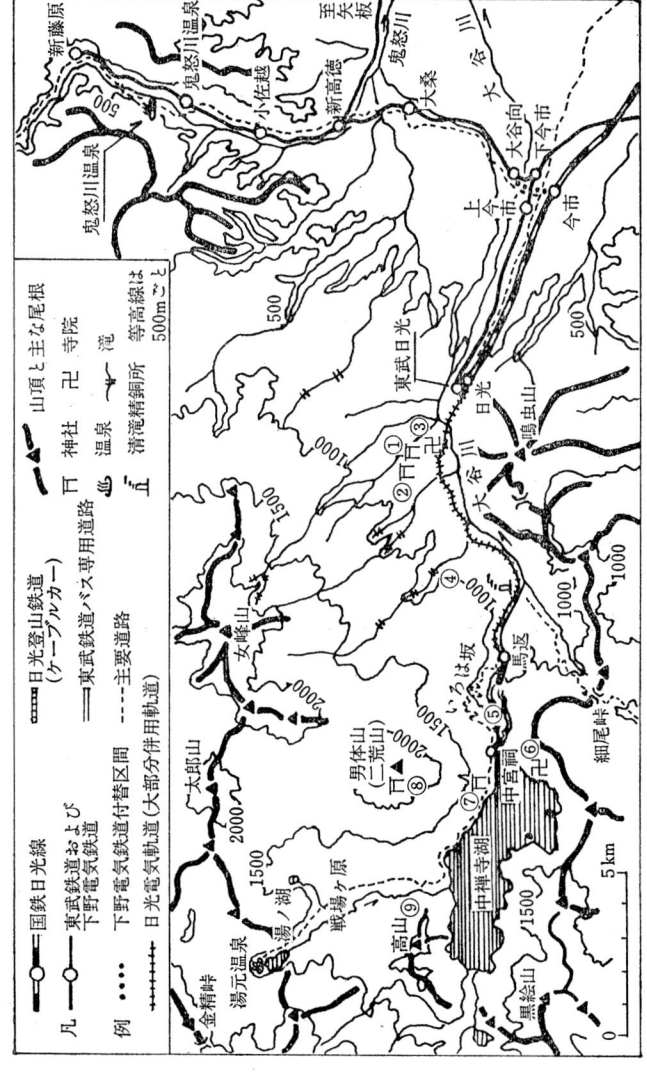

凡例：
— 国鉄日光線　　――― 日光登山鉄道（ケーブルカー）　　山頂と主な尾根
—〇— 東武鉄道および下野電気鉄道　　――― 東武鉄道バス専用道路　　卍 寺院　　円 神社　　温泉　　滝
・・・・・ 下野電気鉄道付替区間　　――― 主要道路　　五 清滝精銅所
━━━━ 日光電気軌道（大部分併用軌道）　　等高線は500mごと

①東照宮，②二荒山神社，③輪王寺，④裏見滝，⑤華厳滝，⑥立木観音，⑦二荒山神社（中宮），⑧二荒山神社（奥宮），⑨竜頭滝。

進出の構想は1907年（明治40）ごろに始まり，当初は佐野・葛生・鹿沼などを経て日光に至るルートが選定されたが，第一次大戦後には古河・栃木などを経由するルートに変更されて，1929年（昭和4）10月に杉戸・日光間の全通をみ，東京（浅草）・日光間に直通電車が走るにいたった。

東武鉄道は日光の町まで鉄道をつくっただけではなく，この地域にあった既存の日光電気軌道（日光駅・馬返間）を系列下に組み入れ，さらに馬返より奥の中禅寺湖畔や戦場ヶ原，湯元温泉などへの交通機関を整備して，ここを誰でも簡単に行ける観光地にしてしまった。

鬼怒川温泉の開発は東武鉄道のイニシアチブによる新しい観光資源の創造であった。当時の鬼怒川温泉は無名の湯治場にすぎなかったが，東武鉄道は地元の村当局や有力者の協力を得て，土地の買収と泉源探査を行ない，自ら洋風のホテルを建設するとともに，進出を希望する旅館業者に融資して，温泉旅館街の形成をはかった。泉源が主として川床にあって，温泉権が十分に確立していなかったことが新来の業者に幸いしたといえる。鬼怒川沿いには軌間762㎜の下野軌道（今市・藤原間）が走っていたが，東武鉄道はこれを資本系列下に入れ，軌間を1067㎜に改軌し，同時に国鉄今市駅にあった起点を東武下今市駅から分岐するように変更して，鬼怒川上流域への交通流を完全に東武鉄道の支線としてしまった。

1935年（昭和10）には特急専用電車によって浅草から日光・鬼怒川への直通運転を開始したが，設備の豪華な特急専用電車の運転は，関東地方の私鉄としては最初の試みであった。

東武鉄道による日光・鬼怒川の観光開発は広い景勝の地域のなかに多数の観光拠点をつくって，これを自社系列の独占的な交通網で結んでいくという私鉄独特の観光開発方式の先鞭をつけたものであった（図6-1参照）。

京阪神地方では京阪電気鉄道が琵琶湖西岸や北岸に海（湖）水浴場やスキー場を開発し，湖上交通機関を系列下に置いて，観光客の流れを独占したこと，あるいは六甲山頂を舞台に阪神電気鉄道と阪神急行電鉄（阪急）が競争して別荘地，ゴルフ場，遊園地，ホテルなどを建設したことなどが，この種の観光開

発の事例としてあげられよう。

　一方，大都市からはなれた地域の中小鉄道企業でも，観光開発を中心とした経営を展開したものが少なくなかった。黒部鉄道による宇奈月温泉，長野電鉄による志賀高原，富士山麓電気鉄道による山中湖畔などの開発はその例で，いずれも1920年代にはじまったものであった。

　1920年代から30年代前半に盛んとなった広域観光地域の開発は第二次世界大戦によって一旦中絶する。しかし，戦後の1950年代に入ると日本の経済成長とともに観光開発は再び積極的に行なわれるようになり，観光地とこれをめぐる交通機関の発達は再び密接にかかわるようになる。しかし，第二次世界大戦後には観光開発や観光輸送の上で自動車交通の果たす役割が大きくなり，これによって観光輸送の少なからぬ部分は鉄道から奪われたのであった。

登山鉄道の発達

　日本では多くの参詣客を集めていた有名社寺のなかには伝統的に人里をはなれて山地の頂上付近に立地するものも多く，また山岳そのものを信仰の対象とする形態も全国に広く分布していた。山上の社寺に適切な交通機関を開通させて，けわしい山道を長時間かけて登る苦労をなくし，多くの山地が誰にでも登れる開かれた観光地となっていくのも1920年代からであった。

　一方，ヨーロッパにおいては1870年代から急勾配の登山鉄道として歯軌条鉄道（rack and pinion railway）が普及していた。この方式は通常の2本のレールの中間に歯軌条（ラックレール）を固定し，動力車の原動機に接続した歯車（ピニオン）をこれにかみあわせ，急勾配を登るものであった。しかし，20世紀に入ると，より急な勾配を登ることができ，構造も簡単なつるべ式ケーブルカーの信頼性が向上して，登山鉄道建設の主力はケーブルカーに移行した。

　日本では，1893年（明治26）4月に開業した信越線横川・軽井沢間の66.7‰勾配克服のために歯軌条鉄道の一形式であるアプト式が採用されたが，これは幹線鉄道の一区間であって，観光用の登山鉄道ではなかった。日本に観光用の登山鉄道の考えがとり入れられるのは，1910年代であって，この時は世界的に

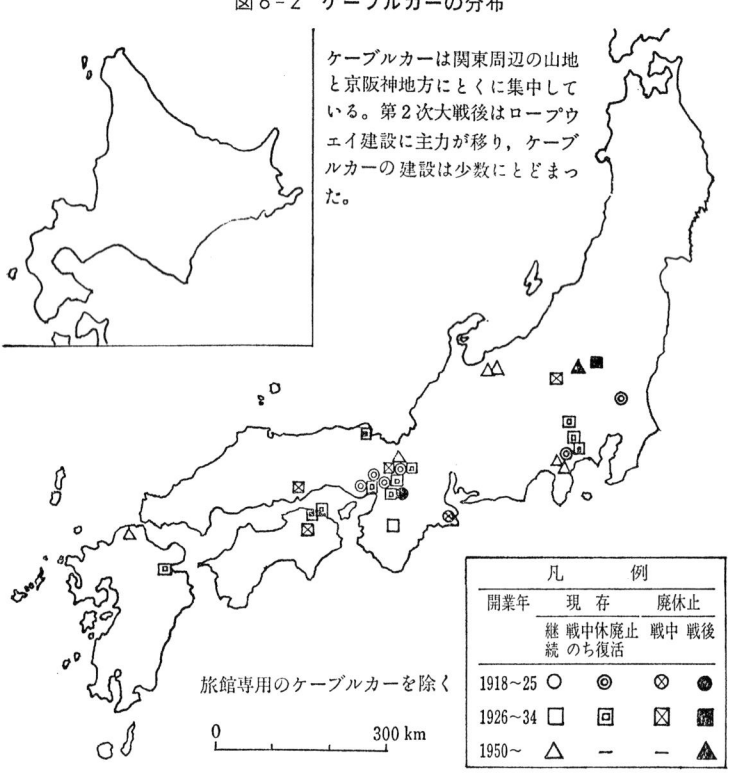

図6-2 ケーブルカーの分布

ケーブルカーは関東周辺の山地と京阪神地方にとくに集中している。第2次大戦後はロープウェイ建設に主力が移り、ケーブルカーの建設は少数にとどまった。

旅館専用のケーブルカーを除く

開業年	現　存		廃休止	
	継続	戦中休廃止のち復活	戦中	戦後
1918～25	○	◎	⊗	●
1926～34	□	▣	⊠	■
1950～	△	－	－	▲

（備考）和久田康雄『資料・日本の私鉄』4訂版、鉄道図書刊行会、1968年、により青木栄一作図。

みればケーブルカーの採用が主流となりつつある時代であった。また、このころになると80‰くらいまでの勾配には歯軌条を用いるよりも、粘着運転の採用が多くなりつつあった。

日本における最初の観光用登山鉄道は生駒山の中腹に位置する宝山寺（生駒聖天）への参詣客を運ぶ生駒鋼索鉄道で、1918年（大正7）に開業した。高低差150m、延長1027m、最急勾配227‰という小規模のものであった。ケーブルカーは1921年（大正10）以降、各地に数多く建設された。1921～25年に7線、1926～30年に13線、1931～34年に5線が開業し、第二次大戦前には1934年開業の御岳登山鉄道を最後とし、最初の生駒鋼索鉄道を含めて26線が開業してい

る。その大部分は山上に位置する社寺への参詣客を輸送する目的でつくられたものであった。これらのうち，最大の延長をもったのは，榛名山に登る関東鋼索鉄道の2052m，最急勾配は朝熊山に登る朝熊登山鉄道の625‰であった。

これらのケーブルカーのうち19線は第二次大戦中に撤去されたが，その多くは戦後復活している。しかし，戦後の登山鉄道建設の主流は安価で工期も短いロープウェイに移っている。

1919年（大正8）に開業した小田原電気鉄道の箱根湯本・強羅間は粘着運転によって連続80‰の急勾配を登る登山鉄道で，当初は歯軌条式を採用する計画であったが，当時すでに歯軌条鉄道の建設は世界的にも少なくなっており，スイスのレーティッシェバーン（Rhätischebahn）で行なわれていた70‰粘着運転に範をとって，粘着運転に変更されて完成した。小田原電気鉄道もまた終点の強羅付近に温泉付き別荘地の分譲を行ない，強羅公園を開設するなど，観光開発を主目的としてこの登山鉄道を建設したのであった。

（青木栄一）

人物紹介⑰

根　津　嘉一郎　（ねず・かいちろう　1860～1940）

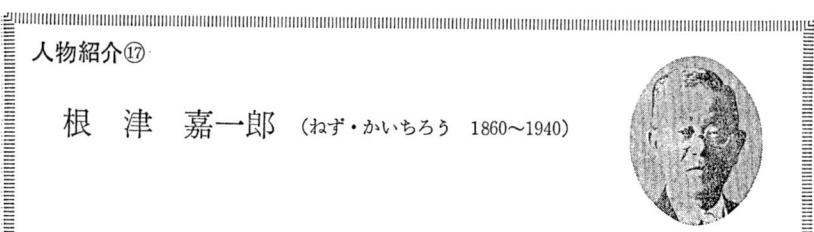

東武などの経営再建に腕をふるい，私鉄業界のリーダーとなった「鉄道王」。

万延元年6月15日（1860年8月1日），甲斐国（山梨県）東山梨郡の旧家に生まれる。1877年（明治10）に18歳で郡役所書記となり，89年8月の村会議員当選をふり出しに郡会，県会の各議員に当選し，地方政界で活躍する一方，93年には有信貯蓄銀行の監査役，続いて興信銀行の取締役に就任し，実業家としても頭角をあらわした。

日清戦争前に父の家督の相続により約5万円の現金と時価約32万円の田地を手にした根津は，田地を担保に有信貯蓄銀行等から資金を借り入れて，これを九州・甲

武・総武・房総などの鉄道株に投資し，ここに私鉄との関係が始まった。そして1899年（明治32）1月の房総鉄道の取締役就任を皮切りに，東京馬車鉄道・東京市街鉄道・東京鉄道の役員を歴任し，1905年（明治38）4月には根津の名をとどろかせることになった東武鉄道の取締役（同年11月には社長）に就任した。

当時の東武鉄道は経営難から無配に転落し，世間からは「ボロ会社」といわれていたが，根津は経費の節約，借金の償却，社内の改革を断行する一方，利根川架橋の大工事をなしとげ，線路を足利から日光，伊勢崎まで延長して収入の増加をはかり，1905年9月には早くも3.0％の配当を復活したのち，毎期配当をふやし，1911年3月には7.8％とした。

東武鉄道の再建後，根津はさらに高野登山鉄道の再建にも成功し，その経営手腕は私鉄業界で高く評価された。そして，1915年（大正4）5月に業界団体である鉄道同志会が組織されると，おされて副会長に選ばれ（のちに会長），また22年7月には鉄道会議議員に選ばれるなど，私鉄業界で重きをなした。この間，根津が役員として関係した私鉄は24にもおよび，「鉄道王」の名称が与えられたりした。しかし，その本拠は一貫して東武鉄道にあり，その広域観光地（日光・鬼怒川）の開発は，私鉄経営のひとつのモデルとなった。

また，根津は電力・ガス・保険・製粉・ビールなど多角的に各種の事業にも関係し，1920年（大正9）11月にはこれらの事業を統轄する持株会社として根津合名会社を設立し（根津コンツェルンの成立），また21年9月には私財を投じて武蔵高等学校（武蔵大学の前身）を設立し，育英事業にも力をつくした。他方，1904年（明治37）3月に衆議院議員に当選していらい連続4回同議員に当選するなど中央政界にも進出し，26年（大正15）12月には貴族院議員に勅選された。

根津は若いころから美術品の収集家として知られ，「那智滝図」など国宝27点を含むその古美術品のコレクションは，すべて財団法人根津美術館に所蔵されている。

1940年（昭和15）1月4日に80歳で死去したが，その後長男が根津嘉一郎を襲名し，東武鉄道の社長に就任して現在に至っている。　　　　　　　　（野田正穂）

第7章 恐慌・戦時体制期の鉄道

第1節 新たな交通政策の成立

昭和恐慌と鉄道

　第一次世界大戦の戦時ブームでふくれ上がったわが国経済は，戦後まもなく1920年（大正9）春期からのきびしい反動恐慌で大きな打撃をうけたにもかかわらず，政府も民間企業もともに当面の弥縫策にのみ走り，国内経済の体質改善に積極的に取り組まなかったため，大戦後の経済的変動については根本的に未整理のままであった。そこへ，たまたま関東大震災の発生による莫大な経済的損失が負荷されて，わが国産業経済全般は，しだいに昭和初期の深刻な不況への下降路をたどることになった。とりわけ銀行など金融機関は，大震災で蒙った損失の政府による救済整理が慢性的不況のためなかなか進捗せず国内金融界に不安が高まるうちに経営が行き詰まり，ついに1927年（昭和2）春に金融恐慌が発生し，中小銀行の連鎖的休業が全国的に拡がっていった。その後一時的に小康を得た恐慌の勢いも，日を置かずして巨大商社鈴木商店の破産とそれにからむ台湾銀行の休業という事件を導火線として再び大きく燃え上がった。

　こうした局面に追いこまれた若槻礼次郎内閣が総辞職したあと，これをうけた田中義一内閣は，3日間の全国銀行一斉臨時休業・日本銀行の公開市場操作の積極化，3週間のモラトリアムなど，すぐれて積極的な対応策を講じたため，恐慌はようやく終熄をみた。ところが，1929年7月，たまたま前年に満州で勃発した張作霖事件を契機として田中内閣が退陣したあと，つぎの浜口雄幸内閣は前内閣の方針を一転，財政緊縮をスローガンに金輸出解禁・国際協調などをうたって国内的・対外的行き詰まりを打開するため，デフレーション政策

を推進した。その結果，物価がしだいに低落し，不況がふたたびその姿を露わにしはじめたのである。

あたかもこの年10月24日，アメリカ合衆国ニューヨーク市にある世界的金融の中枢ウォール街に起こった株式暴落を発端とする世界恐慌の衝撃波は，たちまち全世界に波及し，大戦後の平和の10年間にアメリカを主軸として資本主義的経済秩序が再建・強化されたという幻想を打ちくだいた。そして，わが国では，深まりゆく国内経済不況のなかにあって，物価の下落が輸出増加に結びつくことにより景気の回復が期待されていた折も折，世界恐慌のきびしい直撃を受ける結果となった。

とくに，アメリカへの生糸輸出の激減，対中国輸出の行き詰まりなどによる輸出減退に加えて，国内購買力の縮小などの悪材料から不況はいっそう深刻化した。工業生産物の価格低落により工業恐慌が激化するなかで，産業界では値崩れを阻止するために生産制限・生産割当・価格協定などを目的として多数のカルテルが結成され，そうしたカルテル運動は，産業統制化をねらう政府の産業合理化政策によって強力に推進されることになった。

その一方，米価をはじめとする農業生産物の価格暴落による農業恐慌と，さらに不作という追討ちによって農家の経営，地方農村の経済はいっそう破局に追いこまれることになった。

こうして昭和初期にわが国経済界全般に拡がった恐慌の与えるダメージは，政治的にも社会的にもきわめて深刻な問題を醸成するに至ったのである。

このような情勢のもとで，全国的な路線網を擁し，国民経済の基幹的一体系たる国内流通部門の最大の担い手として生産物や輸入物貨あるいは労働力の大量輸送に当たるべき国鉄を中心に，都市や農村において，鉄道事業もまたそれぞれ経営規模や立地条件によりそれなりに厳しい対応を迫られたのである。

大正後期以来のわが国経済界の慢性的不況と昭和初期の国内恐慌，およびそれに続く世界恐慌によって，昭和初年代に鉄道輸送がうけた影響は，表7-1，表7-2からうかがうことができる。

まず旅客輸送の面から見ると（表7-1），まず昭和期の初頭においては，前

表7-1 鉄道旅客輸送人キロ　　　　(単位:100万人キロ)

年度	国鉄			私鉄(地方鉄道)	合計
	定期外	定期	小計		
1926年(昭和元)	15,526	3,710	19,237	2,372	21,609
1927年(2)	15,918	4,136	20,055	2,632	22,687
1928年(3)	17,054	4,533	21,587	2,975	24,562
1929年(4)	16,601	4,750	21,350	3,529	24,879
1930年(5)	15,010	4,865	19,875	3,624	23,499
1931年(6)	14,245	4,877	19,123	3,646	22,769
1932年(7)	13,967	5,035	19,002	3,728	22,730
1933年(8)	15,350	5,472	20,822	4,051	24,873
1934年(9)	16,524	6,049	22,573	4,306	26,879
1935年(10)	17,500	6,673	24,173	4,595	28,768

(注) 南亮進『鉄道と電力』(大川一司他編『長期経済統計』12, 東洋経済新報社, 1965年) より。

表7-2 鉄道貨物輸送トンキロ　　　　(単位:100万トンキロ)

年度	国鉄					私鉄(地方鉄道)	合計
	有賃			無賃	計		
	小口扱	車扱	小計				
1926年(昭和元)	1,247	10,632	11,879	577	12,456	445	12,901
1927年(2)	1,296	11,157	12,454	584	13,038	485	13,523
1928年(3)	1,355	11,414	12,770	636	13,406	532	13,938
1929年(4)	1,347	11,231	12,577	633	13,210	537	13,747
1930年(5)	1,216	9,685	10,901	522	11,423	463	11,886
1931年(6)	1,184	9,417	10,601	487	11,088	469	11,557
1932年(7)	1,146	9,415	10,561	468	11,029	504	11,533
1933年(8)	1,260	10,732	11,992	484	12,476	533	13,009
1934年(9)	1,396	11,951	13,347	612	13,959	554	14,513
1935年(10)	1,475	12,537	14,012	536	14,548	586	15,134

(注) 表7-1と同じ。

　時代から持ち越された不況の慢性化と金融恐慌の発生とによる国内経済界の閉塞状況下にもかかわらず鉄道旅客輸送は全般的に伸びを示した。それというのも、不況が慢性化・深刻化すればするほど，人はそれからの気分的脱出を試みて旅行をするという人間の行動心理の一発現にほかならなかった。しかしなが

ら，やはり国鉄部門ではようやく景気の動向にたいして弾力性の大きい定期外旅客の輸送が，さすがに1929年（昭和4年）度から1932年度にかけての不景気の底で急激に落ち込んでいく。これに反して定期旅客の輸送はその性質上，短期的な景気変動にたいし独立した動きを示し，ここではむしろわずかながら堅調な伸びが見られる。それは，けだし私鉄部門の旅客輸送の主軸的パターンとも共通する特徴として，当時の国内政治・経済・文化の中枢地区の都市的発展や工業化の進行にともない大都市圏へのその種の旅客輸送の集中度が高まったことを裏付けるものであろう。

ただし，表7-1にトータルされた数字の動きを大局的に観察すれば，そこから旅客誘致などの経営努力の寄与度を割り引いたとしても，やはり内外の経済恐慌が激化した1920年代前後における鉄道部門全体の旅客輸送の低落はおおうべくもない事実であった。国鉄の旅客輸送量だけに限っていえば，大正後期から昭和初期の「経済不況期にも減少を示さず，昭和4年度は8億6300万人に達した。しかし，5年以降恐慌の影響を受けて減少し，7年度は7億8100万人まで低下した」（日本国有鉄道編『日本国有鉄道百年史』第7巻）。

つぎに，貨物輸送の面を見ると（表7-2），全般的には旅客輸送の場合とほぼ同じようなトレンドを示しているが，実質的に国鉄部門が貨物輸送体制において私鉄部門にたいし圧倒的に大きいシェアを占めているだけに，全国的な経済変動の影響を直接に広く深く受けとめざるをえなかった。国内諸企業が不況から恐慌へと深刻化する経済情勢の中で，操業短縮・生産停止・出荷調整などの対策を講じたため，貨物出荷量の大幅な落込みとなり，国鉄経営にとって大きな打撃となった。国鉄の貨物輸送量は，第一次大戦後の「経済不況により多少減少した。その後は漸増傾向をたどり，昭和3年度には7800万トンにまで上昇したが，4年度から6年度までは世界恐慌の影響を受けて激減し，6年度は6000万トンにまで減少した」（同上）のである。

陸上交通政策の新たな展開

昭和初年に入って，前時代に引き続き，国内では工業化・都市化がいっそう

第7章 恐慌・戦時体制期の鉄道 223

進展する一方，慢性化する不況がやがて世界的波動において深刻な経済恐慌へ転移しようとする時代の潮流のなかで，鉄道輸送を主軸とするわが陸上交通界にはいくつかの大きな問題が生起してきた。すなわち，道路交通の機械的手段としての自動車の市場新規参入への対応，市場競争下の鉄道貨客誘致戦略，都市交通体系の再編成および戦時体制化と交通統制などである。それらは昭和初年代の政治・社会・経済の変動のなかで，鉄道をはじめとする陸上交通体制の新たなあり方をめぐっての政策的対応を，政府に迫ることになったのである。

ここで，新興の陸上輸送パターンとしての自動車交通をめぐっての政府の対応を見よう。大正期に入ってからわが国の陸上交通界に登場した自動車は，当初は「お金持の玩具」視されていたが，やがて関東大震災以後，国内道路の近代的整備が進められるかたわら，小回りがきき，相対的に低資金で高い効率の輸送サービスを享受できるところから，不況下に適合した交通機関として急速に脚光を浴びるに至った。ただし，わが国におけるその普及の実態を見れば，当時のわが国民経済の発展途上的段階に規定された低い国民所得の制約から一単位あたりコストの高い自家用車は少なく，主として集約輸送により経済的実効をあげうる乗合自動車およびトラックが主であった。この点につき，当時の道路交通行政を主管していた一官僚はつぎのように述べている。

「……日本に於きましては自動車の普及発達の度が世界のそれよりも著しく，従って全国到る所に乗合自動車等が盛に行はるゝやうになり大正十四年末の統計に依りますと，乗合自動車の営業哩数は四万三一六三哩と云ふことになつて居りましたが，昭和四年三月末の統計に依りますと更に其数を増加しまして，乗合自動車の営業哩総延長は六万六六八三哩と云ふ数に上つて居るのであります。尚此の外に，一定の路線に依り貨物の運輸営業を為す自動車も沢山ありまして，其の総延長二万四五六八哩に及んでゐます。斯の如く人を運ぶ乗合自動車だけでも，其営業哩数が六万六〇〇〇哩にも達して居る状態でありますから，全国到る所の地方鉄道，軌道の営業に対して，之が著しい脅威を与へて居る……」（内務事務官武井群嗣「自動車道路」，日本交通協会編『1930年の交通問題』所収）。

さらに,「国有鉄道においても徐々に影響が現われ,昭和5年鉄道省調査によると50キロメートル以内の近距離について貨物41パーセント,旅客12パーセントが民営自動車にその分野を蚕食されていた」（日本国有鉄道編『日本国有鉄道百年史』第8巻）というように,情勢はきびしく進行しつつあった。

もとより,新興の自動車による鉄道輸送の市場シェア蚕食は,より早い時期に現われていたのであり,1926年度に鉄道省が調査したところによれば「長距離の国有鉄道と短距離の地方鉄道とでは,その蒙る打撃の程度に於て相違があり,地方鉄道が特に脅かされてゐる……即ち運輸収入の方面から観察すれば,国有鉄道と地方鉄道及び軌道とが自動車の為めに一年約八百七十万円の運賃を蚕食される勘定である。そのうち国有鉄道は約二百三十万円で年額五億円の運輸収入を挙げる大世帯では左程の苦痛でないとしても,地方鉄道及び軌道にあつては六百四十万円の収入を失ひその総収入年額約一億八千六百万円に比較すれば平均三分五厘の打撃に相当するのである」（松村金助『鉄道功罪物語』）。こうした現実にうながされて鉄道省は,いちはやく自動車交通への権力的対応を主眼とする新しい交通政策（というより政略）への取組みをはじめた。

すなわち,大正後期以後の陸上交通界の構造的変化にともなう関連行政実務の増大とその総合的運用の社会的要請に対処するということをうたって,1928年（昭和3）11月6日公布の勅令第267号により鉄道省官制が改正され,鉄道省の監督権限が強化されて鉄道大臣は地方鉄道・軌道に加えて自動車その他の陸運を包括的に監督することとなった。

しかし,この制度改革はたんに権力的発想から,陸上交通行政における鉄道主・自動車従という制度的たてまえを確立しただけで,両者の間に深まる矛盾について現実的に有効に対処できる体制づくりではなかった。陸運監督の直接の主管者たる当時（1930年）の鉄道省監督局長自身,つぎのように述べているくらいである。

「……法令上の自動車に対する監督が比較的緩やかである……。つまり,運転系統を作成するとか,時刻を制定,変更するとか,従業員に対する服務規定,損害賠償の規定はどうなつて居るか,運転上の統制はどうなつて居る

かと云ふことを見ますと，自動車の方は到って取締が寛大であります。地方鉄道等は法律命令に依て厳重に統制されて居ります」（丹羽武朝「陸上運送」，日本交通協会編，前掲書，所収）。

したがって当然，職務上では日々現実に直面せざるをえぬ鉄道監督局長としては，さらに続けて「現在，鉄道と自動車と云ふものゝ間には，非常な競争を惹起して居るのであります。今後，自動車事業法なるものが制定せられまして，又一方，道路が改良せらるゝと云ふやうになり，自動車が第二次道路運送（第一次道路運送とは荷馬車，人力車などを指す—引用者）としての公共交通機関としての機能を充分に発揮する時になりますれば，全く，鉄道に対して優秀の地歩を占め，鉄道を圧迫するであらうことは，疑ひないことであらう」（同上）と危機感を隠せなかった。

すでに鉄道省としても，自動車の陸上交通手段としての存在意義を認識し，いたずらな市場競合を避け，自動車による代用で充分であり，かつ適当である国鉄予定線の一部に，鉄道路線建設に代えてむしろ積極的に自動車を投入するという方針をとり，1929年9月以来，調査と準備が進められ，翌年12月20日，岡多線に第1号の省営自動車が開業し，その後着々と路線網が拡充された。

陸運市場の恐慌に加えて自動車との競合の激化するなかで，鉄道省は国鉄経営主体としての立場から積極的な経営政策を強力に推進し，旅客列車のスピードアップ，優等列車の大衆化などの運行サービスや観光・レクリエーション旅行の商品の開発などをすすめることにより旅客の誘致・確保につとめ，また荷主の多様なニーズに応じた貨車の開発・増備や荷積方式ないし小運送との連繋の改良などにより貨物の誘致・確保にもつとめた。

しかし，この間わが国経済界の恐慌からの脱出過程は，極東アジアにおける国際的緊張の高まりのなか，1931年（昭和6）9月の満州事変の勃発を端緒とする急速な戦時体制化によって加速されていく。

すでにして自動車は，国民大衆の交通生活におけるよりも，むしろ産業上ないし軍事上重要な輸送手段として体制的に認識されつつあり，1931年4月わが国最初の本格的な自動車法制として「自動車交通事業法」が制定公布された

が，これはかならずしも自動車交通の社会的成長にともなう制度的自立をうたうものではなかった。なぜならば同法の施行により，定期自動車路線はすべて鉄道大臣の免許を受けることになったからである。すなわち，それは，ようやく恐慌の傷手を克服し，あらためて国鉄経営を中心に全国的鉄道体系の行政的支配を通して国内はもとより，朝鮮・満州などの海外植民地をも包括する「大日本帝国」の全輸送体制を掌握しようとする鉄道省＝国家交通行政主体が，戦略的重要性を増しつつある自動車交通をも自己の支配下に組み込んでその体制を整備しようとする動きにほかならなかった。これを，かつて恐慌への自治的対応としての輸送事業体相互間の交通調整・市場協定のアイデアに端を発し，それがその後の景気回復により後退しつつも，やがて戦時体制化の進行にうながされて鉄道省が政策的な推進主体となったいわゆる「交通統制」の流れに位置づけてもよいであろう。

（宇田　正）

第2節　不況と私鉄経営

不況と私鉄の経営危機

　1929年（昭和4）10月，ニューヨーク株式取引所での株価暴落に端を発したアメリカの恐慌は，未曾有の激しさをもって世界（ソ連を除く）をまき込み，資本主義の歴史始まって以来の最大の世界恐慌へと発展した。日本経済もその例外ではなく，30年から32年にかけて深刻な不況に見舞われることになった。ところで，一般に昭和初期の恐慌・不況をさす昭和恐慌には，1927年の3月から4月にかけて起こった金融恐慌を含めるのが通説になっている。事実，第一次世界大戦後にあいついで起こった恐慌（1920年の戦後恐慌，23年の震災恐慌など）を切り抜けるためにとられたインフレ的財界救済策，その間における過剰資本の累積などの経済的諸矛盾を根因とする金融恐慌と，その後の金解禁（金輸出禁止の解除）との関連なしには，29年恐慌が日本経済に与えた打撃の深刻さは十分には理解できない。

日本は第一次大戦中の1917年（大正6）9月に金本位制を一時的に停止したが，戦後になってアメリカをはじめ各国が金本位制への復帰，いわゆる金解禁を実施したにもかかわらず，日本はあいつぐ恐慌のインフレ的救済に追われて金解禁を実施しないまま経過した。そのため国内の物価は国際水準を上回り，20年以来，貿易収支は赤字を続けて，在外正貨は29年3月にはわずか9000万余円にまで激減したのである。また，為替相場も低落し，不安定な状態を続けていた。このようななかで，いわゆる「震災手形」の処理をめぐって不良貸出しを多くかかえた中小銀行の取付けがおこり，さらに政府系の台湾銀行にも波及して，全国の銀行が2日間一斉休業するという金融恐慌が勃発したのである。政府は日本銀行の非常貸出しなどによって金融恐慌を収拾すると，懸案となっていた金解禁を断行する前提として，緊縮財政，産業合理化による物価の国際水準への引下げを強行し，30年（昭和5）1月，金解禁にふみ切ったが，時あたかも世界恐慌の荒波が日本におし寄せようとしていた時であった。「嵐に向かって雨戸をあけるようなもの」と呼ばれたこの金解禁が，すでにデフレ状態にあった日本経済を一層深刻な不況へとつき落としたのはいうまでもない。

　いま金融恐慌が勃発した1927年と世界恐慌の底となった1931年を比較してみると，輸出は42.4％，輸入は43.3％も激減し，消費者物価は25.3％，株価は実に62.7％も低落していた。また，この間に失業者は200万人から300万人に達し，労働争議件数は31年には2456件と第二次大戦前での最高を記録した。以上の数字からも，「昭和恐慌」の影響の深刻さは推測できるが，これを産業部門別にみた場合，とくに恐慌の打撃が大きかったのは農業であった。農産物価格の大幅な下落は農家経済を直撃しただけではなく，31年から32年にかけて，東北・北海道が凶作に見舞われ，未曾有の窮乏状態を現出することになったのである。そして，小作争議の件数は31年の3419件から35年には実に6824件と倍増をとげるなど，鉱工業部門では32年から景気回復の過程が始まったのにたいして，農業が恐慌から一応立ち直るのはようやく35年以降のことであった。

　以上のような「昭和恐慌」と呼ばれる長期かつ深刻な不況にたいして，鉄道部門が例外でありえなかったのは当然であろう。事実，この間に私鉄の多くは

表7-3 私鉄の運賃収入の推移

(金額:100万円)

年度	旅客収入	貨物収入	営業線(km)
1927	46.3	21.9	5,472
28	52.0	22.8	5,938
29	60.5	23.3	6,513
30	59.3	19.7	7,018
31	56.9	17.9	7,195
32	55.4	17.8	7,242
33	59.0	19.3	7,189
34	62.2	20.3	7,088
35	64.1	21.4	7,098
36	68.9	22.3	7,019
37	73.5	23.6	6,828

(注) 日本銀行統計局『本邦主要経済統計』(1966年,同局)による。営業線は年度末。

重大な経営危機に直面し,運賃収入の減少から赤字に転落したり,他の私鉄への合併・譲渡,あるいは解散をよぎなくされるものが続出することになった。

表7-3によりこの間の私鉄の経営状態をふり返ってみると,まず特徴的なことは,1932年(昭和7)度まで営業線が増加していることであろう。大正末期から昭和初年に計画され,不況のさなかにあって実現をみた私鉄の新設や線路の延長が少なくなかったことを物語るものにほかならない。他方,運賃収入は29年度にピークを記録したあと,32年度までの間に12.7%とかなりの減少をとげている。運賃収入を旅客と貨物とに分けた場合,この間の旅客運賃収入の減少は8.5%であったのにたいして,貨物運賃収入は実に23.7%の減少をとげており,ここには長期の不況の影響を明瞭によみとることができよう。それにしても,営業線が増加しているなかで,以上のように運賃収入が減少したことは,当然,鉄道の収益を大きく圧迫し,株主配当が有配から無配に転ずる鉄道が続出することになった。1932年度についてみると,私鉄265社のうち実に69.4%にあたる184社が無配となっていた。また,多額の負債をかかえて倒産同様の状態となり,鉄道抵当法による強制管理を受けるものさえ生じたのであ

る（養老電鉄，武蔵野鉄道，白山電鉄など）。

　ところで，運賃収入は1933年（昭和8）度から増大に転じたとはいえ，29年度のピークを越えるのは旅客は34年度，貨物は37年度になってからであり，私鉄全体が長期かつ深刻な不況からほぼ立ち直るのは，日中戦争が始まった37年ごろであった。いま，私鉄の合併・譲渡についてみると，26年から35年までの間に合併が46件，譲渡が84件，営業廃止が22件を数えていた。また，株主配当の状況をみると，33年度以降徐々に好況に向かったとはいえ，36年度でもなお無配が256社中143社と55.9％を占めていた。このように，昭和恐慌の私鉄に与えた打撃は大きく，10年近くにわたって多くの私鉄で経営危機が続くことになったのである。

経営危機の構造的要因

　資本主義の大きな特徴のひとつは，経済活動が恐慌・不況・好況・繁栄という景気の循環を通じて展開することであろう。そして，1890年（明治23）の最初の恐慌以来，周期的にくり返されてきた恐慌とそれに続く不況とは，輸送量と運賃収入の停滞ないしは減少をひきおこし，私鉄の発展にも大きな影響を及ぼしてきた。昭和恐慌のもとでの私鉄の経営危機は，そのかぎりでは循環的要因によるところが少なくなかった。しかし，この間に，私鉄が過去の恐慌・不況期とくらべて長期かつ深刻な経営危機を経験したことは，景気変動にともなう循環的要因だけで説明できるものではなく，そこには以下に述べるような構造的要因が強く作用していたといえよう。

　その第1は，無計画的な私鉄の建設と，それにともなう私鉄資本の過剰化の問題である。すでにみたように，第一次大戦を契機とする鉄道ブームは，1919年（大正8）4月公布の地方鉄道法（私設鉄道法と軽便鉄道法は廃止となる）が，一方では，局地的輸送の任にあたる私鉄の認可基準をややきびしくした反面，鉄道にたいする政府の補助は逆に手厚くしたため，建設（新設や線路の延長）が全国的に活発化した。しかし私鉄の建設費にたいする益金の割合をみると，表7-4にみられるように，21年に地方鉄道が9.8％，軌道が12.6％を記

表7-4 建設費にたいする益金の割合 (%)

年度	地方鉄道	軌道
1920	9.5	10.0
21	9.8	12.6
22	9.6	12.3
23	8.1	10.5
24	8.1	10.9
25	7.2	9.7
26	7.1	9.6
27	6.4	9.4
28	6.1	9.1
29	5.4	8.2
30	4.2	6.9
31	3.8	5.9
32	3.6	5.3
33	4.0	5.4
34	4.1	5.3
35	4.2	5.6
36	4.4	5.9
37	4.7	6.2
38	5.3	7.2
39	7.0	8.9
40	8.9	10.6
41	9.2	11.3
42	12.0	14.4

(注) 東洋経済新報社編『昭和産業史』第2巻(1950年, 同社)p.680による。

録したあと下降に転じ，29年（昭和4）には前者は5.4％，後者は8.2％にまで低落している。このことは，輸送需要の伸びを上まわる建設が行なわれ，建設の進展に収益の増加がともなわなかったこと，要するに鉄道資本の過剰化を示すものにほかならない。

しかも問題は，このような鉄道の建設，とくに線路の延長が社債発行や銀行借入れなど他人資本に依存して行なわれたことであろう。いま私鉄の資本構成を調べてみると，1929年（昭和4）度末で，地方鉄道の場合は他人資本が46.0％，軌道の場合は54.6％にも達していたのである。このように，大正末期以来，私鉄が他人資本へ依存しながら，線路の延長など収益の比例的な増加をともなわない建設を強行してきたことは，昭和恐慌の経営にたいする圧迫・打撃をいちじるしく加重することになった。利益が減少している一方で，高利負債への依存から利子負担は増大し，赤字に転落する私鉄が続出することになったのは，当然のことといわなければならない。

しかし，以上のような私鉄の過剰投資は，ある程度までは鉄道ブームにつねに必然的にともなうものであり，その意味ではなかば循環的要因でもあったといえよう。これにたいして，大正末期から顕著となったバス・トラックの進出は，昭和恐慌下の私鉄の経営危機にとって，文字どおり最大の構造的要因となったのである。

周知のように，日本における自動車の進出は第一次大戦後に本格化し，当初は鉄道輸送を補完していた自動車輸送はしだいに鉄道輸送，とくに近距離のそ

表7-5　自動車保有台数の推移　(台)

年度末	乗用	荷積用	計
1923	11,679	3,058	14,737
24	14,809	5,778	20,587
25	18,562	7,884	26,446
26	24,970	10,832	35,802
27	31,826	14,467	46,293
28	40,281	20,252	60,533
29	45,855	25,700	71,555
30	57,827	30,881	88,708
31	62,419	34,837	97,256
32	64,282	35,939	100,221
33	66,733	38,199	104,932

(注)　日本銀行統計局『本邦主要経済統計』による。

れを代替し，鉄道輸送との競合を強めることになった。いま，自動車の保有台数の推移をみると，表7-5のように，1924年（大正13）度末には2万台をこえ，以後，30年（昭和5）度末までに年平均27.7％増の勢いで増加して9万台近くに達していた。昭和恐慌の前半までの自動車の進出ぶりが，以上の数字からも明らかといえよう。

まずバス事業についてみると，1933年（昭和8）10月に自動車交通事業法が施行されるまで，バス事業は実質的には地方長官の監督下におかれ，簡単に営業免許が得られたところから，規模の小さいバス事業者（29年末で74％が個人業者）が乱立し，33年度末にはその数は4311，路線は12万9866km（1事業者平均30.1km）とピークを記録した。そして，30年から33年までの間に鉄道の輸送人員が1億3400万人減少したのにたいして，バスのそれは3億6500万人増加していることからも，バス事業が鉄道の旅客輸送を侵食して急成長をとげたことは明らかであり，とくに国鉄にくらべると短距離の私鉄（公営の市街電車を含む）の受けた影響は小さくなかった。

またトラック事業についてみると，表7-5に示されているように，その保有台数の延びは乗用車のそれを上回り，1924年（大正13）度末に自動車全体に

占める割合が28.1%であったのにたいして，33年（昭和8）度末には36.4%に達していた。そして，トラック事業は独自の輸送分野を開拓・拡大し，鉄道による貨物輸送はトラックによる「戸口から戸口へ」の貨物輸送によって大きく侵蝕されることになったのである。トラック事業と競合したのは鉄道のなかでは主として地方鉄道であるが，ある推計によると，33年における地方鉄道の貨物輸送トン数は4億9600万トンであったのにたいして，トラック事業のそれは8億6100万トン（東洋経済新報社編『昭和産業史』第2巻）に達しており，貨物輸送の分野でも自動車の進出が私鉄を大きく圧迫した事実をうかがい知ることができる。

　以上のように，自動車の進出は，昭和恐慌が私鉄経営に与えた打撃を加重する要因となったが，さらに，1932年（昭和7）以降に景気が好転したにもかかわらず，私鉄の不況からの回復を遅らせる要因にもなったといえよう。いま，1日1キロ平均の営業益金をみると，地方鉄道の場合に28年度のピークを回復するのは37年度になってからであり，軌道の場合にはさらに1年遅れて38年度になってからのことであった。そして，このような私鉄と自動車の競合に加えて，さらに私鉄の経営危機に拍車をかける構造的要因として登場したのが国鉄の進出であり，国鉄と私鉄，とくに都市近郊の私鉄との競合であった。

　国鉄の収益状態も私鉄のそれと同じくすでに1922年（大正11）度をピークに低落に転じ，さらに昭和恐慌の過程では運賃収入が大幅に減少する（28年度から32年度までの間に旅客は18.2%，貨物は20.8%の減）という打撃を受けることになった。そこで，国鉄は収益状態の改善をはかるため，経費の節減，運賃収入の増加にのり出したが，このなかで私鉄（とくに都市近郊私鉄）の経営を圧迫したのは，都市を中心とした近距離の旅客輸送の増強であった。具体的には電化や急行の運転があげられるが，いま1930年から37年までの間に新たに電車化された区間をみると，東京周辺では横浜・横須賀間，お茶の水・千葉間，上野・松戸間，大阪周辺では京都・明石間，大阪・天王寺間，片町・四条畷間などがあった。これらの電化にともないいわゆる省線電車の開通は，並行する私鉄の経営に少なからぬ影響を及ぼしたのである。国家資本に支えられた以上

のような国鉄の進出にたいして，不況に苦しむ私鉄が業界をあげて激しく反撥したことはいうまでもない。

多角化する私鉄経営

以上のように，昭和恐慌下の私鉄の経営危機は，長期の不況の影響だけではなく，バス・トラック事業の進出，国鉄との競合などによってもひき起こされたものであり，この間に，私鉄相互間，私鉄と国鉄，私鉄とバス・トラックの間の競争は，輸送需要が縮小・停滞しているなかで激烈をきわめたのである。そして，私鉄のなかには合併・譲渡・解散によって消滅するものもあいついだが，生き延びた私鉄といえども「合理化」をはじめ，さまざまの対策による危機の打開を迫られることになった。

まず，私鉄が本業自体について行なった「合理化」をみると，第1には，高利負債の低利借換えによる金利負担の軽減，購入電力の値引き，従業員の賃金の切下げなどによる経費の節減があげられる。第2に，動力の変更（電化やガソリンカーの導入）や鋼製車両の増強，複線の建設などによるスピードアップやサービスの改善も，国鉄やバスに対抗して乗客の誘致・確保をはかるためには不可欠となっていた。

しかし注目しなければならないのは，この間に私鉄の経営多角化が一段と進展したことであろう。沿線への電灯・電力の供給，住宅地の開発，遊園地の経営といった私鉄の経営多角化は明治末期から進められてきており，とくに「昭和恐慌」下にも比較的良好な経営状態を維持していた私鉄のなかには，電灯・電力の供給や住宅地の開発で，かなりの収益をあげていたものも少なくなかった。前者の例としては，東京周辺では王子電気軌道，京王電気軌道，大阪周辺では阪神電気鉄道，京阪電気鉄道があげられる。また，後者の例としては，東京周辺では目黒蒲田電鉄，大阪周辺では阪神急行電鉄があげられよう。

しかし，5大電力（東京電燈・東邦電力など）が全国ではげしい「争覇戦」をくり広げているもとでは，私鉄にとって新たに電灯・電力の兼営に乗り出せる余地はなく，また第一次大戦後の「土地ブーム」が終焉して郊外住宅地が値

下がりしているもとでは,私鉄による住宅地の開発もせまい範囲に制限されざるをえなかった。以上のような既成の経営多角化にたいして,昭和恐慌下の大きな特徴は,新たな経営多角化が始まったことであった。

その第1は,バスの進出にたいして私鉄が競争関係にある既存のバス事業の買収,資本参加によるその系列化をはかり,また自社線に並行したバス路線を新設(直営または系列会社の設立による)するなど,自らバス事業の兼営にのり出したことである。以上のような私鉄のバス事業は東京・大阪を中心に1927年(昭和2)頃から本格化し,東京では玉川電気鉄道,大阪では阪神急行電鉄が早かった。そしてバス事業者の買収・系列化は,既存のバス事業者の圧倒的多数が零細な個人業者によって占められていただけに急速に進み,バス事業者の数は,33年度末の4311から,36年度末には2175へと半減(解散による減少を含む)するに至った。なかには東武鉄道(33年7月以降に直営と系列会社の2本立てでバス事業に進出)のように,第二次大戦末までの間に実に100以上のバス事業者を買収した私鉄もあったのである。

第2にあげなければならないのは,私鉄の百貨店業への進出であろう。日本における百貨店の起源は,欧米諸国にくらべて約半世紀も遅れるが,1904年(明治37)12月に新装開店した三越がその最初であった。その後,大正期に入ると,人口の集中による都市の消費需要の増大,会社員や公務員などを主体とする新中間層の拡大,標準化による消費財の大量生産化の進展などを背景に,東京や大阪を中心に百貨店があいついで誕生した。それらは都心部に立地するものが多かったが,昭和に入ると,都市近郊私鉄の発達による人口の郊外への分散が進み,私鉄のターミナルも集客能力を高めて百貨店の立地に適したものとなり,いわゆるターミナル・デパートがつぎつぎに開設されることになったのである。

ターミナル・デパートの第1号は,1920年(大正9)11月に阪神急行電鉄が梅田駅に開設した日用品雑貨のマーケットであるが,同電鉄は当初は賃貸方式(相手は白木屋)を採用し,25年6月になって直営方式に切り換えている。また,東京では城東電気軌道が30年(昭和5)4月に錦糸堀停留所に開設したも

のが早く,これも賃貸方式(白木屋)を採用していた。このように,ターミナル・デパートの経営方式には,私鉄が駅ビルを既存の百貨店に賃貸する方式,私鉄自身が直営する方式,それに私鉄が系列の百貨店会社を設立して賃貸する方式があったが,昭和恐慌下の大きな特徴は大規模なターミナル・デパートがあいついで出現したことであった。すなわち,1929年4月に開店した大阪の阪急百貨店(阪神急行電鉄の直営),1934年11月に開店した東横百貨店(東京横浜電鉄の直営)はいずれも売場面積が1万m^2前後もあり,これらの私鉄系の百貨店は既存の独立系百貨店に肩を並べる地位に進出することになった。

以上のように,昭和恐慌下の私鉄,なかでも都市近郊私鉄はバス事業や百貨店業への進出により経営の多角化を一段とおし進めてきたが,このことは本業の鉄道自体のサービス改善とあいまって多大の設備投資を必要とし,かえって私鉄の経営にとって大きな負担となった。しかも,輸送需要が停滞しているなかで私鉄,国鉄,バス・トラックなどが入り乱れてはげしい競争を展開し,このことも私鉄の経営を大きく圧迫したのである。このような状況のなかで,東京・大阪などの都市近郊私鉄の間では乱立した交通機関の整理・統合の動きが高まり,大阪では1930年(昭和5)9月の京阪電気鉄道による新京阪鉄道の合併,東京では34年10月の目黒蒲田電鉄による池上電気鉄道の合併が実現した。こうして,交通市場の分割と地域独占の確立をめざす交通統制問題が具体化することになるのである。

(野田正穂)

人物紹介⑱

早川徳次 (はやかわ・とくじ 1881～1942)

1881年(明治14)10月15日,山梨県東八代郡御代咲村に生まれた。日本の地下鉄の創始者として知られる。

1908年（明治41）早稲田大学法科を卒業後南満州鉄道に入社，総裁後藤新平の知己を得て後藤が鉄道院総裁に転ずるとともに早川も鉄道院に移って，鉄道業務の経験を積んだ。最初は政治家志望であったが，やがて鉄道事業家を志し，鉄道院での在職約1年ののち，同郷の先輩根津嘉一郎に招かれ，根津が社長をつとめる東武鉄道の系列下に入った佐野鉄道の支配人となってその経営再建に成功，ついで同じく根津系の高野登山鉄道に転じて同社の再建につとめた。

　1914年（大正3）高野登山鉄道を辞した早川は欧米各国の鉄道視察の旅に出た。彼がとくに関心をもっていたのは，港湾と鉄道との関連であったとされているが，最初の目的地ロンドンにおいて地下鉄を見るにおよび，その後半生を地下鉄建設に捧げる決意を固めるに至った。そして，ロンドンからアメリカに渡った早川はニューヨークその他の都市の地下鉄を調査し，1916年に帰国するや，不退転の決意をもって，東京市内の地下鉄建設に全力投球をすることになった。東京ではすでに1906年（明治39)，福沢桃介らが東京地下電気鉄道（品川・浅草間および銀座・新宿間）の建設を出願した事実があるが（1913年却下），早川ほどの情熱と努力，周到な準備をととのえて地下鉄計画を推進した前例はなく，日本の地下鉄の歴史は早川に始まるといっても過言ではない。

　1917年（大正6），早川を発起人総代とする東京軽便地下鉄道（品川・浅草間，車坂町・南千住間）が出願され，1919年11月にこれが免許された。

　早川の地下鉄建設計画は東京に地下鉄ブームをひき起こした。当時，東京市内の交通需要は急速に高まり，街路上の交通機関だけでは運びきれない段階に達していて，地下鉄が有力な解決策と信じられるようになったからである。多くの事業家たちが地下鉄を有望な事業と考え，早川の後を追って，1918年11月より翌年2月の間に，武蔵電気鉄道，東京高速鉄道，東京鉄道の3社がそれぞれ独自に地下鉄計画の免許を申請し，いずれも1920年3月に免許されたのであった。

　早川は第一次大戦後の景気後退と関東大震災による打撃のなかで，会社の設立と資本金の調達に大きな苦労を経験したが，1920年に東京地下鉄道の名称で会社を設立，1925年に工事に着手して，1927年（昭和2）12月30日，上野・浅草間の開業に成功した。これが日本最初の地下鉄である。早川の事業を積極的に援助し，財界との接触・支援を確保したのは根津嘉一郎であった。

　東京地下鉄道はその後建設を続けて，路線を小刻みに延長し，1934年（昭和9）6月，新橋に達したが，それまでの巨大な建設費の負担のため，免許路線の残部の完成を断念せざるをえなくなった。

　一方，東京高速鉄道が設立されて（1935年)，渋谷・新橋間の建設に着手するや

（1938〜39年開業），早川は彼がすべての情熱を注いで育てた東京地下鉄道をいかなることがあっても彼自身のリーダーシップのもとにおこうとする執念を燃やすことになる。五島慶太の率いる東京高速鉄道は，配当率の低下により株価の下がった東京地下鉄道株をひそかに買い集めるようになり，早川はこれに激しい敵意を燃やした。両社は新橋駅を境とする相互乗入れ運転をめぐり激しく対立したが，五島は得意の株の買占めによる乗っ取りに成功して，最終的には東京地下鉄道の支配権を握ることになる。このため，1940年（昭和15）に早川はついに東京地下鉄道社長の地位を去らざるをえなくなって，その2年後の1942年11月29日，失意のうちにさびしく世を去ってしまう。それは情熱の人であると同時に，孤高の経営者であった早川の悲劇でもあった。 （青木栄一）

第3節　戦間・戦時体制期の鉄道技術

幹線鉄道機能の強化

第一次世界大戦（1914〜18）をひとつの契機として，日本の経済は急速な発展をとげ，このことは東海道・山陽両本線を中心とする幹線鉄道の輸送需要を膨張させることとなった。また人口の大都市への集中は都市間および都市近郊交通を活発化させ，在来の鉄道の能力を越える交通量が殺到していた。

このような傾向はすでに日露戦争（1904〜05）当時から顕在化しており，広軌改築計画のような抜本的な改善政策が論じられたのであるが，くりかえされた政変ののち，現行レベルでの鉄道網拡大を主張する政友会内閣は広軌改築計画を葬り去った。そのため，政府は激増する輸送需要に追われるような形で，軌間をはじめとする鉄道の抜本的な設備基準の向上を果たせないまま，幹線の改良を行ない，輸送能力の向上をはからねばならなかった。

この時期の幹線鉄道の改良でみられた著しい特徴のひとつに，勾配の緩和とそれにともなう長大トンネルの建設がある。

山地の多い日本での鉄道建設はまさに勾配とトンネルとの戦いであった。一般に明治期の鉄道建設はトンネル掘削技術の未熟や工費・工期の節約のため，トンネルの数や長さを最小限にとどめようとする傾向が強かった。そのため，

図7-1 伊吹越えのルート変更

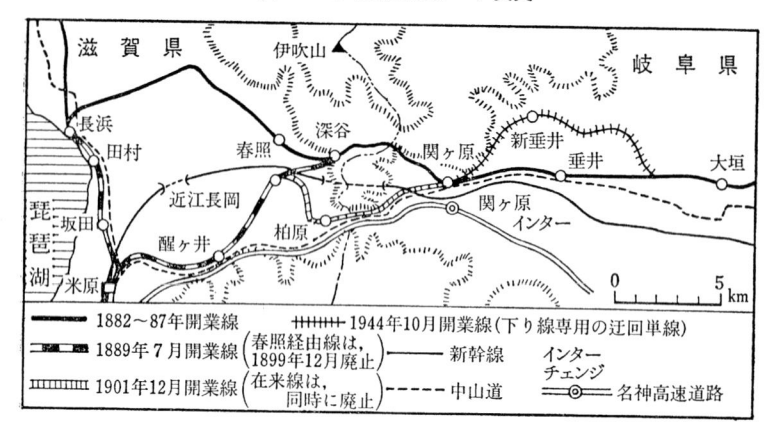

凡例:
— 1882～87年開業線　　+++++ 1944年10月開業線(下り線専用の迂回単線)
▦ 1889年7月開業線（春照経由線は，1899年12月廃止）　— 新幹線　　インターチェンジ
▥ 1901年12月開業線（在来線は，同時に廃止）　---- 中山道　　◎◎◎ 名神高速道路

伊吹山地と鈴鹿山地を結ぶ鞍部(峠)が関ケ原で，中山道から新幹線に至るまでのあらゆる交通路が集束している。東海道線は当初の25パーミル勾配を改良するため何回もルートの変更を行なって，現在のものに落ちついた。図は国鉄鉄道線のみを示した。(青木栄一原図)

図7-2 逢坂山越えルートの改良

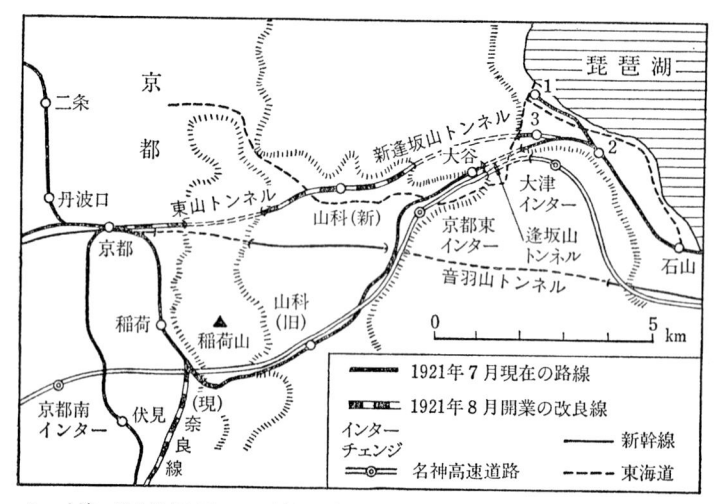

— 1921年7月現在の路線
▦ 1921年8月開業の改良線
◎◎◎ 名神高速道路　　— 新幹線　　---- 東海道

1, 大津→浜大津(1913)　2. 馬場→大津②(1913)→馬場(1921)→膳所(1934)
3. 大津③(1921)　国有鉄道線のみを示す。
旧ルートは偶然ながら現在の名神高速道路のルートとほぼ一致している。1921年8月東山・新逢坂山両トンネルを通る現在のルートに改められたが，同時に従来の奈良線の伏見経由ルートは東海道旧線の一部を使った稲荷経由ルートに改められた。旧奈良線のルートには奈良電気鉄道(現在の近鉄奈良線)が建設された。(青木栄一原図)

図7-3 御殿場線と熱海経由線の比較断面

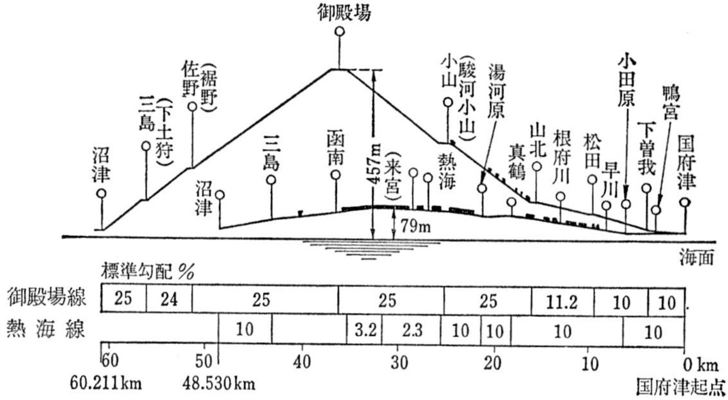

標準勾配‰								
御殿場線	25	24	25		25	25	11.2	10	10
熱海線			10	3.2	2.3	10	10	10	10

原図 { 日本国有鉄道『鉄道技術発達史』(1959年)第2編(施設)I p.58 鉄道省熱海建設事務所『丹那隧道工事誌』(1936年) p.2 } により一部改変

―― 隧道　駅名は開業当初の名称で示す。カッコ内は現駅名
御殿場経由線は大正末にあった駅のみ表示。

山地の横断にあたっては, 河谷に沿って勾配の許容限度いっぱいになるまでさか上り, 分水嶺をぬけるトンネルの長さをできるだけ短くするようなルートが選定されていた。その勾配の許容限度は幹線鉄道では25‰であった。したがって, 東海道本線・東北本線・鹿児島本線などの幹線にも各所に25‰, あるいはそれ以上の勾配区間があって, 輸送上のネックを形成していた。

たとえば, 東海道本線はその全通時(1889年)には25‰の急勾配区間が3カ所あった。箱根越え(国府津・沼津間), 伊吹越え(大垣・米原間), 逢坂山越え(大津・京都間)である。このうち, 伊吹越えの西側斜面は1901年に複線化と別線建設を同時に行なって改良され(図7-1), 1921年には逢坂山越えの勾配区間も解消した(図7-2)。

最も大規模な改良工事は箱根越えの別線建設であり, 箱根外輪山の外側を通る御殿場経由のルートに代わって, 丹那盆地の下に長大トンネル(丹那トンネル, 長さ7841m)を掘削し, 小田原・熱海経由のルートが選定された。建設工事は1916年にはじまり, トンネルの工期は当初7年を予定したが, 大量の湧水, 温泉余土, 断層の存在などに加えて, 北伊豆大地震(1930年)に遭うなど

の障害にぶつかり，1934年12月にいたってようやく開通した。この間，工事中の殉職者は67名を数え，工事期間，犠牲者数ともに日本のトンネル建設史上の悪しき記録をつくってしまった。しかしこれにより，国府津・沼津間は延長60.2kmから48.5kmに短縮され，最急勾配も10‰となった。従来この区間で2時間30分を要した急行列車は，1時間20分の所要時間で走破し，牽引力も3倍となった。新線の開通によって，旧線は御殿場線と改称され，ローカル線に転落してしまった（図7-3）。

最後まで残された伊吹越えの東側斜面の急勾配が解消したのは第二次世界大戦中の1944年で，10‰勾配の迂回線を新設して，西行の下り列車がこの線を用いるようになった（図7-1）。

この時期には，鹿児島本線の海岸まわりルートへの変更（1927年全通），関東地方と新潟県を短絡する清水トンネル（長さ9702m）を含む上越線の全通（1931年），東北本線と山陽本線の急勾配区間の改良などが行なわれている。

一方，1919年，国鉄は電化調査委員会を設置し，全国で数千kmにのぼる電化計画を発表したが，これによってまず東海道本線東京・国府津間と横須賀線大船・横須賀間が1925年12月に電気運転を開始し，1926年小田原，1928年熱海と電化区間は延長された。1931年には中央本線飯田町・甲府間，上越線水上・石打間（清水トンネル区間）にも電気機関車による列車運転が行なわれ，1934年には丹那トンネルの開通によって東海道本線の電化区間は沼津に達した。また，1937年には仙山線の仙山トンネル（長さ5361m，当時は清水，丹那につぐ日本第3位のトンネル）が開通し，トンネル部分を含む作並・山寺間が電化された。

一方，京阪神地方では京都・明石間が電化され，電車運転がはじまったが，長距離列車は依然として蒸気運転のままであった。

鉄道電化の主たる目的は輸送力の強化と運転の経済性向上にある。電気機関車はとくに勾配区間で牽引力・速力ともに蒸気機関車よりすぐれており，電化は線路改良と同じ効果をあげうると考えられた。しかし，当初意図されたような主要幹線の電化は1930年代に入ると低調となり，大都市付近や急勾配線，長大トンネル区間を対象とした特殊な動力と考えられるようになった。これは全

国的な鉄道網拡充のため，電化費用の膨張を嫌ったためと，より強力な蒸気機関車の開発などによるものである。

また，大都市に集散する旅客・貨物の輸送が増加するにつれて，従来さまざまの機能を併合していた大都市のターミナル駅で各機能の場所的な分離がおこったのもこの時期である。これによって，旅客駅，貨物駅，客車操車場，貨車操車場などの機能別の専門駅がそれぞれ独立するようになった。

幹線鉄道用車両の発達

幹線鉄道における輸送需要の急増は，国産標準型機関車の第1世代である8620形と9600形を上まわる強力な機関車を要求した。

旅客用機関車では，1919年に18900形（のちC51形と改称）がつくられた。高速性能を第一義として設計された機関車で，軸配置は2C1形（パシフィック形）を採用して大型火室の装備を可能とし，従来1600mmであった動輪直径を1750mmまで拡大した。当時1067mm軌間の鉄道では世界最大といわれた大型の動輪である。軸重が14.2トンとなって，在来機より1トン近く重くなったが，これは当時全国の幹線で行なわれていた37kgレールへの交換によって可能となったものであった。2C1形の軸配置と直径1750mmの動輪は，その後第二次世界大戦時まで国鉄旅客用機関車に共通する特徴となった。

旅客用機関車の発達はその後は二つの系列に分かれ，東海道・山陽本線の長距離列車に主用される重量機とその他の幹線鉄道一般に用いられる軽量機が並行して製作された。技術的にとくに興味をひくのは3シリンダー機関車C53形（1928～31年製）であるが，狭軌の狭い空間に中央シリンダーとクランクが配置された複雑なメカニズムであったため，保守関係者に嫌われ，理論的にはすぐれたものでありながら日本では使いきれずに終わった。

貨物用機関車では1923年に9900形（のちD50形と改称）が登場した。ボイラーを大型とし，広い火室を従輪で受ける構造としたため，軸配置は1D1形（ミカド形）となり，動輪直径も従来の1250mmから1400mmとなった。貨物用・勾配線用機関車の決定版と称されたが，1920年代後半の不況で貨物輸送が減退した

図7-4　戦間・戦時体制期の蒸気機関車

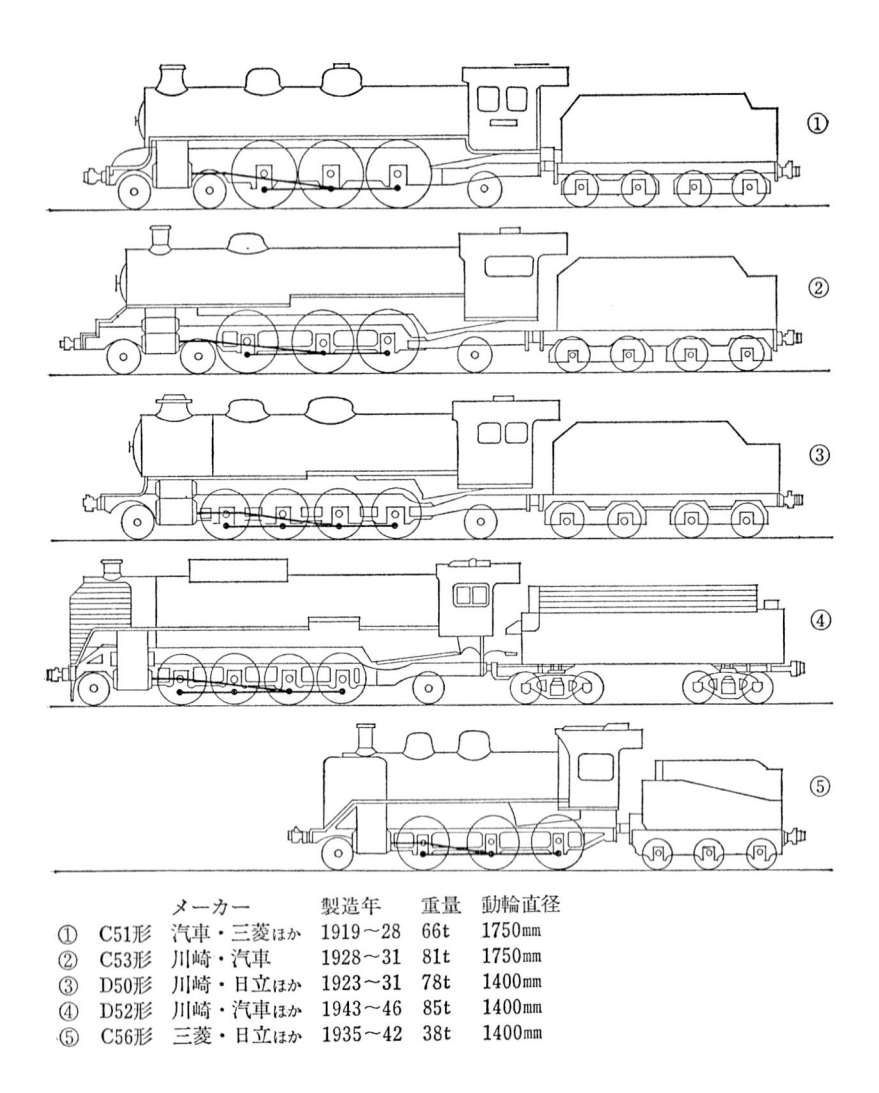

		メーカー	製造年	重量	動輪直径
①	C51形	汽車・三菱ほか	1919〜28	66t	1750mm
②	C53形	川崎・汽車	1928〜31	81t	1750mm
③	D50形	川崎・日立ほか	1923〜31	78t	1400mm
④	D52形	川崎・汽車ほか	1943〜46	85t	1400mm
⑤	C56形	三菱・日立ほか	1935〜42	38t	1400mm

(注) 臼井茂信『日本蒸気機関車形式図集成』2, 誠文堂新光社, 1969年, より青木栄一作図。

ため，その生産は1931年で終止符を打った。しかし，第二次大戦が近づいて経済の回復が進むと，幹線用貨物機の需要は再び高まり，1936年からD50形の性能向上型であるD51形の生産が開始され，1945年までに同型機1115両という国鉄機関車中最大両数の記録をつくった。

一方，電気機関車は，東海道本線の電化にあたって，欧米諸国から多数の輸入がはかられ，1922～26年に13形式59両が国鉄に採用された。国別にはイギリス43両，アメリカ10両，スイス4両，ドイツ2両と多彩な内容で，メーカーの多様な設計のため，性能や取扱い方法に大差があるうえ，予備品の確保にも支障があった。故障も頻発して，その運転と保守には悩まされたという。

各種の輸入機を参考にしながら，国鉄は標準型電気機関車の設計をはかり，川崎車輛，三菱電機，芝浦製作所，日立製作所の4メーカーと共同して，1928年にEF52形を完成させた。これは急行旅客列車用で2C＋C2形の軸配置をもち，225kw電動機6個を装備した。部品はボルトに至るまで国鉄当局と関係メーカーとの間で協議のうえ標準化がはかられ，これがその後の国鉄車両設計の基本的なやり方となった。

その後，このEF52形を基本として，旅客用，貨物用，山岳勾配線用などの系列が発展したが，使用線区が限定されていたため，蒸気機関車にみられるような大量生産はされなかった。

狭軌のままで輸送能力を強化する政策は，客車の設計においても大きな変化をひきおこした。国鉄では1920年より，車幅と車高を若干拡大した大形基本型客車を登場させ，客室設備の向上も進んだ。車体幅の拡大によってクロスシートの幅も広がって，乗客は2人並んでもゆったりと坐れるようになり，電灯の照度向上，上昇式窓の採用などもこの時期の特徴といえる。

同時に，従来は木造であった車体の鋼製化が推進されたのもこの時期であった。木造から鋼製車体への転換はまず大都市の電車で行なわれ，日本最初の鋼製電車（厳密には室内の内張りや床は木材を使っているので半鋼車と呼ぶ）は1922年，神戸市電に現われている。高速電車では1924年に阪神急行電鉄と阪神電気鉄道が半鋼車を採用し，翌1925年には前者では全鋼車も登場していて，全

国のメーカーでは鋼製車の製造が急速に進みつつあった。

鋼製車の登場は列車の高速化にともなって要求されたもので，高速走行時の耐震性や事故の際の安全性とかかわっている。国鉄では1926年に最初の半鋼製電車を登場させたが，同年9月に起きた山陽本線安芸中野・海田市間における特急列車の脱線転覆事故を機会に翌年度からの木造客車の製造を一切やめることとし，新製車は全面的に鋼製車に切りかえられた。

客車の鋼製化とこれに続く大型化（全長17mから20mへ）は，必然的に車体重量の増加につながった。設備のデラックスな食堂車や寝台車，その他の優等客車ではとくにこの傾向が著しく，木造の大型基本型客車では，3軸ボギー車でも30トンそこそこであったものが，鋼製客車では40トンを越えるものが珍しくなくなった。特急列車のような高速列車では列車の重量増加に機関車の牽引力向上が追いつかず，両数制限をするものもあって，在来の鉄道のレベルのまま，鉄道の性能を向上させようとする方針は1930年代にはやくも障害にぶつかったのであった。

このほか，1925年7月に一斉に実施された自動連結器への取替え（四国と北海道は別途施行）や，ほぼ1930～31年ごろから実施された空気ブレーキの使用，関門・青函・宇高の各鉄道連絡航路における貨車航送の開始などは，いずれも幹線鉄道の機能向上に大きく寄与した技術革新といえるであろう。

ローカル鉄道の発達と技術

明治末期からはじまった軽便鉄道政策，および1922年の改正鉄道敷設法にもとづく建主改従政策の結果，日本の鉄道網は全国津々浦々に拡大したが，新たに建設された鉄道の多くは輸送需要の小さいローカル線であった。

この種のローカル線は国鉄・私鉄を問わず，建設費節約のためと開業後の輸送需要を考慮して，低い線路規格でつくられていた。国鉄ではこのような実状を考えて，1929年（昭和4）7月，新しい建設規定を定め，「主要ナラザル連絡線又ハ地方線ト認ムベキモノ」（「国有鉄道建設規程」第2条）として丙線という区分を設けて，線路の最小曲線半径，最急勾配，橋梁と軌道の負担力，使

用機関車の軸重制限などの点で最も緩やかな規格を定めた。さらに1932年（昭和7）5月，「簡易線建設規程」が定められて，規格の緩和がはかられた。最小曲線半径160m，最急勾配35‰，30kgレール使用，軸重制限11トンという線路規格は明治初期の鉄道の基準に逆戻りしたようなものであった。

このような低規格の線路に用いる軽量機関車として，タンク機関車C12形（軸配置1C1形，軸重10.8トン），テンダー機関車C56形（軸配置1C形，軸重10.6トン）がそれぞれ1932年および1935年から製造され，各地のローカル線で広く活躍した。

ローカル線における列車のフリークェンシーを向上させながら，設備投資を極力おさえ，しかも列車運用の効率を上げるのに最も大きな貢献をしたのは，内燃動車の採用であった。とくに1920年代以降，各地で急速に発達したバス運転はローカル線の恐るべき競争者となり，旅客サービスの向上と経営合理化は各ローカル線にとって避けることのできない道となっていた。

日本の鉄道で営業用に用いられた最初の内燃動車は，常磐炭田地区の小規模な軌道であった好間軌道（北好間・平間，4.3km，軌間762mm）で，1921年（大正10）の開業時より用いられた。内燃動車はバスとの競争に苦しんでいた軌間762mmか600mmの弱小私鉄の間で急速に普及し，1920年代後半になると，軌間1067mmの中堅私鉄でも採用がはじまった。当時の内燃動車は自動車用ガソリン機関をもつ小型の2軸車が多く，世界的に大量生産されたフォードT型20馬力が最も多く用いられた。メーカーも当初は日本鉄道事業，丸山車輛のような小規模業者であったが，需要の増大とともに，日本車輛，松井製作所，梅鉢鉄工所，新潟鉄工所などが戦列に加わり，最終的には大規模メーカーである汽車会社や川崎車輛も製作陣に加わった。ユーザーの鉄道の規模が大きくなるとともに車両も大型化し，機関出力の強化が進められ，1930年以降はボギー車が多数を占めるようになって，機関も主としてアメリカからの輸入品ながら出力は50〜100馬力に進んだ。

国鉄の内燃動車採用は1929年にはじまるが，本格的な採用は1933年を製造初年とするキハ36900形（のちキハ41000形と改称）以降である。この形は，それ

までの私鉄やメーカーが開発してきたガソリン動車の技術の積み重ねを基礎としながらも，大型軽量車体（全長15.5m）の採用，機関の国産化（GMF13形100馬力）などの点で，日本の内燃動車発達のうえでひとつの時代を画したものとなった。

　内燃動車のなかでも，燃料費の安価なディーゼル機関の採用は1928年が最初であったが，当時のディーゼル機関は船舶用が主流であり，自動車用として発達したガソリン機関のように小型軽量化が十分でなかったためと信頼性の点でその普及は遅かった。主として，ドイツまたはスイスからの輸入機関が用いられたが，1935年，池貝鉄工所と新潟鉄工所があいついで鉄道車両用のディーゼル機関の実用化に成功した。

　しかし，1933年から石油の統制がはじまり，1937年ごろから鉄道用についても供給の規制が行なわれるようになった。このため，同年をピークとして，国鉄・私鉄とも内燃動車の運転キロ数は下降しはじめ，その活動は急激に衰えたのであった。

戦時体制下の鉄道技術

　1937年（昭和12），日中戦争がはじまり，日本の鉄道は急増する輸送需要を前にして，輸送力の絶えざる向上を要求されることとなった。このため，主要幹線で未改良のまま残されていた急勾配線の解消や複線化，大都市周辺の貨車操車場の能力向上などが促進されたが，抜本的な改善策としては，在来の東海道・山陽本線と並行して，国際標準軌間の別線建設が検討された。弾丸列車と通称されたこの新しい東京・下関間の鉄道は，最小曲線半径2500m，最急勾配10‰とされ，在来線をはるかに上まわる高速・大単位の列車運転が計画された。東京・大阪間は電気機関車，大阪・下関間は蒸気機関車の牽引で，最高速度はそれぞれ200km／時と150km／時が可能とされた。これによって東京・大阪間は4時間，東京・下関間は9時間で運転される予定であった。当時の日本は朝鮮の鉄道や満鉄において，蒸気機関車による高速列車の営業運転に成功しており，1930年代に欧米諸国の鉄道で達成された蒸気機関車の性能向上のための

さまざまの技術開発がとり入れられるはずであった。このことは，狭軌で軌道構造の弱い日本の在来線ではとうてい達成できないレベルの鉄道を実現するものとして，当時の日本の鉄道技術者の夢ともいうべき目標であった。

　この新しい高速鉄道はまた将来のアジア大陸縦貫鉄道の一環として位置づけられ，朝鮮海峡の海底トンネルのための地質調査すら行なわれた。新線の建設工事は1941年8月，在来線に平行する新丹那トンネルの掘削ではじまり，日本坂や新東山トンネルなどの工事も開始された。

　しかし，日本はまもなく太平洋戦争に突入し，戦局が日本側に不利になってくると，このような長期にわたる大規模工事の継続は不可能となり，1943年，工事は中止されてしまった。のちの新幹線計画において，弾丸列車のための用地やトンネルは利用されることとなる。

　1941年（昭和16）12月，太平洋戦争がはじまると，鉄道に要求される輸送力はますます大きなものとなった。とくに輸送力向上の重点は貨物輸送にあり，そのために貨物用機関車の増備が緊急の課題となった。こうして，1936年より製造が続けられてきたD51形蒸気機関車の大量増備がはじまり，さらに戦争たけなわの1943年からは大容量のボイラーをもつ強力機D52形がつくられた。

　戦争後期には資材と工数を節約し，工程を短縮して量産の能率を高めるため，戦時型と称される簡易構造の車両がつくられるようになった。とくに鉄鋼材料の不足を補うため，木造部分が多くなったり，工作を簡単にするために圧延鋼の代わりに鋳鋼を用いたり，牽引力を増す手段としてコンクリートブロックを死重として積むなど，平時では考えられない多くの対策がとられていた。また，資材の不足と工作不良のため可動率の低下は免かれず，普通の状態では考えられないボイラー破裂事故を起こした機関車もあった。

　蒸気機関車では1944年後期以降製造のD51形とD52形の全部，EF13形電気機関車，大都市の通勤輸送用電車モハ63系などは，代表的な戦時型車両で，大戦末期から戦後の輸送に大きく貢献することになる。

（青木栄一）

第4節　交通統制と鉄道

交通統制の意義

〈交通統制論登場の背景〉　交通調整または交通統制とは，斎藤峻彦「交通調整論」(『交通学説史の研究』所収) によれば，交通機関の間の適切な競争関係，分担関係をつくり出すことである。1920年代後半から世界的にこれがとくに問題とされるに至ったのは，鉄道と自動車との競争が著しくなり，鉄道相互間あるいは自動車相互間の競争と合わせて，これら陸上交通機関の経営が深刻な状態になってきたことによっている。

この時代におけるわが国の自動車の発達は，主としてバス，タクシーの普及という形をとった。乗合バスは1920年前後から本格的に実用化され，とくに，関東大震災直後に被災した路面電車を補完するため東京市営バスが営業開始したことは，大都市交通におけるバス普及の契機となった。1935年（昭和10）当時，全国の乗合バスは3000余りの事業者が2万台余りのバスを運行して国鉄・私鉄に重大な脅威を与えていた。なかでも東京・大阪などでは，民営バスの有力会社が市営バスに匹敵する台数を有し，民営・公営のバス相互間で激しい競争が行なわれただけでなく，第6章第3節の表6-5，表6-6に掲げたように，路面電車の旅客を激しく侵食していた。

また，タクシーは，市内1円均一のいわゆる円タクが誕生した1925年（大正14）以後飛躍的に増加し，1930年代前半には東京市内だけで1万台をこえる営業車が許可されていた。

こうしたバス，タクシーの進出の結果，全般的な不況とあいまって，国鉄・私鉄の経営は苦境におちいった。地方路線では旅客の利便増進と合理化のためにガソリンカー化による小単位・頻発運転が盛んに行なわれたが，バスに敗退して廃業に追いやられる中小私鉄もつぎつぎと現われるようになった。

〈自動車交通事業法の制定〉　こうした事態にたいして，鉄道省ではバスにたいする監督規制の強化と鉄道事業者によるバス事業経営の促進に乗り出した。

陸上運送の監督権は従来名目上は逓信省にあり，実質上は各府県によって行なわれていた。このため重複路線の免許多発など競争の弊害が著しいとして，1928年（昭和3）11月鉄道省がこれらの監督権の移管を受け，1931年4月には自動車交通事業法を制定した。この法律によると，乗合バス等について鉄道に準ずる免許制をとり，これを鉄道大臣の監督下においた。そして，同法にもとづき競争路線の整理・統合を進めるとともに，鉄道平行路線は鉄道事業者に経営させるよう指導するという政策を推進した。

鉄道事業者のバス兼営は前述したとおり，東京・大阪などの市営交通事業でもみられたが，国鉄自らも鉄道新線の先行または代行，既設鉄道間の短絡といった目的を掲げて1930年（昭和5）12月から自動車事業（当時の用語では省営自動車）の営業を開始した。

〈陸上交通事業調整法の制定〉　自動車交通事業法の成立により鉄道と自動車との関係を規制する端緒が開かれ，零細バス事業の私鉄による買収が行なわれるようになったが，既存の有力企業間の調整は容易ではなかった。東京・大阪などでは市営交通事業と民営バスとの競争が著しく，このためとくに東京の場合は，市電の経営の行きづまりが大きな問題となっていた。そこで，1929年発足のベルリン交通会社（Berliner Verkehrs Aktiengesellschaft）や1933年発足のロンドン旅客運輸局（London Passenger Transport Board）にならって都市交通機関の統合・一元化を行なうべきであるという意見が有力となり，交通統制に関する研究や提案が1935年前後には続出するようになった。

鉄道省でもこういう機運をとらえてこのための特別立法を決意し，1938年（昭和13）4月に陸上交通事業調整法を制定した。この法律は私鉄とバスを対象とし，主務大臣は交通事業調整委員会の意見を聞いて関係事業者にたいし合併の勧告や譲渡の命令等を行なうことができるというものであった。国鉄はこの法律の直接の対象とはされなかったが，調整の進展によっては地方的な路線がこれに参加することもあるという考えであった。

この法律について，その立案にあたった責任者は，「陸上交通事業調整法は，臨戦経済政策の産物ではない。同法が公布施行せられたのは，日華事変が

遂に南支方面にまで拡大せられ，軍国的計画経済が急速度に実行されつつあったときであり，而も同法案が議会の審議を受けつつある際は，偶々，電力統制法案が議会論戦の最高潮であったことからして，交通調整法案も軍国的計画経済の一環と見られ勝ちであった。然し乍ら交通調整は，交通機関の乱立と相互の自由競争とが反って公衆の利用増進を妨げ，企業そのものの不経済を招来したことから，民間団体並びに事業者自身から，多年政府及び議会に対して要望せられたもので，政府も遂にその必要を認め，且つ，最早遷延を許されないまでに機運も熟したことによって，法案を議会に提出されたものである。かかる事情に鑑みて，交通調整法はたとえ同法の効果が当時の物資不足，統制思想とによって，拍車をかけられた事実があるにしても，決して戦時立法ではなく，資本主義経済に現われる弊害を修正除去することを目標とする思想に基づくものである」（鈴木清秀『交通調整の実際』）といっている。

　同法が，それまで一般的であった「交通統制」という用語をさけ，「交通調整」という表現をとったことにも，こうした立案者の趣旨は示されている（このため同法は，他の戦時統制立法のように終戦とともに廃止されることなく，今日まで形式上存続している）。

交通統制の経緯

　〈陸上交通事業調整法以前の統合〉　交通統制の論議が高まるとともに，法律の制定をまたずに企業間の自主的な統合もいくつか行なわれた。これらのなかには，いわゆる「乗っ取り」と表現されるような手荒な経過をたどって行なわれたものもあった。

　名古屋付近では，名古屋・岐阜間に路線網を張りめぐらす名岐鉄道と，名古屋・豊橋間に路線を有する愛知電気鉄道の2大私鉄が1935年（昭和10）8月に合併して名古屋鉄道となった。その後この鉄道は，愛知・岐阜両県下の中小私鉄を逐次統合していった。また名古屋市電は，周辺部の民営路面電車4社を1936年から翌年にかけてすべて買収した。

　東京付近では，目黒蒲田電鉄が池上電気鉄道を，同系の東京横浜電鉄が玉川

電気鉄道をそれぞれ合併し，この両社が1939年10月に合併して東京横浜電鉄となった。東京高速鉄道，京浜電気鉄道などは，同社の系列に属するものとなった。さらに東京地下鉄道も，激しい主導権争いの末に同系の支配下に入る。

大阪から名古屋への連絡をめざす大阪電気軌道および参宮急行電鉄のグループは，1936年9月参宮急行電鉄が伊勢電気鉄道を合併し，別に関西急行電鉄を設立して名古屋までの建設を行なった。

〈陸上交通事業調整法による統合〉 陸上交通事業調整法の成立後，同法にもとづいて1938年（昭和13）8月に設置された交通事業調整委員会は，東京付近，大阪付近，富山県，香川県および福岡県の5地域を当面の調整の対象と定め，そのうち東京付近の問題から審議に入った。名古屋付近が調整の対象から除かれているのは，前述したように名古屋鉄道の発足と名古屋市電による民営4社の統合が完了していたためであろう。

東京付近の調整にあたりまず問題になったのは，調整区域をどうするか，東京市の旧市域に限定した「小合同」によるのか，都心から30～40kmにまで及ぼす「大合同」とするか，調整を行なった場合に東京市電の外貨債の処理は可能か，国電をどうやって調整に参加させるかといったことであった。そして審議の結果，国電を加えた大合同に進むことに基本方針は定まったものの，その場合の経営形態をどうするかが最後に残された問題となった。東京市は自らが主導権を握ろうと市有市営を主張して譲らず，委員の主流をなす官公私合同会社案と対立したまま，委員会の審議は1939年末に一時中断した。

結局，翌1940年末に至り，こうした大合同は時期尚早であるとして，とりあえず東京市の旧市域についての小合同を行なうこととし，この場合，当面の急務である地下鉄の整備を促進するため，新たに特殊法人を設立してこれに民営の既設線や東京市などの免許線を統合すること，それ以外の路面交通事業は東京市に統合することとした。また，旧市域外の周辺地域については数ブロックに分けて調整を行なうこととした。

この交通事業調整委員会の答申の結果，帝都高速度交通営団法が1941年（昭和16）3月に制定された。そして，「東京市及其ノ附近ニ於ケル交通機関ノ整備

拡充ヲ図ル為地下高速度交通事業ヲ営ムコトヲ目的トスル法人」（同法第1条）である帝都高速度交通営団が国鉄，東京市および私鉄の出資により設立され，陸上交通事業調整法による譲渡の命令を受けた東京地下鉄道と東京高速鉄道の既設線および東京市その他の免許線を引きついで営業を開始した。なお，「営団」という名称は，帝都高速度交通営団を最初として，その後戦時中に設置された特殊法人に広く用いられたが，戦後は他の営団はすべて廃止された（帝都高速度交通営団にたいする私鉄の出資は戦後の政府資金受入れの際買入消却されたので，当初はいわゆる「官公私合同会社〔今日でいう第3セクター〕」的色彩の強かったこの営団も，現在では他の公団・事業団と類似の性格のものとなっている）。

旧市域内の民営路面電車・バス9社については東京市への譲渡または管理の委託の命令が出され，その評価額について当事者間で協議が整わなかったため，鉄道大臣の裁定をへて，1942年2月東京市への統合が実現した。

旧市域外の周辺地域については，陸上交通事業調整法にもとづく勧告または命令によらず，行政指導にもとづく企業間の自主的な調整によって，中央線以南，中央線・東北線間，東北線・常磐線間，常磐線東南の4ブロックへの統合が行なわれた。

中央線以南の西南部については，東京横浜電鉄，京浜電気鉄道，小田急電鉄が1942年5月に合併して東京急行電鉄を組織したものの，別系列に属する京王電気軌道の統合は遅れて1944年5月のこととなった。中央線・東北線間の西北部で資本系列を異にする武蔵野鉄道と西武鉄道が紆余曲折ののち統合されて西武農業鉄道（現在の西武鉄道）となったのは，ようやく終戦直後の1945年9月のことであった。東北線・常磐線間の東北部では東武鉄道が総武鉄道を統合して終わり，常磐線東南の地域では京成電気軌道の1社だけであるため問題はなかった。

東京付近以外で交通事業調整委員会の議をへて統合が行なわれたのは，大都市圏を除きもっとも多数の私鉄が分立していた富山県であった。ここでは富山電気鉄道が中心となって民営3鉄道を合併し，公営その他3鉄道の現物出資ま

図7-5　東京付近における郊外私鉄の統合

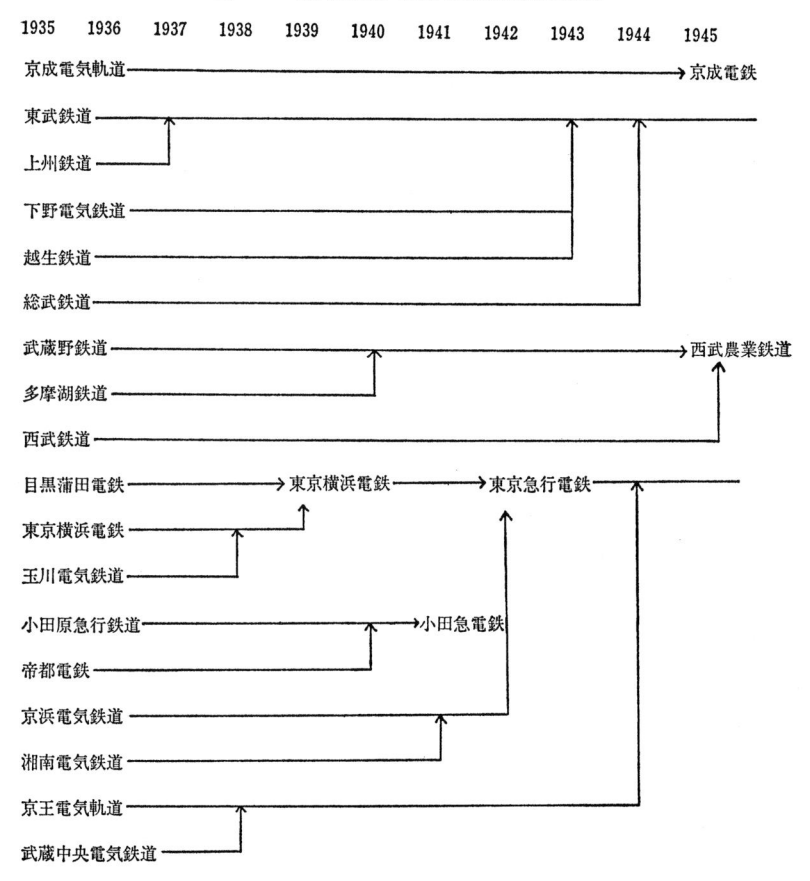

| 1935 | 1936 | 1937 | 1938 | 1939 | 1940 | 1941 | 1942 | 1943 | 1944 | 1945 |

京成電気軌道 ────────────────────────────→ 京成電鉄
東武鉄道 ──────────────────────────────
上州鉄道 ──┘
下野電気鉄道 ──────────────┘
越生鉄道 ──────────────────────┘
総武鉄道 ──────────────────────────┘
武蔵野鉄道 ──────────────────────→ 西武農業鉄道
多摩湖鉄道 ──────────────┘
西武鉄道 ──────────────────────────┘
目黒蒲田電鉄 ────→ 東京横浜電鉄 ──→ 東京急行電鉄 ──
東京横浜電鉄 ──┘
玉川電気鉄道 ──┘
小田原急行鉄道 ──────────→ 小田急電鉄 ──┘
帝都電鉄 ──────────────┘
京浜電気鉄道 ──────────────┘
湘南電気鉄道 ──────────┘
京王電気軌道 ──────────────────┘
武蔵中央電気鉄道 ──┘

たは譲渡を受けて，1943年（昭和18）2月富山地方鉄道が成立し，全県下の鉄道を一元化した。

〈その他の統合〉　東京付近と富山県以外の統合は，政府の行政指導を多かれ少なかれ受けたにせよ，法律によらず企業間の自主的な統合という形をとって行なわれた。

大阪付近では，1940年（昭和15）6月に大阪市電がもっとも有力な民営バス

図7-6　大阪付近における郊外私鉄の統合

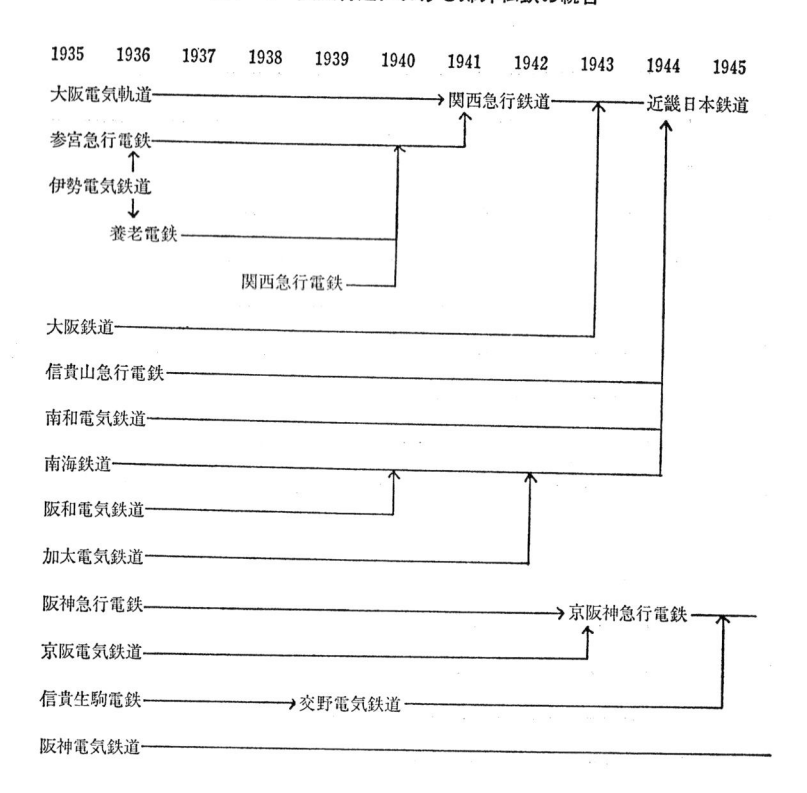

```
       1935   1936   1937   1938   1939   1940   1941   1942   1943   1944   1945
大阪電気軌道 ──────────────────────────────→関西急行鉄道────────→近畿日本鉄道
参宮急行電鉄 ───────────────────────────↑                   ↑
       ↑                                                    │
伊勢電気鉄道                                                 │
       ↓                                                    │
養老電鉄 ─────────────                                       │
                  関西急行電鉄 ──────                        │
大阪鉄道 ─────────────────────────────────────────────────── │
信貴山急行電鉄 ───────────────────────────────────────────── │
南和電気鉄道 ─────────────────────────────────────────────── │
南海鉄道 ────────────────────────↑          ↑               │
阪和電気鉄道 ────────────────────            │               │
加太電気鉄道 ───────────────────────────────                │
阪神急行電鉄 ─────────────────────────────────→京阪神急行電鉄─
京阪電気鉄道 ─────────────────────────────────↑
信貴生駒電鉄 ──────→交野電気鉄道 ───────────────
阪神電気鉄道 ──────────────────────────────────────────────
```

企業である大阪乗合自動車を統合し，また同年12月には，南海鉄道が激しい競争をくりひろげていた平行線の阪和電気鉄道を統合した。ついで41年3月，大阪電気軌道と参宮急行電鉄が合併して関西急行鉄道となり，44年6月には，この関西急行鉄道と南海鉄道が政府の強い要請により合併して近畿日本鉄道となった。その前年の1943年10月には，京阪電気鉄道がやはり政府の強い要請を受けて阪神急行電鉄に合併し，京阪神急行電鉄となっていた。在阪の有力私鉄のうち統合を免れたのは，阪神電気鉄道だけであった。

　福岡県では，県下の主要私鉄が1942年9月に合併して西日本鉄道となった。香川県では大部分の私鉄・バスの統合で高松琴平電気鉄道が生まれ，県下の私

鉄は同社と琴平参宮電鉄の2社に整理された。その他の各県でもそれぞれ統合が進められた。

以上の戦時統合の結果，図7-5，図7-6にみるように4大都市圏の郊外私鉄は関東4社，中京1社，関西3社，九州1社の計9社に集約された。しかしこれには資材の統制や国家総動員法にもとづく陸運統制令を背景にした政府の強い圧力があったわけで，一部は戦後間もなく分離・独立し，今日の大手私鉄14社（関東7社，中京1社，関西5社，九州1社）となっている。

電力国家管理と私鉄

交通統制とならんでこの時代の私鉄に大きな影響を与えたものに，逓信省の進めた電力国家管理があった。これは2段階に分けて行なわれ，1938年（昭和13）8月の発送電事業の日本発送電株式会社への統合に続いて，1942年4月には配電事業も全国9社の配電会社に統合された。この結果，これまで電気鉄道各社にとってもっとも有力な兼業部門（一部はむしろ電力が主で鉄道が従）であった電気事業がその手を離れ，これら企業の規模が一挙に縮小することとなった。また，これまで電力資本の系列下にあった中小私鉄は，別の資本系列下に移ることになる。

こうした電力国家管理の実施は，電力部門を失った京王電気軌道の東京急行電鉄への統合にみるように，一面では交通統制の実施を促進することにもなった。

（和久田康雄）

人物紹介⑲

五 島 慶 太 （ごとう・けいた　1882～1959）

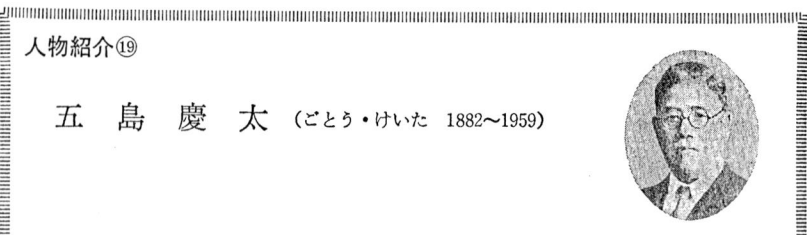

　東京西南部の私鉄網を中心に東急コンツェルンを築き上げた「電鉄王」。
　1882年（明治15）4月18日，長野県小県郡の農家に生まれる。1906年（明治39）3月，東京高等師範を卒業し，三重県の商業学校の英語教師となったが，1年半で辞職し，東京帝国大学法科に入学した。1911年7月卒業と同時に農商務省に入り，ついで鉄道院に移り，20年（大正9）5月，監督局総務課長で退官した。直ちに武蔵電気鉄道の常務取締役となり，さらに22年10月には目黒蒲田電鉄の専務取締役となって，両電鉄の建設に従事した。後者は23年3月に目黒・丸子多摩川間で開通をみたものの，資金難に陥った前者は結局は目蒲の傘下にはいり，東京横浜電鉄と改称したのち，26年2月，丸子多摩川・神奈川間の開通にこぎつけた。しかし渋谷・桜木町間の全線の開通をみるのは，ようやく32年（昭和7）3月になってからであった。
　五島は東横・目蒲の建設を進め，両者の実権を握ったものの，昭和恐慌にぶつかり，業績の不振から長期にわたる苦闘を余儀なくされたのである。この間，一方で営業費などの経費の節約をはかると同時に，収入の増加のために乗客の誘致につとめたが，そのなかで五島の独創とされたのは大学をはじめとする教育機関の誘致であった。すでに関東大震災後には用地の交換により東京高等工業が沿線に移転していたが，1929年（昭和4）以降，用地の寄付・貸与などの方法で慶応義塾予科，東京府立高校，日本医科大学，青山師範，法政大学予科，多摩美術学校などをつぎつぎに沿線に誘致している。
　1936年（昭和11）12月，五島は東横と目蒲の社長に就任したが，このころから東京西南部の私鉄の統合にのり出し，38年4月には玉川電鉄を東横に合併，39年10月には東横と目蒲を統合した。さらに戦時下の私鉄統制の波にのって42年5月には小田急電鉄と京浜電鉄を合併し，東横は東京急行電鉄と改称し，さらに44年5月には京王電軌を合併し，東京西南部の交通機関を文字通り独占する東急コンツェルンを築き上げた。これには以上のほかに江ノ島電鉄や箱根登山鉄道などの鉄道が含まれるほか，バス・百貨店なども属し，五島が役員として関係した子会社・傍系会社の

数は多いときには80数社に及んだという。しかも合併・系列化ではしばしば株式の買占め，乗っ取りといった強引な手段がとられたところから「強盗慶太」の異名が与えられたほどであった。

1944年（昭和19）2月には東条内閣の運輸通信大臣に就任し，そのため戦後は51年8月まで公職追放となった。また，戦時中に合併させられた小田急などの役員・従業員の間から分離・独立の動きが高まり，48年6月，東急を分割して京王帝都電鉄，小田急電鉄，京浜急行電鉄が設立された。しかし，五島の事業欲は衰えず，伊豆・箱根や軽井沢の観光開発では西武の堤康次郎としばしば衝突して話題を集めたが，最後の事業となったのは，伊東・下田間の伊豆急行の建設であった。しかし，60年1月の着工を前に，59年8月14日，77歳で死去した。 (野田正穂)

第5節 戦時体制下の鉄道

空襲による鉄道の被害

1945年8月14日11時40分，山陽本線岩国駅はB29編隊90機の波状爆撃を受けた。投下弾数は，隣接の岩国飛行場を合わせて250キロ級1000発といわれ，うち300発が岩国駅構内に集中した。このため駅構内の本線・側線が大破，建物は駅本屋，官舎，会議所やホームの上家は，すべて破壊され，そればかりかホームまでがもとのかたちを残さないまでに破壊された。当時駅にいた第275，964各列車などの貨車94両，第821列車の客車8両，機関区構内の滞留車を含めて機関車7両が大破，D51形機関車が台車や動輪など走り装置を上向きにして転覆するという常識では考えられないほどの被害となった。このような状態で，死者28人，行方不明35人，重軽傷者17人と，職員だけで80人の死傷者を出した（国鉄の空襲被害記録刊行会編『国鉄の空襲被害記録』および「国鉄戦災関係運転事故記録」〔仮題，原史料に標題なし〕による）。

当日は，ポツダム宣言受諾のための最後の御前会議が開かれたので，この時刻は，ちょうど，その会議のための召集がかけられていた時刻にあたる。

この日は，岩国だけでなく，大阪では，12時30分から，大阪陸軍造兵廠にたいする空襲が実施された。B29編隊147機が，P51，P47戦闘機の援護のもと

に，716.5トン（843個）（大阪砲兵工廠慰霊祭世話人会編『大阪砲兵工廠の八月十四日』，なお〔米軍〕第20航空軍『日本本土爆撃詳報』によれば，B29編隊145機により707トン（843個）を投下〔ただし爆撃日が8月13日となっているのは誤植か〕とある〔『東京大空襲・戦争誌』第3巻〕）を投下。大阪造兵廠は3回目のこの空襲でその機能を最終的に破壊された。このとき，隣接する国鉄城東線は，玉造・京橋間で線路の破壊10ヵ所，延べ475m，森ノ宮駅構内高架橋脚破壊4基，土留石垣50m²崩壊，片町線放出・京橋間で線路破壊3ヵ所190m，このほか玉造駅構内本屋全壊，京橋駅構内本屋半壊（以上『国鉄の空襲被害記録』），森ノ宮駅下りホーム中央に爆弾2個落下（「国鉄戦災関係運転事故記録」による），死傷者多数（『大阪砲兵工廠の八月十四日』によると，この本の刊行時までの判明死者217人，鉄道の構内だけでも，このほかに多数の死傷者が出ている）という被害を出した。「国鉄戦災関係運転事故記録」によると，森ノ宮駅の被災が13時30分，玉造駅の被災が14時2分（02分か20分か不明）となっている。

　当時6万人を越える人びとがはたらいていたこの工場では，3回の空襲による氏名判明死者数は328人であった。

　敗戦前日の午後まで，岩国でも大阪でも，多数の犠牲者が続出して，鉄道の施設は破壊され続けた。その前日の8月13日には，11時50分から総武本線成東駅構内が米軍艦載機の攻撃を受け，停車中の第302列車の客車5両が焼失，牽引機関車小損で運転不能となった。それだけでなく，当時本土決戦用として輸送中の貨車積みの火薬が誘爆し（貨車13両中破），構内の各種建物が全壊，旅客の死亡27人，職員は駅長以下15人全員が死亡（国鉄殉職碑による。「国鉄戦災関係運転事故記録」では旅客死亡24人，職員死亡9人，負傷2人）という惨事を引きおこした。成東町の本行寺（日蓮宗）には「成東駅殉職者之墓」があり，これによると，女子職員は18歳が2人，15歳が1人，男子職員にも18歳・17歳・16歳各1人，最年少者は14歳1人が含まれている。当時は，国民学校高等科の生徒（現在の中学校1，2学年）は通年勤労動員されていた。この年少職員は，高等科当時から動員され，卒業してすぐに採用された人びとだったので

はないか。

戦争の余波による鉄道事故

ポツダム宣言によって天皇制の存続が保証されるか否かの見通しが立たないという理由から、政府がその受諾をためらっていた5日間ばかりの間に、国内外でいたましい犠牲が数限りなく出た。そしてその点では、鉄道もまた例外ではなかったのである。

被害は戦災によるものだけではなかった。ポツダム宣言受諾を決めるための御前会議が開かれた8月11日（この日、天皇制の存続を条件に受諾と決定、この条件をめぐり、連合国に天皇制の存続について問い合わせる）、この朝7時15分、東京・門司間に全国ただ1往復だけ残っていた急行列車の上り第2列車が山陽本線万富駅構内で事故を起こした。D52形の83号が牽引する現車（機関車を含めた列車全体）9両、345トンのこの列車は、94分の遅延でこの駅を通過する予定であった。列車が駅にさしかかったとき、突然機関車の火室が破裂し、ボイラーは駅の跨線橋付近に吹き飛んだ。残った煙室、台わく、動輪、炭水車は、そのまま400m進行して停車、駅のホームで列車の通過監視に当っていた職員も含め、職員1人死亡、4人負傷、客車2両が中破、2両が脱線大破したため旅客6人が負傷した。この事故は「内火室燃焼室と火室板との電気溶接が外れたため」（日本国有鉄道運転局保安課『国有鉄道重大運転事故記録』）とされた。

同じ種類の事故は、敗戦後の同年10月19日東海道本線醒ヶ井駅で起こった。このときは、上り貨物第972列車を牽引していたD52形209号機の「火室天井板が破裂し約100米進行した」。ボイラーは進行方向と逆向きになって近くの地蔵川に転落、運転室は粉砕され、機関士見習、機関助士（補助）即死、機関士、機関助士重傷という被害を出した。原因は「天井板と罐板との電気溶接方が一部不良のための亀裂が発生し、尚該部天井控の螺子が緩でなかったので圧力に堪えずに裂損するに至ったもの」（前掲『国有鉄道重大運転事故記録』）とされた。

ボイラーの破裂など,一般には考えられない事故である。いうまでもなく,D52形蒸気機関車は1943年から製作を開始した1200トン牽引(D51形で通常1100トン牽引)の,強力な機関車であった。戦時輸送力の強化のために設計された,国鉄はじまって以来の大出力機関車で,車両限界ぎりぎりまで大型化した画期的な作品であった。しかし,この機関車にはいたるところに代用資材を使っていた。除煙板や,炭水車の石炭囲いなどは木製,番号板は平時の砲金製などはとてもつくれないので,ペンキ書きのものが多かった。就役中の機関車でも砲金製の番号板は金属回収のために取りはずされ,代用材やペンキ書きにされた。問題のボイラーには,圧延鋼が入手困難のため溶接継板を使用したものがあった。ボイラーの板の継ぎ目は,原設計では鋲打ちすることになっており,国鉄工場製のD52では,設計通りに鋲打ちしていた。しかし,D52の発注を受けた民間工場の日本車輛,川崎車輛,日立製作所,汽車会社,三菱重工等の各工場では,鋲が入手困難という理由から,長手の接合部は溶接とし,鋲の接手の部分も二列の鋲打ちをしなければならない箇所を一列にするというように一列省略したため,ボイラー内側からの圧力にたいして強度が不足するものが多かった。ボイラー破裂を起こした機関車は,2両とも川崎車輛製であった。

戦時体制のさまざまな矛盾が,このような悲惨な事故をもたらしたのである。

総力戦体制下の鉄道

以上のように,戦争末期の鉄道はすでに正常な運営がまったく不可能な状態となっていた。1945年6月25日の時刻改正では,直通列車を残してはいたが,前に述べたように急行列車は全廃といっていい状態であった。実際に5月30日,北海道,本州東部(東海軍管区の愛知・岐阜・三重・石川の各県以東)を管轄する第一総軍は「決号交通作戦準備要綱」を決め,6月10日に命令(一総作命第5号)として各機関に示した。これによると,決号作戦における軍事鉄道業務は,大本営直轄のもと総軍作戦地域内においては総軍司令官が担任することとし,「特ニ作戦発動スル場合ニ在リテハ運輸省鉄道管理部門ヲ全面的ニ

軍機関トシ大本営ノ直接指揮下ニ入ラシメ又ハ軍作戦部隊ト共ニ各方面軍（軍管区）司令官ノ指揮下ニ入ラシメラルルコトアリ」（戦史叢書51『本土決戦準備』1）とした。そして作戦準備期間には，岩見沢・下関間の太平洋，瀬戸内海側縦貫線を確保し，また作戦発動のさいには，旭川・下関間の奥羽・東北・羽越・上越・信越・北陸・篠ノ井・中央西・名古屋以西の東海道・山陽各線を確保することとしていた。これは連合軍の上陸予想地点である九十九里浜および相模湾沿岸地区に兵力・軍需品を集中するための鉄道輸送態勢であった。

　本州西部（中部軍管区の福井・滋賀・奈良・和歌山県以西）と四国・九州を管轄する第二総軍についても，連合軍の上陸が予想される宮崎海岸，志布志湾への兵力集中輸送が準備された。

　このような戦場化の態勢を推進するために，たとえば，1945年6月前後には京成電鉄上野・日暮里間を運休して軌間を変更，日暮里駅国鉄線からこの地下線に寝台車などを引込み，運輸省の非常事務所とする工事が行なわれた。また同年6月26日公布の国民義勇戦闘隊統率令（軍令第2号）による鉄道義勇戦闘隊が組織された。国鉄の職員は男女を問わず，ほとんどが義勇兵役法（同年6月23日公布，法第３９号）によって兵役対象とされたので，この戦闘隊に編入された。

　これが，戦時体制下の最終段階における鉄道の組織となった。それは，まさに破滅的な鉄道の状況であり，その点では，国鉄・私鉄を問わず，同様の状態に追いこまれていたといえよう。このような最終段階は，鉄道が総力戦体制のなかで，陸上輸送の中心としての役割を果たしてきたその到達点であった。

　1937年以来のその経過をふりかえってみてみよう。いま述べたように，国内の鉄道は総力戦体制のもとで，大きな役割を賦課されてきた。すなわち，鉄道は，とくに陸上輸送の動脈としての地位をあたえられたのである。

　日中戦争開始直前の1937年7月1日，国有鉄道が実施した列車運転時刻の改正は，いわば「戦前最後」というべき列車ダイヤをつくり出した。1930年代初頭の世界恐慌から立ち直り，積極的な経営方針が展開されて，輸送サービスは，創業以来といえるほどのレベルに達した。しかし，その背景にあった好況

は，1931年以来の中国東北にたいする軍事侵略と，1936年以降の軍備拡張がもたらしたものであり，本来戦時体制に直結する要素をもっていた。したがって，この時刻改正もその1週間後に開始された日中戦争が，軍部の想定に反して長期化すると，戦時輸送体制に転換される可能性をはらんでいたのである。

1937年中だけで，1904年から翌年にかけての日露戦争における動員規模に匹敵する17個師団50万人の兵力が中国侵攻に動員された。そのほとんどは，日本国内各地から出港地まで鉄道によって集中輸送されたのである。この集中輸送のために，大量の車両が徴発態勢に組み入れられ，停車場施設，弁当，飼料，湯茶，水などの「給養」態勢の強化など，さまざまな面で，鉄道当局および構内営業関係企業にたいする賦課は，まことに大きいものがあった。

さらに，中国の占領地域において使用する機関車など車両を供出する必要が生じた。また，鉄道連隊といっしょに行動する鉄道省関係者の動員が行なわれた。このような動員に加えて，鉄道関係職員の召集によって，労働力は次第に不足を来たし，また，戦時資材，とくに液体燃料や金属資材の不足により，代用燃料や代用品の使用が避けられない事態となってしまった。

このような状況のもとで，鉄道は，戦時輸送のための輸送力増強を，各分野にわたって実施することになった。

線路の建設・増設は，たとえば本州と九州とを結ぶ関門トンネルの工事（1936年9月着工）は，1942年7月第1線，1944年9月第2線が開通した。東京・下関間の国際標準軌間による別線増設（971.6km）は，1939年7月に決定，翌年着工，時速200kmの列車運転が想定された。このいわゆる広軌新幹線は弾丸列車と呼ばれ，当時計画がすすめられていた関釜トンネルを通じて朝鮮総督府鉄道局，南満州鉄道との共通規格による一貫輸送体制をめざしていた。このほか太平洋戦争開始ののち，国内の地下資源開発のための線路，たとえば長野原線（現吾妻線）などが，鉄道敷設法の戦時特例として建設された。また，沿岸航路からの貨物の陸上転移が必要となると，本州北部の東北本線の輸送力不足を救済するため，羽越・信越・上越各線の線路増設が必要なった。しかし，資材が不足し，とくにレールの生産が極度に減退した当時，線路増設は困難であ

った。このため信越本線長岡・新津間の一部が複線化されたほかは，駅間に信号所を設けて線路容量の増加をはかるという方策をとらざるをえなくなった。

1943年以降は，国鉄・私鉄とも線路の補修が計画通りに実施できなくなり，国鉄では御殿場線，参宮線の一部などの複線区間の一線を撤去して，線路増設区間や老朽レール区間に補給するという方法がとられるなど，線路の維持策は弥縫的な方法以外とることができなくなった。

輸送体制も同様に，手づまりの状態が深刻化した。1939年以降，多客期に一般旅客を制限するなどの方策をとったが，1941年以降，三等寝台車，一部の食堂車の連結廃止など制限を加え，1943年には貨物重点主義を徹底するため，特急・急行の削減を実施した。さらに1944年春から「決戦非常措置要綱」にもとづく強行規制が実施されて，特定の距離以上の一般旅行には，旅行統制官の証明書を必要とすることとなった。しかし，いたずらに煩雑な手続きによって能率が低下し，実質的にはほとんど効果のない状態であった。通勤・通学については，国鉄・私鉄とも朝夕のラッシュ時における一般の乗車券発売停止などの措置をとって，乗車を制限したが，これもほとんど実効はなかった。

また国鉄・私鉄とも，軍隊への召集などによる労働力の不足に悩まされ，1943年秋以降は，出改札業務などについては男子就業が禁止され，女子の採用が必要となった。女子職員は，荷物の取扱いや車掌，企業によっては運転士など各部門に就労して鉄道輸送を支えた。

1943年以降，戦時鉄道体制の強化という名目で私鉄の国鉄への買収が進められ，地方鉄道22社の線路が国有化された。こうした状態で，本土空襲による大きな被害を出し，鉄道は敗戦を迎えたのである。

(原田勝正)

人物紹介⑳

長　崎　惣之助　（ながさき・そうのすけ　1896〜1962）

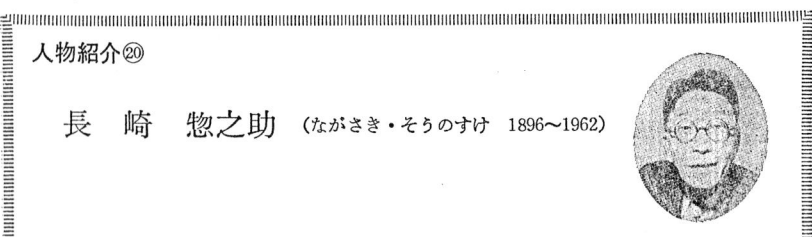

　1896年（明治29）6月25日秋田市川尻町に長崎惣太郎の三男として生まれる。秋田県立秋田中学校，第一高等学校を経て，1920年（大正9）7月東京帝国大学法学部法律学科（独法）卒，同月鉄道省に入り鉄道属（判任官），大臣官房勤務，同年10月文官高等試験行政科試験に合格，同年11月鉄道局書記・東京鉄道局運輸課に配属，1921年1月品川駅助役，同年の7月鉄道局副参事（奏任官），東京鉄道局庶務課勤務，同年8月両国運輸事務所勤務を経て，1922年7月鉄道省事務官・監督局業務課勤務となる。1900年代なかばから，いわゆる帝大卒，文官高等試験（高文）合格者の官庁における採用，部内教育の慣行がほぼ成立し，鉄道省の場合，地方局に配属して，駅その他の現業機関の業務，地方管理機関としての運輸事務所などにおける管理事務を短期間に修得させる方法がとられていた。長崎の場合，採用後2年間でこの課程を修了している。
　この課程を終わって，本省の事務官（課においては課長代理としての総括補佐事務）として，課の運営の事実上の総括主宰者の地位につく。その間に一定の業務を習得した段階で，海外派遣の手順を踏むことになるのだが，長崎の場合1925年（大正14）2月から欧米出張を命ぜられ，在外研究員として渡航した。1928年（昭和3）6月帰国，経理局会計課勤務，1930年4月鉄道省の外局として国際観光局官制公布にともない同局書記官（主に課長の事務をとる官名）となり同局庶務課長，1932年1月鉄道書記官，経理局会計課長として，約5年半にわたり国有鉄道会計制度とその運用の第一人者としての力量を発揮した。
　1937年（昭和12）7月東京鉄道局長，1939年7月鉄道省運輸局長にすすみ，さらに1941年12月鉄道次官となった。
　この間，国有鉄道会計に減価償却制度をとり入れるなどの改革を実現した。1943年11月1日機構改革による鉄道省廃止・運輸通信省設置にともない，運輸通信省鉄道総局長官となり，翌年4月運輸通信次官（1945年5月19日運輸省設置にともない運輸次官）となった。
　敗戦直後の1945年8月25日依願免本官，9月1日には再設の内閣調査局（1935年

5月11日設置，1937年5月13日廃止）の長官に就任したが，同年10月8日退官（同局は同年11月22日官制廃止，内閣審議室に業務移管），占領軍による公職追放指令による該当者となり，1951年8月解除された。

　1951年8月25日本国有鉄道総裁に就任（第3代），占領終了以降の施設の復旧や，輸送力強化などの施策を推進したが，1955年5月の宇高航路紫雲丸沈没事故により同月13日退任，その後日本エアウェイ株式会社社長，また1948年7月以降日本交通協会理事。1962年11月7日死去。　　　　　　　　　　　　　　　（原田勝正）

第8章　第二次世界大戦後の鉄道

第1節　戦後復興と日本国有鉄道の成立

敗戦直後の鉄道の混乱

　本土決戦のための準備をととのえる途中で,「8・15」は, 日本の鉄道に大きな転換を求めた。もちろん鉄道ばかりでなく, 軍隊も官庁も企業も, 廃止・転換の曲り角に立たされた。そして国民もまた, 前日までの「一億玉砕, 神州不滅」のかけ声を, どのような方向に転ずるのか, 多くの人びとは, 今日をいかに生き, 明日をいかに食いつなぐかに追われながら, 新たな方向を模索する余裕すら見出だすことができない状況におかれていた。そのような状態のもとで, 政府・軍部の示す「国体護持」の方向が, 一気に進行していったが, 国民には, この方向を冷静に検討する批判力はほとんど失われていた。
　このようなときに, 茫然自失といった状態の人びとの耳に, 列車の気笛が聞こえ, このようなときにも列車が走っているという認識をあたえた。それは, この国の将来の方向というより, 国民の生活の基盤を支えているものの存在を印象づける決定的な役割を果たした。実際に, このような体制の破滅・崩壊のなかでも, 人びとは生きていかなければならず, その生きるための社会的機能を, 鉄道がなおかつ果しているということが, その気笛を通じて認識された。その意味で, このような日にも列車が走っているという事実は, 国民を力づけたのである。
　それは, こののちの鉄道のあり方, すなわち「国民の国鉄」,「国民の鉄道」の方向を示す示唆的な意味をもったというべきであろう。
　しかし, 敗戦直後の列車の運行状況は, とくに幹線・大都市および近郊の通

勤・通学線などで麻痺状態が現われていた。この年6月25日の時刻改訂によっ
て，旅客輸送はさらに切りつめられていたし，そのうえ，空襲が日常化するこ
とによって，列車の運行中止，被害による不通区間が続出していた。このよう
な状態で，国鉄・私鉄を問わず，運転時刻はみだれ，これに空襲による車両の
焼失，資材・労働力の不足による故障車・不稼動車の比率上昇など，輸送力は
下降するばかりという状況であった。

　国鉄当局も，私鉄各社も，被害の実態を把握するひまもなく，ともかくも，
動かすことのできる車両，施設を使って目前の輸送要請に対応するほかなかっ
た。運輸省をはじめとする国鉄の中央・地方の各機関で，戦時輸送にかかわる
厖大な資料が焼却され，これがのちに研究上の資料欠如という大きな障害をも
たらす結果となった。これは軍部・政府共通の，終戦対応策であったが，その
あとに，まずどのような輸送要請が出てくるかという見通しは，当事者にはほ
とんどなかったというべきであろう。それよりも，目前の輸送が第1の，しか
も緊急の課題として認識されたのである。

　8月20日のマニラにおける連合軍との打合わせによって，連合軍の占領開始
が26日とされ，連合軍占領地域からの日本軍の撤退がそれまでに行なわれるこ
とが必要となると，そのための復員輸送が必要となり，これが，まず第1の緊
急な課題となった。関東地方，南九州と，いずれも連合軍上陸作戦が予想され
る地域に，主力部隊が集結しており，その地域が占領軍の上陸予定地とされた
ため，この地域の部隊を4日間で撤収ないし復員させなければならなくなっ
た。8月22日の肥薩線吉松・真幸間第2山神トンネル内における機関車のおそ
らく蒸気不昇騰による列車の停止・退行，主として復員軍人49人死亡，20人負
傷という事故，8月24日の八高線小宮・拝島間多摩川橋梁における上下列車の
正面衝突，104人死亡，67人負傷という事故（ここでも復員軍人の被害が大き
かった），これらは，26日までの復員輸送に稼動可能な車両は何でも列車に仕
立てて運ぶという状況がもたらした悲劇であった。

　国有鉄道は，8月30日，運輸建設本部を運輸省鉄道総局に設置するなど，復
興体制確立にのり出した。しかし，台風のため48時間遅れた連合軍の占領開始

は，8月28日のアメリカ第8軍先遣部隊の厚木到着から開始され，このときから，占領軍による鉄道管理が実施されることになって，日本政府独自の復興計画や，体制建直しの計画は不可能となった。

鉄道は，日本軍各部隊の復員，連行されてきた中国人・朝鮮人の帰還，疎開学童の帰還など，緊急の輸送業務をかかえると同時に，これらの緊急輸送業務にさらに優先するかたちで，占領軍の輸送を実施しなければならなくなった。

日本にたいする占領方式は，軍政によらない間接統治のかたちをとった。しかし，鉄道は作戦輸送手段としての特性をもつところから，占領軍の作戦部隊が，これを管轄する方式がとられた。ここに，占領下における鉄道の特異な体制が成立することとなったのである。

戦争による被害と復旧

1947年（昭和22）8月，運輸省鉄道総局は『国有鉄道の現状』という報告書をまとめた。

この報告書は，この年5月3日施行された日本国憲法のもとで最初に成立した片山哲内閣（日本社会党を中心として，民主，国民協同各党の連立内閣）がはじめた国家の現状をうったえる実相報告書のひとつとみてよい。もっとも，『鉄道統計年報』をとってみた場合，昭和20年度はまったく不完全であり，資料の集成すら困難であったことを思わせる。それが，この年になって，資料の整理がいくらか進んだか，そのような整理を通して方向づけが必要となりまた可能となったか，要するに主体的条件が整ってきたとみるべきであろうか。経済安定本部（のちの経済企画庁）が作成した『経済実相報告書』いわゆる『経済白書』の鉄道版ともいうべきこの報告書は，このような条件のもとに発表された。

この報告書では，太平洋戦争から戦後の時期にかけて，国鉄の輸送量が，戦前の2.5～3倍に増加したこと，しかし，施設・車両の状態は，戦前にくらべると，戦争中の酷使，空襲による被害，戦後の負担過重，修理・新製の停滞などにより著しく低下していること，さらに，国鉄の財政は，1941年度以降悪化

し，営業収入にたいする営業費の割合は，1945年度には127％，1946年度は177％に達して，おそらく国有鉄道はじまって以来の「赤字」を出したこと，このような事実が述べられている。このなかで，とくに空襲などによる被害の実相は，あらためて，その大きさを人びとに知らせることとなった。その内容はつぎの通りである。

　軌道　1600km（全体にたいする割合5％，以下同じ）

　建物　180万㎡（20％）

　電灯設備　9万個（10％）

　通信線　3万1000km（6％）

　電信電話機　1万3000台（12％）

　工場　14ヵ所（全国25工場）

　車両　1万3200両（10％）

　　うち機関車　891両（14％）

　　　客車　2228両（19％）

　　　電車　563両（26％）

　　　貨車　9557両（8％）

　連絡船　8万総トン（65％）

　以上の被害総額は，約18億円と推定された。

　これにたいする復旧率は，駅舎その他の建物が35％（仮建築が大部分），通信施設が約70％，電灯設備が約40％，工場については，建物が25％，機械が50％，連絡船は20％にとどまっていた。

　これらの被害および復旧状況とならんで，実際に輸送業務の正常な運営を阻害する要因は，数え切れないほどあったのである。たとえば1945年以降，線路規格によって定められた列車速度を維持することができない区間が，いたるところに存在した。その主な原因は，レールや橋けたの老朽化によるものであった。戦争中から老朽資材の更新はほとんど不可能な状態になった。この報告書によると，1945年の補修用鋼材として供給されたレールは7000トンにとどまった。この年現実に更新を必要とされたレールは9万5000トン，付属品をふくめ

ると11万2000トンであった。これでは，満足にレールの補修を行なうことは不可能である。戦前の1年間における補修用鋼材は年間5万5000トンないし6万5000トンとされていた。このうちの多くはレールであったから，1945年には戦前1年分のほぼ2倍にあたるレールの補修が必要とされた。しかし，その補給がほとんど不可能という状態では，実質的に輸送力を維持することができず，低下したままいつまでたってもこれを回復することができない，ということになる。

　このような状態で，運転事故件数は，1940年度の8052件が1945年度には3万8563件，1946年度には4万6578件に増加，列車100万キロ当りの件数は26.31から173.40，236.00に増加した。平常時では考えられないほどの激増であった。

　このような状況は，いずれも戦争がもたらした結果であった。このような状態から，国鉄はどのような方向をめざすべきか。『国有鉄道の現状』は，つぎのように，その方向を示唆した。すなわち「戦前，国民の国鉄として，国民に愛され，国民の支持を受けていた国鉄。われわれは，一日も早く国鉄をあの姿にかえすように懸命の努力をする。しかしその実現のためには，真に国民各位の充分な理解と積極的な援助にまたなければならないのである」。

　ここに「国民の国鉄」というひとつの理念が呈示された。それは，日本国憲法が示した国家体制の新たな原理に沿うものでもあった。また，輸送の公共性という観点からみた場合，単に国鉄ばかりでなく，鉄道という輸送機関がもつべき理念としても共通するものであった。しかし，その実現には，なお多くの障害があった。

占領下の輸送体制

　占領軍による日本の鉄道の運用は，さきにふれたように，アメリカ第8軍の指揮下に第3鉄道輸送司令部 (3rd Military Railway Service, 1947年8月以降 3rd Transportation Military Railway Service，略称 3rd TMRS) が担当することになった。この司令部は，第二次大戦終了まではヨーロッパにあったアメリカ第3鉄道輸送部隊の司令部を移したもので，軍そのものが輸送の任務にあ

たることを最初から予定しないというかたちをとっていた。

それは，日本の占領方式にもとづく措置で，鉄道輸送の業務は日本の機関にあたらせることを前提としていた。しかし，司令部そのものは作戦部隊のひとつであった。

そして，この司令部は各地に地区司令部をおき，その下に，直接輸送現場で輸送の実施を監督ないし管理する機関としてRTO (Railway Transportation Office) をおいた。このRTOは，国鉄・私鉄を通じて，占領軍の輸送に関係する駅，操車場などにおかれた。RTOの数は，占領期間中を通じておかれたもの，一時期おかれたもの，いったん廃止して再びおかれたものなどさまざまであったが，再置された場合を含めないで数えると，国鉄211ヵ所，私鉄18ヵ所，このほか補助RTOとしておかれたもの国鉄253ヵ所，私鉄20ヵ所であった。

日本側の渉外組織は，1945年9月3日運輸省に渉外室をおき，渉外室鉄道部が占領軍との折衝にあたることになった。さらに，1946年7月以降は，運輸省鉄道総局長官のもとに鉄道渉外事務局をおき，横浜・京都・呉に鉄道渉外事務局，その地方部局として各鉄道局に渉外部を設けた。

初期の段階では，これらの機関は政府の終戦連絡事務局から来る連合国軍総司令部からの命令・指示，第3鉄道輸送司令部から来る命令・指示を受けて，日本側機関に伝達するという任務をもった。

占領軍の輸送は，まず占領部隊を各地に配属する作業から開始された。1945年9月15日東横浜，横浜の各駅から各地に部隊輸送が開始された。こののち9月25日和歌山から，10月5日名古屋港，四日市から，10月7日呉から，10月25日浜大津からというように配属のための輸送が行なわれた。

占領軍が各地に配属されると，軍人・関係者の旅行，物資補給のための輸送が日常業務として必要となり，これらは軍用臨時列車として運転されたが，1946年1月31日からは，東京・九州間，同年2月11日からは上野・青森間（一部客車を航送して札幌まで運行，のち横浜始終着に変更）に定期の専用列車を運転した。

これらの列車に必要とされる客貨車は，その多くが専用指定を受けた。とくに客車は，御料車，優等客車を中心に占領軍高官用，使節団・調査団用などの列車単位の編成を組んだものがあり，国鉄保有客車の約10%が専用指定を受けた。

そして，朝鮮戦争が開始されると，朝鮮の戦場に動員するための緊急輸送が命令され，その列車本数および輸送量は，一定の期間を区切ってみた場合，太平洋戦争時の輸送量をはるかに越えるといわれた。

このような状況のもとで，輸送力の回復は非常に困難であった。しかも，石炭，電力の不足から，国鉄・私鉄ともに列車の削減を余儀なくされ，国鉄の場合，1947年1月から4月まで，急行列車の全廃，2等車の連結を休止するという異常な事態を招いた。私鉄の場合，車両の不足が輸送力を阻害し，国鉄の戦災車の融通，国鉄が発注した通勤用電車の流用などの方策をとることが多かった。

戦時規格車には，すぐれた性能をもちながら代用資材を使ったために十分な性能を発揮できないものが多く，それがのちに桜木町事故のような惨事を招く原因となった。窓ガラスの不備はもちろん，座席のモケット，吊皮などすべて代用材の使用は常識とされた。しかも，一般家庭では使えない車内照明用の電球が盗まれ，座席の代用モケットが切り取られるといった盗難事件は日常茶飯事であった。

しかし，輸送力回復の努力は続けられ，国鉄は，1948年に大規模な電化計画をふくむ復興5カ年計画を立てた。老朽機関車に代わる新製を占領軍が認めないため，余剰の貨物用機関車を旅客用に改造するという名儀で，C61，C62形機関車が事実上新製同様のかたちで生産された。上越線高崎・水上間，石打・長岡間，東海道本線沼津・浜松間，常磐線松戸・取手間，奥羽本線福島・米沢間の電化工事は，占領軍との粘りづよい折衝によって実現した。

1949年9月15日には東京・大阪間に特別急行列車「へいわ」号が運転を開始し，列車食堂が復活し，一部線区の急行列車指定制が廃止されるなど，このころから平常時の輸送体制への復帰がはじまった。それは，あたかも公共企業体日本国有鉄道の発足と同時的に進行していた。しかし公共企業体の発足には，

多くの問題があった。

日本国有鉄道の成立――「国家の鉄道」から「国民の鉄道」へ

　第二次大戦後の国鉄の組織のあり方については，敗戦直後からさまざまな議論が交わされてきた。払下げ・民営化論が民間から主張されたことがあったが，これは政府が認めるところとならなかった。むしろ従来の特別会計制度に代えて，独立採算制を含む独自の経営原則を実行に移すべきであるという議論がはやくから提起されていた。

　そこには、「国家の鉄道」に代わる「国民の鉄道」への要求が背景にあったと見るべきかもしれない。1946年6月には鉄道会議が根本的に変更され，民間有識者をふくむ構成員によって，鉄道経営の基本的なあり方から運賃制度，業務運営のあり方について運輸大臣の諮問に応ずる機関として新発足していた。この鉄道会議は，1948年1月，国有鉄道の独立採算制の採用を答申した。このころ国鉄部内でも，鉄道から分離されて国営自動車となった旧国鉄自動車の部門で独立採算制が試行されていた。

　占領軍は，運輸省そのものの組織の変更を求め，鉄道・海運・自動車という業務機関別の組織をやめ，運営・安全対策・規則のような業務事項別の組織に改編する構想をもっていた。日本政府はこの改編に強く反対し，日本国憲法の施行による各省官制を各省設置法に変更するための時期が切迫しているという理由から，暫定措置として，現状のまま運輸省を新たな設置法にもとづく組織に移行させるという了解を占領軍当局からとりつけていた。

　ところが，国家公務員法施行にあたって，占領軍は，国家公務員の争議権を否認する方針をかため，1948年7月22日，そのために国家公務員法の改正を求める日本政府宛マッカーサー書簡を発表した。この場合，鉄道および専売などの政府事業については，一般の国家公務員制度の適用から除外することとし，そのためにこれらの事業運営のために公共企業体を設置すべしと指示した。

　日本政府は，国鉄職員は一般行政職員と別個の扱いをするが，組織の改編は絶対条件としないという了解をとりつけた。しかし，同年9月8日，国鉄職員

の争議権禁止，団体交渉権承認，調停・仲裁機関の設置を命じ，同時に公共企業体設置のための法律，調停・仲裁機関設置のための法律などの制定が指令された。

この指令によって，日本政府の計画はすべて否認され，運輸省とは別に独立した企業体をおくことが必要となった。そしてこの企業体について，日本政府側にはほとんど予備知識がないため，英米における独立採算制の企業体の制度を参考にしながら関係法案の起草を開始した。総司令部の民間運輸局は，政府の監督を最少限とし，自由な経営能力を維持するための広範な権限を与えて，管理委員会を最高機関とし，これが総裁の選任権をもつが，総裁の日常業務には干渉しないなど，民主主義の原理を実現するような企業体制をしくべしとした。

これにたいし，日本政府の側では，内閣の直轄事業官庁案（総裁は国務大臣），運輸大臣の監督下の特別法人案，特別の管理機関をもつ特殊法人案の3つの案をつくり，第3の特殊法人案に第2の特別法人案を加味した「国有鉄道公庁案」をまとめ，1948年11月10日法案の閣議決定を経て，第3回国会に「日本国有鉄道法案」として提出した。この法案は，国会を通過，同年12月20日公布され（法律第256号），1949年4月1日から施行されることとなった。

ところが運輸省設置法の公布が1949年5月31日となったため，日本国有鉄道法の施行は6月1日まで延期された。この法律によって，公共企業体として国有鉄道は発足することとなった。この組織は「公法上の法人」とされ，監理委員会を設置して業務運営の指導体制にあたる権限と責任を与え，同時に，総裁候補者を推薦する権限をも与えた。役員・職員は国家公務員法の適用を受けず，職員は公共企業体等労働関係法の適用を受けることとなった。さらに，国有鉄道の財政は，政府のつよい監督を受けることとなり，鉄道その他の業務については運輸大臣の監督下におかれることとなった。

このような組織のあり方は，監理委員会（のちに理事会）が，国民の意思を代表するかぎり，「国民の国鉄」への道を保証するはずであった。さらに，独立採算制が徹底することによって，正常な企業努力によるサービスの向上が十

分に期待できるものであった。こうして近代的公共企業としての体制はととの
えられるかにみえた。しかし，国鉄自身の当事者能力は，政府による財政・業
務についての強い監督・規制によって極めて不十分なものとされた。ここに，
公共企業体としての欠陥が最初から内包されることとなった。

　公共企業体として発足した日本国有鉄道は定員削減問題，さらには下山，三
鷹，松川と奇怪な事件など，当初から大きな問題をはらんで出発したのであ
る。

（原田勝正）

第2節　高度経済成長と輸送体系

輸送量の増大

　1960年（昭和35）7月に成立した池田勇人内閣は「国民所得倍増計画」を掲
げ，高度成長政策を本格的に推進しようとした。日本経済の高度成長は，朝鮮
特需にもとづく神武景気を背景に，『経済白書』が「もはや戦後ではない」と
した1955年ごろから開始されていたが，池田内閣の登場によって本格化し，
1970年代前半まで持続したのである。

　池田内閣のブレーンとして高度成長政策の実施に大きな影響を及ぼしたとい
われる下村治が「生産力を決定する基本的な要因は生産設備であり，その変動
を決定するのは民間設備投資」（下村治「高度成長政策と私」，『一億人の昭和
史』7）であると述べているように，この高度経済成長を支えたのは，大企業
を中心とする民間設備投資であった。そして，その過程でわが国は重化学工業
国へと転換し，慢性的な輸入超過も解消して輸出超過国となり，対外経済進出
が本格化した。しかし，この高度経済成長は，その推進力となった地域開発が
全国各地に公害を発生せしめたり，農業や地場産業を圧迫するなど多くの問題
をはらむものでもあった。

　ところで，こうした1950年代なかばから70年代前半にかけての日本資本主義
の強蓄積は，図8-1にみられるように国内輸送量の著しい増大をもたらした。

図8-1 国内旅客・貨物の総輸送量と鉄道輸送量の推移（1955～86年）

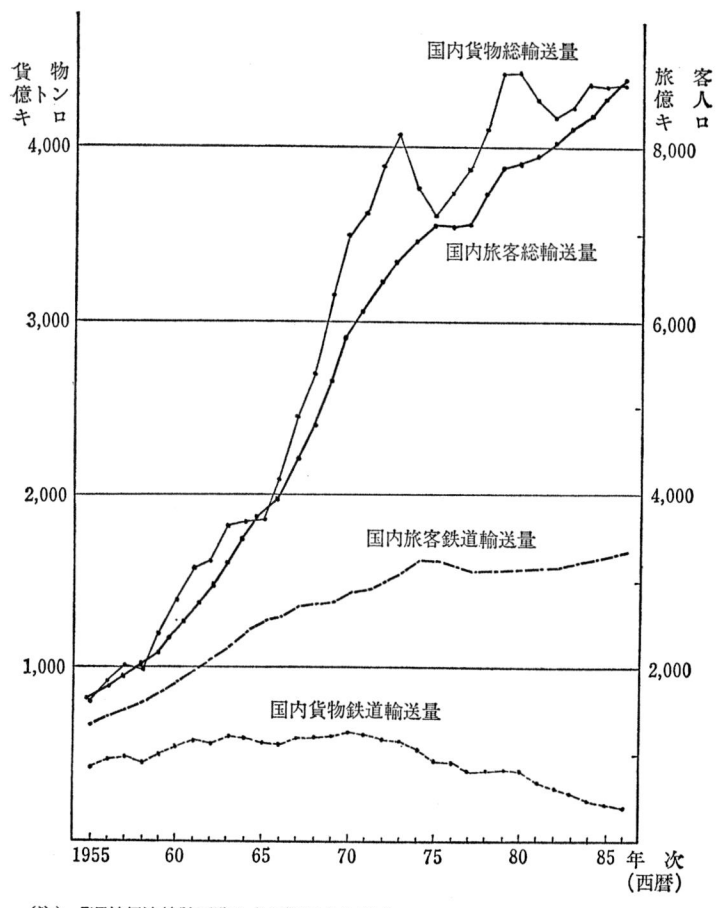

（注）『運輸経済統計要覧』各年版により作成。

　すなわち，1955年に818億トンキロであった貨物輸送量は，70年には3507億トンキロ，85年には4344億トンキロに増加し，また旅客輸送量も，同一期間に1658億人キロから5872億人キロ，8582億人キロへと増加を示した。しかし，貨物と旅客の輸送量の増加のテンポは一様ではなかった。旅客輸送量は比較的安定的に増加しているのであるが，貨物輸送量は民間設備投資主導型の高度成長が生み

出した景気変動の影響を受けて，1970年代の2回にわたる石油ショックによる大きな落ちこみを経験しながらも，趨勢的に増加してきたといえるのである。

しかし，日本経済の高度成長は，貨客輸送の量的拡大をもたらしただけではなかった。むしろそれ以上に，輸送の質的な構造変化をひきおこしたということが注目されなければならないのである。

輸送構造の変化

最初に貨物輸送からみていくことにする。貨物輸送では，高度成長期における産業構造の高度化とエネルギー革命を反映して，重化学工業製品と石油の輸送量が著しく増大した。重化学工業製品の輸送量は，1960年（昭和35）21.6％，63年24.3％，69年27.9％とその主要品類別輸送構成に占める割合を拡大している。また，貨物輸送量を品目別にみると，1960年から67年にかけて鉄鋼（3.0倍），機械（4.6倍），石油（4.8倍），セメント（2.5倍）などが著増しているのにたいして，石炭（1969年の輸送量は60年の81.0％），米（同じく1.2倍）などは停滞的な様相を呈していた。

また，高度成長は太平洋ベルト地帯，とりわけ南関東（東京，神奈川，埼玉，千葉），東海（静岡，岐阜，愛知，三重），阪神（大阪，兵庫）への貨物流動の集中をもたらした。1963年には，発貨物の44.6％（南関東20.9％，東海13.3％，阪神10.4％），着貨物の48.3％（南関東22.6％，東海13.5％，阪神12.2％）がこの三大都市圏に集中していた。さらに69年についてみても，発貨物の37.5％（京浜葉16.5％，中京10.2％，阪神10.8％），着貨物の38.9％（京浜葉16.6％，中京10.2％，阪神12.1％）が三大都市圏に集中している。このように高度成長期には，産業と人口の巨大な集積地となった上記三大都市圏に，貨物流動も著しい集中をみせるようになったのである。

つぎに旅客輸送について検討する。旅客輸送においては，まず高度成長期に顕著となった第2次，第3次産業雇用者率の増加および都市におけるスプロール的住宅建設を反映して通勤・通学者の輸送が著しい増加を示した。それは，鉄道旅客輸送人員に占める定期客の比率が，1955年の56.3％から70年の64.0％

へと上昇していることに端的にみられる。また，高度成長はレジャー・ブームをひきおこし，国民の生活価値観，消費様式に変化をもたらした。そして，それは旅客輸送における観光輸送の増大として現われることになった。貸切りバス輸送は1955年の44億人キロから64年の183億人キロへと増加し，国鉄周遊券利用客も同一期間に40万人から480万人へと12倍の増加を示したのである。

また，旅客の流動も貨物の場合と同じく東京，名古屋，阪神の三大都市圏への集中度を高めている。1962年の全国を15ブロックに分けた地域内交通に占める割合は，南関東（37.6％），阪神（16.5％），東海（10.1％）の三大都市圏で64.2％にものぼっている（運輸省『旅客流動調査』1962年）。そのため，三大都市圏では，通勤地獄，交通渋滞，交通事故，交通公害などの諸問題をひきおこし，都市機能の麻痺，生活環境の破壊といった深刻な事態を招いている。

しかしその一方で，人口流出の激しい過疎地においては，地方交通問題が深刻な問題となった。農山漁村の雪崩現象的な過疎化の進行にともない，地方中小私鉄，バス，離島航路の休廃止が続出し，地域住民の生活そのものを脅かすほどの影響を与えたのである。

輸送分担率の変化

さらに高度成長期を特徴づけるのは，鉄道・自動車・内航海運・航空などの各輸送機関の輸送分担率に著しい変化が生じたことである。まず，輸送機関別の国内貨物輸送量およびその分担率を示すと表8-1のようであるが，貨物輸送における国鉄のシェアが著しく減退し，かわって自動車のそれが大幅に拡大している。1955年（昭和30）と70年をとると，国鉄の分担率は，トンキロベースでこの間に52％から18％へと急激に低下し，以後そうした傾向はますます顕著になり，86年にはわずか5％の分担率を占めるにすぎなくなったのである。

これにたいして，自動車は営業用・自家用とも著しく分担率を高めていく。営業用と自家用を合わせた自動車の分担率は，1966年に国鉄のそれを上まわり（自動車31％，国鉄26％），70年には39％，そして86年には50％へと分担率を急激に高めていくのである。

表8-1 輸送機関別国内貨物輸送量および分担率の推移

(単位:100万トンキロ)

年度	鉄 道				自 動 車				内航海運		航 空	
	国 鉄		民 鉄		営業用		自家用					
	輸送量	%	輸送量	%	輸送量	%	輸送量	%	輸送量	%	輸送量	%
1950	33,309	51	540	1	2,380	4	3,050	5	25,500	39	—	-
1955	42,564	52	690	1	3,740	5	5,770	7	29,022	36	1	0
1960	53,592	39	923	1	9,638	7	11,163	8	63,579	46	6	0
1965	56,408	30	890	1	22,385	12	26,006	14	80,635	43	21	0
1970	62,435	18	988	0	67,330	19	68,586	20	151,243	43	74	0
1975	46,577	13	770	0	69,247	19	60,455	17	183,579	51	152	0
1980	36,961	8	740	0	103,541	24	75,360	17	222,173	51	290	0
1981	33,398	8	690	0	103,276	25	73,034	17	211,763	50	327	0
1982	30,246	7	635	0	116,832	28	70,887	17	198,052	48	360	0
1983	27,086	6	560	0	124,680	30	68,847	16	200,748	48	400	0
1984	22,721	5	513	0	132,028	30	68,786	16	210,107	48	446	0
1985	21,625	5	509	0	137,300	32	68,642	16	205,818	47	482	0
1986	20,146	5	471	0	148,088	34	68,028	16	197,953	46	545	0

(注) 1.『運輸経済統計要覧』(昭和63年版)による。
2. 航空は,定期および不定期の航空運送事業にかかわる輸送の合計。

また,貨物輸送においては,内航海運の存在を無視できない。内航海運の50年における分担率は39%であったが,59年に鉄道のそれを上まわって以来(内航海運43%,鉄道42%),85年に自動車に凌駕されるまでは最高の分担率を保持していたのである。なお,航空による貨物輸送も漸増はしているが,その分担率はいまだ1%にも達していない。

ついで,国内旅客輸送量とその分担率の推移を輸送機関別に示すと表8-2のようである。貨物輸送の場合のように急激ではないが,国鉄の分担率は人キロベースで50年の59%から70年の32%へと低下している。また,民鉄も同一期間に31%から17%へと,その分担率を低下させている。また,バスは50年の7%から70年の18%へと分担率を高めるが,その後はむしろ低下している。

また,50年にはわずかに1%の分担率しか示していなかった乗用車が,60年

表8-2 輸送機関別国内旅客輸送量および分担率の推移

(単位:100万人キロ)

年度	鉄道				自動車				旅客船		航空	
	国鉄		民鉄		バス		乗用車					
	輸送量	%	輸送量	%	輸送量	%	輸送量	%	輸送量	%	輸送量	%
1950	69,004	59	36,464	31	8,300	7	730	1	2,628	2	—	0
1955	19,239	55	44,873	27	23,320	14	4,180	3	1,996	1	218	0
1960	123,983	51	60,357	25	43,999	18	11,532	5	2,670	1	734	0
1965	174,014	46	81,370	21	80,133	21	40,622	11	3,402	1	2,939	1
1970	189,726	32	99,090	17	102,894	18	181,335	31	4,818	1	9,319	2
1975	215,289	30	108,511	15	110,063	16	250,804	35	6,895	1	19,148	3
1980	193,143	25	121,399	16	110,396	14	321,272	41	6,132	1	29,688	4
1981	192,115	24	124,089	16	108,828	14	328,251	42	6,044	1	31,032	4
1982	190,767	24	125,577	16	104,836	13	347,219	43	5,859	1	30,106	4
1983	192,906	24	128,546	16	103,415	13	360,747	44	5,722	1	30,627	4
1984	194,180	23	130,154	16	103,064	12	365,631	44	5,780	1	33,498	4
1985	197,463	23	132,620	16	104,898	12	384,362	45	5,753	1	33,118	4
1986	198,299	23	136,499	16	101,628	12	398,216	46	5,684	1	35,323	4

(注) 1. 『運輸経済統計要覧』(昭和63年版)による。 2. バスおよび乗用車は営業用と自家用の合計。
3. 旅客船中,1970年までは一般旅客定期航路事業にかかわる輸送のみ。
4. 航空は,定期および不定期の航空運送事業にかかわる輸送の合計。

代後半から分担率を著しく高め,70年には31%にも達している。また,航空も分担率こそ低いが,輸送量を伸ばしている。こうして,高度成長期を契機に,欧米諸国と同様わが国も,鉄道・バスなどによる公共交通体系の危機が顕在化していくのであった。

高度経済成長に応ずる国鉄の長期計画

日本経済の高度成長にもとづく巨大な輸送需要の発生と輸送の地域的構造の変容は,必然的に鉄道輸送の近代化を要求した。

国鉄は1957年度を初年度とする第1次5カ年計画(1957～61年)を発足させ,設備の近代化を進めた。

本来,第1次5カ年計画は,政府の策定した「経済自立5カ年計画」(1955

年12月）に対応し、輸送力の強化と老朽設備の改善をはかることを目的としていたが、急激な経済成長とそれにもとづく現実の輸送需要の増大は、当局の予想をはるかに上まわった。このため、国鉄は第1次計画を4カ年で打ち切り、1961年度から第2次5カ年計画に移行せざるをえなかった。

　第2次5カ年計画は、東海道新幹線の建設を含む主要幹線の線路増設と電化やディーゼル化を主眼としていたが、1964年の東海道新幹線の開業はこの時期における最大の成果であった。また1961年10月からは、特急列車運転区間の全国的な拡大がはじまった。新幹線にしても、特急列車の大増発にしても、旅客輸送の主力が都市間輸送に特化しつつある事実を物語るものであって、大都市への人口と資本の集中という日本の地域構造の変容にもとづくものであった。しかし、輸送力はなお輸送需要の伸びには不足であり、列車ダイヤの過密化は三河島事故（1962年5月3日）や鶴見事故（1963年11月9日）のような大事故の遠因となった。

　この第2次計画も新幹線の建設に代表される巨大な設備投資のために資金の不足を生じ、しかも予想を上まわる輸送需要の増加によって行きづまりをみせた。かくて国鉄は第2次計画も4カ年で打ち切り、1965年度からの第3次計画に移行する。この計画は1971年度までの7カ年計画で、通勤輸送改善、幹線輸送力強化に加えて、保安の強化にも大きな努力がはらわれることとなった。

　しかし、新幹線の建設に代表されるような巨大な設備投資にたいする借入金とその利子負担は、幹線貨物輸送や地方ローカル輸送の減退、人件費の高騰、減価償却の増大などとあいまって、国鉄財政の構造的な悪化の要因となった。皮肉なことに、東海道新幹線開業の1964年度に国鉄の決算は赤字に転じ、翌年度までは内部留保の取崩しによって繰越し損の発生を回避してきたが、1966年度からは運賃の値上げにもかかわらず、初めて累積赤字を記録した。以後赤字は慢性化し、1971年度以降は償却前赤字を生ずるに至った。

　1969年5月、国鉄財政再建促進特別措置法が成立し、政府は国鉄にたいして利子補給と工事費の一部補助を行なうこととなる。同時に国鉄も人員削減、輸送の合理化を進めることとなって、進行中であった第3次計画は発足後4カ年

で再建整備計画に吸収されてしまった。

　こうして，3次にわたる国鉄の長期計画はいずれも急激な日本の社会的・経済的変容にたいする見通しの甘さを露呈して，未完に終わった。このような蹉跌は同時に全国的な道路整備と自動車の広範な普及という在来の日本の交通構造を変えてしまった大きな変化にたいする見通しの甘さでもあった。これはひとり国鉄当局の責任にのみ帰すべきものではなく，1960年代，70年代に鉄道と道路を総合的に考える交通政策を欠いていたことが禍根を残したといえよう。

（老川慶喜・青木栄一）

第3節　幹線鉄道の近代化と輸送力の増強

列車動力の近代化

　私たちは鉄道列車を「汽車」と通称する。それは蒸気機関車が石炭を焚き，蒸気と煙をあげて走る姿からきたイメージである。しかし，蒸気機関車は1960年代から70年代前半にかけて急速に姿を消し，鉄道の動力は，蒸気から電気や内燃機関に変わった。また，機関車が多数の無動力の客貨車を牽く方式（動力集中方式）から，個々の客車に原動機（電動機・ディーゼル機関など）をとりつけて自走する方式（動力分散方式）が列車運転の主流となっていった。これらの変化は，日本経済の高度成長にともなう鉄道の輸送力向上を支えるひとつの表われであり，動力合理化という点では世界的な傾向に沿うものの，動力分散方式という世界の先進国には例の少ない日本独特の方式が採用されていったことに，日本の鉄道のもつ矛盾がよく表現されていた。

　新しい列車形態のさきがけとなったのは湘南電車であった。東海道本線の東京・沼津間の中距離列車は従来は電気機関車の牽く客車列車であったが，1950年（昭和25）3月1日からは電車列車に替えられた。湘南電車と愛称されたこの電車（80系）は10両編成という従来の電車にはみられなかった大きい単位で運転されることを目的として設計され，運転室は編成両端の制御車にのみあって，中間車8両（電動車4，付随車4）は運転室をもたなかった。客室の配置

も従来の電車とは異なっていて，客車と同じように出入台部分と客室が仕切られていた。

　機関車牽引の列車を電車に替えるメリットには，列車運用の能率化と合理化，加減速度の上昇による表定速度の向上などがあり，これらによって列車運転の経済性向上が期待された。湘南電車は列車速度の大幅な向上や列車重量の増大を意図したものではなく，むしろ初期投下資本や運転経費の経済性に主眼がおかれていた。しかし，1950年代後半から高まってくる輸送力の強化にともない，軌道構造の弱い線路の改善・強化を最小限にとどめたまま，列車速度の向上をはかろうとする方針のなかで，線路への負担増加の少ない動力分散方式は大きく発展し，大部分の旅客列車は機関車牽引をやめて，個々の客車が小出力の原動機を分担してもつ方式に変わっていくのである。

　湘南電車の運転区間は，同時に進んだ東海道・高崎・東北各線などの電化のあとを追い急速に拡がった。湘南電車は列車運用の点では画期的な車両であったが，機械構造的にはとくに新しい部分はなく，動力伝達方式も台車の構造も従来の電車と変わるものではなかった。当時の電車列車の短所であった震動の問題は十分に解決されていなかったわけで，電車列車が普及し，その運用が各停のローカル列車だけでなく，より長距離にわたって高速で走る列車におよぶようになると，動力伝達方式や台車の構造に抜本的な改善がはかられねばならなかった。

　電車の性能向上は1950年代前半に走行装置改善についての多くの試作が行なわれ，後半にその実用化が進んだ。とくに大都市の大手私鉄がメーカーと協力してその改善に積極的に取り組んでいた。一連の改善が目標としたのは，高い加速・減速性能と電動機の震動が車体や線路に与える影響を少なくすることであり，そのために回転数が高くて軽量の高速電動機，台車のバネ下重量を減らすためのカルダン駆動装置，金属バネのほかにゴム，オイル，空気などを用いて震動の緩衝をはかった新しい台車などが開発された。制御方式やブレーキにも新しい方式が導入され，車体の軽量化も著しく進んだ。

　国鉄が，このような新しい方式の電車の量産をはじめるのは1957年で，大都

市の通勤型電車（101系）にはじまり，中・長距離用電車におよんだが，1958年11月には電車特急「こだま」（151系電車使用）が誕生した。この特急は従来7時間30分を要していた東京・大阪間（特急「つばめ」，表定速度73.8km／時）を6時間50分（表定速度81.0km／時）に短縮したもので，2年後の時刻改正では6時間30分（表定速度85.2km／時）となった。これは電車高性能化のひとつの成果であった。

一方，非電化の線区についてはディーゼル動車の運転が普及した。第二次大戦中に軽量・小型の自動車用ディーゼル機関の信頼性が著しく向上し，その燃料となる軽油の価格はガソリンと比較して安価であったため，戦後の内燃動力の復活にあたってはディーゼル機関が採用されたのである。また従来の内燃動車は一般に原動機の回転を歯車によって車軸に伝える方式を採用していたが，これでは複数の動車を連結して総括制御することができず，輸送需要の大きい幹線，亜幹線に用いることは困難であった。

内燃動車の総括制御には二つの方式があった。第1は内燃機関で発電機をまわし，電動機で車軸を動かす方式で，電気式と呼ばれる。第2は内燃機関と車軸との間に液体変速機を介在させる方式で液体式と称する。国鉄は1952年，電気式と液体式のディーゼル動車を試作検討した結果，液体変速機の信頼性が確認され，液体式の採用が決定された。電気式は発電機と電動機を余分に搭載するためにどうしても重量が重くなり，製作費・保守費の点で不利となるからである。

1953年，液体式ディーゼル動車の量産型であるキハ45000形（のちのキハ17形）がつくられ，房総東・西線では，1954年10月1日より従来蒸気機関車牽引で運転されていた列車の大部分がディーゼル動車に置きかえられた。

この年以降，ディーゼル動車は毎年大量の増備が進み，それとともに使用線区や列車用途の拡大が行なわれたが，とくに1960年12月には東北・常磐線経由の上野・青森間特急「はつかり」が蒸気列車からディーゼル動車列車（キハ80系）に置きかえられたことは，ディーゼル動車が蒸気列車と同じ機能を果たせるようになったことを示したものとして注目に価する。その翌年10月よりその

改良型の増備によって，全国の非電化区間に多数のディーゼル動車特急が走ることとなって，都市間連絡サービスの大幅向上に貢献した。

つぎに第二次大戦後の国鉄における機関車の発達をみると，蒸気機関車の新製は1949年で終止符が打たれた。国鉄の蒸気機関車保有数が最大となった年度は終戦直後の1946年で，その年度末（1947年3月31日）には5958両を数えたが，以後は老朽機の廃車によって，両数は漸減の傾向をたどった。しかし，運転キロ数は年とともに上昇して，1956年度における約2億8690万kmが戦後における最高記録となった。

電化工事の進展とディーゼル動車・機関車の増備によって，1950年代後半から蒸気機関車の淘汰はようやく顕著となった。これに代わって，電気機関車とディーゼル機関車の増備が進んだ。しかし，一方では電車列車やディーゼル動車列車の普及によって，機関車牽引の列車の活動の場は次第にせばまり，貨物列車や寝台夜行列車，一部の各停列車の運転に限定されるようになる。このような環境の下で，機関車の高速化・強力化のテンポは一般に緩慢であった。

ディーゼル機関車はDD51形（2000馬力，のち2200馬力に強化，1962〜78年製），電気機関車はEF66形（3900kw＝約5200馬力，1966〜68年製）で性能は日本の鉄道線路の水準からみると限界に近いものとなったが，1970年代以降の貨物輸送の減退によって，これらをしのぐ性能の機関車は現われることなく終わった。日本の機関車は軸重制限が厳しく，大出力の強力な機関車を設計することが難しい環境にあったといえよう。

路線施設の近代化

1955年（昭和30）10月，国鉄は電化調査委員会を発足させ，約2ヵ月の審議ののち，向こう10年間に約3300kmにおよぶ幹線鉄道の電化計画を発表した。

当時の国鉄の幹線電化は，東海道本線が翌年の全線電化完成をめざして，最後の米原・京都間の工事を急いでおり，戦前に電化された中央本線甲府以東の区間，戦後に電化された高崎線，上越線，奥羽本線福島・米沢間があるだけであった。

第二次大戦後の鉄道電化の歩みをみると、終戦直後の石炭の不足と高騰の影響が大きかったローカル民営鉄道が1947～50年ごろにさかんに電化を進めていた。しかし、1950年以降になると、石油が豊富に供給されるようになって電化熱は下火となり、内燃動力の導入が主力となった。国鉄もまた石炭の不足と炭質低下に悩まされ、急勾配区間が連続していて電化効果が大きいとみられた上越線と奥羽本線福島・米沢間、輸送需要の大きい東海道本線沼津以西の電化を進めたが、資金難のため、その進行は遅々としたものであった。

　大規模な電化計画を進めることになった要因は、主として動力費の節減と輸送力向上にあった。軌道構造が本質的に劣弱な日本の鉄道においては、蒸気機関車の強力化はすでに限界に達したと考えられていたが、電気機関車や電車については在来の軌道構造のままでもなお余裕があった。とくに電気車は起動時における引張力が大きく、日本のように急勾配区間の多い鉄道では有利であると考えられたのである。

　国鉄の電化は一般に直流1500ボルトで行なわれてきた。始動時に回転数に関係なく大きな力を出すことのできる直流直捲電動機の特性が鉄道利用に適合していたため、世界の鉄道電化の大勢は第二次大戦前までは直流方式であった。しかし、戦後、一般の工場や家庭に供給される電気（交流）をそのまま用いる商用周波数による交流電化が世界的に普及した。交流電化の長所は送電を高電圧で行ない、途中の電圧降下率を低くすることができるため、変電所などの地上設備を少なくすることができ、電化に要する費用の節減が期待された。

　1953年7月、国鉄は交流電化調査委員会を設け、戦後その採用を進めていたフランス国鉄からの技術導入が交渉されたが、条件が折り合わず、最終的には日本独自の開発が進められることとなった。

　交流電化の実験は仙山線の北仙台・作並間で、1954年9月から地上設備の試験が、翌年8月から車両の試験が行なわれた。この実験によって動力車には整流器を搭載して、架線から受電した交流を直流に変えたのちに直流直捲電動機を動かす方式が採用され、北陸本線と東北本線の交流電化が着工された。幹線における交流電化の最初は、北陸本線田村・敦賀間で、1957年10月1日から勾

配緩和のための木ノ本・敦賀間新線の開通と同時に営業列車の運転を開始している。

その後，交流電化区間は北陸本線の大部分におよび，東北，北海道，九州地方の主要線区の交流電化も進められた。しかし，北陸本線を除く本州中央部・西部の電化は従来の直流電化区間との接続を考慮して，直流のまま電化されている。

こうして，国鉄の電化区間は1950年代後半より急速な進展をみて，主要幹線の大部分には電気列車が走るようになった。この間，電気機関車は交流型，直流型とも著しい発達を示し，牽引力・速力を増加させた。交流機関車に搭載する整流器も当初の水銀整流器からシリコン整流器，さらにサイリスタに進み，軽量化，小型化が顕著であった。このことが交流電車の誕生を可能とし，また直流と交流の両区間にわたって運転される長距離列車の電車化を促進した。

しかし，交流電車では受電した交流を直流に変換する装置を必要とするため高価となる。また日本の電力供給は静岡県と長野県を境界として周波数が異なるため（関東以北50ヘルツ，中部以西60ヘルツ），大阪・青森間に運転される特急電車のように，直流（大阪・米原間）・交流（60ヘルツ，米原・糸魚川間）・直流（糸魚川・村上間）・交流（50ヘルツ，村上・青森間）と電化方式の異なる区間のすべてに適応する設備を装備せねばならぬ事例もあって，直流電化区間のなかに介在する北陸本線の交流電化については功罪なかばするという批判もある。

幹線鉄道の近代化は，電化以外でも多くの分野について進められた。それは線路増設（複線化），急勾配区間解消のための新線建設，重軌条化，自動信号区間の増加など多岐にわたっている。

日本の鉄道は幹線といえども1950年ごろまでは単線区間が大部分であり，全線複線区間となっていたのは東海道・山陽本線のみであった。1930年代から大戦中にかけての急速な輸送需要の増大にもかかわらず，大きな資金を必要とする線路増設は戦争などのため極めて不十分にしか行なわれていなかった。したがって，1950年代に入ると，全国幹線鉄道のいたるところで「輸送上のネッ

表8-3 国鉄の電化・複線化の進展

年度末営業キロ	電化キロ		複線化キロ	
	キロ数	電化率	キロ数	複線化率
	km	km	%	km	%
1955	20,093.1	1,961.2	9.8	N.D.	N.D.
1960	20,481.9	2,698.8	13.2	2,606.9	12.7
1965	20,754.0	4,228.2	20.4	3,497.1	16.9
1970	20,890.4	6,020.5	28.8	4,918.9	23.5
1975	21,271.9	7,628.1	35.9	5,424.4	25.5
1980	21,321.7	8,413.5	39.5	5,640.7	26.5
1985	20,788.7	9,109.4	43.8	5,775.2	27.8

(注)『鉄道要覧』1986年版による。

ク」が現われるようになって，線路増設は急務と考えられるようになった。

こうして，まず単線区間のうち駅間距離の長い区間や勾配線で線路増設がはじまり，さらに1957年にはじまる第1次5カ年計画以降，主要幹線の複線化がかつてないピッチで進められた。この結果，1980年ごろまでに千歳，高崎，東北，上越，北陸など各線の全線，函館，室蘭，常磐，中央，信越，鹿児島など各線の主要部分の複線化が完成した。また大都市地域においても，長・中距離線と通勤線の分離のような目的別の線路分離が各所で進められ，4線化・6線化などの区間が増加したのであった。こうして1960年度末にはわずか12.7％であった国鉄の複線化率は，1985年度末には27.8％に達した。

複線化と同時に急勾配区間の解消をはかった例もいくつかある。この種の工事で最も大規模なものは，北陸本線木ノ本・敦賀・今庄間の新ルートによる複線新線の開通であった。この区間は25‰の急勾配区間が連続し，その間に介在するトンネルの存在とともに列車運転上の難所となっていた。そこで木ノ本・敦賀間では1957年10月1日，まず深坂トンネル（長さ5170m）を開通させて主要列車の運転を新線に移し（同時に交流電化・複線化は1966年11月，旧線は1963～64年に廃止），さらに1962年6月1日，開通当時は日本最長となった北陸トンネル（長さ13870m，複線型）の電化・開通によって，敦賀・今庄間も新線に切り替えられた。北陸本線ではこのほかに石川・富山県境の倶利伽羅峠

越えでも 1955 年 9 月に新俱利伽羅トンネルを開通させることによって, 最急勾配を 20‰ から 10‰ に低下させている。すなわち, 複線化と急勾配区間の解消を同時に行なったのである。根室本線の新狩勝トンネル (長さ 5790 m), 上越線の新清水トンネル (長さ 13490 m) なども同じ目的をもつ工事であった。このように複線化と急勾配区間の解消は長大トンネルの掘削によって初めて可能となったことも事実で, 大規模な機械化によって工期が大幅に短縮されたことも大きな特徴であった。

忘れてならない改善に, 線路の重軌条化がある。従来 50 kg レールを使用していたのは, 東海道・山陽本線と大都市地域の電車運転区間に限られていた。幹線であっても, 東北, 鹿児島, 北陸本線などでは 37 kg レール区間が大部分を占めていたのであるが, 1950 年代から逐次 50 kg レールに替えられ, 軸重の大きい機関車が入線して大単位列車の運転が可能となった。同時に, レールの継目を熔接してロングレールとする技術も開発された。これによって, レールのいたみを防ぎ, 乗心地が著しく改善されたのであった。

大都市の私鉄においても, 30 kg あるいは 37 kg レールから 50 kg レールへの交換が進んだ。興味のあることは, これらの古レールは, より軽量のレールを用いていた国・私鉄の地方線区に転用されてその重軌条化に貢献し, さらに 1970 年代に入ると, 50 kg 古レールも交換のたびに地方線区に転用されている。

これら一連の線路の改善は, 車両側の近代化と相まって, 列車の高速化と長大化 (大単位化) を可能とし, 都市間連絡に関する限り, 所要時間の短縮と運転本数の増加には著しいものがあった。

新幹線鉄道の誕生

京浜, 名古屋, 京阪神の三大都市圏, およびこれらの中間に立地する多数の都市圏は東海道メガロポリスと通称されているが, 高度経済成長にともなう輸送需要の急増が最も集中して発生したのはこの地域であった。

新幹線の思想的源流は 1910 年代の鉄道政策の焦点となった広軌改築計画や第二次大戦時の弾丸列車計画にも見られるが, 直接的には, 1955 年 4 月, 国鉄常

務理事会が東海道本線の将来の輸送量の想定,輸送力増強方式などについて早急に検討すべきことを確認したことにはじまる。1957年8月,政府は運輸省に日本国有鉄道幹線調査会の設置を決定し,同調査会は翌年7月,その最終答申において,東京・大阪間に国際標準軌間による新幹線建設の必要性とその具体的実施策を明らかにした。政府はこの答申にもとづいて,同年12月に東海道新幹線の早期着工と完成を閣議にはかり承認した。そして早くも1959年4月20日,かつての弾丸列車計画にあたって一部着工していた新丹那トンネルの東口において起工式が行なわれた。

新幹線建設にあたって最大の難問題は工事資金の調達であった。当初の予算は1972億円(うち借入金支払い利子247億円)と定められたが,その一部(8000万ドル=288億円)は世界銀行からの借入れに依存した。しかし,その後の地価の上昇に加え,諸資材の騰貴や計画の変更にともなう工事費の膨張によって,予算は1963年には当初計画の2倍に近い3800億円となって政治問題化し,新幹線計画の中心的な推進者であった十河信二国鉄総裁は辞任に追いこまれた。

東海道新幹線は,最大速度200km／時で走るという世界の鉄道史上でも初めての高性能の鉄道となるはずであった。そのためには多くの技術開発が必要であり,1962年に小田原東方の鴨宮を起点とする延長約33kmのモデル線が早期完

表8-4 新幹線運輸実績の推移

年　度	年度末営業キロ	列車キロ	輸送人員	人キロ	1日平均輸送人員	輸送密度	車両数
	km	千km	千人	百万人キロ	人	人/km・日	両
1965	552.6	14,545	30,967	10,651	84,841	52,807	488
1970	552.6	34,553	84,627	27,890	231,855	138,273	1,150
1975	1,176.5	53,505	157,218	53,318	429,557	123,822	2,184
1980	1,176.5	57,016	125,636	41,790	344,209	97,317	2,415
1985	2,011.8	80,864	179,833	55,423	492,693	75,476	2,866
[1985年内訳]							
東海道・山陽	1,176.5	59,498	133,118	43,864	364,706	102,146	
東　　北	531.7	15,172	30,962	8,085	84,828	41,660	
上　　越	303.6	6,194	15,753	3,474	43,159	31,349	

(注)『鉄道要覧』1986年版による。

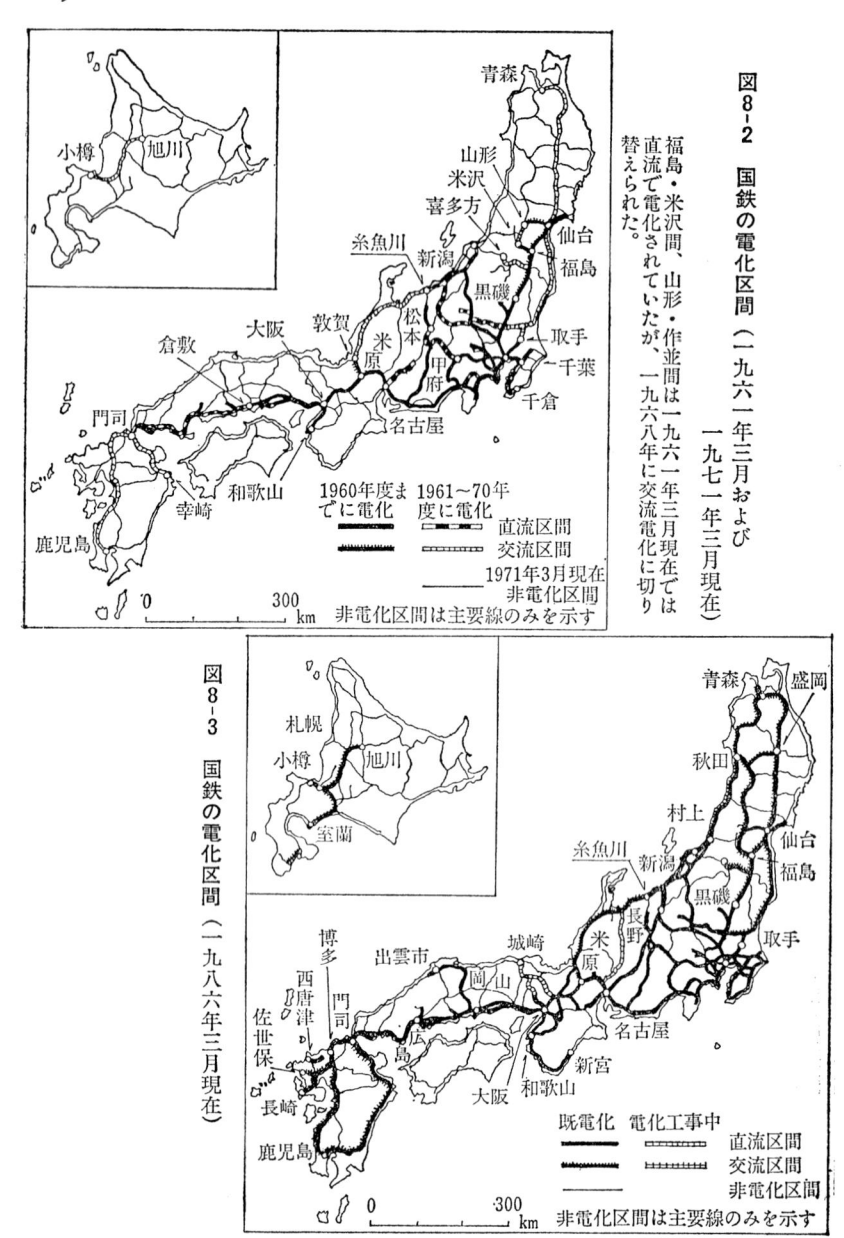

図8-2 国鉄の電化区間(一九六一年三月および一九七一年三月現在)

福島・米沢間、山形・作並間は一九六一年三月現在では直流で電化されていたが、一九六八年に交流電化に切り替えられた。

1960年度までに電化　1961〜70年度に電化　直流区間　交流区間　1971年3月現在　非電化区間
非電化区間は主要線のみを示す

図8-3 国鉄の電化区間(一九八六年三月現在)

既電化　電化工事中　直流区間　交流区間　非電化区間
非電化区間は主要線のみを示す

成し，試作と実験をくりかえした．

列車は全部電車形式とし，商用周波数（60ヘルツ）による交流2万5000ボルトの電気方式が採用された．安全確保のためATC（自動列車制御装置）が採用され，また起点の東京駅に全列車の運行をパネルに表示し，列車指令を統一的に行なうCTC（列車集中制御装置）が設けられた．これらは，当時の日本の鉄道技術の粋を結集したものといえよう．

東海道新幹線は貨物輸送を行なわず（計画当初は予定されていたが，途中で中止)，メガロポリスの大都市駅のみに停車する典型的な都市間鉄道である．開業後の新幹線の輸送実績は年ごとに向上し，1964年10月の開業時に1日30往復ではじまった運転も，1970年代には100往復を越える日もあるようになった．常用最高速度200km／時，東京・新大阪間の表定速度163km／時，1列車の定員数約1400人という超特急「ひかり」の速度とフリークェンシーの高さは，自動車にたいしてはもとより，500km程度の距離でならば，亜音速ジェット機にも互角に競争できることを明らかにした．

東海道新幹線の成功によって，1965年にははやくもその延長線である山陽新幹線の建設が運輸省の認可を得，1970年5月には全国新幹線鉄道整備法が公布された．ここにおいて，新幹線は東海道メガロポリスのなかだけでなく，全国の主要都市を結ぶネットワークをめざすこととなった．

こうして，新幹線は1972年3月15日に新大阪・岡山間が，1975年3月10日に岡山・博多間が開業して，山陽，北九州地方にのびた．また1971年1月，鉄道建設審議会は東北（東京・盛岡間)，上越（東京・新潟間)，成田（東京・成田間）の3新幹線を建設線として答申し，そのうち東北新幹線は国鉄，上越新幹線は日本鉄道建設公団によって，同年中に着工された．これら両新幹線は着工後，石油ショックによって日本経済の高度成長が減速を余儀なくされ，国鉄もまた累積赤字に苦悩するなかで，工程は当初の予定より大幅に遅れたが，東北新幹線は1982年6月23日，上越新幹線は同年11月15日，いずれも大宮を暫定的な起点として開業し，1985年3月14日，大宮・上野間を延長した．上野への新幹線の乗入れと同時に両新幹線は最高速度を240km／時に向上した．

新幹線による全国的ネットワークの拡大政策は，その巨額の資本負担をどのような方法で解決すべきであるかという哲学を欠いたまま，政治的に独走しつつある。世界的にみれば軽便鉄道級であり，能力的にも限界に達している在来線に代わる新幹線をもつことは，日本経済や地域社会にとっては望ましいことであるが，その資本調達方法と列車運転のあり方については，今後国民的なコンセンサスをめざして論議されなくてはならない。

世界的にみると，日本における新幹線の成功は欧米諸国における都市間鉄道の将来に新たなる展望を拓いたといえる。すでにフランス，西ドイツ，イギリスなどの国々で，最高速度200km／時以上の都市間列車が走るようになり，数百km程度の距離における都市間大量輸送に適した方式としての評価が定着しつつある。

（青木栄一）

人物紹介㉑

十　河　信　二　（そごう・のぶじ　1884～1981）

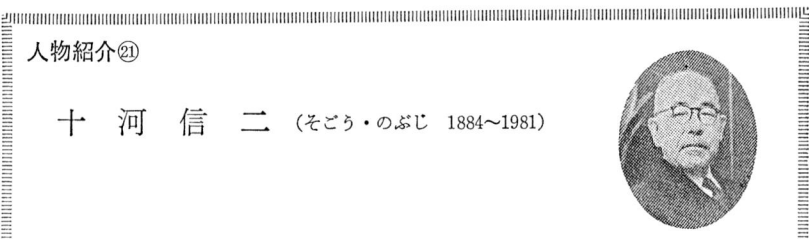

　1884年（明治17）4月14日，愛媛県新居郡中萩村（現・新居浜市）に生まれる。第一高等学校を経て，1909年（明治42）7月東京帝国大学法科大学を卒業，同月鉄道院（1908年12月設置，総裁後藤新平）に就職した。そのきっかけは後藤総裁に知遇を得たためであり，その後は経理の仕事に終始し，1917年（大正6）米国に留学し，帰国後の18年9月経理局調度部庶務課長，同年10月金属課長（兼任），ついで1919年購買第一課長，1920年5月鉄道省設置後の同年9月には経理局会計課長となった。その間，レミントン・パワーズ調査表分類機など新機械の導入によって経理事務などの能率化をはかった。

　1923年9月関東大震災にさいし，帝都復興院が設けられ，同院総裁となった後藤新平により，その陣容に迎えられ，鉄道省を転出して同院書記官，1924年2月経理部長となって復興事業に尽力した。同年8月鉄道省に復帰して経理局長に就任し

た。経理局長在任中の1926年（大正15）1月収賄罪に問われ，2年後に無罪判決をうけたものの，この冤罪事件で鉄道省を退官した。

これよりさき鉄道院在任中の米国留学時より，日露戦争後の日米関係を悪化させる原因となった中国問題について関心を抱いていたこともあり，鉄道省退官後1930年（昭和5）7月に南満州鉄道の理事に就任した。これは仙石貢（1929年満鉄総裁に就任）からすすめられたことによるものであった。1931年9月，満州事変が始まり，翌32年3月満州国が建国された。この時期に関東軍と満鉄との折衝の中心として満鉄経済調査会委員長を務めた。さらに1935年（昭和10）12月，中国経済建設を日中両国の提携ですすめるという名目で興中公司が資本金1000万円（満鉄全額出資）で設立され，同月その社長となって満鉄を辞任した。

1937年1月林銑十郎組閣にさいし，組閣の中心課題が，悪化の一途をたどっている日中両国関係の打開にあるとして，その組閣参謀となるが，陸相選出問題で林と対立し，組閣本部から身を引いた。その後1938年11月満州石油株式会社および満鉄炭礦株式会社の重役も歴任した。興中公司が1939年以降北支那開発会社と中支那振興会社に諸事業を譲り渡し発展的解消をとげたので，中国から帰国した。

1939年茨城県内原に開設された満蒙開拓青少年義勇軍訓練所に招かれ，同義勇軍の会合に出席し講演をするなど活動を続け，1941年同軍同志会を結成，その会長となった。翌42年7月同会は樺太鉄道建設工事に参加し，その完成（同年11月）に尽力した。さらに1945年（昭和20）6月郷里の愛媛県西条市長となった（1946年9月辞任）。46年4月鉄道弘済会会長となって同会の再建に尽力し，駅売店売上げ倍増運動をすすめ，また社会福祉事業にも力をそそいだ。

戦後，国鉄は1949年6月公共企業体として改編され，戦時中酷使されたままの老朽施設をかかえたまま戦後の復旧輸送にあたり，下山事件（1949年7月），三鷹事件（同月）をはじめ，つぎつぎと不祥な事件・事故に見舞われていた。1954年9月洞爺丸事故，翌55年5月紫雲丸事故で第3代の国鉄総裁長崎惣之助が引責辞任し，国鉄は満身創痍の状態にあった。このような時期に「線路をマクラに討死の覚悟」と名セリフを披露して，同月第4代国鉄総裁に就任した。その在任中，まず1956年11月東海道本線全線電化，58年11月特急電車「こだま」号（東京・大阪間）の運転開始により長距離高速電車運転の技術が確立された。これよりさき1957年9月，仙山線において交流電化が完成されている。このように国鉄を技術革新の波にのせるとともに，総裁就任の年12月住友金属工業（株）から島秀雄を国鉄技師長に迎え，東海道本線輸送力増強の方策として広軌新幹線建設を決意し，技術革新の成果を総動員して，1962年6月モデル線区で新幹線試運転を開始し，翌63年3月，時速256 kmの

試運転に成功した。しかし新幹線工事費不足問題が表面化し，その責任をとって同年5月総裁を辞任した。同年7月日本交通協会会長，1977年7月に同名誉会長となり，1981年10月3日，97歳で死去した。　　　　　　　　　　（佐藤豊彦）

第4節　都市交通機関の整備

通勤難という隘路現象

　戦後経済は民間投資主導型の高度成長をとげた。その結果，終戦時の惨憺たる状況から短期間のうちに民間資本ストックは先進国レベルに達したが，一方で社会資本の不足が深刻となり両者のアンバランスをきわ立ったものにした。社会資本ストックの不足は，産業立地のインフラストラクチュアから公園などの生活関連施設まで広範にわたるが，当初とりわけ注目されたのは，直接に経済成長を阻害する性格をもつインフラの不足であった。たとえば，水不足，滞貨，積滞などの隘路現象（bottle neck）としてそれらは人びとの目にふれた。

　水不足は工業用水の不足を意味し，地下水の過汲上げによる地盤沈下を生じさせた。国鉄輸送力の不足は駅頭滞貨となって物資の流通を妨げた。電話は容量不足から新規需要に応じきれず積滞を生んだ。「通勤地獄」とよばれる朝夕のラッシュもまた，隘路現象のひとつというべきである。

　高度成長期には資本と労働力の急速な都市集中が進んだ。都市の規模が大きくなると一般にスケールメリットや外部効果が働くようになり，いわゆる集積利益が大きくなる。なかでも中枢管理機能が集積利益を求めて都心部に立地する傾向を強め，これに関連するさまざまな事業所が派生的に集中し増大する。当然のこととして人口が増加し，その通勤・通学者数が増加する。企業や人口の都市集中にともなって，一方で企業を主体として集積利益の享受があるものの，他方では住民を主体として通勤難，住宅難，都市公害などの弊害が生まれる。また，一定の限度を越えて過密が進行すると混雑コストが発生することも知られている。

　表8-5は，東京・大阪・名古屋の3大都市圏における旅客輸送量の推移を

表8-5　3大都市圏における交通機関別輸送人員の推移

(単位：百万人)

	年度	国鉄 人員	%	民鉄 人員	%	地下鉄 人員	%	路面電車 人員	%	バス 人員	%	乗用車 人員	%	合計 人員
首都圏	1955	1,858	37	1,168	23	151	3	836	16	788	15	340	7	5,142
	1960	2,592	35	1,749	23	316	4	836	11	1,437	19	570	8	7,501
	1965	3,465	33	2,563	24	753	7	677	6	2,194	21	980	9	10,633
	1970	3,600	25	3,200	22	1,330	9	179	1	2,555	18	3,716	25	14,581
	1975	4,066	26	3,594	23	1,761	11	49	0	2,509	16	3,896	25	15,875
	1980	3,938	23	3,929	23	2,021	12	44	0	2,257	13	4,857	28	17,046
	1983	4,123	23	4,178	23	2,230	12	42	0	2,170	12	5,242	29	17,985
京阪神圏	1955	440	15	1,128	38	149	5	683	23	376	13	159	5	2,934
	1960	648	17	1,258	32	231	6	814	21	681	17	291	7	3,922
	1965	984	18	1,829	33	373	7	672	12	1,179	21	543	10	5,579
	1970	1,060	14	2,454	32	774	10	205	3	1,238	16	1,868	25	7,599
	1975	1,148	14	2,374	30	850	11	95	1	1,207	15	2,302	29	7,975
	1980	1,086	13	2,456	29	918	11	32	0	1,129	13	2,934	34	8,555
	1983	1,065	12	2,515	29	1,036	12	21	0	1,082	12	3,025	35	8,745
中京圏	1955	66	8	249	32	—		282	36	144	18	48	6	788
	1960	93	8	333	28	23	2	252	21	396	33	95	8	1,192
	1965	128	7	451	26	82	5	206	12	730	41	162	9	1,760
	1970	171	7	500	20	144	6	96	4	618	24	1,014	40	2,543
	1975	199	6	493	16	260	8	11	0	579	19	1,545	50	3,085
	1980	185	5	485	13	304	8	9	0	491	13	2,164	59	3,639
	1983	190	5	478	13	312	8	8	0	436	12	2,289	62	3,713

(注)1.　『都市交通年報』(1980年版)および『運輸経済統計要覧』(1980年版)による。
2.　「乗用車」は1955, 60, 65年度はタクシー・ハイヤー，1970年度以降はタクシー・ハイヤー・自家用車の合計である。
3.　「路面電車」にはトロリーバス(無軌条電車)を含む。

交通機関別に示したものであるが，戦後約20年間にわたる輸送人員合計の急速な増加がみられる。とくに，東京は大阪や名古屋にくらべて増加率が高く，首都圏への著しい人口集中を背景として，都市交通問題はこの東京で深刻の度合を深めた。輸送人員の数量でみれば，大阪は東京の約5割であり，名古屋は約

2割ということになる（1973年度）。しかし，戦後一貫して増加した輸送量は石油危機を契機として大幅にその増加率を低下させた。

通勤難を打開するためには，社会資本整備の一環として輸送力の増強がはかられることになる。投資は，地下鉄の建設と郊外線の線増を選択的に扱う一方で，路面電車の撤去を促し，道路容量の拡大がはかられた。都市内の自動車専用道路も建設されたが，慢性化した路面渋滞は容易に解消するものではなかった。社会資本の整備にともなって交通機関の分担率も変わってきた。その様子は表8-5のとおりである。路面電車の急減，バスの停滞，ハイヤー，タクシーを含む自動車の拡大を読みとることができる。鉄道は依然として5～6割のシェアを維持し，重要な役割を果たしている。交通市場を有効距離帯の通勤・通学市場だけに限れば，鉄道のシェアは8～9割に達し，圧倒的な競争力をもっていることが国勢調査の結果などからわかっている。

鉄道の拡充

戦後の東京の鉄道は，国電の山手線によって市内と郊外の交通が画然と区分されていた。市内には都電の路面電車が，総延長約200 km以上のネットワークを形成し，郊外は山手線の駅を起点とする私鉄と国電によって需要がまかなわれていた。大阪でも市内の交通の主役はやはり市電で，これも延長約100 kmの規模をもっていた。市内と郊外の画然とした区分は第二次大戦までの市内市営交通主義ともいうべき交通政策によってもたらされたものである。

ターミナルで発生する混雑の緩和と市内交通の効率化推進のために，市内における地下鉄の建設が必要となった。ほかにも郊外から都心へ直通するバスによる鉄軌道の補完や，路面電車の輸送力を増加させるなどの施策も考えられ実行に移されたが，抜本的な対策とはなりえなかった。東京の地下鉄建設は，丸ノ内線から始められた。丸ノ内線の建設資金としてアメリカの対日援助見返り資金が導入され，多額の建設費を必要とする地下鉄建設のための長期資金が手当てされた。こののち地下鉄建設には政府の資金運用部資金が活用されるようになる。

表8-6 地下鉄営業キロの推移　　　　(単位：km)

事 業 者 名	1930	1940	1950	1960	1970	1980	1985
東 京 地 下 鉄 道	3.9	8.0	—	—	—	—	—
東 京 高 速 鉄 道	—	6.3	—	—	—	—	—
帝都高速度交通営団	—	—	14.3	33.9	104.9	131.8	142.1
東 京 都 交 通 局	—	—	—	3.1	28.7	54.9	56.6
大 阪 市 交 通 局	—	7.5	8.8	16.7	64.2	86.1	94.1
名 古 屋 市 交 通 局	—	—	—	6.0	27.8	51.5	60.2
神 戸 高 速 鉄 道	—	—	—	—	7.6	7.6	7.6
神 戸 市 交 通 局	—	—	—	—	—	5.7	16.8
札 幌 市 交 通 局	—	—	—	—	—	24.2	31.6
横 浜 市 交 通 局	—	—	—	—	—	11.5	20.5
京 都 市 交 通 局	—	—	—	—	—	—	6.6
福 岡 市 交 通 局	—	—	—	—	—	--	13.5
計	3.9	21.8	23.1	59.7	233.2	373.3	449.6

(注)1.『民鉄要覧』による。
　　2. 数値は年度末（暦年の翌年3月末日）現在。
　　3. 東京地下鉄道と東京高速鉄道の路線は，1941年9月，帝都高速度交通営団に譲渡された。

　運輸省は1955年に都市交通審議会を設けて地下鉄の新線計画を含めた諸課題の検討を始める。この審議会は，東京の地下鉄計画として，10路線257km（建設資金5250億円）を答申するとともに，地下鉄と郊外線区の相互直通乗入れを施策の目玉とした。相互直通は，異なる交通企業間の連続性を確保する方法のひとつである。ほかにも同一方向・同一ホーム乗換えによる方法があり，またソフト面では，都市内の共通運賃制をはかる運輸連合 (Verkehrsverbund) や，経営一元化という施策もある。これらのなかからわが国が選択したのは，ハード面に重点をおいた相互直通乗入れ方式であった。建設資金面で，政府は，財政投融資と諸税の減免を行ない，金利負担の軽減を目的とする利差補給補助を行なった。地下鉄は表8-6に示したように着実にその規模を拡大した。
　大手私鉄については，1957年度から輸送力増強計画による設備投資がはじまった。当初は輸送力の増加率が需要の増加率に追いつかなかったが，1965年度以後になるとこれが逆転し，混雑率の低下に結びつくようになった。わずかず

つながらも，通勤難は緩和の方向に向かいだすのである。

 1970年代には，高騰する地価・資材費・人件費に対処するため，私鉄の設備投資に関していくつかの優遇措置がとられるようになる。そのひとつは，日本鉄道建設公団による私鉄線の建設で，実質的に，同公団は長期・低利の資金と割賦返済の信用を私鉄に供与する役割をもった。また，ニュータウン鉄道の建設にたいする助成も行なわれるようになる。この時期には，東京の多摩ニュータウンや北総ニュータウン，あるいは大阪の泉北ニュータウンなどが開発され，新線が建設されていった。このほか，私鉄にたいする開銀融資も拡充されている。

 一方，国鉄は1956年度から設備投資の長期計画をスタートさせており，このなかに東京，大阪の通勤輸送改善がもりこまれていた。東京では，中央・総武線の線増が行なわれ，やがて「五方面作戦」と称する各線の輸送力増強がはかられていく。大阪では環状線が完成した。列車ダイヤの過密化がひとつの基本的な原因となって三河島事故や鶴見事故が発生したため，線増による客貨分離や，あるいは通勤列車と中・長距離列車の分離が急がれた。また，ATSなどの保安度の向上を目的とした投資も行われ，同様の事情は私鉄にもみられた。

 高度成長下における建設ブームの到来によってダンプトラックが急増し，自動車全体の増加とあいまって，踏切り対策の緊急性が高まった。鉄道側は，補助制度を活用しながら踏切りの自動化をすすめた。都市内においては高架化による立体化の費用負担は，基本的に原因者である道路側が主体となるが，立体化と合わせて実施される線形改良や踏切り保安費削減など，鉄道側の受益分については，鉄道が負担するというルールが確立した。

 70年代に入って大都市への人口集中度のテンポは低下し，石油危機を契機としてさらに緩慢となった。このような状況を反映して，都市交通機関の整備には，高度成長下では量的拡大の側面が重視されるという観点から質的な向上をはかるという転換が必要となった。ただ，近年は再び東京集中が強まっているため，依然として量的拡充にたいする社会的要請も存在している。

 国鉄は，輸送量が減少して線路容量に余裕のでてきた大都市内の貨物線を活

用して新しい旅客サービスを開始している。また，国鉄と私鉄を通じて，車両の冷房化やホーム上屋の増設，駅前自転車対策などが実施に移された。戦後の輸送力増強施策の中で，車両は新性能化，高性能化されてきたが，70年代後半からこれらの多くが車齢20年をこえる段階となり，取替えが進められた。新世代の車両は，石油危機後の経済状況を反映して，省エネルギー化，省力化されたコスト・パフォーマンスの高いものをめざしている。

バス・中量機関の停滞

都市交通政策が鉄道を中心としたこと，しかも都市内部では地下鉄を中心に整備したことから，従来その主役であった路面電車は廃止されるところが多くなった。そのため，路面電車から地下鉄へ転換するかなり明瞭な形でのスクラ

表8-7 路面電車の推移

年　度	事業者数		年度末営業キロ(km)		輸送人員(百万人)	
	計	うち公営	計	うち公営	計	うち公営
1970	30	9	666.5	273.7	1,086	566
1971	29	9	577.7	227.7	879	420
1972	25	8	476.3	171.0	718	296
1973	24	8	449.0	158.1	658	237
1974	23	7	420.8	129.9	603	186
1975	21	7	379.8	129.9	546	177
1976	20	6	352.9	103.0	458	124
1977	20	6	343.4	93.5	429	114
1978	19	5	308.0	68.4	399	95
1979	19	5	307.9	68.4	376	85
1980	19	5	297.1	68.4	340	83
1981	19	5	297.1	68.4	339	79
1982	19	5	297.7	68.4	325	77
1983	19	5	297.6	68.3	314	74

(注)　『数字でみる民鉄』1978年版および1985年版による。

ップ・アンド・ビルドが進められた（表8-7）。たしかに路面電車は経営効率が低く，ある程度の輸送量があっても採算点に達しない場合が少なくなかった。しかも激増する自動車に，道路容量をいっぱいまで使わせる必要性も存在した。しかし，大都市における一律的な路面電車の撤去が果たして最善の策であったのかどうか，疑問の声がある。まして，中小都市が大都市と同じ施策を採用して，路面電車から地下鉄へ切り替えているのには少なからぬ疑問もある。現に広島や長崎などで生き残った路面電車が，それなりの役割を果たしている例もみられる。

地下鉄でカバーしきれない交通については，都市バスが補完するという政策がとられた。しかしその後の事態の推移は，都市バスの地位を大幅に低下させる結果に終わった。バスは道路の渋滞によって操業度が下がりコストが増大した。コストは当然のこととして運賃にはねかえったが，同時に定時性の喪失やスピードダウンなどのサービス低下をも招来した。このため利用者のバス離れが続き，ますます経営が難しくなるという悪循環におちいったのである。

東京では，路面電車の撤去に関連して，その経営主体であった東京都交通局が，自ら地下鉄を経営する意向を明らかにしたために，営団と都の2事業者による地下鉄運営がはじまった。しかし，後発の都営地下鉄は必ずしも立地に恵まれず，バス事業ともども交通事業の業績が思わしくない。一般に都市自治体による公営交通事業の業績は不振である。

モノレールは，バスと地下鉄の中間に位置する中量交通機関として認識されている。羽田の東京モノレールや大船の湘南モノレールなど，都市交通機関として定着したものもあるが，普及のスピードははやいとはいえない。近年はインフラ部分を道路構造物とみなす補助範囲の拡大がはかられ，地方都市への普及が見込まれている。新交通システムは，大阪，神戸，大宮などで実用化され，注目を集めているが，初期投資額がなお割高で開業後の経営を圧迫している。

都市バスの再生をかけた都市新バスシステムをはじめ，新交通システムや都市モノレールが中量交通機関としてその能力を十分に発揮するまでには，なおいくつかのハードルが存在するように思われる。交通機関間の連続性の確保，接

続の改善，深夜バスなど多様化するニーズへの対応など，これからの都市交通はその質的側面の改善がより一層要求されていくものとみられる。

(今城光英)

人物紹介㉒

堤　康次郎（つつみ・やすじろう　1889～1964）

　土地開発から鉄道事業へ進出し，西武コンツェルンを築いた異色の鉄道家。
　1889年（明治22）3月7日，滋賀県愛知郡の農家に生まれる。1913年（大正2）3月に早稲田大学政経科を卒業した後，雑誌の経営，真珠の養殖などさまざまの事業を試みては失敗を重ね，ようやく17年5月設立の東京護謨（西武ポリマ化工の前身）で実業界へ進出した。同年には永井柳太郎のすすめで長野県の沓掛（現在の中軽井沢）北方で別荘地の開発にのり出し，つづいて箱根へも手を広げ，20年3月，これらの開発事業のために箱根土地（国土計画の前身）を設立した。これは当時としては全国で最大規模の土地会社で，払込み資本金は500万円もあった。
　箱根土地を拠点とする堤の事業は，折からの土地ブームの波にのって順調に発展し，関東大震災後は東京の大泉・小平・国立で大規模な学園都市の建設にのり出した。また，軽井沢ではホテル，箱根では遊覧船を経営するだけでなく，1924年（大正13）には東京の渋谷で「百軒店」と称する名店街，新宿では「新宿園」と称する遊園地を経営（後者は失敗）するなど，箱根土地はたんなる土地会社にとどまらずに，観光・ホテル・流通・レジャーなどの都市型第3次産業の担い手へと発展していった。
　ところで，別荘地などの土地開発は交通の便に左右されるところから，堤は1921年（大正10）ごろから小田原電気鉄道（箱根登山鉄道の前身）の株を買い集めて関係を強め，23年には駿豆鉄道（伊豆箱根鉄道の前身）の株を買い占めこれを支配下においた。また，小平などの学園都市の建設に関連しては，1928(昭和3)年1月に多摩湖鉄道（のちに武蔵野鉄道と合併）を設立し，さらに大正末年以来，株主となっていた武蔵野鉄道が昭和恐慌の渦中で経営破綻におちいると，その再建にのり出して成功をおさめ，40年10月には同鉄道の社長に就任した。続いて堤は，原邦造

（東武鉄道社長）から旧西武鉄道の株を譲り受けて，42年6月にはその社長にも就任した。45年9月，武蔵野と旧西武との合併により西武農業鉄道が誕生したが，日本の私鉄で名称に農業の二字を冠したのはこれが最初で最後であった（翌46年11月，西武鉄道と改称）。

　第二次大戦後は軽井沢や箱根・伊豆での別荘・観光開発を本格化する一方，西武鉄道沿線でも観光開発にのり出し（西武園など），また52（昭和27）年5月にはターミナル・デパートの西武百貨店を新築するなど，堤の事業はさらに多角的な発展をとげた。しかし，事業全体のなかでは土地開発の比重が高く，西武鉄道の最大株主も国土計画であった。堤はあくまでも「土地の堤」であったのである。

　また，堤は若い時から政治に興味をもち，1924年（大正13）5月に滋賀県から衆議院議員に初当選していらい，13回にわたって当選を重ね，この間に，32年（昭和7）5月に誕生した斎藤内閣では永井（柳太郎）拓務大臣のもとで次官をつとめ，53年5月から翌54年12月まで衆議院議長に就任した。64年4月26日，75歳で死去。

　堤の波乱に富んだ経歴と話題の多い私生活，横紙破りの強引さと凡俗の及ばないスケールの事業は作家の注目するところとなり，獅子文六の『箱根山』，石川達三の『傷だらけの山河』，梶山季之の『悪人志願』のモデルとなったほか，富沢有為男が『雷帝堤康次郎』という伝記を書いている。

（野田正穂）

第5節　ローカル鉄道の衰退

ローカル私鉄の経営危機

　ローカル私鉄の多くは，軽便鉄道ブーム以降に建設されたものである。それらは，地方の都市や集落を全国ネットワークである最寄の国鉄駅につなぐ役割を果たしてきた。戦後になると道路の改修が進み，効率的なディーゼルエンジン・バスが普及するようになって，鉄道の優位は失われていった。ほとんどの私鉄で戦時統合期以来バスを兼営していたから，同一企業内において鉄道からバスへの転換が比較的スムーズに進行した。一般に輸送量の少ない市場においては，鉄道よりもバスの方がコスト面からみて有利である。しかも，戦前の私鉄にとって大きな経営上の支えとなっていた地方鉄道補助法がなくなり，それに代わった地方鉄道軌道整備法の補助が，その金額の上では微々たるものにす

表8-8 地方私鉄の廃止状況

年度	計 キロ	一部廃止 社	一部廃止 キロ	全部廃止 社	全部廃止 キロ
1965	57.4	8	57.4	0	0
1966	102.2	6	52.0	3	50.2
1967	87.4	4	28.5	3	58.9
1968	158.4	9	88.7	4	69.7
1969	149.9	5	60.5	4	89.4
1970	155.2	5	42.0	6	113.2
1971	153.7	8	122.7	4	31.0
1972	144.4	6	61.2	6	83.2
1973	87.3	3	32.9	3	54.4
1974	150.3	5	65.3	5	85.0
1975	11.3	1	0.9	2	10.5
1976	20.2	0	0	2	20.2
1977	0	0	0	0	0
1978	26.7	0	0	2	26.7

(注)『運輸省三十年史』による。

表8-9 井笠鉄道の経営状態

区分 年度	営業キロ (km)	輸送密度 旅客(人)	輸送密度 貨物(トン)	営業収支率 (償却後)(%)	固定資産 営業利益率(%)
1950	37.0	1,132	19	98	0.9
1955	37.0	940	13	100	0.3
1960	37.0	1,436	16	97	0.9
1965	37.0	1,395	11	119	△30.2
1970	19.4	1,015	3	233	△91.7

(注)『私鉄統計年報』による。ただし、輸送密度は1日当り。

ぎなかったことから、鉄道を維持しうる条件が失われていった。かつて地方鉄道を建設した経済主体である商人・地主層が農地改革などによってその力をほとんど失ったことも、ローカル私鉄衰退の遠因となった。

ローカル私鉄の廃止は1950年代からはじまり、表8-8に示したように1970年前後にそのピークに達した。毎年150km余りが廃止されたのだから、相当の

急テンポであった。そのなかの1社である井笠鉄道のケースについて，鉄道の廃止に至る経営の推移を表8-9に示した。同社は，岡山県笠岡市に本社をおく地方私鉄である。軽便鉄道法にもとづいて，1913年（大正2）11月に営業を開始した。本線は国鉄山陽本線の笠岡から北へ約20kmの地点にある井原を結び，その後支線も建設された。1920年代の後半には，バス会社との競合にたいする防衛から，自らもバスを兼営するとともに，鉄道に小型のガソリンカーを導入するなどの合理化に努めた。

　戦後，石油類の消費規制が解除されるにともなってバスの進出が顕著となり，1960年代以降に輸送量は減少に転じている。表8-9からも明らかなように，60年代のなかばから収支率は急速に悪化していった。会社は支線の廃止によって一時を凌ぐが，結局，1971年（昭和46）4月に至って鉄道の全線を廃止してこの事業から撤退することになる。鉄道線廃止後は自社の乗合バスによって輸送を代替した。

　鉄道にとってかわったバスの経営もやがて行きづまりをみせるようになる。1960年代の後半からわが国のモータリゼーションが本格化し，マイカーの普及が進んだ。道路の改修とあいまって，マイカーは便益性の高い交通機関として地方の人びとに認識されていく。普及当初のマイカーは，その資本費もランニングコストも比較的割高であったが，普及にともなう大量生産効果によってコストの低減がはかられてきた。

　一方で，マイカーに旅客が転移するためにバスの大量輸送機能は損なわれがちで，運賃単価の引上げが不可避となり，さらに，そのために旅客がマイカーへ逃げるという悪循環が生じていった。オイルショック以後は，バスやローカル私鉄へ旅客のリターンが期待されたのであるが，現実には依然として，旅客のバス離れが続いている。自動車メーカーは，燃費効率のよいエンジンや，性能のよい軽自動車の開発を通して，オイルショック以後も強固な競争力を維持していったのである。

　さらに，近年はミニバイクの普及が著しく，鉄道・バスの旅客は引き続き減少している。廃止をまぬがれたローカル私鉄は，地方バスの多くと同じよう

に，交通弱者のための移動手段としての性格を強めている。ローカルな乗合バスにたいする補助制度はまず一応の水準に達しているというべきだが，乗客の減少によって補助基準を下まわる状況もつぎつぎと現われた。その場合には，緊急避難的な道路運送法第101条や第24条の2にもとづく市町村営などのバスで代替することが多くなっている。

　ローカル私鉄の廃止にはじまった地方における公共交通の衰退は，乗合バスの撤退や国鉄ローカル線の廃止にまで進もうとしている。事業者の撤退したのちに町村営の代替バスが運行されるケースが多いが，地域によっては，いっさいの公共交通機関がなくなっているところもある。マイカーの普及が世帯で複数保有レベルにまで進むなかで，公共交通の衰退にはなお歯止めがかけられたとはいい難い状況が続いている。

　ローカル私鉄の廃止そのものは，1970年代の後半以来緩慢となった。しかし，依然として輸送量は減少基調にある。県都など比較的規模の大きい地方都市に起点をもつ地方私鉄が，通勤輸送市場でしめるシェアは約30％となっている（1980年度，国調）が，10年前にこれは約60％であった。この間に，鉄道とマイカーの地位がほぼ逆転している。今後ともローカル鉄道をめぐる環境は，厳しい局面が続くとみなければならない。

国鉄ローカル線対策

　国有化ののちにわが国の都市以外の地域で局地的な鉄道の建設が一般化したが，その主流をなしたのは軽便鉄道法にもとづく私鉄であった。この軽便鉄道は，資本費の大半を地域社会から調達し，地域の商人・地主層による共同施設的な性格をもっていた。予想収益率は概して低かったので，地域外からの出資を仰ぎにくく，いきおい過少資本におちいりがちであった。政府は，軽便鉄道法と合わせて軽便鉄道補助法を制定し，間接的ながら出資者にたいする配当保証を行なった。補助金の原資は国有鉄道会計の益金に求められ，軽便鉄道が幹線にたいしてもちうる培養効果を根拠として，鉄道事業の範囲における内部補助が正当化された。

軽便鉄道法と同補助法によるローカル鉄道の建設は，少なくとも初期投資を地域の負担とすることを前提にしている。ところが，地域経済の資本蓄積はかなりの地域で不十分であったから，特殊株（優先株）の発行による追加的な資金調達によって地域外の資金が導入されたり，あるいは設備水準を低くして，のちのちまで割高な営業費を支出するというような，地域の商人・地主層にとって必ずしも好都合とはいえない状況も多く生じた。

改正鉄道敷設法は，このような状況のもとで，政府与党であった政友会の「建主改従」政策の具体策として制定された。これ以後，ローカル鉄道は国によって建設されるのが一般的となった。同法のもつ別表法定主義は，各地に期成同盟会の誕生を促し，それがそのまま政権党の集票組織となって，いわゆる「我田引鉄」が横行するところとなった。地域社会は，鉄道公債の引受けを求められるが，それは自ら鉄道を敷設する場合の負担とはくらべるべくもなかった。

今日問題とされている国鉄ローカル線の多くは改正鉄道敷設法によって建設された線区である。ほとんどのものが低位の需要しかなく，本質的に不採算である。建主改従か改主建従か，設備投資をめぐる2つの選択とその相克がはじまる。政治家の介入と鉄道官僚の闘いもはじまる。

戦後におけるローカル線対策は，1953年（昭和28）に策定された「線区別経営改善計画」によって本格化した。ここでは，保安簡易化，作業（取扱い）簡易化，レールバスの導入などの低コスト化をはかりつつ，管理所制度という線区別の分権的なマネジメントが行なわれた。ところが1960年代のなかばにはじまるモータリゼーションによって，ローカル線の輸送量が減少に転じ，営業収支率にみるその不採算性は一段と悪化した。この段階で国鉄はそれまでの合理化施策に加えて，廃止（バス転換）施策をとるようになる。

1968年に国鉄の諮問委員会は，「ローカル線の輸送をいかにするか」という意見書を出して，83線区（約2590km）のローカル線を廃止し，バスに転換すべきだとした。それ以後，83線区は不採算線区の代名詞のように使われてきたが，実際にバスに転換できたのは11線区（約120km）あまりであって，営業キロ

比でわずか5％にも満たなかった。同じ時期に，ローカル私鉄の不採算線区は大幅に整理されていたが，国鉄については，地域住民の意識や自治体の対応が私鉄にたいするものとは異なり，地元選出の国会議員の工作などもあって思うにまかせなかった。

　その間にも，ローカル線の収支は悪化し続けた。国鉄は1970年（昭和45）度から，幹線系線区と地方交通線に線区区分を行ない，区分経理を公表した。区分経理は従来から内部的に行なわれてきた線区別の原価計算を基礎として，外部の批判にも耐えられる形としたもので，ディスクロージャーのひとつということができる。それによれば，地交線の赤字は国鉄全体の赤字の約3分の1を占めている。だから，地交線の赤字さえなくせば，国鉄の赤字がなくなるというものではないけれども，決して無視できないウエイトをもっているといえよう。

　その後，政府提案の廃止案がつくられたが，自治体の同意を条件とすることから実効がなかった。1970年代の後半になって運輸大臣の諮問機関である運輸政策審議会の中に，国鉄地方交通線問題小委員会がつくられて審議が行なわれた。その答申をもとにして日本国有鉄道経営再建促進特別措置法（国鉄再建法）案が作成され，これが1980年（昭和55）10月に国会で成立した。法案にたいする態度は，自民党と新自由クラブが賛成で他党は反対であった。

　同年12月に公布された国鉄再建法とそれに付随する政令は，輸送密度[1]とその他の若干の条件によって線区の区分基準を明らかにし，4000人未満のレベルを特定地方交通線として廃止の対象にした。低密度の鉄道はバスに転換した方が国民経済的にみて効率的であるという運政審答申にもとづく施策であるが，なぜそれが4000人未満でなければならないかという点は詳らかにされていない。線区区分は図8-4のとおりである。

　国鉄線を廃止したあとの代替輸送は，地域の意向によって民営のバス（一部は公営のバス），あるいは私鉄により代替されることになる。私鉄は既存の会社による例もあるが，多くは自治体の出資を中心とする第三セクター（公私合同企業）を設立してこれにあたらせることになった。83線区のときとは異なっ

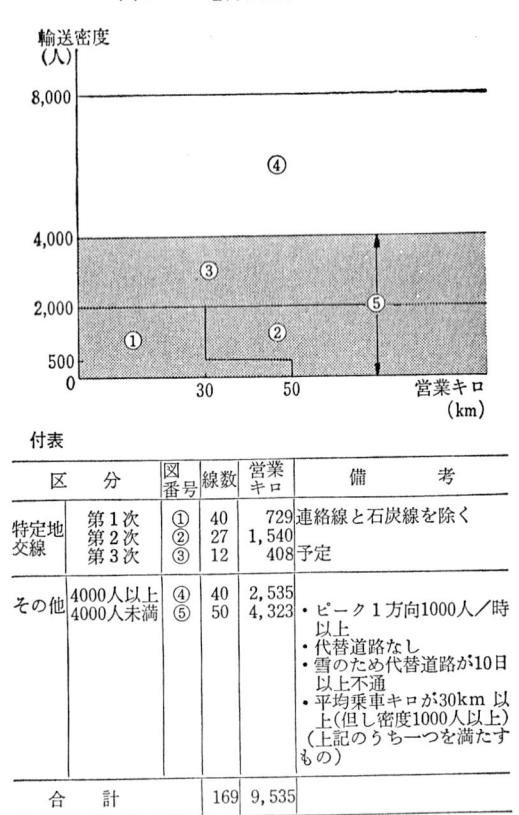

図8-4 地方交通線の線区区分

付表

区分		図番号	線数	営業キロ	備考
特定地方交通線	第1次	①	40	729	連絡線と石炭線を除く
	第2次	②	27	1,540	
	第3次	③	12	408	予定
その他	4000人以上	④	40	2,535	
	4000人未満	⑤	50	4,323	・ピーク1方向1000人／時以上 ・代替道路なし ・雪のため代替道路が10日以上不通 ・平均乗車キロが30km以上(但し密度1000人以上) (上記のうち一つを満たすもの)
合計			169	9,535	

て，国鉄バスによる代替は行なわれず，ローカルな公共交通の確保から国が撤退していく形となっている。

　83線区の廃止提案以来，一方で廃止施策がとられながら，他方ではあいかわらず改正鉄道敷設法を根拠とするローカル新線が建設されていたが，これについても，再建法は国鉄線としての開通を中止することを明らかにした。

　このように，再建法は，大筋において従来のローカル線政策を転換する役割を果たした。国鉄ローカル線転換のモデルケースとなったのは，三陸鉄道会社である。新会社の経営は，資本費負担が基本的に免除されたことと補助金の効

果とによってさしあたりは順調であるが、その前途は険しい。

再建法は、そもそも国鉄の財政破綻を打開する一手段として成立した。しかし、当然のこととしてローカル線対策だけでは国鉄は再建できない。再建法を皮切りに国鉄改革がいよいよ本格化する。

注1) 旅客輸送密度は、営業キロ1km当りの通過人員を人キロ÷営業キロで求め、これを1日当り平均値で示したものである。

（今城光英）

第6節　国鉄財政の破綻と「改革」

国鉄財政の破綻

国鉄の赤字は、単年度で1兆6604億円に達している（1983年度）。にわかには見当のつかないほどの巨額だが、1日当りで45億円、1時間当りで1億9000

図8-5　国鉄の決算（1983年度）

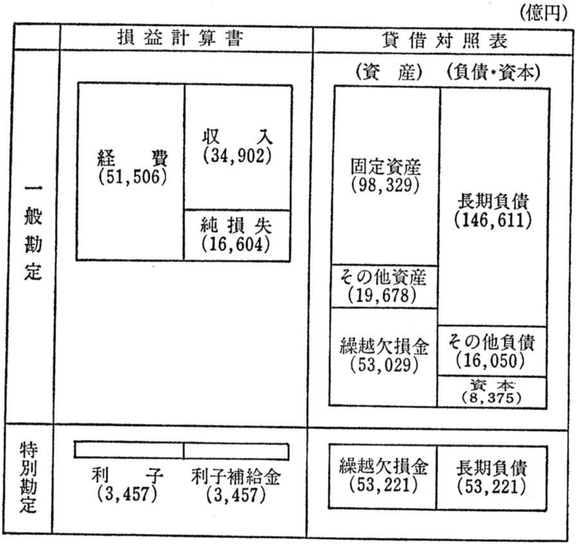

（億円）

損益計算書		貸借対照表	
		（資産）	（負債・資本）
一般勘定	経費(51,506) / 収入(34,902) / 純損失(16,604)	固定資産(98,329)	長期負債(146,611)
		その他資産(19,678)	
		繰越欠損金(53,029)	その他負債(16,050)
			資本(8,375)
特別勘定	利子(3,457) / 利子補給金(3,457)	繰越欠損金(53,221)	長期負債(53,221)

（注）『国鉄監査報告書』による。

図8-6 累積欠損の推移

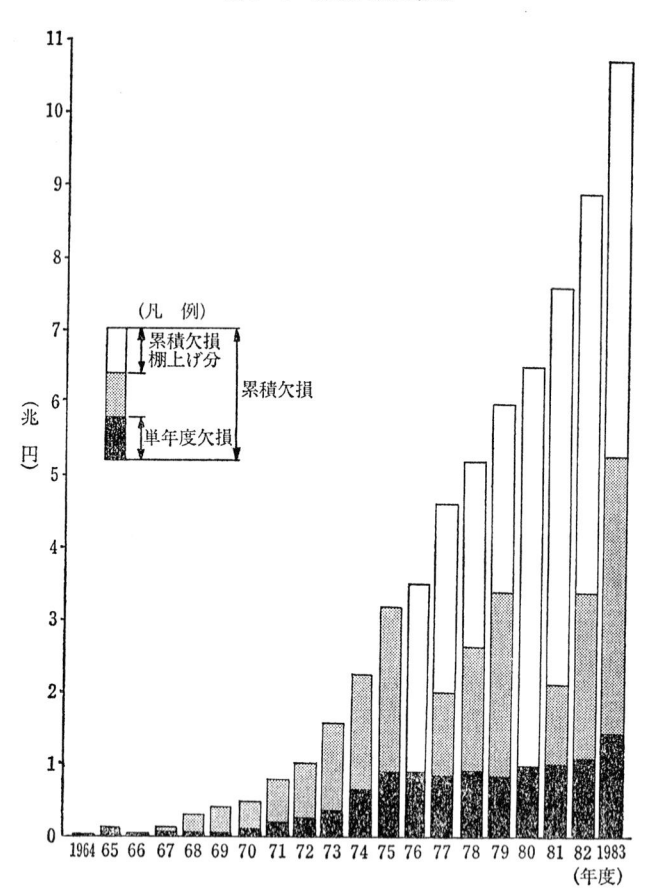

(凡例)
累積欠損棚上げ分
累積欠損
単年度欠損

(注)『国鉄監査報告書』による。

万円と聞けば誰しも落ちつかなくなる。国家財政の規模でみても，この額は決して少ないものとはいえない。

　赤字が出るのは，収入にたいして経費が多いためである。1983年度の収入は，図8-5に示したように3兆4900億円（このなかには，3300億円の政府助成金がすでに含まれている）であり，一方の経費は5兆1500億円である。経費の内訳をみると，人件費が2兆1100億円，物件費が1兆4600億円，資本経費が

1兆5700億円などとなっている。もとより人件費だけが多いわけではないが，人件費比率がかなり高いことも事実である。

　国鉄の財政が悪化しはじめたのはそれほど古いことではない。かつての国鉄は安定して黒字を出し，戦時中の国家財政にも並々ならぬ貢献をした。それが，戦後の一時期を除き，最初に根の深い赤字を計上したのは，1964年度である（図8-6）。この年は単年度で300億円の赤字を出した。しかしまだ利益積立金があったから，収支が回復しさえすれば吸収されうるものであった。ところが，翌年，翌々年と赤字決算が続いたため，1600億円あった利益積立金はまたたく間に姿を消して，1966年（昭和41）度には繰越欠損を生じるようになった。

　その後は悪化の一途である。とくに収支が大幅に悪化したのはオイルショックの年度で，それからは毎年コンスタントに1兆円前後の欠損を生じている。わが国の民間企業は，オイルショック後2～3年の間に減量経営に転換して赤字幅の圧縮につとめたが，国鉄はすぐにはそのような施策をとりえなかったから，赤字幅は増加してきている。1983年度末に累積した欠損額は10兆6250億円に達した。

　赤字の穴埋めはもっぱら借金にたよってきた。しかもその借金は過去2回にわたって棚上げされている。棚上げというのは，その分の借金を特別勘定という別枠に移して，利子は国から補給金を受けて支払うものである。元本の償還期限がきたらどうするかというと，一般会計から無利子の借入れを行なって借替えできることになっているが，このような金融の常識からはずれたことを財政当局がそのまま認める可能性はほとんどない。

　国鉄は欠損の補塡だけではなく，設備投資などの資金需要にたいしても，借金にたよってきた。調達手段が限定的であったために，多額の長期負債をつくり，1983年度にはその合計額が20兆円に達している。20兆円という金額は，1世帯当りの値にすると55万円になる。全国の国民は国鉄のない沖縄県の人も含めて，1世帯当り55万円を国鉄に貸している計算になる。現在の世帯当りの貯蓄額は約700万円で，同じく負債額は約200万円であるから，55万円という額は少ないものではない。

国鉄は事業経営が赤字になる以前から借金経営であった。戦時中に臨時軍事費の名目で，償却前の「利益」を国庫に吸収されて以来，償却不足となり，戦中・戦後の酷使によって疲弊した施設を更新するための資金は，すべて借金で賄われてきた。戦時中のツケがまわされてきたといってもよい。こういう脆弱な財務構造の上に，1967年以降の赤字の累積がすすんだのだから，ひとたまりもなかったのである。

　国鉄の財政破綻にたいして，1969年度から再建対策が施されてきた。第1次再建対策は，1969年から72年まで，第2次対策は73年から75年まで，ともに国鉄財政再建促進特別措置法にもとづいて実施された。第3次対策は1976年から79年まで，閣議了解の国鉄再建対策要綱（1975年）と再建の基本方針（1977年）によって実施された。これらの再建対策は，設備投資計画としての性格を色濃くもっていた。

　設備投資が一方で輸送コストを引き下げ，他方でサービスを向上させ，輸送量の増加をもたらして増収につなぐという筋書きである。その点では，1957年以来3次にわたって実施されてきた長期計画と本質的に違わない。長期計画は，動力近代化や線増，スピードアップなどによって鉄道の近代化をはかり，経済成長の隘路となっていた鉄道の輸送力を増加させる設備投資計画にほかならない。

　ところが，再建対策は筋書きどおりにはいかなかった。インフレと賃金の上昇でコストが下がらない。自動車や航空機など対抗機関の成長があって競争が厳しくなったところへ，「成長の限界」がみえはじめて需要が頭打ちになっていった。再建対策はことごとく所期の目標を達することができなかった。

　1980年からは85年を目標として，第4次の再建対策にあたる経営改善計画が実施に移された。これは，国鉄再建法にもとづいていた対策で，ローカル線の廃止や割増し運賃の設定，ヤード系貨物の廃止など縮小均衡を求めるものとなり，従来の再建対策とは異なった性格をもっている。ただ，「後のない計画」というかけ声とはうらはらに，これだけで国鉄の再建が達せられるとは到底考えられなかった。

赤字の発生源

　単年度で1兆6604億円にのぼる赤字はどこから発生しているのか。区分経理のデータをみながら概観しておこう。収支を幹線系線区と地方交通線に分けてとらえると表8-10のとおりである[1]。幹線系線区は，10万都市を相互に結び旅客営業キロが30km以上で旅客輸送密度が4000人以上のものと貨物輸送密度が4000トン以上のものを中心とする66線区1万2000km余りをいう。鉄道の大量輸送機能が発揮できる線区である。一方の地方交通線は，都市間連絡の機能をもたない密度8000人未満の線区をさす。そのうちの4000人未満については，特定地交線と称して転換対象にされていることはすでにふれた。

　幹線の収支をみると，営業収支のレベルで83年度に黒字に転換していることがわかる。改善計画の目標である85年度収支均衡も繰り上げて達成した。それにたいして地交線の収支は，支出が収入の4倍を上まわる状況で，毎年3600億円前後の損失を生じている。地交線は幹線系線区にくらべて，その輸送量はわずかに5％（人キロ比）にもみたない反面で運営上の費用は大きく，明らかな赤字発生源のひとつとなっている。

　特定人件費というのは，戦中・戦後の職員大量採用と満鉄などの植民地鉄道からの引揚者の受入れによって職員の年齢構成に大きな歪みが生じていたところに，その人達が1980年代に退職時期をむかえるため，新たに発生する退職手当と共済年金の異常負担分のことをさしている。この費用負担は国鉄の経営責任のらち外にあるとしてここでは別枠にしてあるが，もちろん国鉄の経費の一部をなしていることにかわりはない。戦争のツケが今日までもちこされていることになるのだが，政府が退職手当引当金の新設を認めてこなかったことにも原因がある。

　東北・上越新幹線資本費についても，表8-10では分けて表わしてある。東北・上越新幹線が建設されるとき，国鉄はとうていその資本費の負担にまでは耐えられないと主張した。たしかに全国の地交線から生ずる赤字に匹敵する金額である。国鉄のこの主張は，当時，新幹線の建設を決めた政府・自民党がその趣旨を認めるところとなり，2新幹線の資本費負担については，国鉄の経営

表8-10 国鉄の事業別収支（1983年度） （億円）

幹線	営業収入	28,428
	営業経費	28,040
	営業損益	388
	営業外損益	△ 1,832
	損益	△ 1,444
地方交通線・地方バス	営業収入	1,178
	営業経費	4,773
	営業損益	△ 3,595
	営業外損益	△ 29
	損益	△ 3,624
特定人件費	特定退職手当	△ 3,877
	特定年金	△ 2,752
	営業外損失（利子）	△ 1,249
	計	△ 7,878
全体収支	営業収入	29,606
	営業経費	39,442
	営業損益	△ 9,836
	営業外損益	△ 3,110
	損益（A）	△ 12,946
一般営業損益〔幹線および地方交通線・地方バスの営業損益〕		△ 3,207
東北・上越新幹線資本費関係負担（B）		△ 3,658
（A）+（B）		△ 16,604

(注) 1. 経営改善計画の全体収支の損益は，損益計算書の純損失から東北・上越新幹線資本費関係負担を除いたものである。
2. 幹線および地方交通線・地方バスの営業収入は，損益計算書の営業収入から助成金受入れを除いたものである。営業経費は，損益計算書の営業経費から利子および債務取扱諸費，特定退職手当，特定年金を除いたものである。
3. 幹線および地方交通線・地方バスの営業外損益のうち，収入は，損益計算書の営業外収入に，助成金受入れ（特定退職手当補給金を除く）を加えたものである。経費は，損益計算書の営業外経費に利子および債務取扱諸費（特定退職手当および特定年金にかかわる利子を除く）を加えたものである。
4. 特定人件費は，特定退職手当および特定年金ならびにこれらにかかわる利子と，特定退職手当補給金の差額である。

責任の範囲外とした。しかし，だからといって，この分について政府と国鉄の間に明確な契約がとりかわされたわけではなく，特別の財政措置が講じられたわけでもなかった。臨調から監理委に至る議論では，むしろこの新幹線資本費や特定人件費をそのほかの費用から区分しない傾向が強まった。

幹線系線区については85年度に収支均衡を実現するという経営目標にたいして，84年度に345億円の利益を計上して一年早く目標を達成した。ただ幹線系線区の内訳に立ち入ると，線区別にみた収支の状況はさまざまである。収益性が高いのは，東海道・山陽新幹線でその営業係数（経常的経費÷経常的収入×100）は26と良好で，年間3687億円の利益をあげている。これだけみれば，私鉄はもとよりわが国の民間企業の収益性からいっても非常に高いレベルにあることがわかる。東京・大阪圏の国鉄も黒字である。大手私鉄に比べて運賃単価は高いものの，ほぼ私鉄並みの利益率を実現している。山手線の営業係数が45なのは当然としても，貨物を含み営業キロの長い高崎線でも89におさまっている。

一方で，在来線の幹線と東北・上越新幹線は赤字基調である。在来幹線については線区ごとのデータが公表されていないが，合計の損失額はこの数年間増加している。幹線系線区で輸送密度が低い線区はもちろん赤字である。特定地交線以外の維持すべきだとされている地交線も赤字である。この両者の赤字の絶対額が大きい。このレベルの鉄道をいかに維持し，活性化していくかということが今後の課題として残されている。活性化のための在来線高速化などは，規模の大きな設備投資とならざるをえない。

東北・上越新幹線は，資本費負担をはずせば収入によって営業費をカバーできている。しかし，これは計算上のことであって，現実に発生している資本費は巨額で，多額の損失を計上している。

つぎに，国鉄の客貨別の経営成績をみておきたい。図8-7から明らかなように，貨物の収支は大きくバランスをくずしている。図は，客貨の原価計算の結果をわかりやすく示したものである。客貨に共通して発生するコストが共通費であり，貨物についてだけ発生するコストが個別費である。経営改善計画で

図8-7 客貨別の経営成績

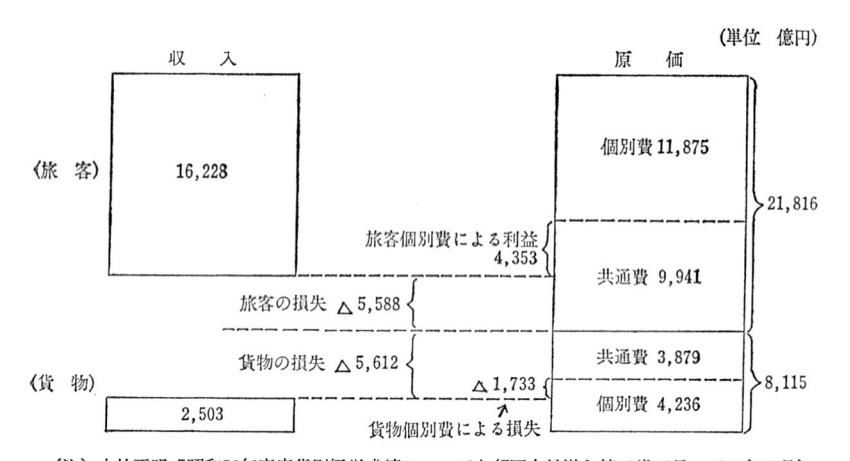

(単位 億円)

収　入　　　　　　　　　　　　　　　原　価

〈旅　客〉　16,228　　　　　　　　個別費 11,875
　　　　　　　　　　　　　　　　　　　　　　　　　　　⎱ 21,816
　　　　　　　　　　　旅客個別費による利益
　　　　　　　　　　　　　　4,353
　　　　　　　　　　　　　　　　　　共通費 9,941
　　　　　　　旅客の損失 △5,588

　　　　　　　貨物の損失 △5,612　　　　　共通費 3,879
〈貨　物〉　　　　　　　　　　　△1,733　　　　　　　　　⎱ 8,115
　　　　　2,503　　　　　　　　　　　　個別費 4,236
　　　　　　　　　　　貨物個別費による損失

(注) 小林正明「昭和58年度客貨別経営成績について」(『国有鉄道』第42巻12号,1984年12月)。

は貨物の個別費に対応する損失についてだけこれを解消しようとしている。たしかに貨物の現状はあまりにも悪いので，このあたりにしか目標を設定できないのであるが，この目標そのものは必ずしも説得的な根拠をもっていない。

　個別費で均衡したとしても，あいかわらず共通費の貨物負担分は旅客が負担することになる。ただでさえ競争力に懸念がある在来線で，貨物を旅客による内部補助で維持するというのでは，自滅行為になりかねない。貨物については84年2月にヤード系から撤退するという大幅な合理化を実施した。ヤード系というのは全国に散在するヤード（操車場）を介して貨車1車単位による全方位輸送を行なう方法で，明治以来の鉄道貨物輸送システムである。しかし，全方位輸送が確保できる反面で，操業度が低いために時間と運賃の両面でトラックにたいする競争力がもてない。これにたいして直行系は，需要の多い市場にだけ選択的に貨物サービスを展開するという方法で，全方位は望むべくもないが，コンテナ化を合わせて実施することにより，列車単位ではなくてコンテナ単位にまで貨物を細分化することができる。直行系は操業度が高いので，トラックにたいする競争力をもちうる。

　このように，貨物は明らかに赤字発生源のひとつである。ヤード系撤退に至

る諸施策の実施によって経費の増大は防いできたけれども，縮小策のために収入の減少もともなっている。したがって，現在もなお抜本的な赤字脱却策とその展望がみいだせないでいる。

改革の舞台——臨調から監理委員会へ

　国の財政危機が深まるなかで，1980年度末に臨時行政調査会（第2次）が設置された。伊東光晴『行革——臨調答申をどう読むか』によれば，そもそも臨調はいくつかの勢力とその思惑によって成立したといわれている。まず財界の思惑があった。大平正芳首相の下で考えられた一般消費税の導入が国民の反発で見送られたのち，財政当局は租税特別措置の見直しなどをすすめて法人税を中心に税収を増やしていた。これにたいして財界は，「増税なき財政再建」のキャンペーンを掲げて，行政改革の重要性を主張した。フリードマンの新保守主義の考え方も大いに普及した。

　行政改革による歳出の削減は，財政当局の要求でもあった。行革そのものは行政管理庁（現総務庁）の所轄であり，当時の同庁長官はのちに首相となる中曾根康弘であった。中曾根長官は鈴木善幸首相の下で，行政改革の鐘を高く鳴らすことで自らの政治家としての地歩を固めた。これは見事に行政管理庁に陽をあてることとなり，中曾根が自民党総裁の地位を手にすることにつながる。

　臨調はこういう状況のなかで生まれ，とくにその第4部会が脚光をあびた。第4部会では公共企業体の改革などが審議されたが，その目玉はいうまでもなく国鉄であった。かつて財政危機の元凶が3K（国鉄・食管・健保）であると主張されて以来，とりわけ国鉄財政にたいする国民の目には厳しいものがあった。ただ，注意しなければならないのは，国の財政再建にとってのポイントは決して国鉄改革にではなく，むしろ1960年代の後半から膨張した補助金行政の整理におかれるべきであった。仮に国鉄の財政を再建したとしても，それが直ちに国の財政再建につながるというわけではない。

　ところが，補助金行政の改革は，業界の圧力やそれを集票組織としている政権党の圧力があって，到底臨調という組織の性格から手に負えないものであっ

た。国の財政再建という面からみれば，国鉄がスケープゴートにされたといってもよいが，国鉄そのもののおかれた状況や公企業の経営ないし交通政策の観点からみれば，国鉄改革は避けて通れないものといえた。

臨調は1982年7月に最終答申をまとめて，そのなかで国鉄の分割・民営化を打ち出した。これだけであったならば，かつての第1次臨調がそうであったように，いずれ答申はうやむやになって国鉄改革は空騒ぎに終わったかもしれない。ところが，1983年5月に国会で国鉄再建監理委員会設置法が成立したことによって，事態は新たな展開をみせるようになった。監理委は，臨調第4部会のメンバーを引きつぎながら，国鉄とは厳しく一線を画した。しかも監理委は単なる御意見番ではなくて，権限をもつ機関となった。監理委の審議をリードしたのは実質的に運輸官僚である。臨調答申の分割・民営化の線に沿って審議が進められた。

臨調の答申では，国鉄のみならず電電についても民営・分割がうたわれた。ちょうどアメリカで改革に移されていたAT&Tに似せて，電電も分割しようとしていたのである。ところが，電電は真藤恒総裁のリーダーシップのもとで，いちはやく臨調路線にのりながらも，ともかく当面の分割を回避した。地域分割とその効果についての疑問をかくさなかった。そうして電電は日本専売公社とともに85年4月から民営化され，株式会社形態に移行した。戦後30年余り続いた3公社体制はここに崩壊し，国鉄だけが公共企業体として存続した。

電電とは対照的に，国鉄はなかなか臨調＝監理委の改革路線にのらなかった。もちろん臨調にたいする批判はいくらでもできるが，国鉄がその路線にのらなかったのは，確固とした事業者としての主張からではなく，政権党の有力な政治家の意向をうかがっていたためとみられる。国鉄がもし早ばやと臨調路線にのっていたら，中曽根首相だけを利することになって，政権党の他の有力者に対する配慮を欠くことになったかもしれない。しかも，当時は田中曽根内閣といわれていたくらいだから，こういうバランス感覚が国鉄に強く働いたであろうことは想像に難くない。国鉄官僚が政治家にたいする気くばりから，経営者として十分な役割を果たさなかったことは否定できない。

だが一方で，長期債務の処理（棚上げ）や共済年金の統合など，政治の力を借りなければ解決できない問題を多く抱えていたことも事実である。国鉄にたいする政治の介入，あるいは両者の癒着は想像以上にすすんでいたのである。本来，公共企業体（public corporation）は，公企業における政治の介入や行政の過干渉を排除して，公企業の経営者に経営自主権を与えるため，公企業における所有と経営の分離を目的に行なうものといってよい。しかしイギリスから概念を輸入したわが国では，公共企業体の理念はなかなか理解されず，せいぜい公共性と企業性の調和といった程度の理解しか得られなかった。

監理委員会が2度にわたって緊急提言を出し，そのなかでくり返し分割・民営化を明言したのにたいして，国鉄は，おくればせながら85年1月になって，「経営改革のための基本方策」を発表した。これは，事業者としては初めての公式な意思表示であるとともに，その内容において当面は分割をしないとするものであった。この段階で監理委と国鉄の対立は決定的となった。

監理委の審議にはいわゆる「密室性」があって，国民的なコンセンサスの形成に対して無力であった。十分な議論がないままに分割こそが改革で，非分割は現状維持であるという意見が世論を支配しはじめた。そのなかで，政府は「基本方策」をまとめた仁杉巌国鉄総裁を事実上解任するという態度をとり，非分割派を中心とする役員もそのポストを去った。新たな総裁には杉浦喬也元運輸事務次官が着任し，ここに監理委路線による国鉄改革がはじまった。

国鉄改革の方向と問題点

監理委員会は，85年7月に「国鉄改革に関する意見──鉄道の未来を拓くために──」と題する最終答申を発表した。つぎに答申（要旨）のなかから，その考え方をよく示している箇所を引用しておこう。

　分割・民営化はなぜ必要か
1. 国鉄経営はなぜ破綻したか
　　国鉄経営の破綻は，輸送構造の変化に即応した経営の変革や生産性の向

上が立ち遅れるなど、国鉄が時代の変化に的確に対応できなかったことによるものである。輸送構造の変化に的確に対応できなかった原因は、現行の経営形態そのものに内在する構造的な問題、すなわち、公社制度の下で巨大組織による全国一元的な運営を行なってきたことにある。

2．原因は現行制度に内在する

(1) 公社制度については、①国の関与の度合いが大きいため外部干渉を避け難い体質を持っていること、②経営の自主性がほとんど失われているため経営責任が不明確になっていること、③労使関係が不正常なものとなりがちであること、④事業範囲に制約があり、多角的・弾力的な事業活動が困難となっていること、という問題が内在している。

(2) 全国一元的組織については、①極めて多数の職員を抱える巨大な組織となっているため適切な経営管理が行なわれ難いこと、②事業の運営が地域の実情から遊離して画一的に行なわれがちなこと、③全国一体の収支管理が行なわれるため、各地域や旅客・貨物など各事業部門の間に不合理な依存関係が生じやすく、経営の効率化が阻害されること、④同種企業間における競争意識が働かないものとなっていること、という問題が内在している。

3．現行制度での再建はもはや不可能である

以上のような現行制度に内在する構造的な問題を克服し、効率的で責任ある経営を可能とするためには、国鉄事業を民営化するとともに適切な事業単位に分割することが不可欠である。

全国交通ネットワークの維持等、かつて国鉄に求められていた政策上の要請は、国鉄がその独占的地位を失った今日においてはほとんど意義がなくなっており、この点からも現行経営形態を維持する必然性に乏しい。

過去における何回もの再建策の失敗の経過を考えれば、現行制度の枠内での手直しという従来の延長線上の対症療法によっては、もはや国鉄事業の再建を図ることは不可能であり、速やかに分割・民営化施策を断行するしか道はない。

表8-11 旅客鉄道会社の概要　　(単位：km, 億人キロ, 人)

区　分	北海道	東日本	東　海	西日本	四　国	九　州	計
営業キロ	2,600	7,300	1,900	5,200	900	2,200	20,100
輸送量	37	956	360	432	15	67	1,867
要員数	13,000	89,000	25,000	53,000	5,000	15,000	200,000

(注)1. 旅客鉄道会社が国鉄から経営を引き継ぐ鉄道路線は，特定地方交通線を除く全線区であるが，第3次特定地方交通線についてはいまだ選定されていないので，上記の営業キロでは一応第1次，第2次特定地方交通線（保留分を含む）のみを除外した。また，岡多線については，第三セクター化の検討が行なわれていることから除外した。
2. 営業キロの計算では，新幹線は並行在来線の線増ととらえ，独立した線区としては取り扱われないのが通例であるが，上記の営業キロでは新幹線を並行在来線とは別の独立した線区として取り扱い計算した。

　分割の方法は，旅客鉄道会社が島別3分割と本州3分割の全国6分割としている。このほかに貨物を分離して1社とする。各旅客鉄道会社の概要を示せば，表8-11のとおりである。地域別分割は当然のことながら，地域の経済力や交通需要の大小に影響を受けて，分割会社間の収益力に格差を生ずる。わが国の交通市場は東海道を卓抜した存在としながら，地域間に大きな格差をもっている。したがって，そこに立地する分割会社に等しく収益性を保証するためには，何らかの人為的な介入が必要とならざるをえない。

　監理委の答申では，これを収益調整措置とよんで2種類の手段を設定するとしている。ひとつは，本州3社に関するもので，新幹線一括保有方式とよばれている。これは，「本州の旅客鉄道会社の収支アンバランスの主要な原因が新幹線の資本費格差にあるため，これに着目して収益調整を行なうことが適当であること」として，新幹線をひとつの特殊法人が所有しこれを各鉄道会社に貸し付けることとしている。

　貸付料は，特殊法人が国鉄から引き継いだ新幹線資産の再調達価額をベースとして，平均耐用年数30年の元利均等償還によって決められる。そのさい，各社の使用料には「新幹線の利用の度合い等に応じて」，格差がつけられる。つまり，東海道新幹線をもつ東海会社は多額の使用料を支払い，それを吸収した特殊法人は実質的に東日本会社や西日本会社に再配分を行なうということであ

表8-12 地域別経営成績（鉄道部門）(1983年度)　　(単位：億円)

費目＼地域別	北海道	四国	九州	本州	合計
収入	916	259	1,147	26,586	28,908
経費	3,784	763	3,532	36,762	44,841
損益	(18%) △2,868	(3%) △504	(15%) △2,385	(64%) △10,176	(100%) △15,933
営業係数	413	295	308	138	155

(参考)

純損失計 (船舶,自動車,共通的 な損益等を含む。)	(22%) △3,677	(4%) △716	(17%) △2,815	(57%) △9,396	(100%) △16,604

(注)1. 小林正明「昭和58年度線区別経営成績について」(『国有鉄道』第42巻第10号,1984年)。
2. ( )は、全体を100とした構成比である。
3. 新幹線は本州に含む。
4. 地域別収支には，船舶，自動車および共通的な収入・経費等は含まない。
5. 参考欄の各地域別の純損失計は，鉄道部門のほか，船舶，自動車および共通的な収入経費等についても配分し，試算したものである。

表8-13 分割会社の資産・債務額（発足時）と収支の予想　(単位：億円)

区分	北海道	東日本	東海	西日本	四国	九州	計
資産額	3,000	33,000	6,000	14,000	1,000	3,000	60,000
債務額	―	29,000	3,000	11,000	―	―	43,000
収入	1,279	13,849	7,795	7,053	430	1,348	31,754
費用	1,270	13,711	7,717	6,982	427	1,337	31,444
損益	9	138	78	71	3	11	310

る。新幹線の場合における新たな内部補助システムである。なぜこれが「適当」なのか，その根拠は明らかではない。かえって鉄道の特性が発揮できる市場への有効な投資が制約される恐れがある。新幹線といえどもその競争力は絶対的なものではなく，常に他の交通機関との競合に脅かされていることを忘れることはできない。

　もうひとつの収益調整措置は，3島会社に関するものである。この3社は，営業収支レベルでの赤字が予想されるので本州の3社とは違って，長期債務のいっさいを引き継がない。そのうえで，欠損を埋めることのできる利益を生み

だせるような基金を設けることとしている。基金の額は1兆円とされているが、これで3島の鉄道の赤字が埋められるかどうか微妙である。島別にみた経営成績を表8-12に示した。3島の鉄道が出す赤字は、1年間で5760億円に達する。特定人件費分を除いても4340億円となるのである。

さて、答申はこのような収益調整措置を施した上で、分割各社の資産・負債と収支を表8-13のように予測して、見事に赤字が解消することになっている。が、果たしてどうであろうか。

監理委の答申と「基本方策」の大きな違いのひとつは、不採算なローカル線の維持の方法にある。答申では分割会社が収益部門から内部補助を行なうことで維持するとしている。その場合には、除外条項で生き残る特定地交線についてもそうすることになろうが、この考えは論理的ではない。「基本方策」でいうように、ローカル線を分離して別会社で維持する方が、いわゆる地域密着型の運営が可能である。改正鉄道敷設法による政治の介入によって、内部補助を強要されてきたことにこそ、けじめをつけるべきではないだろうか。

このほかにも、余剰人員や債務処理の問題がある。要員数は6社合わせて20万人と貨物別会社の1万5000人を適当としているため、大量の余剰人員の発生をまぬがれない。しかも、地域的に偏在して発生する。戦後のエネルギー革命の中で生じた炭鉱離職者の転職に勝るとも劣らない深刻な雇用問題となろう。債務処理に関連して不動産の処分がすすめられることになるが、ここでも国民的な監視をおこたることはできない。国鉄の再建に関連して、政府は経営悪化の責任をすべて国鉄の労使に押しつけるようなことをせずに、自らの責任を明らかにしていくことが望まれる。

注1) 区分経理そのものの数値も公表されているが、ここでは立論の都合上それをもとに監査委員会が試算した経営改善計画に合わせた収支の値を示してある。

（今城光英）

補論　鉄道史研究の視点と問題点

日本における鉄道史研究のあゆみ

　鉄道史研究は，地理学・歴史学・経済学・経営学・政治学・法学・工学など，さまざまの学問分野で進められている。いわゆる学界における「研究」だけではなく，鉄道企業サイドからの記録編纂や鉄道趣味の分野からの接近も，鉄道史研究のレベル向上に大きな貢献をしている。また，鉄道史研究の視点も，制度史・技術史・経済史・経営史・地域開発史など，多岐にわたる専門領域が交錯していて，その内容も多様である。

　しかし，近年，各分野間の横の連絡やさまざまの視点からの研究を相互に関連・対照し，総合的な鉄道史を構成していくことの重要性が次第に認識されてきたように思われる。したがって，鉄道史研究のあゆみを概観するにあたっては，広い立場から総合的にみることが要求されよう。

　日本の鉄道史研究は，20世紀初頭からすすめられた鉄道企業体による記録編纂がはじまり，『阪堺鉄道経歴史』(1899年) や『大阪鉄道略歴』(1901年) がその初期のものとして知られる。国有鉄道においても，17私鉄の国有化が完了した翌年の1908年1月に史料収集を開始し，これが最終的には1921年に刊行された『日本鉄道史』3巻に結実した。

　その後，現在までに国鉄・私鉄ともに極めて多くの企業鉄道史が編纂されてきた。この種の企業鉄道史は企業編纂による制約はあるものの，日本の鉄道発達にかかわる多くの事実を明らかにしてきた。そのまとめ方も，初期の単純な年誌的編纂からはじまり，第二次世界大戦後は政治史，経済史，地域開発史などの視点を導入し，これらを背景として，全国的な鉄道発達のなかに自社の鉄道史を適切に位置づける方法が定着している。

　1910年ころより鉄道の実務家による制度史，政策史，技術史的視点による研

究が行なわれるようになったが，いわゆる学界での鉄道史研究は，1930年代の日本資本主義論争の中で本格化する（たとえば，山田盛太郎『日本資本主義分析』，岩波書店，1934年）。第二次世界大戦後，その流れをうけて，マルクス経済学の立場から，鉄道を日本資本主義発達史の中に位置づけていく研究が相次いだ（大島，島，富永，中西など）。そこでは鉄道発達をマクロ的な視点でとらえることに主たる関心があったので，地域的な問題は大部分捨象され，基本資料にもとづく実態分析も十分にはなされなかった。

1950年代後半には経営史の分野から個別鉄道会社の分析が進められ（石井），地域社会との関連で鉄道史をとらえることの重要性が認識されるようになった。こうして，鉄道史研究はマクロ分析を主とする研究の段階から，ミクロ分析の立場に立つ実証的研究の時代に入り，小地域のフィールドワークによる克明な調査が研究の主流を占めた。このことは経済史学や歴史学における研究動向とも符合する面があり，ミクロ分析の手法による多くの実態調査の結果を総合することによって，日本の鉄道史を多様な角度から再構成する動きが高まった。

この時期には経済史，経営史の分野のみならず，地理学や歴史学の分野からの鉄道史研究への参入も盛んとなった。論文の数も1960年代後半以降急増し，政治史・政策史（佐藤豊彦，田中時彦，原田勝正，星野，三谷，山田直匡など），経営史・金融史（今城，宇田，小川，桜井，佐藤英達，東條，中務，野田など）の分野で実証密度の濃い労作が著わされるとともに，経済史，地方史，地理学の分野では，鉄道網の建設過程や経営の実態を地域の社会・経済構造との関連でとらえた業績が相次いだ（青木，浅香，淡路，宇佐美，老川，大町，木村，川田，小林，白土，関島，瀬古，武知，田中道雄，淡野，中川，原田雅純，藤沢・在間，本田など）。またこれらの研究成果を基礎とした通史も著わされた（原田・青木，和久田など）。

1960年代はまた，アマチュアによる鉄道史研究が従来から行なわれてきた克明な実態調査に，学問的な研究手法をとり入れて，飛躍をはじめた時期でもあった。とくに車両史研究が大きな成果をおさめ（臼井，金田，川上，久保田な

ど），鉄道網の形成史を技術史や経済史，地理学などの視点を含めて総合的に把握しようとする試みが進んだ。これらの研究は，アマチュア研究者の層の厚さと全国的な流通販路をもつ鉄道雑誌の存在によって，情報の集積を急速に進めることができたのであった。一般に「学界」の研究者はアマチュアの「研究」を軽視する傾向があるが，現在の鉄道史研究に関する限り，その軽視は夜郎自大のそしりを免れないであろう。とくに社会科学系の体系のなかに技術史的視点をとり入れようとする試みは高く評価すべきであろう。

このようにして，1970年代以降，日本の鉄道史研究は大きく発展し，研究成果の集積は著しく進んだのであった。

局地鉄道史研究の傾向と問題点

ミクロ分析による鉄道史の研究はまず鉄道計画の推進主体の性格分析や資本調達の実態，商品流通との関連など，主として経営史・経済史的な視点から進められたが，研究例が積み重ねられるにつれて，経済的な動機だけでは説明できない事例が多くみられるようになった。とくに，1910年代前半の軽便鉄道ブームのなかでつくられた多くの局地的な鉄道の建設動機や地域産業とのかかわりは，鉄道国有化（1906～07年）以前に登場した幹線鉄道的な性格を有する私設鉄道を動かしてきた論理と異なるものがみられる。たとえば，経済的合理性では説明できない資本調達の実態がある。

軽便鉄道の資金調達にあたっては，町ぐるみ，村ぐるみの半強制的な出資割当てが行なわれ，少なくとも土地または自宅を所有して生計を営んでいる階層にたいしては，それぞれの資産に応じた出資を義務づけられるような村落共同体意識が強く作用したことが，多くの事例研究で明らかになりつつある。投資という行為は，本来は配当という収益，あるいは株の値上りという投機性を期待してなされるものであるが，軽便鉄道の場合は配当はあまり期待できなかったのであるから，これは投資というよりは，共同体内における一種の分担金と解釈する方が当時の株主の意識に近いと考えられる。極端な表現をすれば，村祭りの寄付を割り当てる時と同じ意識で株の割当てが行なわれたと考えてよい

のではないか。そして，このような見方は村落共同体の実態分析をふまえた社会学的，文化史的な研究の導入の上に立って行なわれねばならないであろう。

また，日本の鉄道は一般に幹線・局地鉄道のいかんを問わず，その多くで貨物輸送よりも旅客輸送の機能が卓越していた。したがって，そこでは地方都市の経済的ないし文化的な勢力圏や集落相互の結びつきを含む都市発達史との関連が重要視されよう。

このような状況のなかで鉄道史研究を進めるには，広い学問分野や視点の導入と情報交流がとくに必要である。

一方，多くの局地的な鉄道の発達が克明に調査されていくなかで，これを全国的な視野で位置づける作業にも注目しなくてはならない。1950年代までのマクロ分析的手法による鉄道史は地域的な問題をほとんど捨象した状態で分析を進めてきたが，都市の発達や地域産業との関連で鉄道の発達を考察し，それぞれについての通史をつくる試み，あるいは府県レベルの広さの地域の鉄道網形成史をつくる方法は，今後，次第に重要視されるであろう。

社会・経済史的視点と技術史的視点の融合

鉄道という交通機関はそれが立地している地域のもつ社会・経済的，あるいは自然的な環境のもとで活用がはかられているが，同時に鉄道固有の技術体系によって制約されている。したがって，鉄道史研究にあっても，社会・経済史サイドからの接近と技術史サイドからの接近が併立しているが，この両者の研究の流れは，従来は相互の関係なく進められることが多かった。これは，日本の学界において，社会・人文系学科と技術系学科との間の情報交流が十分に行なわれていないひとつの表われでもある。しかし，鉄道のもつ技術的な条件についての理解を欠いたまま，社会科学的な視点だけで鉄道の歴史が考察されることは望ましいものではなく，その反対もよい結果を生まないであろうことは自明のことである。

鉄道にかかわる技術には，土木，建築，車両，動力，電気，信号・保安などのハードウェア的なものと，列車運転や情報処理のようなソフトウェア的なも

のなど多岐にわたるが，これらの技術が個々ばらばらに存在するのではなくて，ひとつの総合的システムとして運用されている点に大きな特徴がある。しかしながら，鉄道技術の分野でも専門分化とそれぞれの専門における研究の深化のため，各部門相互間の十分な情報交流を欠くようになり，それぞれの技術史においても，その体系化，総合化を著しく阻害したのであった。そのようななかで，社会科学系の分野の鉄道史研究者が技術史を理解することは，初歩的なレベルといえども決して容易なことではない。しかし，今後の鉄道史研究においては，技術史の理解を欠いた考察では各時代の鉄道の実態を正しく把握することがたいへん難しくなると思う。

　鉄道技術と関連して重要な要素は，地形，地質，気候などの自然環境の把握である。これらの自然環境によって技術条件がさまざまの制約を受けることは，鉄道建設や列車運転の背景として重視されねばならない。

　近年，産業考古学（industrial archaeology）と称する新しい学問分野が発達し，技術革新によって急速に消滅していく過去の工業施設や機械などの調査・記録・保存がさかんに行なわれるようになった。このなかで鉄道の研究も重要な部門を占め，鉄道史研究の一翼に成長しつつある。

　すでにアマチュアによる鉄道史研究においては，文献上の調査だけではなく，車両，路線，レール，橋梁，トンネル，その他の諸施設などの実地調査がはやくから進められてきた。これらによる成果は，今後の鉄道史研究にさらに積極的にとり入れられなくてはならない。

総合交通体系のなかでの鉄道史研究

　私たちの周囲には多種多様の交通機関があり，それぞれの交通機関の特性にしたがって，具体的な地域のなかで利用されている。各交通機関は相互に競争し，あるいは補完しあって利用のシェアを確立している。それぞれの交通機関のシェアや結合の形態は，時代によって大きく異なっていることはいうまでもない。

　このようななかで，鉄道史研究が鉄道だけの歴史にとどまらず，鉄道と他の

交通機関との関連をふまえた考察，あるいは総合交通体系のなかでの鉄道の考察となることが必要であろう。とくに近年，鉄道のもつシェアがさまざまの分野で著しく低下している状況の下では，このような考え方はますます重要となるであろう。また，他の交通機関の歴史，たとえば，道路史，自動車史，バス史，海運史，港湾史，航空史などの研究者との情報交流にも努力しなくてはならない。

現代の交通問題と鉄道史研究

現在，私たちはさまざまの交通問題に直面しており，そのなかで鉄道にかかわる問題も数多い。これらの交通問題はそれぞれ固有の歴史をもち，その歴史的変容のプロセスを理解することが，交通問題の認識には不可欠の要素である。その意味で鉄道史研究は，しばしば現代の交通問題の認識と深いかかわりをもっていることはいうまでもない。

もとより，過去の鉄道と現代の鉄道ではそれぞれの地域社会のなかで果たしてきた機能も社会的評価も異なっており，過去の事例と現在の問題点を短絡的に結びつけることはつつしまねばならない。しかし，それぞれの問題点やその要因の変化を時系列の上で把握し，考察することは，現代の交通問題の認識の上で極めて有効である。

その意味で鉄道史研究は，現代の交通問題にかかわる考察や政策提言にもつながっているのである。

鉄道史研究文献抄録

（1著者につき1著作を原則とし，著者名の五十音順に配列）

青木栄一「富士山をめぐる交通網の形成」，『富士山麓史』（富士急行株式会社創立50周年記念出版，児玉幸多監修）富士急行，1977年

浅香幸雄「明治後期における駿甲連絡鉄道の建設運動」，『東京教育大学地理学研究報告』IX巻，1965年

淡路憲治「中越鉄道敷設と地主層との関連」，『富大経済論集』第12巻第2号，1966年

石井常雄「両毛鉄道会社における株主とその系譜」，『明治大学商学部論集』第41巻第9・10号，1958年

今城光英「阪堺鉄道会社の設備金融」,『経営史学』第13巻第2号, 1979年
宇佐美ミサ子「小田原電気鉄道の成立と展開」,『小田原地方史研究』第10号, 1980年
臼井茂信『国鉄蒸気機関車小史』鉄道図書刊行会, 1956年
宇田 正「わが国鉄道事業経営史における政府と企業——『鉄道政略』の展開過程——」,『経営史学』第6巻第1号, 1971年
老川慶喜『明治期地方鉄道史研究』日本経済評論社, 1983年
大島藤太郎『国家独占資本としての国有鉄道の史的発達』伊藤書店, 1949年
大町雅美『栃木県鉄道史話』落合書店, 1981年
小川 功「二十世紀初頭におけるわが国生保の財務活動——鉄道金融を中心として——」,『生命保険経営』第45巻第6号, 1977年
金田茂裕『日本蒸気機関車史』(官設鉄道編) 交友社, 1973年 (私設鉄道編Ⅰ), プレスアイゼンバーン, 1981年
川上幸義『新日本鉄道史』全2巻, 鉄道図書刊行会, 1967, 68年
川田礼子「中央線の建設とその経済的背景」,『交通文化』第5号, 1965年
木村辰男「山陰・山陽連絡鉄道の形成過程——鉄道敷設法の公布に関連して——」,『神戸学院大学紀要』Ⅱ巻第1号, 1971年
久保田博『懐想の蒸気機関車』交友社, 1970年
小林茂多『幻の鉄道——千葉県鉄道計画史——』崙書房, 1983年
桜井 徹「日本鉄道株式会社の資本蓄積条件と国有化問題——国家独占生成に関する準備的考察——」,『大阪市大論集』第25号, 26号, 1976, 77年
佐藤豊彦「朝鮮における鉄道の創業と国有」,『交通学研究』, 日本交通学会年報, 1974年
佐藤英達「電鉄企業の発展と転換社債——土佐電鉄の事例——」,『甲南論集』第10号, 1982年
島 恭彦『日本資本主義と国有鉄道』日本評論社, 1950年
白土貞夫「成田鉄道の建設とその背景」,『成田市史研究』第2号, 1973年
関島久雄「甲武鉄道二三の疑問点を解く」,『成蹊大学政治経済論叢』第10巻第2号, 1960年
瀬古龍雄「佐渡の鉄道——佐渡支庁文書「戦後経営会支部書類」から——」,(新潟)『県史研究』第9号, 1981年
武知京三「第二次鉄道熱期についての一考察——西成・河陽両鉄道会社を中心に——」,『近畿大学短大論集』第8巻第2号, 1976年
田中時彦『明治維新の政局と鉄道建設』吉川弘文館, 1963年

田中道雄「幻の鉄道——明治後期・大正期における京都府下の鉄道建設計画事例——」,『資料館紀要』第4号,1975年

淡野明彦「私鉄資本の進出に伴う秩父地方の変容」,『地理学評論』第47巻第8号,1974年

東條正「明治期鉄道会社の経営紛争と株主の動向——九州鉄道改革運動をめぐって——」,『経営史学』第19巻第4号,1985年

富永祐治『交通における資本主義の発展——日本交通業の近代化過程——』岩波書店,1953年

中川浩一『茨城県鉄道発達史』『茨城の民営鉄道史』筑波書林,1980,81年

中務一郎「日本民営鉄道経営史の一考察」,『千葉商大論叢』第18巻第3号,第19巻第1号,1980,81年

中西健一『日本私有鉄道史研究——都市交通の発展とその構造——』日本評論新社,1963年(増補版,ミネルヴァ書房,1979年)

野田正穂『日本証券市場成立史——明治期の鉄道と株式会社金融——』有斐閣,1980年

原田勝正「鉄道敷設法制定の前提」,『日本歴史』第208号,1965年

原田勝正・青木栄一『日本の鉄道——100年の歩みから——』三省堂,1973年

原田雅純「緑野馬車鉄道」,『群馬文化』第135号,1972年

藤沢晋・在間宣久「中国鉄道の設立とその資本・営業の展開過程——私鉄の設立・経営とその国有化をめぐる問題として——」,『岡山大学教育学部研究集録』第28号,1969年

星野誉夫「明治初年の私鉄政策——『鉄道国有主義説』・『幹線官設主義説』の再検討——」,『武蔵大学論集』第27巻第3・4・5号,1979年

本田紀久子「横浜鉄道にみる私有鉄道の一構造」,『交通文化』第5号,1965年

三谷太一郎『日本政党政治の形成』東京大学出版会,1967年

山田直匡『お雇い外国人』第4巻「交通」,鹿島研究所出版会,1968年

和久田康雄『資料・日本の私鉄』鉄道図書刊行会,1968年(4訂版,1984年)

(青木栄一)

参考文献

〈各節参考文献〉

　　ここでとりあげた文献は，各節の論説に直接関わりのあるものを中心に収録したものである。また，いくつかの節に関連してまたがる文献で，鉄道史研究の基礎的文献と見なされるものについては，一括して＜日本の鉄道史を学ぶための基本文献＞に収録した。なお，2-1は第2章第1節を表わす。

1-1, 2

日米修好通商百年記念行事運営会編『万延元年遣米使節史料集成』風間書房，1961年

『ペルリ提督日本遠征記』全3冊（F.L.ホークス，岩波文庫，1953～55年）

大隈侯八十五年史編纂会編『大隈侯八十五年史』全3冊（「明治百年史叢書」146～148）原書房，1970年

公爵島津家編纂所編『薩藩海軍史』全3冊（「明治百年史叢書」71～73）原書房，1968年

原田勝正「鉄道の開通と地域社会」，『日本技術の社会史』第8巻，日本評論社，1985年

2-1, 2, 3

大内兵衛・土屋喬雄編『明治前期財政経済史料集成』第1, 2, 3, 10, 17巻，改造社（のち1978～79年に原書房で復刻）

井上勝「鉄道誌」，大隈重信撰『開国五十年史』（「明治百年史叢書」150）所収，原書房，1970年

田中時彦『明治維新の政局と鉄道建設』吉川弘文館，1963年

星野誉夫「明治初年の私鉄政策と関西鉄道会社」(1), (2),『武蔵大学論集』第29巻，1981，82年

小林正彬『日本の工業化と官業払下げ』東洋経済新報社，1977年

星野誉夫「明治期の私鉄と銀行」，『交通文化』第5号，1965年

野田正穂『日本証券市場成立史』有斐閣，1980年

中西健一「鉄道資本の形成」，大阪市立大学経済学部『経済学年報』第9集，1958年

星野誉夫「日本鉄道会社と第十五国立銀行」(1), (2), (3),『武蔵大学論集』第17, 19巻，1970, 72年

原田勝正『明治鉄道物語』筑摩書房，1983年

3-1, 2

今津健治「戦前期石炭の消費地への輸送――若松港をめぐって――」，安場保吉・斎藤修編『プロト工業化期の経済と社会』（数量経済史論集③），日本経済新聞社，1983年
老川慶喜『明治期地方鉄道史研究』日本経済評論社，1983年
老川慶喜「両毛機業地における織物業の展開と鉄道輸送」，『関東学園大学大学院紀要』第1号，1983年
高村直助『日本資本主義史論』ミネルヴァ書房，1980年
増田廣實「殖産興業政策と河川舟運」，『社会経済史学』第48巻第5号，1983年
山本弘文『維新期の街道と輸送』法政大学出版局，1972年
原田勝正「鉄道敷設法制定の前提」，『日本歴史』第208号，1965年
諸田　實「ドイツの産業革命」，大塚久雄編著『西洋経済史』（第2版）筑摩書房，1977年

3-3

野田正穂『日本証券市場成立史』有斐閣，1980年
正木久司『日本的経営財務論』税務経理協会，1985年

3-4

西野保行『鉄道史見てある記』吉井書店，1984年
青木栄一「明治初期の客車について」，『鉄道ジャーナル』第195号，1983年
大西友三郎「京都電気鉄道物語」，『鉄道ピクトリアル』第351号，1978年

3-5

大島藤太郎『国鉄』岩波新書，1956年
労働運動史研究会編『黎明期日本労働運動の再検討』労働旬報社，1979年
労働運動史料刊行委員会編『日本労働運動史料』第1巻，第2巻，東京大学出版会，1962，63年
大河内一男・松尾洋『日本労働組合物語』明治，筑摩書房，1965年

4-1, 2

宇田 正「鉄道国有化」，森川英正編『日本の企業と国家』所収（『日本経営史講座』4）日本経済新聞社，1976年

小川 功「関西鉄道の国有化反対運動の再評価――片岡直温の所論紹介――」，『運輸と経済』第42巻第10号，1982年

渋沢青淵記念財団竜門社『渋沢栄一伝記資料』第9，21，22巻，同資料刊行会，1956年

中川正左『帝国鉄道政策論』鉄道研究社，1928年

清水啓次郎『交通今昔物語』工友社，1933年

松元 宏『三井財閥の研究』吉川弘文館，1979年

4-3

永雄策郎『植民地鉄道の世界経済的及世界政策的研究』日本評論社，1930年

伊沢道雄『開拓鉄道論』上・中・下巻，春秋社，1937～38年

朝鮮総督府『朝鮮鉄道史』第1巻，1929年（1984年，日本経済評論社より『大正期鉄道史資料』第2集第15巻に復刻収録）

韓国鉄道庁『韓国鉄道80年略史』（創設80周年記念出版），1979年

台湾総監府鉄道部『台湾鉄道史』上・中・下巻，1909年（1984年，日本経済評論社より『大正期鉄道史資料』第2集第20巻に復刻収録）

『中国鉄路創建百年史』1981年

羅 剛編『劉公銘傳年譜初稿』全2冊，正中書局，1983年

原田勝正『満鉄』岩波新書，1981年

吾孫子豊『満支鉄道発達史』内外書房，1944年

5-1

広軌鉄道改築準備委員会『広軌鉄道改築準備委員会調査始末一斑』1911年（1984年，日本経済評論社より『大正期鉄道史資料』第2集第4巻に復刻収録）

島 安次郎「国有鉄道ノ軌間変更ニ関スル私見旧稿集」（私家版），1939年

「軌制問題」，『汎交通』第68巻第10号（筆者名なし），1968年

5-2

臼井茂信『国鉄蒸気機関車小史』鉄道図書刊行会，1956年

弓削進・新出茂雄『国鉄電車発達史』電気車研究会，1959年

5-3

　三谷太一郎『日本政党政治の形成』東京大学出版会，1967年
　青木栄一「下津井鉄道の成立とその性格」,『地方史研究』第97号，1969年

5-4

　鉄道省運輸局『国有鉄道国際連絡運輸史』1937年
　大阪鉄道局『鉄道軍事輸送資料』1938年
　大阪合同運送㈱『大阪発朝鮮満洲行貨物運賃変遷史』1937年

5-5

　阪神電気鉄道株式会社『阪神電気鉄道株式会社八十年史』1985年
　南海鉄道株式会社『南海鉄道発達史』1938年
　大阪市電気局『大阪市電気軌道沿革誌』1923年

6-1, 2

　南　亮進『鉄道と電力』，大川一司他編『長期経済統計』12，東洋経済新報社，1965年
　矢木明夫『日本近代経済史』日本経済評論社，1981年
　鉄道省運輸局『貨物輸送便覧』1928年
　木下淑夫『国有鉄道の将来』1924年
　松村金助『鉄道功罪物語』大阪屋号書店，1929年

6-3

　弓削進・新出茂雄『国鉄電車発達史』電気車研究会，1959年
　三宅清輝『日本の電気事業』春秋社，1951年
　清水啓次郎『私鉄物語』春秋社，1930年

6-4

　大阪交通労働組合編『大交史』労働旬報社，1968年
　大阪市電気局『大阪市電気局四十年史』運輸篇，大阪市電気局，1943年
　東京市電気局『東京市電気局三十年史』東京市電気局，1940年

6-5

　青木栄一「観光と鉄道」,『鉄道ピクトリアル』第388号，1981年

青木栄一・亀田郁子「黒部鉄道の建設とその性格——電力資本による地域開発の一例——」,『新地理』第17巻第4号, 1970年

今城光英「京阪電気鉄道と琵琶湖・叡山の開発」,『鉄道ピクトリアル』第281号, 1973年

山村順次「伊香保・鬼怒川における温泉観光集落の発達と経済的機能」,『地理学評論』第42巻第5号, 1965年

中川浩一「ケーブルカー物語(1)」,『鉄道ピクトリアル』第44号, 1955年

7-1

武井群嗣「自動車道路」, 日本交通協会『1930年の交通問題』所収, 同会, 1930年

丹波武朝「陸上運送」, 同上

松村金助『鉄道功罪物語』大阪屋号書店, 1929年

7-2

東洋経済新報社編『昭和産業史』第2巻, 1950年

東武鉄道『東武鉄道65年史』1964年

東京急行電鉄『東京横浜電鉄沿革史』1943年（1983年, 日本経済評論社より『大正期鉄道史資料』第2集第12巻に復刻収録）

京阪神急行電鉄『京阪神急行電鉄五十年史』1959年

阪神電気鉄道『輸送奉仕の五十年』1955年

7-3

鉄道省熱海建設事務所『丹那鉄道工事誌』1936年

青木栄一「私鉄の気動車——その発達の系譜——」,『鉄道ジャーナル』第157号, 1980年

中山隆吉『鉄道運送施設綱要』鉄道省運輸局, 1928年（1983年, 日本経済評論社より『大正期鉄道史資料』第2集第5巻に復刻収録）

7-4

井上篤太郎『交通統制概論』春秋社, 1936年

鈴木清秀『交通調整の実際』交通経済社, 1954年

大槻信治『交通統制論』春秋社, 1936年

7-5
防衛庁防衛研修所戦史室『本土決戦』1，2，朝雲新聞社，1971，72年
国鉄の空襲被害記録刊行会『国鉄の空襲被害記録』集文社，1976年
日本国有鉄道『国有鉄道重大運転事故記録』1961年

8-1
運輸省『国有鉄道の現状』1947年
日本国有鉄道『鉄道終戦処理史』1957年
兼松　学『日本国有鉄道論』東京大学出版会，1962年

8-2
中西健一・広岡治哉『新版日本の交通問題』ミネルヴァ書房，1973年
独占分析研究会編『日本の公企業』新日本出版社，1981年
村松一郎・天沢不二郎編『現代日本産業発達史』ⅩⅩⅡ，陸運，通信，㈱交詢社出版局，1965年

8-3
国鉄新幹線総局編『東海道山陽新幹線二十年史』1985年
国鉄工作局・臨時車両設計事務所編『最近10年の国鉄車両』1963年
日本鉄道建設公団編『日本鉄道建設公団十年史』1974年

8-4,5,6
福島政和ほか「都市交通事業の経営」，『運輸と経済』第33巻第5号，1973年
石川達二郎『国鉄　機能と財政の構図』交通日本社，1975年
加藤寛・山同陽一『国鉄・電通・専売・再生の構図』東洋経済新報社，1983年
運輸省『運輸省三十年史』1980年
林淳司・山本雄二郎・岡田清「座談会　国鉄再建監理委員会事務局に聞く」，『運輸と経済』，第45巻第9号，1985年
伊東光晴『行革――臨調答申をどう読むか――』岩波書店，1982年

補　論
青木栄一「日本における鉄道史研究の系譜」，『交通史研究』第9号，1983年
青木栄一「メソスケールの鉄道史に関する考察」，『東京学芸大学紀要』第3部門社会

科学37,1985年

青木栄一「近代交通研究における歴史地理学の性格と方法」,『歴史地理学紀要』第28号(交通の歴史地理),1986年

〈日本の鉄道史を学ぶための基本文献〉

　鉄道史研究に際して多く用いられる一次史料は,国鉄・私鉄などの鉄道企業者自身の記録,および監督官庁の文書である。これらのうち,比較的よく整理されているものとしては国鉄の記録である,『工部省記録』,『鉄道寮事務簿』,『鉄道局事務書類』,『鉄道庁事務書類』などがあり,これらのうち,『工部省記録』は国鉄100年史の編纂に際して,国鉄修史課によって翻刻刊行された。『鉄道会議議事録』,『帝国議会議事速記録』も国鉄線の建設過程を知るうえでの基本史料であり,いずれも印刷され,後者は東京大学出版会により1890〜1940年度分について復刻も行なわれている。1909年から発行されている『鉄道公報』も国鉄の動きを知る基本史料といえる。

　私鉄については各社が監督官庁の免許・認可を受けるために提出した文書が会社ごとにまとめられて『鉄道省文書』として存在している。これには免許・認可関係文書を綴った「免許編」と,営業報告書を綴った「営業編」とがある。これらは現在は運輸省,国立公文書館,交通博物館,国鉄中央学園図書館などに分散保存されている。また各都道府県に保存されている行政文書のなかには鉄道,とくに私鉄免許に関するものが多く残されている。

　鉄道にかかわる年報および年次統計は比較的よく整備されていて,1888年(明治21)度の『鉄道局年報』から毎年度刊行されている。1897〜1907年には別に『鉄道作業局年報』(1897〜1905年),『帝国鉄道庁年報』(1906〜07年)が併存する。『鉄道局年報』には国鉄と私設鉄道に関する統計が含まれ,1908年(明治41)度からは軌道にかかわる統計が加わる。これはこの年度に軌道が鉄道局と内務省双方の監督を受けるようになったからで,この年度以前は『内務省年報』により簡単な統計が掲載されている。1916年(大正5)度より『鉄道院(省)年報』と『鉄道院(省)鉄道統計資料』の2本立てとなって統計が分離し,1937年(昭和12)度に両者は『鉄道統計』として再び統合される。また各鉄道局が独自に年報を編集した時期もある。『鉄道統計』は1942年(昭和17)度に『国有鉄道陸運統計』,1946年(昭和21)度から『鉄道統計年報』となり,現在に至っている。ただし,私鉄にかかわる部分は1949年(昭和24)度より『地方鉄道・軌道統計年報』として独立し,『私鉄統計年報』(1955〜76年度),『民鉄統計年報』(1977年度以降)

と改称して現在に及んでいる。これらの年報・年次統計については，日本経済評論社から『明治期鉄道史資料』第1集（1888～1907年度分），『大正期鉄道史資料』第1集（1908～25年度分）として復刻されている。

　日本の鉄道の発達については多くの通史があるが，国鉄当局あるいは私鉄企業が自らの歴史を編纂したものが多くの一次史料を収録し，事実の記載も比較的正確である。国鉄当局の編纂としたものとしてはつぎのものがある。（〔　〕内は取りあつかう時期）

　　『日本鉄道史』全3巻，1921年〔～1919年〕
　　『日本陸運二十年史』2巻+年表，1956年〔1920～36年〕
　　『日本陸運十年史』全4巻，1951年〔1937～49年〕
　　『日本国有鉄道百年史』14巻+通史+年表+索引+写真史，1969～72年〔～1972年〕

　国鉄史についてはこれらの通史のほかに，極めて多数の支社史，鉄道管理局史，工場史，自動車史，駅史，建設工事誌などがそれぞれの担当部局で編集，刊行されている。これらは『日本国有鉄道百年史』各巻の巻末にある「主要参考文献」欄で書名を知ることができるが，完全なリストはまだないようである。

　私鉄史についても各鉄道企業が編纂した社史が多数ある。

　鉄道史研究者による従来の通史としては，下記のような著作がある。

　　和久田康雄『資料・日本の私鉄』鉄道図書刊行会，1968年（4訂版，1984年）
　　原田勝正・青木栄一『日本の鉄道——100年の歩みから——』三省堂，1973年
　　川上幸義『新日本鉄道史』全2巻，鉄道図書刊行会，1967，68年
　　和久田康雄『日本の私鉄』岩波新書，1981年
　　原田勝正『鉄道の語る日本の近代』そしえて，1977年
　　原田勝正『日本の国鉄』岩波新書，1984年

　和久田の『資料・日本の私鉄』には日本の鉄道史に関する各種の文献リストが収載されていて，すべての開業私鉄のリストとともに有益である。第二次大戦前に刊行された多くの国鉄部門史，私鉄社史などについては，『明治期鉄道史資料』，『大正期鉄道史資料』各第2集（日本経済評論社）に多数が収録，復刻されている。このほか，近年は府県単位の鉄道発達史が数多く刊行され，そのなかには学術的に高く評価されているものもいくつかある。また車種別の車両発達史も最近は研究が進み，学問的な評価に耐える通史がみられるようになった。これらについては，本書補論「鉄道史研究の視点と問題点」に主要著作名を掲げた。なお，1982年ごろまでの鉄道史研究の論文リストとその研究系譜については，青木栄一「日本における鉄道史研究の系譜」，『交通史研究』第9号（1983年）に詳しい。

　鉄道史年表としては，『日本国有鉄道百年史』の別巻となる「年表」（1972年）が国鉄

関係に限定されるものの，極めて詳細である。また，鉄道百年略史編さん委員会『鉄道百年略史』(鉄道図書刊行会，1972年)が国私鉄を通じてのすべての線区の開業年月日を網羅し，鉄道にかかわる重要な事項に解説付きで触れているので便利である。

鉄道に関する定期刊行物としては，古くは『帝国鉄道協会会報』(1899年創刊，当初は隔月刊，のち月刊，1937年以降『汎交通』となり，雑誌の性格も変わったが現存)，『鉄道時報』(鉄道時報社，1899～1942年，週刊)があり，現在は日刊の『交通新聞』(現在は交通協力会発行，1943年～現在)が鉄道を中心としての交通業界の総合紙として刊行されている。第二次大戦前の私鉄については『鉄道軌道経営資料』(鉄道同志会，1918～41年，月刊)が参考になる。

戦後の鉄道については，1948年以降刊行されている『交通年鑑』(交通協力会)が毎年の動きを知るのに便利である。またアマチュアの鉄道研究者を対象として刊行されているつぎの3種の月刊誌が現在では最も総合的な鉄道雑誌として機能しており，鉄道にかかわる現代的なトピックスのみならず，伝統的に車両関係に重きを置きつつも，鉄道史の多様な分野の論文を収録している。

『鉄道ピクトリアル』鉄道図書刊行会，1951年～現在

『鉄道ファン』交友社，1961年～現在

『鉄道ジャーナル』鉄道ジャーナル社，1966年～現在

1983年，鉄道史に関する専門学会として鉄道史学会が創立され，機関誌『鉄道史学』を年1～2回刊行している。

なお，交通学，交通史，社会経済史，経営史，歴史学，地理学などの学界誌・専門誌にも鉄道史研究の論説をみることもあるが，その数は少ない。

(青木栄一)

〔資料①〕

鉄道関係主要法令

鉄道敷設法

(明治25年6月21日　法律第4号)

第1章　総則

第1条　政府ハ帝国ニ必要ナル鉄道ヲ完成スル為漸次予定ノ線路ヲ調査シ及敷設ス

第2条　予定鉄道線路ハ左ノ如シ

中央線

一　神奈川県下八王子若ハ静岡県下御殿場ヨリ山梨県下甲府及長野県下諏訪ヲ経テ伊那郡若ハ西筑摩郡ヨリ愛知県下名古屋ニ至ル鉄道

一　長野県下長野若ハ篠ノ井ヨリ松本ヲ経テ前項ノ線路ニ接続スル鉄道

一　山梨県下甲府ヨリ静岡県下岩淵ニ至ル鉄道

中央線及北陸線ノ連絡線

一　岐阜県下岐阜若ハ長野県下松本ヨリ岐阜県下高山ヲ経テ富山県下富山ニ至ル鉄道

北陸線

一　福井県下敦賀ヨリ石川県下金沢ヲ経テ富山県下富山ニ至ル鉄道及本線ヨリ分岐シテ石川県下七尾ニ至ル鉄道

北陸線及北越線ノ連絡線

一　富山県下富山ヨリ新潟県下直江津ニ至ル鉄道

北越線

一　新潟県下直江津又ハ群馬県下前橋若ハ長野県下豊野ヨリ新潟県下新潟及新発田ニ至ル鉄道

北越線及奥羽線ノ連絡線

一　新潟県下新発田ヨリ山形県下米沢ニ至ル鉄道若ハ新潟県下新津ヨリ福島県下若松ヲ経テ白河、本宮近傍ニ至ル鉄道

奥羽線

一　福島県下福島近傍ヨリ山形県下米沢及山形、秋田県下秋田青森県下弘前ヲ経テ青森ニ至ル鉄道及本線ヨリ分岐シテ山形県下酒田ニ至ル鉄道

一　宮城県下仙台ヨリ山形県下天童若ハ宮城県下石ノ巻ヨリ小牛田ヲ経テ山形県下船形町ニ至ル鉄道

一　岩手県下黒沢尻若ハ花巻ヨリ秋田県下横手ニ至ル鉄道

一　岩手県下盛岡ヨリ宮古若ハ山田ニ至ル鉄道

総武線及常磐線

一　東京府下上野ヨリ千葉県下千葉、佐倉ヲ経テ銚子ニ至ル鉄道及本線ヨリ分岐シテ木更津ニ至ル鉄道

一　茨城県下水戸ヨリ福島県下平ヲ経テ宮城県下岩沼ニ至ル鉄道

近畿線

一　奈良県下奈良ヨリ三重県下上柘植ニ至ル鉄道

一　大阪府下大阪若ハ奈良県下八木又ハ高田ヨリ五条ヲ経テ和歌山県下和歌山ニ至ル鉄道

一　京都府下京都ヨリ奈良県下奈良ニ至ル鉄道

一　京都府下京都ヨリ舞鶴ニ至ル鉄道
　　山　陽　線
一　広島県下三原ヨリ山口県下赤間関ニ至ル鉄道
一　広島県下海田市ヨリ呉ニ至ル鉄道
　　山　陰　線
一　京都府下舞鶴ヨリ兵庫県下豊岡，鳥取県下鳥取，島根県下松江，浜田ヲ経テ山口県下山口近傍ニ至ル鉄道
　　山陰及山陽連絡線
一　兵庫県下姫路ヨリ生野若ハ笹山ヲ経テ京都府下舞鶴又ハ園部ニ至ル鉄道若ハ兵庫県下土山ヨリ京都府下福知山ヲ経テ舞鶴ニ至ル鉄道
一　兵庫県下姫路近傍ヨリ鳥取県下鳥取ニ至ル鉄道又ハ岡山県下岡山ヨリ津山ヲ経テ鳥取県下米子及境ニ至ル鉄道若ハ岡山県下倉敷又ハ玉島ヨリ鳥取県下境ニ至ル鉄道
一　広島県下広島ヨリ島根県下浜田ニ至ル鉄道
　　四　国　線
一　香川県下琴平ヨリ高知県下高知ヲ経テ須崎ニ至ル鉄道
一　徳島県下徳島ヨリ前項ノ線路ニ接続スル鉄道
一　香川県下多度津ヨリ愛媛県下今治ヲ経テ松山ニ至ル鉄道
　　九　州　線
一　佐賀県下佐賀ヨリ長崎県下佐世保及長崎ニ至ル鉄道
一　熊本県下熊本ヨリ三角ニ至ル鉄道及宇土ヨリ分岐シ八代ヲ経テ鹿児島下鹿児島ニ至ル鉄道
一　熊本県下熊本ヨリ大分県下大分ニ至ル鉄道
一　福岡県下小倉ヨリ大分県下大分，宮崎県下宮崎ヲ経テ鹿児島県下鹿児島ニ至ル鉄道
一　福岡県下飯塚ヨリ原田ニ至ル鉄道
一　福岡県下久留米ヨリ山鹿ヲ経テ熊本県下熊本ニ至ル鉄道
　以上ノ線路ニ変更増減ヲ要スルモノアルトキハ帝国議会ノ協賛ヲ経テ之ヲ決定スヘシ
第3条　鉄道工事ハ緩急ニ応シテ其ノ期限ヲ数期ニ区分シ毎期ノ工事ヲ継続事業トス
第4条　鉄道事業ニ要スル費用ハ公債ヲ募集シテ之ニ充ツ
第5条　鉄道公債ノ利子ハ一箇年百分ノ五以下トス
第6条　鉄道公債ニ関シ本法ニ規定ナキモノハ総テ明治19年勅令第66号整理公債条例ニ拠ル
　　第2章　第一期鉄道及公債募集
第7条　予定線路中左ノ線路ハ第一期間ニ於テ其ノ実測及敷設ニ着手ス
一　中央予定線ノ内神奈川県下八王子若ハ静岡県下御殿場ヨリ山梨県下甲府及長野県下諏訪ヲ経テ伊那郡若ハ西筑摩郡ヨリ愛知県下名古屋ニ至ル鉄道
一　北陸予定線ノ内福井県下敦賀ヨリ石川県下金沢ヲ経テ富山県下富山ニ至ル鉄道
一　北越予定線ノ内新潟県下直江津又ハ群馬県下前橋若ハ長野県下豊野ヨリ新潟県下新潟及新発田ニ至ル鉄道
一　奥羽予定線ノ内福島県下福島近傍ヨリ山形県下米沢及山形，秋田県下秋田青森県下弘前ヲ経テ青森ニ至ル鉄道
一　山陽予定線ノ内広島県下三原ヨリ山口県下赤間関ニ至ル鉄道及広島県下海田市ヨリ呉ニ至ル鉄道
一　九州予定線ノ内佐賀県下佐賀ヨリ長崎県下長崎及佐世保ニ至ル鉄道及熊本県下熊本ヨリ三角ニ至ル鉄道

一 近畿予定線ノ内京都府下京都ヨリ舞鶴ニ至ル鉄道若ハ兵庫県下土山ヨリ京都府下福知山ヲ経テ舞鶴ニ至ル鉄道
一 近畿線ノ内大阪府下大阪若ハ奈良県下高田若ハ八木ヨリ五条ヲ経テ和歌山県下和歌山ニ至ル鉄道
一 山陰山陽連絡予定線ノ内兵庫県下姫路近傍ヨリ鳥取県下鳥取ヲ経テ境ニ至ル鉄道又ハ岡山県下岡山ヨリ津山ヲ経テ鳥取県下境ニ至ル鉄道若ハ岡山県下倉敷ヨリ鳥取県下境ニ至ル鉄道
　以上線路ノ外、尚敷設ノ急ヲ要スヘシト認ムルモノアルトキハ帝国議会ノ協賛ヲ経テ更ニ第一期工事トシ特ニ公債ヲ募集スルコトヲ得
　比較線路ハ政府ニ於テ更ニ調査ヲ遂ケ帝国議会ノ協賛ヲ経テ之ヲ決定スヘシ
第8条　第1期鉄道工事ハ起工ノ年ヨリ向フ十二箇年ヲ以テ成効期限トス
第9条　第1期鉄道敷設ノ費用ニ充ツル為金六千万円ヲ限リ明治25年度ヨリ十二箇年間ニ漸次公債ヲ募集スヘシ
第10条　政府ハ第1期ニ敷設スヘキ鉄道線路ヲ実測シ毎線路ノ工事予算ヲ定メ帝国議会ノ協賛ヲ求ムヘシ
　　　第3章　私設鉄道ノ処分
第11条　既成私設鉄道ニシテ第2条ニ依リ敷設スヘキ線路ノ為買収ノ必要アリト認ムルモノハ政府ハ其ノ会社ト協議ノ上価格ヲ予定シ帝国議会ノ協賛ヲ求ムヘシ
第12条　私設鉄道買収ノ費用ハ公債ヲ発行シ代価トシテ其ノ会社ニ交付スヘシ
第13条　予定鉄道線路中私設会社ニ敷設ヲ許可シタルモノハ其ノ会社ノ全部線路ヲ買収スルカ又ハ会社ノ申請ニ依リ相当ノ処分ヲナシタル上ニアラサレハ之ヲ敷設セス
第14条　予定鉄道線路中未タ敷設ニ着手セサルモノニシテ若私設鉄道会社ヨリ敷設ノ許可ヲ願出ル者アルトキハ帝国議会ノ協賛ヲ経テ之ヲ許可スルコトアルヘシ
　　　第4章　鉄道会議
第15条　政府ハ鉄道会議ニ諮詢シテ左ノ事項ヲ施行ス
一　鉄道工事着手ノ順序
一　第10条ノ決定ニ基キ鉄道工事ノ都合ニ依リ其ノ都度募集スヘキ公債金額
第16条　鉄道会議ノ組織ハ勅令ヲ以テ之ヲ定ム

（『官報』）

〔改正〕鉄　道　敷　設　法

（大正11年4月11日　法律第37号）

第1条　帝国ニ必要ナル鉄道ヲ完成スル為政府ノ敷設スヘキ予定鉄道線路ハ別表ニ掲クル所ニ依ル
第2条　政府ハ前条予定鉄道線路ヲ調査敷設セムトスルトキハ経費ヲ予算ニ定メ漸次継続費トシテ帝国議会ノ協賛ヲ求ムヘシ
第3条　予定鉄道線路ニ該当スルモノト雖モ一地方ノ交通ヲ目的トスルモノニ在リテハ政府ハ地方鉄道トシテ其ノ敷設ヲ免許スルコトヲ得
第4条　予定鉄道線路ヲ変更シ又ハ予定鉄道線路中新ニ工事ニ着手スルモノヲ定ムルトキハ鉄道会議ノ諮詢経ヘシ
第5条　鉄道会議ニ関スル規程ハ勅令ヲ以テ之ヲ定ム
　　　付　則
　明治25年法律第4号鉄道敷設法、北海道鉄道敷設法、明治27年法律第6号乃至第10号，同年法律

第12号乃至15号，明治29年法律第72号乃至第77号，明治30年法律第11号，同年法律第32号，同年法律第33号及同年法律第35号ハ之ヲ廃止ス（以下略）

（別表）

　　　　本　　州　　ノ　　部

1　青森県田名部ヨリ大畑ヲ経テ大間ニ至ル鉄道
2　青森県青森ヨリ三厩，小泊ヲ経テ五所川原ニ至ル鉄道
3　青森県弘前ヨリ田代ニ至ル鉄道
4　青森県三戸ヨリ七戸ヲ経テ千曳ニ至ル鉄道
5　青森県三戸ヨリ秋田県毛馬内ヲ経テ花輪ニ至ル鉄道
6　岩手県久慈ヨリ小本ヲ経テ宮古ニ至ル鉄道
7　岩手県山田ヨリ釜石ヲ経テ大船渡ニ至ル鉄道
8　岩手県小鳥谷ヨリ葛巻ヲ経テ袰野付近ニ至ル鉄道及落合付近ヨリ分岐シテ茂市ニ至ル鉄道
9　岩手県川井ヨリ遠野ヲ経テ高田ニ至ル鉄道
10　岩手県一戸ヨリ荒屋ニ至ル鉄道
11　岩手県雫石ヨリ川尻ニ至ル鉄道
12　岩手県一ノ関ヨリ槻木付近ニ至ル鉄道
13　秋田県鷹ノ巣ヨリ阿仁合ヲ経テ角館ニ至ル鉄道
14　秋田県生保内ヨリ鳩ノ湯付近ニ至ル鉄道
15　秋田県本荘ヨリ矢島ヲ経テ院内ニ至ル鉄道
16　秋田県十文字ヨリ桧山台付近ニ至ル鉄道
17　宮城県気仙沼ヨリ津谷，志津川ヲ経テ前谷地ニ至ル鉄道及津谷ヨリ分岐シ佐沼ヲ経テ田尻ニ至ル鉄道
18　宮城県松島ヨリ石巻ヲ経テ女川ニ至ル鉄道
19　宮城県仙台ヨリ古川ニ至ル鉄道
20　宮城県仙台ヨリ山形県山寺ヲ経テ山形ニ至ル鉄道及宮城県川崎付近ヨリ分岐シテ山形県神町ニ至ル鉄道
21　宮城県長町ヨリ青根付近ニ至ル鉄道
22　宮城県白石ヨリ山形県上ノ山ニ至ル鉄道
23　山形県鶴岡ヨリ大鳥ニ至ル鉄道
24　山形県楯岡ヨリ寒河江ニ至ル鉄道
25　山形県左沢ヨリ荒砥ニ至ル鉄道
26　山形県米沢ヨリ福島県喜多方ニ至ル鉄道
27　福島県福島ヨリ宮城県丸森ヲ経テ福島県中村ニ至ル鉄道及丸森ヨリ分岐シテ白石ニ至ル鉄道
28　福島県川俣ヨリ浪江ニ至ル鉄道
29　福島県柳津ヨリ只見ヲ経テ新潟県小出ニ至ル鉄道及只見ヨリ分岐シテ古町ニ至ル鉄道
30　福島県須賀川ヨリ長沼ニ至ル鉄道
31　福島県平ヨリ小名浜ニ至ル鉄道
32　福島県石川ヨリ植田ニ至ル鉄道
33　栃木県今市ヨリ高徳ヲ経テ福島県田島ニ至ル鉄道及高徳ヨリ分岐シテ矢板ニ至ル鉄道
34　栃木県日光ヨリ足尾ニ至ル鉄道
35　栃木県鹿沼ヨリ栃木ヲ経テ茨城県古河ニ至ル鉄道
36　栃木県茂木ヨリ烏山ヲ経テ茨城県太子ニ至ル鉄道及栃木県大桶付近ヨリ分岐シテ黒磯ニ至ル

鉄道関係主要法令　349

鉄道
37　栃木県市塙ヨリ宝積寺ニ至ル鉄道
38　茨城県水戸ヨリ阿野沢ヲ経テ東野付近ニ至ル鉄道及阿野沢ヨリ分岐シテ栃木県茂木ニ至ル鉄道
39　茨城県水戸ヨリ鉾田ヲ経テ鹿島ニ至ル鉄道
40　茨城県常陸大宮ヨリ太田ヲ経テ大甕ニ至ル鉄道
41　茨城県勝田ヨリ上菅谷ニ至ル鉄道
42　茨城県高浜ヨリ玉造ヲ経テ延方ニ至ル鉄道及玉造ヨリ分岐シテ鉾田ニ至ル鉄道
43　茨城県土浦ヨリ水海道，境，埼玉県久喜，鴻巣，坂戸ヲ経テ飯能ニ至ル鉄道及水海道ヨリ分岐シテ佐貫ニ至ル鉄道並ニ境ヨリ分岐シテ古河ニ至ル鉄道
44　茨城県土浦ヨリ江戸崎ニ至ル鉄道
45　茨城県古河ヨリ栃木県佐野ニ至ル鉄道
46　千葉県佐原ヨリ小見川ヲ経テ松岸ニ至ル鉄道及小見川ヨリ分岐シテ八日市場ニ至ル鉄道
47　千葉県八幡宿ヨリ大多喜ヲ経テ小湊ニ至ル鉄道
48　千葉県木更津ヨリ久留里，大多喜ヲ経テ大原ニ至ル鉄道
49　千葉県上総湊ヨリ鴨川ニ至ル鉄道
50　千葉県船橋ヨリ佐倉ニ至ル鉄道
51　東京府八王子ヨリ埼玉県飯能ヲ経テ群馬県高崎ニ至ル鉄道
52　東京府大崎ヨリ神奈川県長津田ヲ経テ松田ニ至ル鉄道
53　神奈川県横須賀ヨリ浦賀ニ至ル鉄道
54　群馬県渋川ヨリ中之条ヲ経テ長野原ニ至ル鉄道
55　新潟県来迎寺ヨリ小千谷ヲ経テ岩沢ニ至ル鉄道
56　佐渡国夷ヨリ河原田ヲ経テ相川ニ至ル鉄道
57　長野県豊野ヨリ飯山ヲ経テ新潟県十日町ニ至ル鉄道及飯山ヨリ分岐シテ屋代ニ至ル鉄道
58　長野県小海付近ヨリ山梨県小渕沢ニ至ル鉄道
59　長野県松本ヨリ岐阜県高山ニ至ル鉄道
60　長野県辰野ヨリ飯田ヲ経テ静岡県浜松ニ至ル鉄道及飯田ヨリ分岐シテ三留野ニ至ル鉄道
61　静岡県熱海ヨリ下田，松崎ヲ経テ大仁ニ至ル鉄道
62　静岡県御殿場ヨリ山梨県吉田ヲ経テ静岡県大宮ニ至ル鉄道及吉田ヨリ分岐シテ大月ニ至ル鉄道
63　静岡県掛川ヨリ二俣，愛知県大野，静岡県浦川，愛知県武節ヲ経テ岐阜県大井ニ至ル鉄道及大野付近ヨリ分岐シテ長篠ニ至ル鉄道並ニ浦川付近ヨリ分岐シテ静岡県佐久間付近ニ至ル鉄道
64　富山県猪谷ヨリ岐阜県船津ニ至ル鉄道
65　富山県八尾ヨリ福光ヲ経テ石川県金沢付近ニ至ル鉄道
66　富山県氷見ヨリ石川県羽咋ニ至ル鉄道
67　石川県羽咋ヨリ高浜ヲ経テ三井付近ニ至ル鉄道
68　石川県穴水ヨリ宇出津ヲ経テ飯田ニ至ル鉄道
69　愛知県千種ヨリ挙母ヲ経テ武節ニ至ル鉄道
70　愛知県豊橋ヨリ伊良湖岬ニ至ル鉄道
71　愛知県武豊ヨリ師崎ニ至ル鉄道
72　愛知県名古屋ヨリ岐阜県太田ニ至ル鉄道
73　岐阜県中津川ヨリ下呂付近ニ至ル鉄道

350

74　岐阜県大垣ヨリ福井県大野ヲ経テ石川県金沢ニ至ル鉄道
75　三重県四日市ヨリ岐阜県関ケ原ヲ経テ滋賀県木ノ本ニ至ル鉄道
76　滋賀県貴生川ヨリ京都府加茂ニ至ル鉄道
77　滋賀県浜大津ヨリ高城ヲ経テ福井県三宅ニ至ル鉄道及高城ヨリ分岐シテ京都府二条ニ至ル鉄道
78　京都府園部ヨリ兵庫県篠山付近ニ至ル鉄道
79　京都府殿田付近ヨリ福井県小浜ニ至ル鉄道
80　京都府山田ヨリ兵庫県出石ヲ経テ豊岡ニ至ル鉄道
81　奈良県桜井ヨリ榛原、三重県名張ヲ経テ松阪ニ至ル鉄道及名張ヨリ分岐シテ伊賀上野付近ニ至ル鉄道並ニ榛原ヨリ分岐シ松山ヲ経テ吉野ニ至ル鉄道
82　奈良県五条ヨリ和歌山県新宮ニ至ル鉄道
83　兵庫県谷川ヨリ西脇、北条ヲ経テ姫路付近ニ至ル鉄道
84　兵庫県姫路ヨリ岡山県江見ヲ経テ津山ニ至ル鉄道
85　兵庫県上郡ヨリ佐用ヲ経テ鳥取県智頭ニ至ル鉄道
86　兵庫県有年ヨリ岡山県伊部ヲ経テ西大寺付近ニ至ル鉄道
87　淡路国岩屋ヨリ洲本ヲ経テ福良ニ至ル鉄道
88　鳥取県郡家ヨリ若桜ヲ経テ兵庫県八鹿付近ニ至ル鉄道
89　岡山県勝山ヨリ鳥取県倉吉ニ至ル鉄道
90　岡山県倉敷ヨリ茶屋町ニ至ル鉄道
91　広島県福山ヨリ府中、三次、島根県来島ヲ経テ出雲今市ニ至ル鉄道及来島付近ヨリ分岐シテ木次ニ至ル鉄道
92　広島県吉田口付近ヨリ大朝付近ニ至ル鉄道
93　広島県三原ヨリ竹原ヲ経テ呉ニ至ル鉄道
94　広島県広島付近ヨリ加計ヲ経テ島根県浜田付近ニ至ル鉄道
95　島根県滝原付近ヨリ大森ヲ経テ石見大田ニ至ル鉄道
96　山口県岩国ヨリ島根県日原ニ至ル鉄道
97　山口県岩国ヨリ玖珂ヲ経テ徳山ニ至ル鉄道
98　山口県徳佐ヨリ大井ニ至ル鉄道
99　山口県小郡ヨリ大田ヲ経テ萩ニ至ル鉄道及大田付近ヨリ分岐シテ於福ニ至ル鉄道
　　　　四　国　ノ　部
100　香川県高松ヨリ琴平ニ至ル鉄道
101　愛媛県川之江ヨリ徳島県阿波池田付近ニ至ル鉄道
102　愛媛県松山付近ヨリ高知県越知ヲ経テ佐川ニ至ル鉄道
103　愛媛県八幡浜ヨリ卯ノ町、宮野下、宇和島ヲ経テ高知県中村ニ至ル鉄道及宮野ヨリ分岐シテ高知県中村ニ至ル鉄道
104　愛媛県大洲付近ヨリ近永付近ニ至ル鉄道
105　高知県江川崎付近ヨリ窪川ヲ経テ梼山付近ニ至ル鉄道
106　高知県川内付近ヨリ高岡ヲ経テ宇佐ニ至ル鉄道
107　高知県後免ヨリ安芸、徳島県日和佐ヲ経テ古庄付近ニ至ル鉄道
108　高知県山田ヨリ蕨野付近ニ至ル鉄道
　　　　九　州　ノ　部
109　福岡県博多ヨリ佐賀県山本ニ至ル鉄道

鉄道関係主要法令　351

110　福岡県篠栗ヨリ長尾付近ニ至ル鉄道
111　福岡県久留米ヨリ熊本県山鹿ヲ経テ宮原付近ニ至ル鉄道
112　佐賀県岸獄ヨリ伊万里ニ至ル鉄道
113　佐賀県佐賀ヨリ福岡県矢部川，熊本県隅府ヲ経テ肥後大津ニ至ル鉄道及隈府ヨリ分岐シテ大分県森付近ニ至ル鉄道
114　佐賀県肥前山口付近ヨリ鹿島ヲ経テ長崎県諫早ニ至ル鉄道
115　大分県中津ヨリ日田ニ至ル鉄道
116　大分県杵築ヨリ富来ヲ経テ宇佐付近ニ至ル鉄道
117　大分県幸崎ヨリ佐賀関ニ至ル鉄道
118　大分県臼杵ヨリ三重ニ至ル鉄道
119　熊本県高森ヨリ宮崎県三田井ヲ経テ延岡ニ至ル鉄道
120　熊本県高森ヨリ滝水付近ニ至ル鉄道
121　熊本県宇土ヨリ浜町ヲ経テ宮崎県三田井付近ニ至ル鉄道
122　熊本県湯前ヨリ宮崎県杉安ニ至ル鉄道
123　宮崎県小林ヨリ宮崎ニ至ル鉄道
124　鹿児島県山野ヨリ熊本県水俣ニ至ル鉄道
125　鹿児島県国分ヨリ宮崎県都城ニ至ル鉄道
126　鹿児島県国分ヨリ高須，志布志，宮崎県福島ヲ経テ内海付近ニ至ル鉄道及高須ヨリ分岐シテ鹿児島県川北付近ニ至ル鉄道
127　鹿児島県鹿児島付近ヨリ指宿，枕崎ヲ経テ加世田ニ至ル鉄道
　　　北　海　道　ノ　部
128　渡島国函館ヨリ釜谷ニ至ル鉄道
129　渡島国上磯ヨリ木古内ヲ経テ江差ニ至ル鉄道及木古内ヨリ分岐シテ福山ニ至ル鉄道
130　瞻振国八雲ヨリ後志国利別ニ至ル鉄道
131　瞻振国京極ヨリ喜茂別，壮瞥ヲ経テ紋鼈ニ至ル鉄道
132　瞻振国京極ヨリ留寿都ヲ経テ壮瞥ニ至ル鉄道
133　瞻振国苫小牧ヨリ鵡川，日高国浦河，十勝国広尾ヲ経テ帯広ニ至ル鉄道
134　瞻振国鵡川ヨリ石狩国金山ニ至ル鉄道及「ペンケオロロツプナイ」付近ヨリ分岐シテ石狩国登川ニ至ル鉄道
135　石狩国札幌ヨリ石狩ヲ経テ天塩国増毛ニ至ル鉄道
136　石狩国札幌ヨリ当別ヲ経テ沼田ニ至ル鉄道
137　石狩国白石ヨリ瞻振国広島ヲ経テ追分ニ至ル鉄道及広島ヨリ分岐シテ苫小牧ニ至ル鉄道
138　石狩国比布ヨリ下愛別付近ニ至ル鉄道
139　石狩国「ルベシベ」ヨリ北見国滝ノ上ニ至ル鉄道
140　日高国高江付近ヨリ十勝国帯広ニ至ル鉄道
141　十勝国上士幌ヨリ石狩国「ルベシベ」ニ至ル鉄道
142　十勝国芽室ヨリ「トムラウシ」付近ニ至ル鉄道
143　天塩国名寄ヨリ石狩国雨龍ヲ経テ天塩国羽幌ニ至ル鉄道
144　天塩国羽幌ヨリ天塩ヲ経テ下沙流別付近ニ至ル鉄道
145　北見国与部ヨリ幌別，枝幸ヲ経テ浜頓別ニ至ル鉄道及幌別ヨリ分岐シテ小頓別ニ至ル鉄道
146　北見国中湧別ヨリ常呂ヲ経テ網走ニ至ル鉄道
147　北見国留辺蘂ヨリ伊頓武華ニ至ル鉄道

148 釧路国釧路ヨリ北見国相生ニ至ル鉄道
149 根室国厚床付近ヨリ標津ヲ経テ北見国斜里ニ至ル鉄道

(『官報』)

私 設 鉄 道 条 例

(明治20年5月18日　勅令第12号)

第1条　旅客及荷物運輸営業ノ目的ヲ以テ鉄道ヲ布設セントスル者ハ発起人五人以上結合シ鉄道会社創立願書ニ起業目論見書ヲ添ヘ本社ヲ設置セントスル地ノ地方庁ヲ経由シテ政府ニ差出スヘシ 馬車鉄道ハ本条例定ムル所ノ限ニアラス

第2条　起業目論見書ニハ左ノ事項ヲ記載スヘシ
　第1　社名及本社所在地
　第2　線路ノ両端及其経過スヘキ地名但略図ヲ添フヘシ
　第3　資本金ノ総額及総株数並一株ノ金額
　第4　鉄道布設ノ費用及運輸営業上ノ収支概算
　第5　発起人ノ氏名住所及発起人各自ノ引受クヘキ株数但発起人総員ノ引受クヘキ株数ハ総株数十分ノ二以上タルヘシ

第3条　政府ニ於テ第1条ノ願書及目論見書ヲ査閲シ起業ノ大体ニ不都合ナキト認ムルトキハ仮免状ヲ下付シ本社ヲ設立セントスル地ノ地方庁ニ令シ発起人ヲシテ線路図面工事方法書工費予算書及会社ノ定款ヲ調製シ之ヲ差出サシムヘシ
　既設ノ鉄道ニ妨害ヲ生スルノ虞アリ又ハ其地方ノ状況鉄道ノ布設ヲ要セスト認ムルトキハ願書ヲ却下スヘシ

第4条　政府ニ於テ前条ノ図面書類ヲ審査シ妥当ナリト認ムルトキハ裁可ヲ経テ会社設立及鉄道布設ノ免許状ヲ下付スヘシ

第5条　発起人前条ノ免許条ヲ下付セラレタル後ニアラサレハ社名ヲ以テ株金ヲ募集シ鉄道布設ノ工事ニ着手スルコトヲ得ス

第6条　会社ハ免許状下付ノ日ヨリ三箇月以内ニ鉄道布設工事ニ着手シ免許状ニ記載シタル予定期限内ニ竣功スヘシ若シ其期限内ニ竣功シ難キ事由アルトキハ少クトモ二箇月以前本社所在ノ地方庁ヲ経由シテ政府ニ具申シ延期ヲ請フヘシ但其延期ハ予定期限ノ半ヲ超ルコトヲ得ス

第7条　軌道ノ幅員ハ特許ヲ得タル者ヲ除クノ外総テ三呎六吋トス

第8条　左ニ記載スルモノヲ以テ鉄道用地トス
　第1　線路ニ当ル敷地但其幅員ハ築堤又ハ切取架橋等工事ノ必要ニ応シテ定ムルモノトス
　第2　停車場及之ニ付属スル車庫貨物庫等ノ建築用ニ供スル土地
　第3　前項ノ構内ニ常住ヲ要スル駅長車長及機関方等ノ家宅番人小屋等ノ建築用ニ供スル土地
　第4　鉄道布設又ハ運輸ニ要スル車両器具ヲ製作修繕スル器械場及同上ノ資材器具ヲ貯蔵スル倉庫ノ建築用ニ供スル線路ニ沿ヒタル土地

第9条　鉄道布設ノ為メ旧来ノ道路橋梁溝渠運河等ヲ変換シ又ハ一時之ヲ移設セントスルトキハ所管官庁ノ許可ヲ受クヘシ但其費用ハ会社ニ於テ之ヲ支弁スヘシ

第10条　線路ノ道路ヲ横断スル場所ニハ橋梁ヲ架設シ若クハ踏切道ヲ設クヘシ其他危険防止ノ為メ必要ノ場所ニハ牆柵門戸堤防ヲ設ケ若クハ番人ヲ配付スル等充分ノ警備ヲナスヘシ

第11条　線路ノ全部若クハ一部ノ工事竣功シ旅客及貨物ノ運輸ヲ開業セントスルトキハ鉄道局長官ニ届出ヘシ

第12条　鉄道局長官ハ前条ノ届出ニ依リ監査員ヲ派遣シテ工事方法書ニ照シ軌道橋梁車両建物等ヲ監査セシメ完全ナリト認ムルトキハ開業免許状ヲ下付スヘシ若シ不完全ナリト認ムルトキハ其改築修理ヲ命スヘシ但此場合ニ於テハ監査員ノ復命書ヲ会社ニ示スヘシ
　　会社ハ前項ノ開業免許状ヲ得スシテ運輸ノ業ヲ開クコトヲ得ス
第13条　鉄道局長官ハ鉄道布設中臨時監査員ヲ派遣シテ工事ヲ監査セシメ又運輸開業ノ後ニ於テモ監査員ヲ派遣シテ軌道橋梁車両建物等並運輸上ノ実況ヲ監査セシメ危険ナリト認ムルトキハ其改築修理ヲ命スヘシ但此場合ニ於テハ監査員ノ復命書ヲ会社ニ示スヘシ
第14条　第12条第13条ノ改築修理ヲナシタルトキハ更ニ監査ヲ受クヘシ
第15条　官有ノ土地ニシテ鉄道用地ニ必要ナルモノ及第9条ノ土地ハ相当代価ヲ以テ之ヲ払下ケ其民有ニ係ルモノハ公用土地買上規則ニ拠リ買上ケ会社ニ払下クヘシ但其土地ニ建物アルトキハ本条ニ準シテ之ヲ処分スヘシ
第16条　会社ニ於テ鉄道布設ヲ止メ又ハ線路ノ変更ニ依リ不用トナリタル鉄道用地ニシテ最初公用土地買上規則ニ拠テ買上ラレタルモノハ原所有者ニ於テ原価ヲ以テ之ヲ買戻スコトヲ得
　　会社ハ前項ノ土地不用トナリタル旨ヲ原所有者ニ通知スヘシ若シ原所有者ニ於テ三箇月以内ニ之ヲ買戻ササルトキハ其権利ヲ失フモノトス
第17条　政府ハ鉄道用地内ニ於テ線路ニ沿ヒ電線ヲ架設スルコトヲ得又会社ハ其架柱ノ一部ヲ使用シ鉄道用ノ電線ヲ架スルコトヲ得但其一部ニ対スル費用ヲ支弁スヘシ
第18条　会社ハ鉄道用地及停車場建物ノ一部ヲ無料ニテ郵便及ヒ電信ノ用ニ供スヘシ但政府ニ於テ建物ノ改造ヲ要シ又ハ用地ノ買上ヲナストキハ其実費ヲ支弁スヘシ
第19条　明治19年第59号布告郵便条例ニ依リ郵便物ト称スルモノ及其逓送ニ関スル人員ノ運賃ハ左ニ記載スル割合ヲ以テ逓信省ト会社ト予メ之ヲ約定スヘシ
　第1　下等旅客二十人ノ座位ニ当ル積量
　　　　一哩ニ付金一銭五厘以内
　第2　一車（四噸積）貸切
　　　　一哩ニ付金五銭以内
　　但車室ノ構造ヲ新ニ又ハ之ヲ改造セシメタルトキハ逓信省ヨリ其実費ヲ支弁スヘシ
第20条　鉄道事務ニ関シテ往復スル官吏ハ無料ニテ乗車セシムヘシ但其官吏ハ常乗切手ヲ帯ル者ニ限ル
第21条　公務ヲ以テ往復スル陸海軍軍人軍属及警察官吏又ハ軍馬砲弾薬糧食被服陣具工鍬兵器具天幕等ハ総テ半価ヲ以テ輸送スヘシ但其公務タルコトヲ証スヘキ通券ヲ帯ル者ニ限ル
第22条　囚徒及其護送官吏ハ半価ヲ以テ乗車セシムヘシ
第23条　戦時若クハ事変ニ際シテハ徴発令ノ定ムル所ニ従ヒ鉄道ヲ使用セシムヘシ
　　平時ト雖モ至急ニ兵隊ヲ派遣ヲ要スル場合ニ於テハ当該官庁ノ命ニ従ヒ速ニ之ヲ輸送スヘシ但其運賃ハ第21条ノ例ニ依ル
第24条　陸海軍ニ於テ軍事上必要ノ為メ車両ニ改修ヲ加ヘ又ハ新装置ヲ施シ或ハ戴卸用器具ノ製造ヲ命シ其実費ヲ支弁スルトキハ会社ハ之ヲ拒ムコトヲ得ス
第25条　鉄道局長官ハ公衆ノ安全ノ為メ官有鉄道ニ実施スル事物ハ会社ニ命シテヲ施設セシムルコトヲ得
第26条　政府又ハ政府ノ許可ヲ得タル者ニ於テ会社ノ鉄道線路ニ接続シ若クハ之ヲ横断シテ鉄道ヲ布設シ又ハ会社ノ鉄道線路ニ接近シ若クハ之ヲ横断シテ道路橋梁溝渠運河ヲ設クルトキハ会社ハ之ヲ拒ムコトヲ得ス
第27条　官設鉄道ニ施行スル規則ハ私設鉄道ニモ亦之ヲ適用スヘシ

第28条　会社ニ於テ工事ノ方法又ハ会社ノ定款ヲ変更セントスルトキハ本社所在ノ地方庁ヲ経由シテ政府ニ具申シ認可ヲ受クヘシ
第29条　旅客及貨物ノ運賃額又ハ運輸規程ヲ定メ若クハ之ヲ変更セントスルトキハ鉄道局長官ノ認可ヲ受クヘシ但下等旅客運賃額ハ一哩ニ付金一銭五厘ノ割合ヲ超過スルコトヲ得ス亦其範囲内ニ於テ運賃額ヲ増加スル場合ニ於テハ少クトモ二週日前ニ之ヲ公示スヘシ
第30条　列車発着時間及度数ヲ定メ又ハ之ヲ変更スルトキハ鉄道局長官ニ報告スヘシ
第31条　会社ハ半年度毎ニ営業ノ報告書ヲ調製シ四十日以内ニ鉄道局長官ニ差出スヘシ
第32条　会社ハ其財産ノ全部若クハ一部ヲ抵当トシテ負債ヲナスコトヲ得但其額ハ株主ヨリ払込タル資本金額十分ノ五ヲ超過スルコトヲ得ス

　　毎勘定季中ニ支払フヘキ負債ノ元利金ヲ完償シタル後ニアラサレハ株主ニ純益金ノ配当ヲナスコトヲ得ス
第33条　会社ノ勘定ヲ分ツテ左ノ二種トス
　　第1　資本勘定　軌道車両器械停車場土地建物等営業上利益アルヘキ物件ノ創設ニ係ル出納
　　第2　収益勘定　前項物件ノ維持保存ニ要スル費用及営業上ノ出納
第34条　私設鉄道ノ官設鉄道ニ接続スル場合ニ於テ交互運輸ノ手続及賃金ノ割合等ハ鉄道局長官之ヲ定ムヘシ
　　二箇以上ノ私設鉄道接続スル場合ニ於テ交互運輸ノ手続及賃金ノ割合等ニ係リ双方ノ議協ハサルトキハ鉄道局長官ノ裁定ヲ請フヘシ
　　前項ノ場合ニ於テ鉄道局長官ノ裁定ハ終局トス
第35条　政府ハ免許状下付ノ日ヨリ満二十五箇年ノ後（特ニ営業期限ヲ定メタルモノハ其満期後）ニ於テ鉄道及付属物件ヲ買上ルノ権アルモノトス
第36条　前条ニ依リ鉄道及付属物件ヲ買上ルトキハ前五箇年間ノ株券価格ヲ平均シ之ヲ以テ買上価格ト定ムヘシ
第37条　免許状下付ノ日ヨリ三箇月以内ニ鉄道布設工事ニ着手セス又ハ予定期限及延期内ニ竣功セサルトキハ免許状ノ返納ヲ命スヘシ但事宜ニ由リ其既設ノ鉄道及付属物件ヲ公売ニ付シ其買受者ヲシテ之ヲ竣功セシムルコトアルヘシ
第38条　旅客及貨物輸送ノ際社員ノ疎虞懈怠又ハ故意ニ依リ損害ヲ生シタルトキハ会社其賠償ノ責ニ任スヘシ
第39条　第5条ノ免許状ヲ受ケスシテ社名ヲ以テ株金ヲ募集シ及鉄道布設ノ工事ニ着手シタルトキハ第3条ノ仮免状ヲ没収シ第12条ノ免許状ヲ受ケス又ハ第12条第13条ノ改築修理ヲナサスシテ営業ヲナシタルトキハ鉄道局長官ハ之ヲ停止スヘシ但其営業中ノ収入金ハ之ヲ没収ス
第40条　鉄道運輸開業後会社ニ於テ此条例及会社定款ニ違背シ又ハ鉄道ノ正当ナル使用ヲ妨害シタルトキハ政府ノ役員ヲ改撰セシメ又ハ鉄道局ヲシテ運輸ノ業ヲ継続セシムヘシ但鉄道局ヲシテ運輸ノ業ヲ継続セシムル場合ニ於テモ其営業上ノ損益ハ仍ホ会社ニ属スヘキモノトス
第41条　本条例ノ細則ハ閣令ヲ以テ之ヲ定ム

　　　　　　　　　　　　　　　　　　　　　　　　　　　　　　　（『官報』）

私　設　鉄　道　法

（明治33年3月16日　法律第64号）

第1条　本法ハ軌道条例其ノ他特別ノ法令ニ規定スルモノヲ除クノ外一般運送ノ用ニ供スル私設鉄道ニ之ヲ適用ス

私設鉄道株式会社カ運送営業ノ為ニ支線ヲ敷設スルトキハ現ニ一般運送ノ用ニ供セサル場合ト雖本法ヲ適用ス
第2条　私設鉄道株式会社ヲ発起セムトスル者ハ左ノ書類図面ヲ具シ主務大臣ニ仮免許ヲ申請スヘシ
　1　起業目論見書
　2　仮定款
　3　起業カ公共ノ利益タルコトヲ証スル調書
　4　線路予測図及説明書
　5　敷設費用ノ概算書
　6　運送営業上ノ収支概算書及説明書
　起業目論書ニハ発起人各自署名捺印スルコトヲ要ス
第3条　主務大臣ハ前条書類図面ノ外審査ニ必要ト認ムル書類図面ノ呈出ヲ命スルコトヲ得
第4条　主務大臣ハ仮免許ノ申請ヲ審査シ起業ノ大体ニ於テ不都合ナシト認ムルトキハ仮免許状ヲ下付スヘシ
第5条　仮免許ニハ本免許申請ノ期限ヲ付ス
　前項期限内ニ本免許ノ申請ヲ為ササルトキハ仮免許ハ其ノ効ヲ失フ但シ正当ノ事由アリテ延期ノ許可ヲ受ケタルトキハ此ノ限ニ在ラス
第6条　主務大臣ハ公益上必要ト認ムルトキハ申請事項ヲ変更セシメ又ハ仮免許ニ条件ヲ付スルコトヲ得
　仮免許ニ付シタル条件ニ違反シタルトキハ仮免許ハ其ノ効ヲ失フ
第7条　発起人仮免許状ノ下付ヲ受ケタルトキハ定款ヲ作リ起業目論見書ヲ公告シテ株主ヲ募集スルコトヲ得
　定款ハ仮定款ニ準シ之ヲ作ルコトヲ要ス
　第1項ノ公告ニハ本法ニ依リ仮免許状ヲ受ケタル旨及仮免許ノ年月日ト各株式申込人ニ仮免許状並定款ヲ展閲セシムル旨トヲ記載スルコトヲ要ス
第8条　発起人総員ハ少クトモ総株式ノ十分ノ二ヲ引受クルコトヲ要ス
第9条　株式ハ金銭ヲ以テスルノ外之ノヲ引受クルコトヲ得ス
　株金ノ第一回払込金額ハ株金ノ十分ノ一迄下ルコトヲ得
第10条　発起人カ株式ノ総数ヲ引受ケタルトキ又ハ創立総会終結シタルトキハ取締役ハ左ノ書類図面ヲ具シ主務大臣ニ本免許ヲ申請スヘシ
　1　定款
　2　工事ノ方法書
　3　線路実測図
　4　工事予算図
　前項ノ申請ニハ左ノ書類ヲ添付スヘシ
　1　起業目論見書ノ謄本
　2　仮免許状ノ謄本
　3　発起人ニ於テ株式ノ総数ヲ引受ケタルトキハ検査役カ裁判所ノ為シタル報告書ノ謄本及裁判所カ検査役ノ報告ヲ聴キ為シタル決定書ノ謄本
　4　株主ヲ募集シタルトキハ株式申込証ノ謄本，発起人，取締役，監査役又ハ検査役ヨリ創立総会ニ為シタル報告ノ要領及創立総会ノ議事及決議ノ要領
第11条　鉄道延長ノ仮免許及本免許ノ申請ハ定款ノ変更ト同一ノ方法ニ依リ株主総会ノ決議ヲ経ル

ニ非サレハ之ヲ為スコトヲ得ス
　前項本免許ノ申請ハ定款変更ノ決議認可ノ申請ト共ニ之ヲ為スコトヲ要ス
第12条　創立総会ニ於テ設立ノ廃止ノ決議ヲ為シタルトキハ主務大臣ニ仮免許状ヲ返納スヘシ
第13条　主務大臣ハ第10条ノ書類図面ヲ審査シ妥当ト認ムルトキハ本免許状ヲ下付スヘシ
　本免許ニハ工事竣功ノ期限ヲ付ス工事竣功ノ期限ハ工区ヲ分チテ之ヲ付スルコトヲ得
　公益上必要ト認ムルトキハ主務大臣ハ本免許ニ条件ヲ付スルコトヲ得
　前項ノ規定ハ許可又ハ認可ノ場合ニ之ヲ準用ス
第14条　会社ノ設立ノ登記ニハ商法ニ規定スル事項ノ外本免許ノ年月日ヲ記載スルコトヲ要ス
　設立ノ登記ノ期間ハ本免許ヲ受ケタル日ヨリ之ヲ起算ス
第15条　本法及商法ニ依リ登記ヲ為シタルトキハ主務大臣ニ届出ツヘシ
第16条　本免許ヲ受ケタル後六箇月内ニ設立ノ登記ヲ為ササルトキハ免許ハ其ノ効ヲ失フ
第17条　会社ハ主任技術者ヲ置キ技術ニ関スル事項ヲ担任セシムヘシ
　主任技術者ヲ不適性ト認ムルトキハ主務大臣ハ其ノ解任ヲ命スルコトヲ得
第18条　主務大臣ハ監督上必要ト認ムルトキハ所部ノ官吏ニ命シ会社ノ取締役会議又ハ株主総会ニ臨監セシムルコトヲ得
第19条　主務大臣ハ監督上必要ト認ムルトキハ所部ノ官吏ニ命シ会社ノ会計及財産ノ実況ヲ検査セシムルコトヲ得
　検査官吏ハ会社ノ金庫，財産現在高，帳簿及総テノ書類ヲ検査シ取締役其ノ他ノ役員又ハ使用人ニ説明ヲ求ムルコトヲ得
第20条　主務大臣ハ会社ノ会計ニ関スル準則ヲ設クルコトヲ得
第21条　定款変更ノ決議ハ主務大臣ノ許可ヲ受クルニ非サレハ其ノ効ヲ生セス
　定款ハ本免許ニ付セラレタル条件ニ違反スルコトヲ得ス
第22条　定款変更ニ因リ登記事項ニ変更ヲ生シ登記ヲ為ストキハ定款変更許可ノ年月日ヲ併セテ記載スルコトヲ要ス
第23条　会社ハ株金全額払込前ト雖主務大臣ノ認可ヲ受ケ線路ノ延長又ハ改良ノ費用ニ充ツル為其ノ資本ヲ増加スルコトヲ得
第24条　会社ハ主務大臣ノ認可ヲ受クルニ非サレハ他ノ業務ヲ営ムコトヲ得ス
第25条　会社ハ主務大臣ノ認可ヲ受クルニ非サレハ他ノ会社ノ株式ヲ取得シ又ハ質権ノ目的トシテ之ヲ受クルコトヲ得ス
第26条　会社ハ株主総会ノ決議ヲ経主務大臣ノ認可ヲ受クルニ非サレハ鉄道ノ貸借又ハ営業ノ管理委託ヲ為スコトヲ得ス
　前項ノ決議ハ定款変更ト同一ノ方法ニ依ルニ非サレハ之ヲ為スコトヲ得ス
　営業ノ管理委託ヲ受ケタル会社ハ其ノ管理ニ付監督官庁ニ対シ其ノ責ニ任ス
第27条　会社ノ取締役其ノ他ノ役員又ハ使用人ハ監督官庁ノ呼出ニ応シ説明ヲ為スノ義務ヲ負フ
第28条　会社ハ鉄道台帳ヲ調製シ之ヲ備置クコトヲ要ス
　鉄道台帳ニ関スル規定ハ命令ヲ以テ之ヲ定ム
第29条　会社カ社債ヲ募集セムトスルトキハ主務大臣ノ認可ヲ受クヘシ
　社債募集ノ公告ニハ商法ニ規定スル事項ノ外其ノ認可ノ年月日ヲ併セテ記載スルコトヲ要ス
　社債ハ総株金四分ノ一以上ノ払込アリタル後ニ非サレハ之ヲ募集スルコトヲ得ス
第30条　会社ハ主務大臣ノ認可ヲ受クルニ非サレハ鉄道及之ニ属スル物件ヲ抵当トシテ負債ヲ為スコトヲ得ス
　前項ノ負債ハ定款変更ト同一方法ノ決議ニ依ルニ非サレハ之ヲ為スコトヲ得ス

第31条　前2条ノ債務ノ額ハ合セテ総株金払込額ヲ超ユルコトヲ得ス
第32条　会社ハ毎営業年度中ニ支払フヘキ社債及負債ノ元利金ヲ控除シタル後ニ非サレハ利益ノ配当ヲ為スコトヲ得ス
第33条　鉄道及之ニ属スル物件ハ質権ノ目的トナスコトヲ得ス
第34条　鉄道ニ属スル物件ノ貸渡又ハ譲渡ハ主務大臣ノ定ムル規定ニ依リ認可ヲ受クヘシ
第35条　会社ハ主務大臣ノ認可ヲ受クルニ非サレハ合併ヲ為スコトヲ得ス
　合併後存続スル会社又ハ合併ニ因リ設立シタル会社ハ合併ニ因リ消滅シタル会社ノ免許ニ属スル権利及義務ヲ承継ス但シ主務大臣ニ於テ之ノ変更スルノ条件ヲ付シタルトキハ此ノ限ニ在ラス
　会社合併ノ登記ニハ商法ニ規定スル事項ノ外合併ノ認可ヲ受ケタル年月日ヲ併セテ記載スルコトヲ要ス
第36条　工事方法ノ変更及仮設ノ工事ハ主務大臣ノ認可ヲ受クルニ非サレハ之ヲ為スコトヲ得ス
第37条　工事予算ノ変更ハ主務大臣ノ定ムル規定ニ依リ認可ヲ受クヘシ
第38条　鉄道ノ建設，設計等ニ関スル法令ノ制定，変更ニ因リ工事方法ハ変更ヲ受ク
第39条　会社ハ設立登記ノ日ヨリ六箇月以内ニ鉄道ノ敷設ニ着手シ本免許ニ付シタル期限内ニ之ヲ竣功スヘシ
　前項ノ着手期限ハ鉄道延長ノ場合ニ在リテハ其ノ本免許状下付ノ日ヨリ之ヲ起算ス
　天災其ノ他避クヘカラサル事変ノ為期限内ニ敷設ニ着手シ又ハ竣功スルコト能ハサルトキハ会社ハ期限ノ伸長ヲ申請スルコトヲ得
　前項ノ申請ハ天災，事変ノ止ミタル日ヨリ一箇月以内ニ之ヲ為スコトヲ要ス
　自己ノ過失ニ帰セサル正当ノ事由ニ因リ期限内ニ敷設ニ着手シ又ハ竣功シ難キトキハ期限経過前ニ延期ヲ申請スヘシ延期ノ期間ハ通シテ原期間ノ半ヲ超ユルコトヲ得ス
　法令ノ結果ニ因リ工事方法ニ変更ヲ生シ又ハ主務大臣ノ命令ニ依リ若ハ其ノ認可ヲ受ケ工事方法ヲ変更シタルトキハ更ニ期限ノ指定ヲ申請スルコトヲ得
　前項ノ申請ハ法令ノ結果ニ因ルモノハ其ノ施行ノ日ヨリ一箇月以内ニ，主務大臣ノ命令ニ依ルモノハ其ノ命令ヲ受ケタル日ヨリ一箇月以内ニ又認可ヲ受クヘキモノハ其ノ認可ノ申請ト同時ニ之ヲ為スコトヲ要ス
第40条　軌間ハ特許ヲ得タルモノヲ除クノ外三呎六吋トス
第41条　左ニ掲クルモノヲ以テ鉄道用地トス
　1　線路用地
　2　停車場，信号所及車庫，貨物庫等ノ建設ニ要スル土地
　3　鉄道構内ニ職務上常住ヲ要スル鉄道員ノ舎宅及運輸保線ニ従事スル鉄道員ノ駐在所等ノ建設ニ要スル土地
　4　鉄道ニ要スル車両，器具ヲ修理製作スル工場及其ノ資材器具ヲ貯蔵スル倉庫ノ建設ニ要スル線路ニ沿ヒタル土地
　線路用地ノ幅員ハ築堤，切取，架橋等工事ノ必要ニ応シ工事方法書ニ依リ之ヲ定ム
第42条　道路，橋梁，河川，溝渠ニ関スル工事ノ施行ハ所管官庁ノ認可ヲ受クヘシ
第43条　線路ノ道路ヲ横断スル場所ニハ橋梁ヲ架設シ又ハ地下道若ハ踏切道ヲ設クヘシ其ノ他危険防止ノ為必要ナル箇所ニハ牆，柵，門戸，堤塘，溝渠ヲ設ケ又ハ番人ヲ配付スル等充分ノ設備ヲ為スコトヲ要ス
第44条　主務大臣ハ監査員ヲ派遣シ工事ヲ監視セシムルコトヲ得
　工事カ工事方法書又ハ法令若ハ法令ニ基キテ発スル命令ニ違ヒタルトキハ主務大臣ハ其ノ改築ヲ命シ又ハ之ヲ停止スルコトヲ得

第45条　会社ハ主務大臣ニ申請シ其ノ許可ヲ得タル後ニ非サレハ運輸ヲ開始スルコトヲ得ス
第46条　運輸開始ノ申請アリタルトキハ主務大臣ハ監査員ヲ派遣シ鉄道ノ設備ヲ監査セシメ運輸ヲ開始スルニ適当ト認ムルトキハ其ノ許可ヲ与フヘシ若不適当ト認ムルトキハ其ノ改良ヲ命シ其ノ竣功ノ後更ニ運輸開始ノ申請ヲ為サシムヘシ
第47条　前2条ノ規定ハ新設又ハ変更シタル建設物ヲ運輸ノ用ニ供スル場合ニ準用ス
第48条　主務大臣ハ監査員ヲ派遣シ鉄道ノ設備又ハ運輸保線ノ方法ヲ監査セシメ不適当ト認ムルトキハ何時ニテモ必要ナル施設ヲ命スルコトヲ得
　前項ノ場合ニ於テ危険ナリト認ムルトキハ其ノ施設ヲ終ル迄運輸又ハ使用ヲ停止スルコトヲ得
第49条　第44条第2項、第48条ノ規定ニ依リ改築又ハ必要ナル施設ヲ命セラレタルトキハ会社ハ之ヲ終リタル後主務大臣ニ申請シテ監査ヲ受クヘシ
第50条　監査員ハ監査上必要ト認ムルトキハ取締役其ノ他会社ノ役員又ハ使用人ニ説明ヲ求メ及書類図面ヲ検閲スルコトヲ得
第51条　主務大臣ハ鉄道ノ設備カ運輸ニ必要ニ適セサルモノト認ムルトキハ之ニ適スヘキ設備ヲ命スルコトヲ得
第52条　主務大臣ハ公衆ノ安全ノ為官設鉄道ニ実施スル事物ヲ会社ニ命シテ施設セシメ其ノ他官設鉄道ニ実施スル規則ヲ私設鉄道ニ適用スルコトヲ得
第53条　政府又ハ政府ノ許可ヲ受ケタル者ニ於テ会社ノ鉄道ニ接続シ若ハ之ヲ横断シテ鉄道ヲ敷設シ又ハ会社ノ鉄道ニ接近シ若ハ之ヲ横断シテ道路、橋梁、溝渠若ハ運河ヲ造設スルトキハ会社ハ之ヲ拒ムコトヲ得ス
　前項ノ場合ニ於テ公益上必要ト認ムルトキハ主務大臣ハ会社ニ命シ接続、横断ノ場所ニ於ケル設備ヲ共用ニ供セシメ又ハ之ヲ変更セシムルコトヲ得
第54条　前条ノ場合ニ於テ設備ノ共用又ハ変更ニ要スル費用ノ負担ニ付双方ノ協議調ハサルトキハ申請ニ因リ主務大臣之ヲ裁定ス
　前項ノ裁定ハ終局トス
第55条　農工商業者カ其ノ産物、商品運送ノ為敷設スル鉄道ヲ会社ノ鉄道ニ接続セシムルコトヲ求メタルトキハ会社ハ正当ノ事由ナクシテ之ヲ拒ムコトヲ得ス
　前項ノ場合ニ於テ双方ノ協議調ハサルトキハ申請ニ因リ主務大臣之ヲ裁定ス
　前項ノ裁定ハ終局トス
第56条　会社ハ運輸ニ関スル規定ヲ定メ主務大臣ノ認可ヲ受クヘシ之ヲ変更スルトキ亦同シ
第57条　会社ハ旅客及荷物ノ運賃ヲ定メ主務大臣ノ認可ヲ受クヘシ之ヲ変更スルトキ亦同シ
　主務大臣ハ公益上必要ト認ムルトキハ運賃ノ変更ヲ命スルコトヲ得
　運賃増加ノ公告ニハ其ノ認可ノ年月日ヲ記載スルコトヲ要ス
第58条　下等旅客運賃額ハ線路ノ距離一哩ニ付金二銭ノ割合ヲ超過スルコトヲ得ス但シ二哩未満ノ哩数ニ対シテハ其ノ一人ノ運賃額ヲ金四銭迄ニ定ムルコトヲ得
　本法ノ規定ニ依リ運賃ヲ半減スルトキ又ハ哩数ニ応シテ運賃額ヲ定ムルトキ生スル厘位ノ金額ハ之ヲ銭位ニ切上クルコトヲ得
第59条　会社ハ運賃ノ割引ニ付テハ予メ一定ノ準則ヲ定メ主務大臣ノ認可ヲ受クヘシ之ヲ変更スルトキ亦同シ
　準則ニ依ラサル運賃ノ割引ハ各場合ニ付認可ヲ受クヘシ
第60条　主務大臣ハ運賃ノ算法、荷物ノ等級、運賃表ノ様式及公告ノ方法等ニ関シ規定ヲ設クルコトヲ得
第61条　会社ハ主務大臣ノ認可ヲ受クルニ非サレハ鉄道運送ニ対シ何等ノ名義ヲ問ハス運賃以外ノ

料金ヲ請求スルコトヲ得ス
第62条　会社ハ列車ノ発着時間及度数ヲ定メ主務大臣ノ定ムル規定ニ依リ認可ヲ受クヘシ之ヲ変更スルトキ亦同シ
　主務大臣ハ公益上必要ト認ムルトキハ列車ノ種類，発着時間及度数ヲ定メ其ノ施行ヲ会社ニ命スルコトヲ得
第63条　主務大臣ハ会社ニ他ノ鉄道トノ連絡運輸又ハ直通運輸ヲ命スルコトヲ得
第64条　二箇以上ノ私設鉄道カ連絡運輸又ハ直通運輸ヲ為ス場合ニ於テ設備ノ変更，交互運輸ノ手続，運賃ノ割合其ノ他費用ノ負担ニ付会社間ニ協議調ハサルトキハ申請ニ因リ主務大臣之ヲ裁定ス前項ノ裁定ハ終局トス
　官設鉄道ト私設鉄道ト連絡運輸又ハ直通運輸ヲ為ス場合ニ於テ協議調ハサルトキハ主務大臣之ヲ定ム
第65条　会社ハ主務大臣ノ定ムル規定ニ依リ事故ノ届出ヲ為スヘシ
　主務大臣ハ監査員ヲ派遣シ事故ノ審査ヲ行ハシムルコトヲ得
　事故審査ノ為必要ト認ムルトキハ会社ニ命シ現状ヲ存置セシムルコトヲ得
　監査員ハ取締役其ノ他ノ役員，使用人及関係人ヲ呼出，訊問シ其ノ他事故ノ審査ニ必要ナル審理手続ヲ為スコトヲ得
第66条　会社ハ営業年度毎ニ営業報告書ヲ調製シ定時総会後一週間内ニ主務大臣ニ差出スヘシ
第67条　会社ハ主務大臣ノ定ムル規定ニ依リ鉄道統計ヲ調製シ之ヲ差出スヘシ
第68条　鉄道事務ニ関シ往復スル吏員ニシテ監督官庁ヨリ発スル乗車証ヲ携帯スルモノハ無料ニテ乗車セシムヘシ
第69条　公務ヲ以テ往復スル陸海軍軍人，軍属及警察官吏又ハ軍馬，銃砲，弾薬，糧食，被服，陣具，工鍬，兵器具，天幕等ニシテ公用タルコトヲ証スル通券アルモノハ半価ヲ以テ輸送スヘシ
第70条　囚徒及監守官吏ハ半価ヲ以テ乗車セシムヘシ
第71条　会社ハ法令ノ定ムル所ニ依リ平時，戦時ニ於テ鉄道ヲ軍用ニ供スルノ義務ヲ負フ
第72条　政府ハ本免許状下付ノ日ヨリ満二十五箇年ノ後鉄道及付属物件ヲ買上クルノ権ヲ保有ス
　合併其ノ他ノ方法ニ依リ会社カ他会社ノ鉄道ヲ引受ケタルトキハ其ノ鉄道ニ対スル前項ノ期限ハ旧会社ニ本免許状ヲ下付シタル日ヨリ之ヲ起算ス
第73条　前条ニ依リ鉄道及付属物件ヲ買上クルトキハ前五箇年間ノ株券価格ヲ平均シテ買上価格ヲ定ム
　前項ノ価格カ会社ニ於テ前五箇年間株主ニ支払ヒタル純益金ノ配当平均額ノ二十倍ノ金額ヲ超ユルトキハ該金額ヲ以テ買上価格ト為スヘシ
第74条　鉄道及付属物件ノ状態不完全ナルトキハ其ノ補修ニ要スル費額ヲ前条ノ金額ヨリ控除シタルモノヲ以テ買上価格ト為スヘシ
　前項補修ニ要スル費額ニ付協議調ハサルトキハ鑑定人ノ意見ヲ聴キ政府之ヲ定ム
　鑑定人ノ選定ニ関スル規則ハ勅令ヲ以テ之ヲ定ム
第75条　前3条ノ規定ハ法令又ハ免許，許可若ハ認可ニ付シタル条件ノ効力ヲ妨ケス
第76条　会社カ第39条ノ期限内ニ鉄道ノ敷設ニ着手セス又ハ之ヲ竣功サセルトキハ免許ハ其ノ効ヲ失フ
第77条　会社カ第45条ノ規定ニ違反シテ運輸ヲ開始シ若ハ第47条ノ規定ニ違反シテ建設物ヲ運輸ノ用ニ供シ又ハ第48条第2項ノ停止ノ命令ニ違反シタルトキハ其ノ違反ノ行為ニ因リ得タル収入金ヲ没収ス収入金ト区別シ難キ他ノ収入アルトキハ併セテ之ヲ没収ス
第78条　会社カ法令ノ規定又ハ免許，許可若ハ認可ニ付シタル条件ニ依リ命セラレタル施設ヲ為サ

サルトキハ政府ニ於テ之ヲ施行シ会社ヲシテ其ノ費用ヲ弁償セシムルコトヲ得

第79条　第77条ノ没収金及第78条ノ費用ハ監督官庁ニ於テ国税滞納処分ノ例ニ依リ之ヲ徴収ス但シ其ノ先取特権ハ公課ニ次キ之ヲ行フ

第80条　会社カ法令ノ規定ハ免許，許可若ハ認可ニ付シタル条件ニ違反シ又ハ法令ニ基キ発スル命令ヲ遵守セス其ノ他公益ヲ害スヘキ行為ヲ為シタルトキハ主務大臣ハ左ノ処分ヲ為スコトヲ得
　1　取締役其ノ他ノ役員ヲ解任スルコト
　2　官設鉄道又ハ他ノ会社ヲシテ会社ノ計算ヲ以テ運輸ヲ為サシムルコト
　3　免許ノ一部又ハ全部ヲ取消スコト

前項ノ規定ニ依リ解任セラレタル取締役其ノ他ノ役員ハ再任セラルルコトヲ得ス

第81条　免許ノ失効又ハ取消ノ場合ニ於テ主務大臣ハ其ノ鉄道及付属物件ヲ公売ニ付シ買受人ヲシテ之ヲ竣功セシムルコトヲ得

買受人ハ原免許ニ属スル権利及義務ヲ承継ス但シ主務大臣ハ更ニ着手又ハ竣功ノ期限ヲ指定スルコトヲ得

二回ノ公売ヲ行フモ買受人ナキトキハ鉄道及付属物件ヲ個個ノ物件トシテ之ヲ処分セシム

公売ニ関スル規定ハ勅令ヲ以テ之ヲ定ム

第82条　鉄道延長免許ノ失効又ハ取消ニ因リ前条ノ公売ヲ為ス場合ニ於テ鉄道ノ連絡上必要アルトキハ本線ノ免許ノ一部ハ全部ヲ取消シ併セテ其ノ鉄道及付属物件ヲ公売ニ付スルコトヲ得

第83条　会社ハ免許ノ全部失効又ハ全部取消ニ因リテ解消ス其ノ本免許ノ申請ヲ却下セラレタルトキ亦同シ

第84条　仮免許ヲ受ケスシテ会社設立ノ行為ヲ為シタル者又ハ免許ヲ受ケスシテ工事ニ着手シタル者ハ百円以上二千円以下ノ罰金ニ処ス

第85条　事故審査ノ場合ニ於テ正当ノ事由ナクシテ現状存置ノ命令ニ違反シ又ハ呼出，訊問ニ応セス若ハ虚偽ノ陳述ヲ為シタル者ハ五円以上五百円以下ノ罰金ニ処ス

第86条　第45条ノ規定ニ違反シテ運輸ヲ開始シ若ハ第47条ノ規定ニ違反シテ建設物ヲ運輸ノ用ニ供シ又ハ第44条第2項第48条第2項ノ規定ニ依ル停止ノ命令ニ違反シタルトキハ取締役ヲ百円以上二千円以下ノ罰金ニ処ス

第87条　第19条第2項，第27条，第50条ノ場合ニ於テ呼出ニ応セス又ハ説明ヲ拒ミ若ハ虚偽ノ陳述ヲ為シタル者ハ五円以上五百円以下ノ過料ニ処ス

第88条　左ノ場合ニ於テハ発起人，取締役ヲ五円以上五百円以下ノ過料ニ処ス
　1　本法ニ定メタル登記事項ノ登記ヲ怠リタルトキ
　2　第7条，第29条第2項，第57条第3項ノ公告中ニ記載スヘキ事項ヲ記載セス又ハ不正ノ記載ヲ為シタルトキ
　3　鉄道台帳ノ調整備置ヲ怠リ之ニ記載スヘキ事項ヲ記載セス又ハ不正ノ記載ヲ為シタルトキ
　4　本法ニ定メタル営業報告，統計書，事故其ノ他ノ届出及法令ニ基キテ監督官庁ノ命シタル報告届出ノ呈出ヲ怠リ又ハ故意ニ不正ノ報告届出ヲ為シタルトキ
　5　法令ノ規定若ハ法令ニ基キテ発シタル命令ハ免許，許可若ハ認可ニ付シタル条件ニ基キテ発シタル命令ニ違反シタルトキ

第89条　左ノ場合ニ於テハ取締役ヲ十円以上千円以下ノ過料ニ処ス
　1　本法ノ規定ニ依リ認可ヲ受クヘキ事項ニ関シ之ヲ受ケスシテ施行シタルトキ
　2　第25条ノ規定ニ違反シ株式ヲ取得シ又ハ質権ノ目的トシテ之ヲ受ケタルトキ
　3　第32条ノ規定ニ違反シテ配当ヲ為シタルトキ
　4　本法ニ定メタル主務大臣ノ裁定ヲ遵守セサルトキ

第90条　過料ノ徴収ニ関シテハ非訟事件手続法ヲ適用ス
　　補　　　則
第91条　一個人又ハ一会社ニ於テ個人ノ専用ニ供スル為敷設スル鉄道ニ関スル規定ハ命令ヲ以テ之ヲ定ム
第92条　第16条ニ定メタル期間ハ旧商法ノ規定ニ従ヒ会社ノ設立ヲ為ス場合ニハ免許ヲ受ケタル日ヨリ一箇年トス
第93条　第25条ノ規定ハ本法施行前ニ取得シ又ハ質権ノ目的トシテ受ケタル株式ニ付テハ之ヲ適用セス
第94条　第31条ノ規定ハ本法施行前ニ生シタル債務ニ付テハ之ヲ適用セス
第95条　第33条ノ規定ハ本法施行前ニ設定シタル質権ノ効力ヲ妨ケス
第96条　第73条第2項,第74条ノ規定ハ本法施行前ニ免許ヲ受ケタル鉄道ニ付テハ会社ト協議ヲ経タル上ニ非サレハ之ヲ適用セス
第97条　私設鉄道株式会社ニハ本法施行ノ日ヨリ本法ニ特別ノ規定アルモノヲ除クノ外商法及其ノ付属法令中株式会社ニ関スル規定ヲ適用ス
第98条　本法施行ノ期日ハ勅令ヲ以テ之ヲ定ム
　　私設鉄道条例及明治28年法律第4号ハ之ヲ廃止ス

（『官報』）

軽　便　鉄　道　法

(明治43年4月21日　法律第57号)

第1条　軽便鉄道ヲ敷設シ一般運送ノ用ニ供セムトスル者ハ左ノ書類及図面ヲ提出シ主務大臣ノ免許ヲ受クヘシ
　1　起業目論見書
　2　線路予測図
　3　敷設費用ノ概算書
　4　運送営業上ノ収支概算書
第2条　主務大臣ハ公益上必要ト認ムルトキハ免許ニ条件ヲ付スルコトヲ得
第3条　免許ヲ受ケタル者ハ免許ニ指定シタル期限内ニ線路実測図,工事方法書及工事予算書ヲ提出シ主務大臣ノ認可ヲ受クヘシ但シ会社ニ在リテハ定款ヲ添付スルコトヲ要ス
第4条　線路ハ之ヲ道路上ニ敷設スルコトヲ得ス但シ必要ナル場合ニ於テ主務大臣ノ許可ヲ受ケタルトキハ此ノ限ニ在ラス
第5条　私設鉄道法第20条,第41条,第42条,第53条乃至第55条及第80条ノ規定ハ軽便鉄道ニ之ヲ準用ス
第6条　鉄道営業法ハ軽便鉄道ニ之ヲ準用ス
第7条　明治42年法律第28号ハ軽便鉄道ノ抵当ニ之ヲ準用ス
第8条　本法ニ依リ運送ノ業ヲ為ス者ニ対シテハ命令ノ定ムル所ニ依リ鉄道船舶郵便法ヲ準用ス
　　付　　　則
本法施行ノ期日ハ勅令ヲ以テ之ヲ定ム
本法施行前免許又ハ特許ヲ受ケタル鉄道及軌道ニシテ将来本法ニ依ラシムヘキモノハ主務大臣之ヲ指定ス

（『官報』）

地　方　鉄　道　法

(大正8年4月10日　法律第52号)

第1条　本法ハ軌道条例ニ規定スルモノヲ除クノ外道府県其ノ他ノ公共団体又ハ私人カ公衆ノ用ニ供スル為敷設スル地方鉄道ニ之ヲ適用ス

　地方鉄道業者カ運送営業ノ為支線ヲ敷設スルトキハ公衆ノ用ニ供セサル場合ト雖本法ヲ適用ス

　道府県其ノ他公共団体又ハ私人カ専用ニ供スル為敷設スル鉄道ニシテ政府ノ鉄道又ハ地方鉄道ニ接続スルモノニ関スル規定ハ命令ヲ以テ定ム

第2条　地方鉄道ハ人力又ハ馬力其ノ他之ニ類スルモノヲ動力ト為スコトヲ得ス

第3条　地方鉄道ノ軌間ハ三呎六吋トス特別ノ場合ニ在リテハ四呎八吋半又ハ二呎六吋ト為スコトヲ得

第4条　地方鉄道ハ之ヲ道路ニ敷設スルコトヲ得ス但シ　ムコトヲ得サル場合ニ於テ主務大臣ノ許可ヲ受ケタルトキハ此ノ限ニ在ラス

第5条　地方鉄道会社ノ株金ノ第1回払込金額ハ株金ノ十分ノ一迄下ルコトヲ得但シ兼業トシテ地方鉄道ヲ敷設スル場合ハ此ノ限ニ在ラス

第6条　地方鉄道会社ハ株金全額払込前ト雖監督官庁ノ認可ヲ受ケ線路ノ延長又ハ改良ノ費用ニ充ツル為其ノ資本ヲ増加スルコトヲ得但シ軌道会社ニ非サル会社カ兼業トシテ地方鉄道ヲ敷設スル場合ハ此ノ限ニ在ラス

第7条　地方鉄道会社ハ監督官庁ノ認可ヲ受クルニ非サレハ社債ヲ募集スルコトヲ得ス

　社債ハ総株金四分ノ一以上ノ払込アリタル後ニ非サレハ之ヲ募集スルコトヲ得ス

　社債ノ額ハ鉄道抵当法ニ依ル債務ノ額ト併セテ総株金払込額ヲ超ユルコトヲ得ス旧債償還ノ為ニスル場合ニ於テハ旧債務ノ額ハ之ヲ算入セス

第8条　鉄道及其ノ付属物件ハ鉄道抵当法ニ依ルニ非サレハ之ヲ担保ト為スコトヲ得ス

　鉄道ノ付属物件ハ命令ノ定ムル所ニ依リ監督官庁ノ認可ヲ受クルニ非サレハ之ヲ貸渡又ハ譲渡スルコトヲ得ス

第9条　地方鉄道会社ハ監督官庁ノ認可ヲ受クルニ非サレハ他ノ事業ヲ営ムコトヲ得ス

第10条　地方鉄道会社ハ監督官庁ノ認可ヲ受クルニ非サレハ合併ヲ為スコトヲ得ス

　合併後存続スル会社又ハ合併ニ因リテ設立シタル会社ハ合併ニ因リテ消滅シタル会社ノ免許ニ属スル権利義務ヲ承継ス

第11条　免許、許可又ハ認可ニハ条件ヲ付スルコトヲ得

第12条　地方鉄道ヲ営マムトスル者ハ左ノ書類及図面ヲ提出シ主務大臣ノ免許ヲ受クヘシ

　1　起業目論見書
　2　線路予測図
　3　建設費概算書
　4　運送営業上ノ収支概算書

　免許ニハ工事施行ノ認可ヲ申請スヘキ期限ヲ付ス

第13条　免許ヲ受ケタル者ハ左ノ書類及図面ヲ監督官庁ニ提出シ工事施行ノ認可ヲ受クヘシ

　1　線路実測図
　2　工事方法書
　3　建設費予算書
　4　免許ヲ受ケタル者カ会社ノ発起人ナルトキハ定款及会社ノ設立登記謄本

　工事施行ノ認可ニハ工事ノ着手及竣功ノ期限ヲ付ス

第14条　地方鉄道業者ハ天災事変其ノ他己ムコトヲ得サル事由アル場合ニ限リ第12条第2項又ハ前条第2項ノ規定ニ依リテ付セラレタル期限ノ伸長ヲ申請スルコトヲ得

第15条　左ニ掲クル土地ヲ以テ鉄道用地トス
1　線路用地
2　停車場，信号所，車庫及貨物庫等ノ建設ニ要スル土地
3　鉄道専用ニ供スル発電所，変電所及配電所等ノ建設ニ要スル土地
4　鉄道構内ニ職務上常在ヲ要スル鉄道係員ノ舎宅及運輸保線ノ職務ニ従事スル鉄道係員ノ駐在所等ノ建設ニ要スル土地
5　鉄道ニ要スル車両，器具，機械ヲ修理製作スル工場及其ノ資材，器具，機械ヲ貯蔵スル倉庫等ノ建設ニ要スル土地

第16条　道路，橋梁，河川，運河及溝渠等ニ関スル工事ノ施設ハ所管行政庁ノ許可ヲ受クヘシ

第17条　政府又ハ政府ノ許可ヲ受ケタル者ハ於テ地方鉄道ニ接続シ若ハ之ヲ横断シテ鉄道若ハ軌道ヲ敷設シ又ハ地方鉄道ニ接近シ若ハ之ヲ横断シテ道路，橋梁，河川，運河及溝渠等ヲ造設スルトキハ地方鉄道業者ハ之ヲ拒ムコトヲ得ス

前項ノ場合ニ於テ公益上必要アリト認ムルトキハ主務大臣ハ地方鉄道業者ニ設備ノ共用又ハ変更ヲ命スルコトヲ得

設備ノ共用又ハ変更ヲ要スル費用ノ負担ニ付協議調ハサルトキハ申請ニ因リ主務大臣之ヲ裁定ス

第18条　地方鉄道業者ハ監督官庁ノ許可ヲ受ケタル場合ニ限リ免許ニ属スル権利義務ヲ他人ニ譲渡スルコトヲ得

第19条　左ノ場合ニ於テハ免許ハ其ノ効力ヲ失フ
1　工事施行ノ認可ヲ申請スヘキ期限迄ニ申請セサルトキ
2　工事施行ノ認可ヲ受ケサルトキ
3　工事施行ノ認可ニ付シタル工事着手ノ期限迄ニ工事ニ着手セサルトキ
4　営業廃止ノ許可ヲ受ケタルトキ

免許ヲ受ケタル者死亡シタルトキハ相続人ハ免許ニナスル権利義務ヲ承継スルコトヲ得

第20条　地方鉄道業者ハ監督官庁ノ認可ヲ受クルニ非サレハ運輸ヲ開始スルコトヲ得ス

第21条　地方鉄道業者ハ旅客及荷物ノ運賃其ノ他運輸ニ関スル料金ヲ定メ監督官庁ノ認可ヲ受クヘシ

監督官庁ハ公益上必要アリト認ムルトキハ運賃及料金ノ変更ヲ命スルコトヲ得

第22条　地方鉄道業者ハ旅客列車及混合列車ノ発着時刻及度数ヲ定メ監督官庁ノ認可ヲ受クヘシ

監督官庁ハ公益上必要アリト認ムルトキハ列車ノ発着時刻及度数ノ変更ヲ命スルコトヲ得

第23条　監督官庁ハ監査員ヲ派遣シテ鉄道ノ工事，運輸保線ノ状態，会計及財産ノ実況ヲ監査セシムルコトヲ得

鉄道ノ工事，運輸保線ノ状態及会計ノ整理ニ付法令若ハ法令ニ基キテ為ス命令ニ違ヒ又ハ不適当ナリト認ムルモノアルトキハ監督官庁ハ其ノ改築又ハ改善ヲ命スルコトヲ得此ノ場合ニ於テ必要アリト認ムルトキハ其ノ工事，運輸又ハ設備使用ノ停止ヲ命スルコトヲ得

監査員ハ地方鉄道業者又ハ其ノ役員若ハ使用人ニ説明ヲ求メ金櫃，帳簿，書類及図面ヲ検閲スルコトヲ得

第24条　地方鉄道業者ハ地方鉄道ノ監督事務ニ関シ往復スル吏員ニシテ監督官庁ノ発行スル証票ヲ携帯スル者ヲ無賃ニテ乗車セシムヘシ

第25条　主務大臣ハ公益上必要アリト認ムルトキハ地方鉄道業者ニ他ノ鉄道又ハ軌道トノ連絡運輸又ハ直通運輸ヲ命スルコトヲ得

前項ノ場合ニ於テ設備ノ共用又ハ変更，運輸ノ手続，運賃ノ割合及費用ノ負担ニ付協議調ハサルトキハ申請ニ因リ主務大臣之ヲ裁定ス

第26条　地方鉄道業者ハ監督官庁ノ許可ヲ受クルニ非サレハ鉄道ノ貸借又ハ営業若ハ運転ノ管理委託若ハ受託為スコトヲ得ス

営業又ハ運転ノ管理ノ委託ヲ受ケタル地方鉄道業者ハ其管理ニ付監督官庁ニ対シ委託ヲ為シタル者ト共ニ其ノ責ニ任ス

第27条　地方鉄道業者ハ主務大臣ノ許可ヲ受クルニ非サレハ運輸営業ノ全部又ハ一部ヲ休止シ又ハ廃止スルコトヲ得ス

地方鉄道会社ノ解散ノ決議ハ主務大臣ノ認可ヲ受クルニ非サレハ其ノ効力ヲ生セス

第28条　主務大臣ハ地方鉄道ノ会計及運賃ノ割引ニ関シ特別ノ規定ヲ設クルコトヲ得

第29条　地方鉄道業者ハ法令ノ定ムル所ニ依リ平時及戦時ニ於テ鉄道ヲ軍用ニ供スル義務ヲ負フ

第30条　政府カ公益上ノ必要ニ因リ地方鉄道ノ全部又ハ一部及其ノ付属物件ヲ買収セムトスルトキハ地方鉄道業者ハ之ヲ拒ムコトヲ得ス

地方鉄道ノ一部買収セラレタル為残存線路ノミニ付営業ヲ継続スルコト能ハサルニ至リタルトキハ地方鉄道業者ハ該線路及其ノ付属物件ノ買収ヲ申請スルコトヲ得

第31条　買収価額ハ最近ノ営業年度末ヨリ遡リ既往三年間ニ於ケル建設費ニ対スル益金ノ平均割合ヲ買収ノ日ニ於ケル建設費ニ乗シタル額ノ二十倍シタル金額トス

前項ノ益金トハ営業収入ヨリ営業費及賞与金ヲ控除シタルモノヲ謂ヒ益金ノ平均割合トハ三年間ニ於ケル毎営業年度末ノ開業線建設費ノ合計ヲ以テ同期間ニ於ケル益金ノ合計ヲ除キタルモノニ一年間ニ於ケル営業年度ノ数ヲ乗シタルモノヲ謂フ

営業収入及営業費ノ計算ハ命令ノ定ムル所ニ依ル

第32条　買収ノ日ニ於テ運輸開始後前条第1項ニ規定スル三年ヲ経過シタル線路ヲ有セサル場合又ハ前条第1項ノ金額カ建設費ニ達セサル場合ニ於テハ其ノ建設費以内ニ於テ協定シタル金額ヲ以テ買収価額トス

第33条　地方鉄道業者力鉄道若ハ其ノ付属物件ノ補修ヲ為サス又ハ法令若ハ法令ニ基キテ為ス命令ニ依リ改築若ハ改造ヲ為スヘキ場合ニ於テ之ヲ為ササルトキハ補修ニ要スル金額ハ之ヲ営業費ニ加算シ改築又ハ改造ニ要スル金額ハ之ヲ買収価額ヨリ控除ス

第34条　買収ヲ受クヘキ地方鉄道業者カ兼業ヲ営ム場合ニ於テハ其ノ兼業ニ属スル資産ヲ併セテ買収スルコトヲ得

前項ノ場合ニ於テ買収価額ハ協定ニ依ル

第35条　買収代価ハ券面金額ニ依リ五分利付国債証券ヲ以テ之ヲ交付ス此ノ場合ニ於テ五十円未満ノ端数ハ之ヲ券面金額五十円トス

第36条　政府ニ於テ地方鉄道ニ接近シ又ハ並行シテ鉄道ヲ敷設シタル為地方鉄道業者カ其ノ接近シ又ハ並行スル区間ノ営業ヲ継続スルコト能ハサルニ至リタルトキハ政府ハ其ノ営業廃止ニ因リテ生スル損失ヲ補償スルコトヲ得残存線路ノミニ付営業ヲ継続スルコト能ハサルニ至リタルトキ亦同シ

補償金額ハ第31条乃至第33条ノ規定ニ依リテ算出シタル価額ヨリ残存物件ノ価額ヲ控除シタル金額以内ニ於テ政府之ヲ定ム

第37条　地方鉄道業者カ法令若ハ法令ニ基キテ為ス命令又ハ免許，許可若ハ認可ニ付シタル条件ニ違反シ其ノ他公益ヲ害スル行為ヲ為シタルトキハ主務大臣ハ左ノ処分ヲ為スコトヲ得

　1　取締役其ノ他ノ役員ヲ解任スルコト
　2　政府ニ於テ又ハ他ノ地方鉄道業者ヲシテ地方鉄道業者ノ計算ニ於テ必要ナル施設若ハ営業ノ

管理ヲ為シ又ハ為サシムルコト
3 免許ノ全部又ハ一部ヲ取消スコト
前項ノ規定ニ依リテ解任セラレタル取締役其ノ他ノ役員ハ再任サラルルコトヲ得ス
第38条 免許ヲ受ケスシテ地方鉄道ヲ敷設シ又ハ認可ヲ受ケスシテ運輸ヲ開始シタル者ハ百円以上二千円以下ノ罰金ニ処ス
第39条 左ノ場合ニ於テハ地方鉄道業者又ハ其ノ役員若ハ使用人ヲ十円以上千円以下ノ過料ニ処ス
1 前条ノ場合ヲ除クノ外本法ニ依リ許可又ハ認可ヲ受クヘキ事項ヲ許可又ハ認可ヲ受ケスシテ為シタルトキ
2 法令ニ基キテ為シタル命令又ハ免許，許可若ハ認可ニ付シタル条件ニ基キテ為シタル命令ニ違反シタルトキ
3 監査員ノ職務ノ執行ヲ妨ケタルトキ
4 法令又ハ法令ニ基キテ為ス命令ニ依リテ為スヘキ届出，報告其ノ他ノ書類，図面ノ提出若ハ調製ヲ怠リ又ハ虚偽ノ届出，報告若ハ記載ヲ為シタルトキ
非訟事件手続法第206条乃至第208条ノ規定ハ前項ノ過料ニ之ヲ準用ス
第40条 前2条ノ規定ハ公共団体カ地方鉄道業ヲ営ム場合ニ之ヲ適用セス
　　　付　則
第41条 本法施行ノ期日ハ勅令ヲ以テ之ヲ定ム
第42条 私設鉄道法及軽便鉄道法ハ之ヲ廃止ス
旧法ニ依リテ為シタル免許若ハ指定，許可又ハ認可ハ本法ニ依リテ為シタル免許，許可ハ認可ト看做ス但シ其ノ免許若ハ指定，許可又ハ認可ニ付シタル条件ニシテ本法ニ抵触スルモノハ其ノ効力ヲ失フ
第2条及第3条ノ規定ハ旧法ニ依リ免許又ハ指定ヲ受ケタルモノニ之ヲ適用セス
第43条 軽便鉄道法ニ依リテ軽便鉄道抵当原簿ニ登録セラレタル事項ハ之ヲ鉄道抵当法ニ依リ鉄道抵当原簿ニ登録セラレタルモノト看做シ軽便鉄道抵当原簿ハ鉄道抵当原簿ト看做ス
第44条 軽便鉄道法ニ依リテ為シタル処分，手続其ノ他ノ行為ハ本法中之ニ相当スル規定アル場合ニ於テハ本法ニ依リテ之ヲ為シタルモノト看做ス

（『官報』）

　　　　軌　道　条　例

(明治23年8月25日　法律第71号)

第1条 一般運輸交通ノ便ニ供スル馬車鉄道及其他之ニ準スヘキ軌道ハ起業者ニ於テ内務大臣ノ特許ヲ受ケ之ヲ公共道路上ニ布設スルコトヲ得
第2条 馬車鉄道及其他之ニ準用スヘキ軌道布設ノ為起業者ノ負担ヲ以テ在来ノ道路ヲ取拡メ又ハ更生シ若ハ新ニ軌道敷ヲ設クルノ必要アルトキハ之ニ要スル土地ハ起業者ニ於テ土地収用法ノ規定ニ依リ内閣ノ認定ヲ経テ之ヲ収用スルコトヲ得
第3条 在来ノ道路ヲ取拡メ又ハ更生シタル部分及新設シタル軌道敷ハ倶ニ道路敷ニ編入ス

（『官報』）

軌　道　法

(大正10年4月14日　法律第76号)

第1条　本法ハ一般交通ノ用ニ供スル為敷設スル軌道ニ之ヲ適用ス
　一般交通ノ用ニ供サセル軌道ニ関スル規定ハ命令ヲ以テ之ヲ定ム
第2条　軌道ハ特別ノ事由アル場合ヲ除クノ外之ヲ道路ニ敷設スヘシ
第3条　軌道ヲ敷設シテ運輸事業ヲ経営セムトスル者ハ主務大臣ノ特許ヲ受クヘシ
第4条　前条ノ規定ニ依リ特許ヲ受ケタル軌道経営者ハ軌道敷設ニ要スル道路ノ占用ニ付道路管理者ノ許可又ハ承認ヲ受ケタルモノト看做ス此ノ場合ニ於ケル道路ノ占用料ニ付テハ命令ノ定ムル所ニ依ル
第5条　軌道経営者ハ主務大臣ノ指定スル期間内ニ工事施行ノ認可ヲ申請スヘシ
　天災事変其ノ他已ムコトヲ得サル事由ニ因リ前項ノ期間内ニ工事施行ノ認可ヲ申請スルコト能ハサル場合ニ於テハ其ノ期間ノ伸長ヲ申請スルコトヲ得
第6条　軌道経営者工事施行ノ認可ヲ受ケタルトキハ道路ニ関スル工事ニ付道路管理者ノ許可又ハ承認ヲ受ケタルモノト看做ス河川法，砂防法及之ニ基キテ発スル命令ニ依ル許可又ハ認可ニ付亦同シ
第7条　軌道経営者工事施行ノ認可ヲ受ケタルトキハ主務大臣ノ指定スル期間内ニ工事ニ着手シ之ヲ竣功セシムヘシ
　第5条第2項ノ規定ハ前項ノ期間ニ付之ヲ準備ス
第8条　地方長官必要アリト認ムルトキハ道路管理者ヲシテ道路ニ敷設スル軌道工事及之カ為必要ヲ生シタル道路ニ関スル工事ノ全部又ハ一部ヲ執行セシムルコトヲ得
　前項ノ規定ニ依ル工事ニ要スル費用ノ負担ニ付道路管理者及軌道経営者ノ協議調ハサルトキハ申請ニ因リ主務大臣之ヲ裁定ス
第9条　道路管理者道路ノ新設又ハ改築ノ為必要アリト認ムルトキハ軌道経営者ノ新設シタル軌道敷設ヲ無償ニテ道路敷地ト為スコトヲ得
第10条　軌道経営者ハ地方長官ノ認可ヲ受クルニ非サレハ運輸ヲ開始スルコトヲ得ス
第11条　軌道経営者ハ旅客及荷物ノ運賃其ノ他運輸ニ関スル料金並運転時刻ヲ定メ主務大臣ノ認可ヲ受クヘシ
　主務大臣ハ公益上必要アリト認ムルトキハ運賃，料金又ハ運転時刻ノ変更ヲ命スルコトヲ得
第12条　軌道経営者ハ軌条間ノ全部及其ノ左右各二尺ニ限リ道路ノ維持及修繕ヲ為スヘシ
　地方長官必要アリト認ムルトキハ道路管理者ヲシテ前項ノ維持及修繕ヲ為サシムルコトヲ得此ノ場合ニ於ケル費用ノ負担ニ付テハ第8条第2項ノ規定ヲ準用ス
　第9条ノ規定ニ依リ道路敷地ト為シタルモノニ付テハ第1項ノ維持及修繕ハ道路管理者之ヲ為スヘシ
第13条　主務大臣又ハ地方長官ハ監督上必要アリト認ムルトキハ軌道経営者ヲシテ帳簿，書類及図面ヲ提出セシメ又ハ監査員ヲ派遣シテ軌道ノ設備，事業ノ実況並会計及財産ノ実況ヲ監査セシムルコトヲ得
第14条　軌道ノ建設，運輸，運転，係員及会計ニ関スル規程ハ命令ヲ以テ之ヲ定ム
第15条　軌道経営者ハ主務大臣ノ認可ヲ受ケタル場合ニ限リ特許ニ因リテ生スル権利義務ヲ他人ニ譲渡スルコトヲ得
第16条　軌道経営者ハ主務大臣ノ認可ヲ受ケタル場合ニ限リ軌道ノ譲渡又ハ事業若ハ運転ノ管理ノ委託若ハ受託ヲ為スコトヲ得

前項ノ管理ノ委託ヲ受ケタル者ハ其ノ管理ニ付主務大臣ニ対シ委託ヲ為シタル者ト共ニ其ノ責ニ任ス

第17条　軌道経営者ハ命令ノ定ムル所ニ依リ主務大臣ノ認可ヲ受クルニ非サレハ軌道ノ付属物件ノ譲渡又ハ貸渡ヲ為スコトヲ得ス

第18条　国又ハ公共団体ニ於テ公益上ノ必要ニ因リ軌道ノ全部又ハ一部及其ノ付属物件ヲ買収セムトスルトキハ軌道経営者ハ之ヲ拒ムコトヲ得ス

公共団体ニ於テ前項ノ規定ニ依ル買収ヲ為サムトスルトキハ主務大臣ノ認可ヲ受クヘシ

公共団体ニ於テ第1項ノ規定ニ依ル買収ヲシタルトキハ特許ニ因リテ生スル権利義務ヲ承継ス

第19条　地方鉄道法第31条乃至第35条ノ規定ハ国ニ於テ前条第1項ノ規定ニ依リ買収ヲ為ス場合ニ之ヲ準用ス

公共団体カ前条第1項ノ規定ニ依ル買収ヲ為ス場合ニ於テハ買収価額ハ協定ニ依リ協議調ハサルトキハ申請ニ因リ前項ノ規定ニ準シ算出シタル金額ヲ標準トシテ主務大臣之ヲ裁定ス

第20条　公共団体カ第18条第1項ノ規定ニ依ル買収ヲ為ス場合ニ於テ公益上ノ必要ニ因リ兼業ニ属スル資産及軌道経営ニ必要ナル貯蔵物品ヲ買収セムトスルトキハ軌道経営者ハ之ヲ拒ムコトヲ得ス

公共団体カ第18条第1項ノ規定ニ依ル買収ヲ為ス場合ニ於テ軌道経営者ハ兼業ニ属スル資産及軌道経営ニ必要ナル貯蔵物品ノ買収ヲ求ムルコトヲ得

前2項ノ場合ニ於テ買収価額ニ付協議調ハサルトキハ申請ニ因リ主務大臣之ヲ裁定ス

第21条　軌道会社ノ株金ノ第一回払込金額ハ株金ノ十分ノ一迄下ルコトヲ得

軌道会社ハ株金全額払込前ト雖主務大臣ノ認可ヲ受ケ線路ノ延長又ハ改良ノ費用ニ充ツル為其ノ資本ヲ増加スルコトヲ得

前2項ノ規定ハ地方鉄道会社ニ非サル会社カ兼業トシテ軌道ヲ敷設スル場合ニハ之ヲ適用セス

第22条　軌道会社ハ主務大臣ノ認可ヲ受クルニ非サレハ合併ヲ為スコトヲ得ス

第23条　左ノ場合ニ於テハ特許ハ其ノ効力ヲ失フ
1　工事施行ノ認可申請期間内ニ認可ヲ申請セサルトキ
2　工事施行ノ認可ヲ受ケサルトキ
3　事業廃止ノ許可ヲ受ケタルトキ
4　特許ヲ受ケタル者会社ノ発起人ナルトキハ工事施行ノ認可申請期間内ニ会社設立ノ登記ヲ為ササルトキ

第24条　軌道経営者軌道ニ関スル工作物ノ使用ヲ廃止シタルトキハ地方長官ノ指示スル所ニ従ヒ道路ヲ原状ニ回復スヘシ

地方長官必要アリト認ムルトキハ軌道経営者ノ負担ニ於テ道路管理者ヲシテ前項ノ規定ニ依ル工事ヲ為サシムルコトヲ得

第25条　本法ニ規定スル主務大臣ノ職権ノ一部ハ命令ノ定ムル所ニ依リ之ヲ地方長官ニ委任スルコトヲ得

第26条　地方鉄道法第7条第2項第3項，第8条第1項，第10条第2項，第11条，第15条，第17条，第19条第2項，第23条第2項第3項，第25条，第27条，第30条第2項及第36条ノ規定ハ軌道ニ之ヲ準用ス但シ地方鉄道法第7条第3項及第八条第1項中鉄道抵当法トアルハ明治42年法律第28号トス

第27条　軌道経営者カ法令若ハ法令ニ基キテ為ス命令又ハ特許，許可若ハ認可ニ付シタル条件ニ違反シ其ノ他公益ヲ害スル行為ヲ為シタルトキハ主務大臣ハ左ノ処分ヲ為スコトヲ得
1　取締役其ノ他ノ役員ヲ解任スルコト

2　他人ヲシテ軌道経営者ノ計算ニ於テ必要ナル施設又ハ事業ノ管理ヲ為サシムルコト
　　3　特許ノ全部又ハ一部ヲ取消スコト
　前項ノ規定ニ依リテ解任セラレタル取締役其ノ他ノ役員ハ再任セラルルコトヲ得ス
　第1項第2号ノ規定ニ依リ事業ノ管理ヲ為ス者ハ其ノ管理ニ付主務大臣ニ対シ当該軌道経営者ト共ニ其ノ責ニ任ス
第28条　特許ヲ受ケスシテ軌道ヲ敷設シ又ハ認可ヲ受ケスシテ運輸ヲ開始シタル者ハ百円以上二千円以下ノ罰金ニ処ス
第29条　左ノ場合ニ於テハ軌道経営者又ハ其ノ役員若ハ使用人ヲ十円以上千円以下ノ過料ニ処ス
　　1　前条ノ場合ヲ除クノ外本法ニ依リ許可又ハ認可ヲ受クヘキ事項ヲ許可又ハ認可ヲ受ケスシテ為シタルトキ
　　2　法令ニ基キテ為シタル命令又ハ特許、許可若ハ認可ニ付シタル条件ニ基キテ為シタル命令ニ違反シタルトキ
　　3　監査員ノ職務ノ執行ヲ妨ケタルトキ
　　4　法令又ハ法令ニ基キテ為ス命令ニ依リテ為スヘキ届出、報告其ノ他ノ書類図面ノ提出若ハ調製ヲ怠リ又ハ虚偽ノ届出、報告若ハ記載ヲ為シタルトキ
　非訟事件手続法第206条乃至第208条ノ規定ハ前項ノ過料ニ之ヲ準用ス
第30条　前2条ノ規定ハ公共団体カ軌道ヲ経営スル場合ニ之ヲ適用セス
第31条　本法ハ一般交通ノ用ニ供スル軌道ニ準スヘキモノニ之ヲ準用ス
　前項ノ軌道ニ準スヘキモノハ命令ヲ以テ之ヲ定ム
第32条　国ニ於テ軌道ヲ敷設シテ運輸事業ヲ経営セムトスルトキハ当該官庁ハ主務大臣ニ協議ヲ為スヘシ其ノ工事施行ニ付亦同シ
　国ニ於テ経営スル軌道ニ付テハ第2条、第12条第1項、第14条及第24条第1項ノ規定ヲ除クノ外本法ヲ適用セス但シ第14条中軌道ノ係員及会計ニ付テハ此ノ限ニ在ラス
　第1項ノ規定ニ依リ主務大臣ニ協議ヲ了シタルトキハ第4条及第6条ノ規定ヲ準用ス
　　　附　　則
本法施行ノ期日ハ勅令ヲ以テ之ヲ定ム
軌道条例ハ之ヲ廃止ス
旧法ニ依リテ為シタル特許、認可、処分、手続其ノ他ノ行為ハ本法中ニ相当スル規定アル場合ニ於テハ本法ニ依リテ之ヲ為シタルモノト看做ス但シ其ノ特許、認可其ノ他ノ処分ニ附シタル条件ニシテ本法ニ抵触スルモノハ其ノ効力ヲ失フ
他ノ法令中軌道条例トアルハ軌道法トス

(『官報』)

鉄　道　略　則

(明治5年5月4日　太政官布告第146号)

第1条　賃金之事
　何人ニ不限鉄道ノ列車ニテ旅行セント欲スル者ハ先賃金ヲ払ヒ手形ヲ受取ルヘシ然ラサレハ決テ列車ニ乗ル可ラス
第2条　手形検査及渡方ノ事
　手形検査ノ節ハ改テ受ケ取集ノ節ニ渡スヘシ若シ検査ノ節手形ヲ出サス或ハ取集ノ節手形ヲ渡サヽル者ハ更ニ最初発車ノ「ステーション」ト「ステーション」ト〆列車ノ立場ニテ旅客ノ乗リ下リ荷物ノ積ミ下ロシヲ為ス所ヲ云フ ヨリノ賃金ヲ

払ハシムヘシ尤途中ヨリ乗来リシ者ニテ其確証判然タル時ハ其乗リタル場所ヨリノ賃金ヲ払ハシムヘシ

第3条　途中「ステーション」ニテ乗組並手形ノ事
　途中「ステーション」ニ於テハ列車中余地ノ有無ニ応シテ乗リ組ムコトヲ得ヘシ若シ其手形ヲ買取シ総人数ヲ容ルヘキ余地ナキ時ニ其中ニテ最遠キ地ニ赴ク手形所持ノ人丈ケ先ツ乗込ムコトヲ得ヘシ若シ又同里程ノ地ニ赴ク客数人アル時ハ其手形ノ番号ノ順序ヲ以テ乗ルコトヲ得ヘシ

第4条　偽欺ノ者扱方ノ事
　何人ニ不限賃金ヲ払ハス列車ニテ旅行セント計リ或ハ遂ニ旅行シ又ハ其払ヒシ賃金高相当ノ車ニ乗ラスシテ更ニ上等ノ車ニ乗組又ハ既ニ車ヨリ下ルヘキ場所ヲ過キ増賃金ヲ払ハスシテ遠キ場所ニ至リ遂ニ其賃金ヲ免レント計リ又ハ既ニ払ヒタル賃金ニテ到ルヘキ場所ニ到リナカラ車ヨリ下リ去ルコトヲ肯セス其外如何ナル仕方ニテモ賃金払方ヲ逃ントスル者ハ夫々当法ニ随テ罰スヘシ

第5条　列車運転中出入禁止ノ事
　総シテ列車ノ運転中ニ出入スルコト又ハ車内旅客ノ居ルヘキ場所外ニ乗ルコトヲ禁ス

第6条　疱瘡等ノ病人ヲ禁止スル事
　疱瘡及諸伝染病ヲ煩フ者ニ乗車ヲ禁ス若シ此等ノ病人車中ニ在ラハ見当リ次第鉄道掛リノ者ヨリ車外並鉄道構外へ退去セシムヘシ

第7条　吸煙並婦人部屋男子出入禁止ノ事
　何人ニ限ラス「ステーション」構内吸煙ヲ禁セシ場所並ニ吸煙ヲ禁セシ車内ニテ吸煙スルコトヲ許サス且婦人ノ為ニ設アル車及部屋等ニ男子妄リニ立入ルヲ許サス若右等ノ禁ヲ犯シ掛リノ者ノ戒メヲ用ヒサル者ハ車外並ニ鉄道構外ニ直ニ退去セシムヘシ

第8条　酔人及不行状人扱方ノ事
　何人ニ不限総シテ列車乗組中又ハ「ステーション」並鉄道構内ニテ酔ニ乗シ妄状ヲ現ハス者又ハ不良ノ行状ヲ為ス者ハ鉄道掛ノ者ヨリ車外及鉄道構外へ直ニ退去セシムヘシ

第9条　鉄道ニ属スル物品ヲ毀損スル時ノ事
　何人ニ不限浪ニリ「ステーション」其他鉄道構内ニ標識掲示セル書付等ヲ剥シ或ハ破リ又ハ列車ノ番号札ヲ取除キ或ハ車灯ヲ消シ又ハ各車ノ諸器械倉庫建家牆棚其他鉄道一切ノ付属品ヲ毀損スル者ハ都テ法ニ随テ所置スヘシ

第10条　機関車等へ乗込ヲ禁スルノ事
　機関方並火夫ノ外ハ其筋ノ許シヲ得スシテ機関車又ハ炭水車ニ乗リ或ハ乗ラント為ス可ラス且車長及車掛ノ者外其筋ノ許シヲ得スシテハ荷物車又ハ旅客ノ為ニ設サル車ニ乗リ又ハ乗ラント為ス可ラス若此禁ヲ犯シ鉄道掛リノ者ノ制止ヲ用ヒサル者ハ直チニ其場ヨリ退去セシムヘシ

第11条　鉄道地所へ妄リニ立入者取扱方ノ事
　何人ニ不限「ステーション」又ハ鉄道構内へ妄リニ立入者ハ鉄道掛ノ者ヨリ即刻構外へ立去ラシムヘシ

第12条　旅客ノ荷物紛失毀損取扱方ノ事
　旅客手回リ荷物其外所持ノ品タリトモ総テ之カ為ニ別段ニ賃金ヲ払ヒ其受取証書ヲ取置カサレハ若シ紛失毀損等アルトモ政府ニ於テ関係セサルヘシタトヒ賃金ヲ払ヒ証書ヲ取置トモ其毀損紛失等ヲ償フハ只旅客自用衣服ノミニ止リ且償金モ五十円ニ過ルコトナシ

第13条　高金及大切ノ物品紛失毀損ニ関不関アル事
　金銀紙貨幣郵便切手為替会社通用券為替手形約定証書金銀請払証書地所建家沽券諸絵図書画古器金銀玉石鍍金及諸彫鏤細工物時計類其余衣類或ハ玩佩物ノ粧飾ニ混作ノ品類及硝子器類陶器漆器酒類蚕種繭布生熟糸等ノ品物運送方ニ付テハ其品柄並価高等ヲ明白ニ其掛へ申立テ増賃金ヲ払

ヒ紛失毀損等請合シ分ノ外ハ総テ政府ニ於テ之ヲ償ハス
第14条　牛馬獣類運送ノ事
　牛馬及其他ノ獣類ヲ運送スルニ其持主或ハ送リ人ヨリ其獣類ノ価ヲ運送掛ヘ申出相当ノ増賃金ヲ払ヒ請合証書ヲ取置クヘシ若シ増賃金ヲ払ハス請合ヲ為サル分ハ如何程高価ノ獣類紛失損害アルトモ牛一疋金二十円以上馬一疋或ハ乳牛一疋ニ金五十円以上羊或ハ豚一疋ニ金五円以上ヲ政府ニ於テ償フコトナシ
第15条　砲発ヲ禁スル事
　何人ニ不限車内ハ勿論鉄道線及其他構内ニテ砲発スルヲ禁ス
第16条　爆発質アル危害物運輸ヲ禁スル事
　鉄道寮ヨリ追テ広告スルマテハ火薬及ヒ「ピトローリヤム」「ケロシン，ヲイル」「トルペンタイン」石炭油等ヲ云硝性並ニ爆発質燃焼質等ノ物品ハ運輸セサルヘシ
第17条　荷物目録ヲ渡スヘキ事
　運送ノ諸荷物ヲ鉄道掛ノ者ヘ引渡シ又ハ請取ノ度毎ニハ右荷主或ハ宰領人ヨリ其品柄数量及姓名ヲ記シテ掛ノ者ヘ差出スヘシ
第18条　物品並畜類損害償方定限ノ事
　鉄道ニテ運送スル物品並畜類紛失損害アリトモ鉄道掛リノ怠惰疎漏ヨリ起リシニ非レハ政府ニ於テ之ヲ償フコトナシ
第19条　荷物運送賃金ノ事
　何人ニ不限荷物運賃ノ催促ヲ受ケテ尚払ハサル時ハ破其荷物ノ全部又ハ部分ヲ留置キ若又其荷物既ニ他所ヘ運送セシ時ハ其後同人付属ノ荷物鉄道掛リヘ送来ルコトアル時ハ之ヲ留置キ同人ヘ告知ラセタル上ニテ滞金高程ノ品ヲ入札公売シ其滞金ト諸入費トヲ引取残金残品ヲ同人ヘ返スヘシ又時宜ニヨリ右ノ取計ヒヲ為サス法官ニ訴ヘテ賃金並入費等ヲ取立ルコトモアルヘシ
第20条　規則ニ随ハサル者ノ事
　何人ニ不限諸事前条ノ規則ニ随ハスンハ乗車及ヒ荷物ノ運送ヲ許サヽルヘシ
第21条　規則等ノ変革布達ノ事
　此規則中変革及加除アルトキハ遍ク告達スヘシ
第22条　荷物運送引請方ノ事
　諸荷物ノ運送ヲ引請ルコトハ列車中余地ノ有無ニ応スヘシ
第23条　此規則ヲ施行スルカ為メニ夫々法官ニ訴ヘ犯罪人罰シ方等ノ裁判ヲ乞フ手順ハ鉄道頭或ハ鉄道支配人ノ間ニテ其取扱アルヘシ
第24条　旅客並荷物ノ運賃ハ時宜ニ随ヒ変革アルト雖モ其変革毎ニハ二週日前ニ告達スヘシ尤鉄道頭鉄道支配方及運輸取リ間ニ於テ前条ノ如キ告達ナク臨時ニ常例ヨリ下等ノ運賃ヲ以テ別ニ列車ヲ仕立ルコトモアルヘシ
第25条　此規則来ル5月7日ヨリ施スヘシ
右之条々此度確定候事

　　　　　　　　　　　　　　　　　　　　　　　　　　　　　　（『官報』）

鉄　道　営　業　法

(明治33年3月16日　法律第65号)

第1章　鉄道ノ設備及運送
第1条　鉄道ノ建設，車両器具ノ構造及運転ハ命令ヲ以テ定ムル規定ニ依ルヘシ

第2条　本法其ノ他特別ノ法令ニ規定スルモノ外鉄道運送ニ関スル特別ノ事項ハ鉄道運輸規程ノ定ムル所ニ依ル
　　　鉄道運輸規程ハ命令ヲ以テ之ヲ定ム
第3条　運賃ノ増加及運送取扱条件ノ変更ハ関係停車場ニ二週間以上公告シタル後ニ非サレハ之ヲ実施スルコトヲ得ス
第4条　伝染病患者ハ主務大臣ノ定ムル規程ニ依ルニ非サレハ乗車セシムルコトヲ得ス
　　　付添人ナキ重病者ノ乗車ハ之ヲ拒絶スルコトヲ得
第5条　火薬其ノ他爆発質危険品ハ鉄道カ其ノ運送取扱ノ公告ヲ為シタル場合ノ外其ノ運送ヲ拒絶スルコトヲ得
第6条　鉄道ハ左ノ事項ノ具備シタル場合ニ於テハ貨物ノ運送ヲ拒絶スルコトヲ得ス
　1　荷送人カ法令其ノ他鉄道運送ニ関スル規定ヲ遵守スルトキ
　2　貨物ノ運送ニ付特別ナル責務ノ条件ヲ荷送人ヨリ求メサルトキ
　3　運送カ法令ノ規定又ハ公ノ秩序若ハ善良ノ風俗ニ反セサルトキ
　4　貨物カ成規ニ依リ其ノ線路ニ於ケル運送ニ適スルトキ
　5　天災事変其ノ他已ムヲ得サル事由ニ基因シタル運送上ノ支障ナキトキ
　　　前項ノ規定ハ旅客運送ニ之ヲ準用ス
第7項　運送ニ付特別ノ設備ヲ要スル貨物ニ関シテハ鉄道ハ其ノ設備アル場合ニ限リ之ヲ引受クルノ義務ヲ負フ
第8条　鉄道ハ直ニ運送ヲ為シ得ヘキ場合ニ限リ貨物ヲ受取ルヘキ義務ヲ負フ
第9条　貨物ハ運送ノ為受取リタル順序ニ依リ之ヲ運送スルコトヲ要ス但シ運輸上正当ノ事由若ハ公益上ノ必要アルトキハ此ノ限ニ在ラス
第10条　鉄道ハ貨物ノ種類及性質ヲ明告スヘキコトヲ荷送人ニ求ムルコトヲ得若シ其ノ種類及性質ニ付疑アルトキハ荷送人ノ立会ヲ以テ之ヲ点検スルコトヲ得
　　　点検ニ因リ貨物ノ種類及性質カ荷送人ノ明告シタル所ニ異ナラサル場合ニ限リ鉄道ハ点検ニ関スル費用ヲ負担シ且之カ為生シタル損害ヲ賠償スルノ責ニ任ス
　　　前2項ノ規定ハ火薬其ノ他爆発質危険品ヲ成規ニ反シ手荷物中ニ収納シタル疑アル場合ニ之ヲ準用ス
第11条　貨幣,有価証券其ノ他ノ高価品ニ付テハ荷送人カ運送委託ノ際其ノ物品ノ種類,性質及価格ヲ明告シ且増賃金ノ支払ヒタル場合ノ外鉄道ハ損害賠償ノ責ニ任セス但シ鉄道カ増賃金ノ支払ヲ請求セサル因リ荷送人ニ於テ其ノ支払ヲ為ササルトキハ此ノ限ニ在ラス
　　　前項増賃金ノ割合ハ鉄道運輸規程ノ定ムル所ニ依ル
第12条　牛馬其ノ他ノ獣類ニ付テハ荷送人カ運送委託ノ際価格ヲ明告セサルトキ又ハ明告スルモ鉄道運輸規程ニヨリ鉄道カ請求スル増賃金ヲ支払ハサルトキハ其ノ損害ニ付鉄道ハ鉄道運輸規程ニ定ムル最高金額迄ヲ限リ賠償ノ責ニ任ス
　　　前項賠償金額ノ制限ハ悪意又ハ重大ナル過失ニ因リ損害ヲ生シタル場合ニハ之ヲ適用セス
第13条　悪意又ハ重大ナル過失ニ因ラサル手荷物ノ滅失,毀損ニ付テハ鉄道ハ鉄道運輸規程ニ定ムル最高金額迄ヲ限リ損害賠償ノ責ニ任ス
第14条　運賃償還ノ債権ハ一年間之ヲ行ハサルトキハ時効ニ因リテ消滅ス
第15条　旅客ハ営業上別段ノ定アル場合ノ外運賃ヲ支払ヒ乗車券ヲ受クルニ非サレハ乗車スルコトヲ得ス
　　　乗車券ヲ有スル者ハ列車中座席ノ存在スル場合ニ限リ乗車スルコトヲ得
第16条　旅客カ乗車前旅行ヲ止メタルトキハ鉄道運輸規程ノ定ムル所ニ依リ運賃ノ払戻ヲ請求スル

コトヲ得
乗車後旅行ヲ中止シタルトキハ運賃ノ払戻シヲ請求スルコトヲ得ス
第17条　天災事変其ノ他已ムヲ得サル事由ニ因リ運送ニ着手シ又ハ之ヲ継続スルコト能ハサルニ至リタルトキハ旅客及荷送人ハ契約ノ解除ヲ為スコトヲ得此ノ場合ニ於テ鉄道ハ既ニ為シタル運送ノ割合ニ応シ運賃其ノ他ノ費用ヲ請求スルコトヲ得
第18条　旅客ハ鉄道係員ノ請求アリタルトキハ何時ニテモ乗車券ヲ呈示シ検査ヲ受クヘシ
有効ノ乗車券ヲ所持セス又ハ乗車券ノ検査ヲ拒ミ又ハ取集ノ際之ヲ渡ササル者ハ鉄道運輸規程ノ定ムル所ニ依リ割増賃金ヲ支払フヘシ
前項ノ場合ニ於テ乗車停車場不明ナルトキハ其ノ列車ノ出発停車場ヨリ運賃ヲ計算ス

第2章　鉄道係員

第19条　鉄道係員ノ職制ハ命令ヲ以テ之ヲ定ム
第20条　私設鉄道ハ鉄道係員ノ服務規程ヲ定メ主務大臣ノ認可ヲ受クルコトヲ要ス
第21条　主務大臣ハ鉄道係員タルニ要スル資格ヲ定ムルコトヲ得
第22条　旅客及公衆ニ対スル職務ヲ行フ鉄道係員ハ一定ノ制服ヲ着スヘシ
第23条　私設鉄道係員ハ職務上ノ義務ニ違背シ若ハ職務ヲ怠リ又ハ失行アリタルトキハ懲戒ヲ受ク会社ノ懲戒ニ関スル規程ヲ定メ主務大臣ノ認可ヲ受クヘシ
懲戒ヲ為スヘキ場合ニ於テ会社之ヲ為ササルトキハ主務大臣ニ於テ懲戒ヲ為スコトヲ得
第24条　鉄道係員職務取扱中旅客若ハ公衆ニ対シ失行アリタルトキハ二十五円以下ノ罰金ニ処ス
第25条　鉄道係員職務上ノ義務ニ違背シ又ハ職務ヲ怠リ旅客若ハ公衆ニ危害ヲ醸スノ虞アル所為アリタルトキハ五百円以下ノ罰金又ハ三月以下ノ重禁錮ニ処ス
第26条　鉄道係員旅客ヲ強ヒテ定員ヲ超エ車中ニ乗込マシタルトキハ二十円以下ノ罰金ニ処ス
第27条　鉄道係員旅客又ハ荷送人若ハ荷受人ト通謀シ運賃ノ一部若ハ全部ヲ免レシメタルトキハ三年以下ノ重禁錮ニ処シ五百円以下ノ罰金ヲ付加ス
第28条　鉄道係員道路踏切ノ開通ヲ怠リ又ハ故ナク車両其ノ他ノ器具ヲ踏切ニ留置シ因シテ往来ヲ妨害シタルトキハ二十円以下ノ罰金ニ処ス

第3章　旅客及公衆

第29条　運賃ヲ免ルルノ目的ヲ以テ左ノ所為ヲ為シタル者ハ五十円以下ノ罰金ニ処ス
　1　有効ノ乗車券ナクシテ乗車シタルトキ
　2　乗車券ニ指示シタルモノヨリ優等ノ車ニ乗リタルトキ
　3　乗車券ニ指示シタル停車場ニ於テ下車セサルトキ
第30条　運送品ノ種類若ハ性質ヲ詐称シ又ハ運賃ヲ免ルルノ目的ヲ以テ詐偽ノ所為ヲ為シタル者ハ三月以下ノ重禁錮又ハ五百円以下ノ罰金ニ処ス
第31条　鉄道運送ニ関スル法令ニ背キ火薬類其ノ他爆発質危険品ヲ託送シ又ハ車中ニ携帯シタル者ハ五十円以下ノ罰金ニ処ス
第32条　列車警報機ヲ濫用シタル者ハ五十円以下ノ罰金ニ処ス
第33条　旅客左ノ所為ヲ為シタルトキハ二十五円以下ノ罰金ニ処ス
　1　列車運転中乗降シタルトキ
　2　列車運転中車両ノ側面ニ在ル車扉ヲ開キタルトキ
　3　列車中旅客乗用ニ供セサル箇所ニ乗リタルトキ
第34条　制止ヲ肯セスシテ左ノ所為ヲ為シタル者ハ科ニ処ス
　1　停車場其ノ他鉄道地内吸煙禁止ノ場所及吸煙禁止ノ車内ニ於テ吸煙シタルトキ
　2　婦人ノ為ニ設ケタル待合室及車室等ニ男子妄ニ立入リタルトキ

第35条　車内，停車場其ノ他鉄道地内ニ於テ妄状ヲ現ハシ其ノ他不良ノ行状ヲ為シタル者ハ科料ニ処ス
第36条　車両，停車場其ノ他鉄道地内ノ標識掲示ヲ改竄，毀棄，撤去シ又ハ燈火ヲ滅シタル者ハ五十円以下ノ罰金ニ処ス
　信号機ヲ改竄，毀棄，撤去シタル者ハ三月以上三年以下ノ重禁錮ニ処シ五円以上五十円以下ノ罰金ヲ付加ス
第37条　停車場其ノ他鉄道地内ニ妄ニ立入リタル者ハ科料ニ処ス
第38条　暴行脅迫ヲ以テ鉄道係員ノ職務ヲ妨害シタル者ハ一年以下ノ重禁錮ニ処シ百円以下ノ罰金ヲ付加ス
第39条　車内，停車場其ノ他鉄道地内ニ於テ発砲シタル者ハ二十五円以下ノ罰金ニ処ス
第40条　列車ニ向テ瓦石類ヲ投擲シタル者ハ十円以下ノ罰金ニ処ス
第41条　第4条ノ規定ニ違反シ伝染病患者ヲ乗車セシメタル者ハ百円以下ノ罰金ニ処ス伝染病患者其ノ病症ヲ隠蔽シテ乗車シタルトキ亦同シ
　前項ノ場合ニ於テ途中下車セシメタルトキト雖既ニ支払ヒタル運賃ハ之ヲ還付セス
第42条　左ノ場合ニ於テ鉄道係員ハ旅客及公衆ヲ車外又ハ鉄道地外ニ退去セシムルコトヲ得
　1　有効ノ乗車券ヲ所持セス又ハ検査ヲ拒ミ運賃ノ支払ヲ肯セサルトキ
　2　第33条第3号ノ罪ヲ犯シ鉄道係員ノ制止ヲ肯セサルトキ又ハ第34条ノ罪ヲ犯シタルトキ
　3　第35条，第37条ノ罪ヲ犯シタルトキ
　4　其ノ他車内ニ於ケル秩序ヲ紊ルノ所為アリタルトキ
　前項ノ場合ニ於テ既ニ支払ヒタル運賃ハ之ヲ還付セス
第43条　前諸条ノ犯罪及鉄道保安ニ関スル犯罪ニシテ罰金ノ刑ニ該ルヘキ軽罪若ハ違警罪ノ現行犯アリタルトキ被告人カ其ノ住所氏名分明ニ告知セス又ハ逃亡ノ虞アリタルトキハ鉄道係員ハ司法警察官ニ之ヲ引致スルコトヲ得
　　付　則
第44条　本法ハ私設鉄道法ニ依ラサル私設鉄道ニハ之ヲ適用セス
第45条　本法施行ノ期日ハ勅令ヲ以テ之ヲ定ム
　鉄道略則，鉄道犯罪罰例，明治16年7月23号布告ハ之ヲ廃止ス

（『官報』）

鉄　道　国　有　法

(明治39年3月31日　法律第17号)

第1条　一般運送ノ用ニ供スル鉄道ハ総テ国ノ所有トス但シ一地方ノ交通ヲ目的トスル鉄道ハ此ノ限ニ在ラス
第2条　政府ハ明治39年ヨリ明治48年迄ノ間ニ於テ本法ノ規定ニ依リ左ニ掲クル私設鉄道株式会社所属ノ鉄道ヲ買収スヘシ
　一　北海道炭礦鉄道株式会社
　一　北海道鉄道株式会社
　一　日本鉄道株式会社
　一　岩越鉄道株式会社
　一　北越鉄道株式会社
　一　甲武鉄道株式会社

- 総武鉄道株式会社
- 房総鉄道株式会社
- 七尾鉄道株式会社
- 関西鉄道株式会社
- 参宮鉄道株式会社
- 京都鉄道株式会社
- 西成鉄道株式会社
- 阪鶴鉄道株式会社
- 山陽鉄道株式会社
- 徳島鉄道株式会社
- 九州鉄道株式会社

前項ニ掲ケタル各会社ハ他ノ私設鉄道株式会社ト合併シ又ハ他ノ私設鉄道株式会社ノ鉄道ヲ買収スルコトヲ得ス

第3条　前条ニ掲ケタル各鉄道買収ノ期日ハ政府ニ於テ之ヲ指定ス

第4条　政府ハ兼業ニ属スルモノヲ除クノ外買収ノ日ニ於テ会社ノ現ニ有スル権利義務ヲ承継ス但シ会社ノ株主ニ対スル権利義務，払込株金ノ支出残額並収益勘定，積立金勘定及雑勘定ニ属スルモノハ此ノ限ニ在ラス

第5条　買収価額ハ左ニ掲クルモノトス

1　会社ノ明治35年後半期乃至明治38年前半期ノ六営業年度間ニ於ケル建設費ニ対スル益金ノ平均割合ヲ買収ノ日ニ於ケル建設費ニ乗シタル額ヲ二十倍シタル金額

2　貯蔵物品ノ実費ヲ時価ニ依リ公債券面金額ニ換算シタル金額但シ借入金ヲ以テ購入シタルモノヲ除ク

前項第1号ニ於テ益金ト称スルハ営業収入ヨリ営業費，賞与金及収益勘定以外ノ諸勘定ヨリ生シタル利息ヲ控除シタルモノヲ謂ヒ益金ノ平均割合ト称スルハ明治35年後半期乃至明治38年半期ノ毎営業年度ニ於ケル建設費合計ヲ以テ同期間ニ於ケル益金ノ合計ヲ除シタルモノノ二倍ヲ謂フ

第6条　借入金ハ建設費ニ使用シタルモノニ限リ時価ニ依リ公債券面金額ニ換算シ買収価額ヨリ之ヲ控除ス

会社カ鉄道及付属物件ノ補修ヲ為サス又ハ鉄道建設規程ニ依リ期限内ニ改築若ハ改造ヲ為ササル場合ニ於テハ其ノ補修，改築又改造ニ要スル金額ハ前項ノ例ニ依リ買収価額ヨリ之ヲ控除ス

第7条　資本勘定ニ属スル支出ハ借入金ヲ以テシタルモノヲ除クノ外順次ニ建設費及貯蔵物品ニ対シ之ヲ為シタルモノト看做ス

借入金ノ支出ハ前項ノ支出ノ後ニ之ヲ為シタルモノト看做ス

第8条　会社カ明治38年前半期ノ営業年度末ニ於テ運輸開始後六営業年度ヲ経過シタル線路ヲ有セサル場合又ハ第5条第1項第1号ノ金額カ建設費ニ達セサル場合ニ於テハ政府ハ其ノ建設費以内ニ於テ協定シタル金額ヲ以テ第5条第1項第1号ノ金額ニ代フ

第9条　左ニ掲クル場合ニ於テハ政府ハ審査委員ヲシテ決定ヲ為サシムヘシ

1　権利義務ノ承継ニ関シ又ハ計算ニ関シ会社ニ於テ異議アルトキ

2　前条ノ場合ニ於テ協定調ハサルトキ

審査委員ノ決定ニ対シ不服アルトキハ会社ハ主務大臣ニ訴願ヲ為スコトヲ得

審査委員ニ関スル規定ハ勅令ヲ以テ之ヲ定ム

第10条　買収ノ執行ハ審査委員ノ審査中ト雖之ヲ停止セス

第11条　会社カ買収ニ因リテ解散シタルトキハ主務大臣ハ解散ノ登記ヲ登記所ニ嘱託スヘシ

第12条　買収代価ハ買収ノ日ヨリ五箇年以内ニ於テ券面金額ニ依リ五分利付公債証書ヲ以テ之ヲ交付ス但シ五十円未満ノ端数ハ之ヲ五十円トス
　会社残余財産ノ分配ハ前項公債証書ヲ以テス
　買収後公債証書ノ交付ヲ終ル迄ニ要スル清算人ノ職務ニ関スル会社ノ費用ハ命令ノ定ムル所ニ依リ政府之ニ支弁ス
第13条　政府ハ買収ノ日ヨリ公債証書交付ノ日ニ至ル迄買収価額ニ対シ一箇年百分ノ五ノ割合ニ相当スル金額ヲ従前ノ決算期毎ニ会社ニ交付スヘシ
　前項ニ依リ交付シタル金額ハ清算中ト雖主務大臣ノ認可ヲ受ケ之ヲ株主ニ配当スルコトヲ得
第14条　政府ハ鉄道買収ノ執行ニ必要ナル額ヲ限度トシテ公債ヲ発行ス
第15条　政府ハ前条ニ依リ発行シタル公債及第4条ニ依リ承継シタル債務ノ整理ニ必要ナル額ヲ限度トシ公債ヲ発行スルコトヲ得
　前項ノ場合ニ於テ利率, 募集ノ方法, 規約, 据置年限及償還年限ハ命令ヲ以テ之ヲ定ム
第16条　前2条ノ公債ニ関シテハ本法ニ別段ノ規定アルモノヲ除クノ外整理公債条例ヲ適用ス
第17条　第5条第1項第2号及第6条ニ規定シタル公債時価ハ買収期日前六箇月間ニ於ケル帝国五分利公債ノ平均相場ニ依ル
　前項平均相場ハ日本銀行ノ証明ニ依リ政府之ヲ定ム
第18条　買収ヲ受クヘキ会社カ兼業ヲ営ム場合ニ於テハ其ノ兼業ニ属スル資産ヲ併セテ買収スルコトヲ得
　前項ノ場合ニ於テ買収価額ハ協定ニ依ル
第9条乃至第16条ノ規定ハ本条ノ場合ニ之ヲ準用ス
　　付　　　則
第2条ニ掲クル会社ノ本法発布以後ニ於ケル貯蔵物品ノ購入, 建設費ノ増減及債務ノ負担ニ付テハ主務大臣ノ認可ヲ受クヘシ
　前項ノ認可ヲ受ケサルモノニ付テハ政府之ヲ承継セス但シ政府ハ其ノ額ヲ査定シ又ハ相当ノ補償ヲ徴シテ之ヲ承継スルコトヲ得

(『官報』)

日 本 国 有 鉄 道 法

(昭和23年12月20日　法律第256号)

第1章　総　則

第1条（目的）　国が国有鉄道事業特別会計をもって経営している鉄道事業その他一切の事業を経営し，能率的な運営により，これを発展せしめ，もって公共の福祉を増進することを目的として，ここに日本国有鉄道を設立する。

第2条（法人格）　日本国有鉄道は，公法上の法人とする。日本国有鉄道は，民法（明治29年法律第89号）第35条又は商事会社その他の社団に関する商法（明治32年法律第48号）の規定に定める商事会社ではない。

第3条（業務）　日本国有鉄道は，第1条の目的を達成するため，左の業務を行う。
(1)　鉄道事業及びその付帯事業の経営
(2)　鉄道事業に関連する連絡船事業及びその付帯事業の経営
(3)　鉄道事業に関連する自動車運送事業及びその付帯事業の経営
(4)　前3号に掲げる業務を行うのに必要な採炭，発送電及び電気通信

(5) 前各号に掲げる業務の外第1条の目的を達成するために必要な業務
2　日本国有鉄道は，その業務の円滑な遂行に妨げのない限り，一般の委託により，陸運に関する機械，器具その他の物品の製造，修繕若しくは調達，工事の施行，業務の管理又は技術上の試験研究を行うことができる。
第4条（事務所）　日本国有鉄道は，主たる事務所を東京都に置く。
2　日本国有鉄道は，必要な地に従たる事務所を置く。
第5条（資本金）　日本国有鉄道の資本金は，別に法律で定めるところにより，昭和24年3月31日における国有鉄道事業特別会計の資産の価額に相当する額とし，政府が，全額出資するものとする。
第6条（非課税）　日本国有鉄道には，所得税及び法人税を課さない。
2　都道府県，市町村その他これらに準ずるものは，日本国有鉄道に対しては，地方税を課することができない。但し，鉱産税，入場税，酒消費税，電気ガス税，木材引取税及び遊興飲食税，これらの付加税並びに遊興飲食税割については，この限りでない。
第7条（登記）　日本国有鉄道は，政令の定めるところにより，登記しなければならない。
2　前項の規定により，登記を必要とする事項は，登記の後でなければ，これを持って第三者に対抗することができない。
第8条（民法の準用に関する規定）民法第44条，第50条及び第54条の規定は，日本国有鉄道に準用する。

　　　第2章　監理委員会
第9条（監理委員会の設置）　日本国有鉄道に監理委員会を置く。
第10条（監理委員会の権限及び責任）　監理委員会は，第1条に掲げる目的を達成するため，日本国有鉄道の業務運営を指導統制する権限と責任を有する。
第11条（監理委員会の組織）　監理委員会は，5人の委員及び1人の職務上当然就任する特別委員をもって組織する。
2　監理委員会に委員長を置き，委員の互選により選任する。
3　監理委員会は，予め，委員のうちから，委員長が事故のある場合に委員長の職務を代理する者を定めて置かなければならない。
第12条（委員の任命）　監理委員会の委員は，運輸業，工業，商業又は金融業について，広い経験と知識とを有する年齢35年以上の者のうちから，両議院の同意を得て，内閣が任命する。
2　委員の任命において，衆議院が同意して参議院が同意しない場合には，日本国憲法第67条第2項の場合の例により，衆議院の同意をもって両議院の同意とする。
3　左の各号の一に該当する者は，委員であることができない。
(1) 禁治産者若しくは準禁治産者又は破産者で復権を得ない者
(2) 禁こ又は懲役に処せられた者
(3) 国務大臣，国会議員，政府職員又は地方公共団体の議会の議員
(4) 政党の役員（任命の日以前1年間においてこれに該当した者を含む。）
(5) 日本国有鉄道に対し，物品の売買若しくは工事の請負を業とする者，又はこれらの者が法人であるときはその役員若しくは名称の如何にかかわらず役員と同等以上の職権若しくは支配力を有する者（任命の日以前1年間においてこれらの者であった者を含む。）
(6) 前号に掲げる事業者の団体の役員又は名称の如何にかかわらず役員と同等以上の職権又は支配力を有する者（任命の日以前1年間においてこれらの者であった者を含む。）
第13条（委員の任期）　委員の任期は5年とする。但し，補欠の委員は，前任者の残存期間在任す

る。
2 委員は，再任されることができる。
3 日本国有鉄道創立後最初に任命される委員の任期は，任命の際において内閣総理大臣の定めるところにより，任命の日からそれぞれ1年，2年，3年，4年，5年とする。
第14条（委員の罷免）　内閣は，委員が心身の故障のため職務の執行ができないと認める場合，又は委員に職務上の義務違反その他委員たるに適しない非行があると認める場合においては，両議院の同意を得て，これを罷免することができる。
2 第12条第2項の規定は，前項の場合に準用する。
第15条（委員の報酬）　委員は，名誉職とする。但し，旅費その他業務の遂行に伴う実費は，これを受けるものとする。
第16条（議決方法）　監理委員会は，委員長又は第11条第3項に規定する委員長の職務を代理する者及び2人以上の委員の出席がなければ議事を開き，議決をすることができない。
2 監理委員会の議事は，出席者の過半数をもって決する。但し，第11条に規定する職務上当然就任する特別委員は，議決に加わることができない。
3 可否同数のときは，委員長が決する。
4 監理委員会は，日本国有鉄道の役員又は職員をその会議に出席せしめて，必要な説明を求めることができる。
5 総裁の指名する役員は，監理委員会に出席して意見を述べ，又は説明をすることができる。
第17条（公務員たる性質）　委員は，法令により公務に従事する者とみなす。
2 委員には，国家公務員法（昭和22年法律第120号）は適用されない。

　　　　第3章　役員及び職員
第18条（役員の範囲）　日本国有鉄道の役員は，総裁，副総裁及び理事とする。
第19条（役員の職務及び権限）　総裁は，日本国有鉄道を代表し，その業務を総理する。総裁は，監理委員会に対し責任を負う。総裁は，第11条に規定する職務上当然就任する監理委員会の特別委員とする。
2 副総裁は，総裁の定めるところにより，日本国有鉄道を代表し，総裁を補佐して日本国有鉄道の業務を掌理し，総裁に事故があるときにはその職務を代理し，総裁が欠員のときにはその職務を行う。
3 理事は，総裁の定めるところにより，日本国有鉄道を代表し，総裁及び副総裁を補佐して日本国有鉄道の業務を掌理し，総裁及び副総裁に事故があるときにはその職務を代理し，総裁及び副総裁が欠員のときにはその職務を行う。
第20条（役員の任命及び任期）　総裁は，監理委員会が推薦した者につき，内閣が任命する。
2 前項の推薦は，第16条の規定にかかわらず，委員4人以上の多数による議決によることを要する。
3 副総裁は，監理委員会の同意を得て，総裁が任命する。
4 理事は，総裁が任命する。
5 総裁及び副総裁の任期は，各々4年とする。
6 総裁及び副総裁は，再任されることができる。
第21条（役員の欠格条項）　第12条第3項各号の一に該当する者は，役員であることができない。
第22条（総裁及び副総裁の罷免）　内閣は，総裁が心身の故障のため職務の執行ができないと認める場合，又は総裁に職務上の義務違反その他総裁たるに適しない非行があると認める場合においては，監理委員会の同意を得て，これを罷免することができる。

2 第20条第2項の規定は，前項の同意に準用する。
3 総裁は，副総裁が心身の故障のため職務の執行ができないと認める場合，又は副総裁に職務上の義務違反その他副総裁たるに適しない非行があると認める場合においては，監理委員会の同意を得て，これを罷免することができる。
第23条（役員の兼職禁止） 役員は，営利を目的とする団体の役員となり，又は自ら営利事業に従事してはならない。
第24条（代表権の制限） 日本国有鉄道と総裁，副総裁又は理事との利益が相反する事項については，これらの者は，代表権を有しない。この場合においては，監理委員会は，これらの代表権を有しない役員以外の他の役員のうちから日本国有鉄道を代表する者を選任しなければならない。
第25条（代理人の選任） 総裁，副総裁又は理事は，日本国有鉄道の職員のうちから，その業務の一部に関し，一切の裁判上又は裁判外の行為をする権限をもつ代理人を選任することができる。
第26条（職員の地位及び資格） この法律において日本国有鉄道の職員とは，公共企業体労働関係法（昭和23年法律第257号）第2条第2項に規定する者をいう。
2 第12条第1号から第4号までの各号の一に該当する者は，職員であることができない。
第27条（任免の基準） 職員の任免は，その者の受験成績，勤務成績又はその他の能力の実証に基いて行う。
第28条（給与） 職員の給与は，その職務の内容と責任に応ずるものでなければならない。
2 職員の給与は，生計費並びに国家公務員及び民間事業の従事員における給与その他の条件を考慮して定めなければならない。
第29条（降職及び免職） 職員は，左の各号の一に該当する場合を除き，その意に反して，降職され，又は免職されることがない。
(1) 勤務成績がよくない場合
(2) 心身の故障のため職務の遂行に支障があり又はこれに堪えない場合
(3) その他その職務に必要な適格性を欠く場合
(4) 業務量の減少その他経営上やむを得ない事由が生じた場合
第30条（休職） 職員は左の各号の一に該当する場合を除き，その意に反して，休職にされることがない。
(1) 心身の故障のため長期の休養を必要とする場合
(2) 刑事事件に関し起訴された場合
2 前項第1号の規定による休職の期間は，満1年とし，休職期間中その故障が消滅したときは，速やかに復職させるものとし，休職のまま満期に至ったときは，当然退職者とする。
3 第1項第2号の規定による休職の期間は，その事件が裁判所に係属する間とする。
4 休職者は，職員としての身分を保有するが，その職務に従事しない。休職者は，休職の期間中俸給の3分の1を受ける
第31条（懲戒） 職員が左の各号の一に該当する場合においては，総裁は，これに対し懲戒処分として免職，停職，減給又は戒告の処分をすることができる。
(1) この法律又は日本国有鉄道の定める業務上の規程に違反した場合
(2) 職務上の義務に違反し，又は職務を怠った場合
2 停職の期間は，1月以上1年以下とする。
3 停職者は，職員としての身分を保有するが，その職務に従事しない。停職者は，その停職の期間中俸給の3分の1を受ける。
4 減給は，1月以上1年以下俸給の10分の1以下を減ずる。

第32条（服務の基準）　職員は，その職務を遂行するについて，誠実に法令及び日本国有鉄道の定める業務上の規程に従わなければならない。
2　職員は，全力をあげて職務の遂行に専念しなければならない。但し，公共企業体労働関係法第7条の規定により，専ら職員の組合の事務に従事する者については，この限りでない。
第33条（勤務時間の延長，時間外及び休日勤務）　日本国有鉄道は，左の各号の一に該当する場合においては，労働基準法（昭和22年法律第49号）第32条，第35条又は第40条の規定にかかわらず，その職員をして，勤務時間をこえ，又は勤務時間外若しくは休日に勤務させることができる。
　(1)　災害その他により事故が発生したとき。
　(2)　災害の発生が予想される場合において，警戒を必要とするとき。
　(3)　列車（自動車，船舶を含む。）が遅延したとき。
第34条（公務員たる性質）　役員及び職員は，法令により公務に従事する者とみなす。
2　役員及び職員には，国家公務員法は適用されない。
第35条（公共企業体労働関係法の適用）　日本国有鉄道の職員の労働関係に関しては，公共企業体労働関係法の定めるところによる。

　　　第4章　会　計

第36条（経理原則及び運賃）　日本国有鉄道の会計及び財務（運賃の設定及び変更に関するものを含む。）に関しては，鉄道事業の高能率に役立つような公共企業体の会計を規律する法律が制定施行されるまでは，日本国有鉄道を国の行政機関とみなして，この法律又はこの法律に基く政令若しくは省令に定める場合を除く外，国有鉄道事業特別会計法（昭和22年法律第40号），財政法（昭和22年法律第34号），会計法（昭和22年法律第35号），国有財産法（昭和23年法律第73号）その他従前の国有鉄道事業の会計に関し適用される法令の規定の例による。
2　前項の規定により日本国有鉄道を国の行政機関とみなす場合においては，日本国有鉄道の総裁を各省各庁の長と，日本国有鉄道を各省各庁とみなす。但し，政令をもって日本国有鉄道を運輸省の一部局とみなす場合は，この限りでない。
第37条（事業年度）　日本国有鉄道の事業年度は，毎年4月に始まり，翌年3月に終る。
2　日本国有鉄道は，毎事業年度の決算を，翌年度7月31日までに完結しなければならない。
第38条（予算）　日本国有鉄道は，毎事業年度の予算を作成し，運輸大臣を経て大蔵大臣に提出しなければならない。
2　大蔵大臣は，前項の規定により予算の提出を受けたときは，これを検討して必要な調整を行い，閣議の決定を経なければならない。
3　内閣は，前項の規定により予算を決定したときは，国の予算とともに，これを国会に提出しなければならない。
4　予算の形式，内容及び添付書類については政令で，予算の作成及び提出の手続については大蔵大臣が運輸大臣と協議して定める。
第39条（追加予算）　日本国有鉄道は，予算作成後に生じた事由に基き，必要避けることのできない場合に限り，予算作成の手続に準じ追加予算を作成し，これを運輸大臣を経て大蔵大臣に提出することができる。
2　前条第2項から第4項までの規定は，前項の規定による追加予算について準用する。
第40条（決算）　日本国有鉄道は，事業年度ごとに財産目録，貸借対照表及び損益計算書を作成し，決算完結後1月以内に運輸大臣に提出してその承認を受けなければならない。
2　日本国有鉄道は，前項の規定による運輸大臣の承認を受けたときは，その財産目録，貸借対照表及び損益計算書を公告しなければならない。

第41条　日本国有鉄道は，予算の形式に準じ，毎事業年度の決算報告書を作成し，運輸大臣を経て大蔵大臣に提出しなければならない。
2　大蔵大臣は，前項の規定による決算報告書の提出を受けたときは，これを内閣に送付しなければならない。
第42条　内閣は，前条第2項の規定により日本国有鉄道の決算報告書の送付を受けたときは，これを会計検査院に送付しなければならない。
2　内閣は，会計検査院の検査を経た日本国有鉄道の決算報告書を，国の歳入歳出の決算とともに国会に提出しなければならない。
第43条（損益の処理）　政府は，日本国有鉄道に損失を生じた場合において特別の必要があると認めるときは，その損失の額を限度として交付金を交付することができる。
2　日本国有鉄道は，経営上利益金を生じたときは，別に予算に定める場合を除き，これを政府の一般会計に納付しなければならない。
第44条（借入金）　日本国有鉄道は，運輸大臣の認可を受けて，政府から長期借入金及び一時借入金をすることができる。日本国有鉄道は，市中銀行その他民間から借入金をすることができない。
2　前項の規定による長期借入金及び一時借入金の限度額については，予算をもって定めなければならない。
3　第1項の規定による一時借入金は，当該事業年度内に償還しなければならない。但し，資金不足のため償還することができないときは，その償還することのできない金額に限り，運輸大臣の認可をうけて，これを借り換えることができる。
4　前項但書の規定により借り換えた一時借入金は，1年以内に償還しなければならない。
第45条（政府からの貸付）　政府は，日本国有鉄道に対し，資金の貸付をすることができる。
第46条（償還計画）　日本国有鉄道は，毎事業年度，第44条第1項に掲げる長期借入金の償還計画をたて，大蔵大臣の承認を受けなければならない。
第47条（業務に係る現金の取扱）　日本国有鉄道の業務に係る現金については，法律又は政令の定めるところにより，国庫金の取扱に関する規程による。
2　日本国有鉄道の出納職員は，法律又は政令の定めるところにより，日本国有鉄道の債務をその保管に係る現金をもって支払うことができる。
第48条（会計帳簿）　日本国有鉄道は，業務の性質及び内容並びに事業運営及び経理の状況を適切に示すため必要な帳簿を備えなければならない。
第49条（財産処分の制限）　日本国有鉄道は，運輸大臣の認可を受けなければ，営業線及びこれに準ずる重要な財産を譲渡し，交換し，又は担保に供することができない。
2　前項の重要な財産の範囲及び種類は，運輸大臣が，大蔵大臣にはかって定める。
第50条（大蔵大臣の監督）　運輸大臣が，第40条第1項の財産目録，貸借対照表及び損益計算書の承認を行うとき，及び第44条第1項又は第3項の規定による借入金に関する認可を行うときは，大蔵大臣にはからなければならない。
第51条（会計検査）　日本国有鉄道の会計については，会計検査院が検査する。

第5章　監　督

第52条（監督者）　日本国有鉄道は，運輸大臣が監督する。
第53条（監督事項）　左に掲げる事項は，運輸大臣の許可又は認可を受けなければならない。
　(1)　鉄道新線の建設及び他の運輸事業の譲受
　(2)　日本国有鉄道に関連する連絡船航路又は自動車運送事業の開始
　(3)　営業線の休止及び廃止

第54条（監督上の命令及び報告）　運輸大臣は，公共の福祉を増進するため特に必要があると認めるときは，日本国有鉄道に対し監督上必要な命令をすることができる。
2　運輸大臣は，監督上必要があると認めるときは，日本国有鉄道に対し報告をさせることができる。

第6章　罰　則

第55条（罰則）　総裁，副総裁又は総裁の職務を行い若しくは総裁を代理する理事が左の各号の一に該当するときは，その業務に対する責任に応じて，10万円以下の罰金に処する。
(1)　この法律により，主務大臣の認可又は許可を受けるべき場合に受けなかったとき。
(2)　第3条に規定する業務以外の業務を行ったとき。
(3)　第7条第1項の規定に基いて発する政令に違反して登記を怠り，又は虚偽の登記をしたとき。
(4)　前条第1項の規定に基く命令に違反したとき。
(5)　前条第2項の規定に基く報告を怠り，又は虚偽の報告をしたとき。

第7章　雑　則

第56条（恩給）　この法律施行の際，現に恩給法（大正12年法律第48号）第19条に規定する公務員たる者が，引き続いて日本国有鉄道の役員又は職員となった場合には，同法第20条に規定する文官であって国庫から俸給を受ける者として勤続するものとみなし，当分の間これに恩給法の規定を準用する。
2　前項の規定により恩給法を準用する場合においては，恩給の給与等については，日本国有鉄道を行政庁とみなす。
3　第1項に規定する者又はその遺族の恩給及びこの法律施行前給与事由の生じた恩給であって従前の国有鉄道事業特別会計（旧帝国鉄道会計を含む。）において俸給又は給料を支弁した者にかかるものの支払に充てるべき金額については，日本国有鉄道が国有鉄道事業特別会計として存続するものとみなし，特別会計の恩給負担金を一般会計に繰り入れることに関する法律（昭和6年法律第8号）の規定を準用する。
4　第1項の規定により恩給法を準用する場合において，同項において準用する恩給法第59条第1項の規定により日本国有鉄道の役員又は職員が納付すべき金額は，同項の規定にかかわらず日本国有鉄道に納付すべきものとする。

第57条（共済組合）　日本国有鉄道の役員及び職員は，国に使用されるもので国庫から報酬を受けるものとみなし，国家公務員共済組合法（昭和23年法律第69号）の規定を準用する。この場合において，同法中「各省各庁」とあるのは「日本国有鉄道」と，「各省各庁の長」とあるのは「日本国有鉄道総裁」と，第69条（第1項第3号を準用する場合を除く。）及び第92条中「国庫」とあるのは「日本国有鉄道」と，第73条第2項及び第75条第2項中「政府を代表する者」とあるのは「日本国有鉄道を代表する者」と読み替えるものとする。
2　国家公務員共済組合法第2条第2項第8号の規定による共済組合は，前項の規定により準用する同法第2条第1項の規定により日本国有鉄道に設けられる共同組合となり同一性をもって存続するものとする。

第58条　国庫は，日本国有鉄道に設けられた共済組合に対し，国家公務員共済組合法第69条第1項第3号に掲げる費用を負担する。

第59条　健康保険法（大正11年法律第70号）第12条第1項，更生年金保険法（昭和16年法律第60号）第16条の2及び船員保険法（昭和14年法律第73号）第15条の規定の適用については，日本国有鉄道の役員及び職員は，国に使用される者とみなす。

第60条（災害補償）　日本国有鉄道の役員及び職員は，国に使用される者で，国庫から報酬をうけ

るものとみなし，国家公務員災害補償法（昭和　年法律第　号）の規定を準用する。この場合において，「国」（第42条中「国，市町村長」の国を除く。）とあるのは「日本国有鉄道」と，「会計」とあるのは，「日本国有鉄道」と読み替えるものとする。
2　労働者災害補償保険法（昭和22年法律第50号）第3条第3項の規定の適用については，日本国有鉄道の事業は，国の直営事業とみなす。
3　第1項の規定により補償に要する費用は，日本国有鉄道が負担する。
第61条（失業保険）　失業保険法（昭和22年法律第146号）第7条の規定の適用については，日本国有鉄道の役員及び職員は，国に使用される者とみなす。
第62条　国庫は，日本国有鉄道がその役員及び職員に対し失業保険法に規定する保険給付の内容をこえる給付を行う場合には，同法に規定する給付に相当する部分につき同法第28条第1項に規定する国庫の負担と同一割合によって算定した金額を負担する。
第63条（他の法令の適用）　道路運送法（昭和22年法律第191号），電気事業法（昭和6年法律61号），土地収用法（明治33年法律第29号）その他の法令（国の利害に関係のある訴訟についての法務総裁の権限等に関する法律（昭和22年法律第194号）を除く。）の適用については，この法律又は別に定める法律をもって別段の定をした場合を除くの外，日本国有鉄道を国と，日本国有鉄道総裁を主務大臣とみなす。
　　付　　　則
1（施行期日）　この法律は，昭和24年4月1日から施行する。
2（財産の承継）　国有鉄道事業特別会計の資産は，この法律施行の日に日本国有鉄道に引き継ぐものとする。
3（日本国有鉄道設立の手続その他）　日本国有鉄道設立の手続，財産及び従業員の政府から日本国有鉄道への引継の手続その他この法律施行のために必要な事項は別に法律又は政令をもって定める。

（『官報』）

日本国有鉄道経営再建促進特別措置法

（昭和55年12月27日　法律第111号）

第1条（趣旨）　この法律は，我が国の交通体系における基幹的交通機関である日本国有鉄道の経営の現状にかんがみ，その経営の再建を促進するため執るべき特別措置を定めるものとする。
第2条（経営の再建の目標）　日本国有鉄道の経営の再建の目標は，この法律に定めるその経営の再建を促進するための措置により，昭和60年度までにその経営の健全性を確保するための基盤を確立し，引き続き，速やかにその事業の収支の均衡の回復を図ることに置くものとする。
第3条（責務）　日本国有鉄道は，その経営の再建が国民生活及び国民経済にとって緊急の課題であることを深く認識し，その組織の全力を挙げて速やかにその経営の再建の目標を達成しなければならない。
2　国は，日本国有鉄道に我が国の交通体系における基幹的交通機関としての機能を維持させるための機能を維持させるため，地域における効率的な輸送の確保に配慮しつつ，日本国有鉄道の経営の再建を促進するための措置を講ずるものとする。
第4条（経営改善計画）　日本国有鉄道は，運輸省令で定めるところにより，その経営の改善に関する計画（以下「経営改善計画」という。を定め，これを実施しなければならない。
2　経営改善計画は，次の事項について定めるものとする。

一　経営の改善に関する基本方針
二　事業量，職員数その他の経営規模に関する事項
三　輸送需要に適合した輸送力の確保その他の輸送の近代化に関する事項
四　業務の省力化その他の業務運営の能率化に関する事項
五　運賃及び料金の適正化その他の収入の確保に関する事項
六　組織運営の効率化その他の経営管理の適正化に関する事項
七　収支の改善の目標
八　前各号に掲げるもののほか，運輸省令で定める事項

3　日本国有鉄道は，毎事業年度，経営改善計画の実施状況について検討を加え，必要があると認めるときは，これを変更しなければならない。

4　日本国有鉄道は，経営改善計画を定め，又はこれを変更するに当たっては，輸送の安全の確保及び環境の保全に十分配慮しなければならない。

5　日本国有鉄道は，経営改善計画を定め，又はこれを変更しようとするときは，運輸大臣の承認を受けなければならない。

第5条（経営改善計画の実施状況の報告）　日本国有鉄道は，運輸省令で定めるところにより，毎事業年度における経営改善計画の実施状況を明らかにした報告書を作成し，これに監査委員会の意見書を添えて運輸大臣に提出しなければならない。

第6条（監査委員会の組織）　経営改善計画の実施状況その他日本国有鉄道の経営の再建の促進に関する事項に係る監査を充実するため，日本国有鉄道法（昭和23年法律第256号）第15条〔組織〕第1項の規定にかかわらず，監査委員会は，委員3人以上6人以内をもって組織する。

第7条（経営改善計画の変更等の指示）　運輸大臣は，日本国有鉄道の経営の再建を促進するため必要があると認めるときは，日本国有鉄道に対し，経営改善計画の変更その他その経営の改善に関し必要な指示をすることができる。

第8条（地方交通線の選定等）　日本国有鉄道は，鉄道の営業線（幹線鉄道網を形成する営業線として政令で定める基準に該当するものを除く。）のうち，その運営の改善のための適切な措置を講じたとしてもなお収支の均衡を確保することが困難であるものとして政令で定める基準に該当する営業線を選定し，運輸大臣の承認を受けなければならない。

2　日本国有鉄道は，前項の承認を受けた鉄道の営業線（以下「地方交通線」という。）のうち，その鉄道による輸送に代えて一般乗合旅客自動車運送事業（道路交通法（昭和26年法律第183号）第3条〔種類〕第2項第1号の一般乗合旅客自動車運送業をいう。以下同じ。）による輸送を行うことが適当であるものとして政令で定める基準に該当する営業線を選定し，運輸大臣の承認を受けなければならない。

3　日本国有鉄道は，前項の政令で定める基準に該当する営業線を選定したときは，その旨を関係都道府県知事に通知しなければならない。

4　前項の通知を受けた都道府県知事は，当該通知に係る営業線の選定について，運輸大臣に対し，意見を申し出ることができる。

5　日本国有鉄道は，第1項又は第2項の承認を受けたときは，遅滞なく，当該承認に係る地方交通線について運輸省令で定める事項を公告しなければならない。

6　日本国有鉄道は，運輸省令で定めるところにより，経営改善計画において，第2項の承認を受けた地方交通線（以下「特定地方交通線」という。）ごとに，その廃止の予定時期及び次条第1項に規定する協議を行うための会議の開始を希望する日（以下「会議開始希望日」という。）を定めなければならない。

第9条（特定地方交通線対策協議会等）　特定地方交通線を廃止する場合に必要となる輸送の確保に関し必要な協議を行うため，特定地方交通線ごとに，政令で定めるところにより，国の関係行政機関及び日本国有鉄道（以下「関係行政機関」という。）により，特定地方交通線対策協議会（以下「協議会」という。）を組織する。

2　前項に規定する協議を行うための会議（以下「会議」という。）は政令で定めるところにより，関係行政機関等の長又はその指名する職員，関係地方公共団体の長又はその指名する職員及び関係都道府県公安委員会の指名する当該都道府県警察の職員をもって構成する。

3　会議において第1項に規定する協議を行うため必要があると認めるときは，当該地域における交通に関し学識経験を有する者の意見を聴くことができる。

4　協議会の庶務は，日本国有鉄道において処理する。

5　前各項に定めるもののほか，協議会に関し必要な事項は，協議会が定める。

第10条　協議会は，会議開始希望日が到来したときは，遅滞なく，その会議を開始しなければならない。

2　会議において前条第1項に規定する協議が調ったときは，関係行政機関等は，その協議の結果を尊重しなければならない。

3　第1項の規定により会議を開始した日から2年を経過した日以後において，前条第1項に規定する協議が調わないことが明らかであると認められる場合には，日本国有鉄道は，日本国有鉄道法第53条〔監督事項〕の規定により当該特定地方交通線の廃止の許可を申請するものとする。

4　日本国有鉄道は，前項の申請をしようとするときは，当該特定地方交通線を廃止する場合に必要となる一般乗合旅客自動車運送事業による輸送の確保のための措置について定めた書類を運輸大臣に提出し，及びこれを関係都道府県知事に送付しなければならない。

5　前項に規定する書類の送付を受けた都道府県知事は，同項に規定する措置について，運輸大臣に対し，意見を申し出ることができる。

第11条（特定地方交通線を廃止する場合の輸送の確保）　運輸大臣は，日本国有鉄道が特定地方交通線を廃止する場合において，これに代わる輸送を確保するため必要があると認めるときは，日本国有鉄道が自ら一般乗合旅客自動車運送事業による輸送を行うべきことの指示その他の措置を講ずるものとする。

第12条（地方交通線の貸付及び譲渡）　日本国有鉄道は，日本国有鉄道法第45条〔財産処分の制限〕第1項の規定にかかわらず，地方交通線の貸付け又は譲渡を受けて地方鉄道業を営もうとする者に対し，政令で定めるところにより，当該地方交通線を貸し付け，又は譲渡することができる。

2　前項の規定による地方交通線の貸借又は譲渡及び譲受は，運輸大臣の認可を受けなければ，その効力を生じない。

3　前項の認可を受けようとする者は，当該地方交通線の貸借又は譲渡及び譲受に関する契約書その他運輸省令で定める書類を運輸大臣に提出しなければならない。

4　日本国有鉄道法第53条〔監督事項〕第3号の規定は，第2項の認可に係る地方交通線については，適用しない。

5　第2項の認可を受けて地方交通線の貸付け又は譲渡を受けた者は，地方鉄道法（大正8年法律第52号）第12条〔事業の免許〕第1項の免許及び同法第13条〔工事施行の認可〕第1項の認可を受けたものとみなす。

6　第2項の認可を受けて地方鉄道業を営もうとする者については，地方交通線の貸付け又は譲渡を受ける日前においても，その者を地方鉄道業者とみなして，地方鉄道法第20条から第22条まで〔運輸の開始・運賃及び料金・列車の運転速度・度数・発着時刻〕第25条〔連絡運輸，直通運輸，

運賃協定その他の協定の命令〕及び第26条〔鉄道の貸借・営業又は運転の管理の委託又は受託〕の規定並びに鉄道営業法（明治33年法律第65号）第3条〔運賃その他の運送条件〕及び第20条〔地方鉄道係員の服務規程〕の規定を適用する。

第13条（地方交通線の運賃）　日本国有鉄道は，地方交通線の運賃については，地方交通線の収支の改善を図るために必要な収入の確保に特に配慮して定めるものとする。

第14条（地方鉄道による新線建設の特例）　運輸大臣は，この法律の施行の日において日本鉄道建設公団法（昭和39年法律第3号）第20条〔国鉄新線の基本計画〕第1項の規定により基本計画を指示している国鉄新線であって，日本国有鉄道がその営業を開始した場合に第8条〔地方交通線の選定等〕第2項の政令で定める基準に該当することとなると認めて告示したものについて，地方鉄道法第12条〔事業の免許〕第1項の免許をすることができる。

2　前項の規定により告示された鉄道路線に係る地方鉄道法第12条第1項の免許があった場合には，当該鉄道線路に係る日本鉄道建設公団法第20条第1項の基本計画は，定められなかったっものとみなす。

第15条（日本鉄道建設公団の業務の特例）　日本鉄道建設公団　（以下「公団」という。）は，日本鉄道建設公団法第19条〔業務の範囲〕第1項に規定する業務のほか，次の業務を行う。

1　鉄道敷設法（大正11年法律第37号）別表に掲げる予定鉄道線路又は同法附則第2項〔経過措置〕の鉄道線路に該当する地方鉄道に係る鉄道施設（日本鉄道建設公団法第19条第1項第4号に定めるものを除く。）の建設を行い，及び当該鉄道施設を地方鉄道業者に貸し付け，又は譲渡すること。

2　前号の規定により貸し付けた鉄道施設に係る災害復旧工事を行うこと。

3　前2号の業務に附帯する業務を行うこと。

第16条（日本鉄道建設公団による地方鉄道新線の建設等）　前条第1号の鉄道施設の建設に係る地方鉄道法第13条〔工事施行の認可〕第1項の工事施行の認可を受けた地方鉄道業者は，運輸省令で定めるところにより，運輸大臣に対し，公団が当該鉄道施設の建設を行うよう申し出ることができる。

2　運輸大臣は，前項の規定による申出があった場合において，当該建設が地域における輸送の確保のため特に必要であり，かつ，公団が行うことが適当であると認めるときは，運輸省令で定めるところにより，工事実施計画を定め，これを公団に指示するものとする。これを変更するときも，同様とする。

3　前項の工事実施計画は，当該建設に係る地方鉄道法第13条第1項の工事施行の認可に適合するものでなければならない。

4　公団及び地方鉄道業者は，第2項の指示があったときは，当該鉄道施設の建設の実施の方法及びその貸付け又は譲渡について協議しなければならない。

第17条　第15条〔日本鉄道建設公団の業務の特例〕の規定により公団の業務が行われる場合には，日本鉄道建設公団法第12条第3項中「第19条第1項第4号」とあるのは「第19条第1項第4号若しくは日本国有鉄道経営再建促進特別措置法（昭和55年法律第111号。以下「特別措置法」という。）第15条第1号」と，同条第5号中「第19条第1項第4号」とあるのは「第19条第1項第4号若しくは特別措置法第15条第1号」と，同法第19条第2項中「前項の」とあるのは「前項及び特別措置法第15条の」と，同項第1号中「前項第1号」とあるのは「前項第1号又は特別措置法第15条第1号」と，同法第23条第1項中「日本国有鉄道」とあるのは「日本国有鉄道又は地方鉄道業者」と，「第19条第1項第1号」とあるのは「第19条第1項第1号又は特別措置法第15条第1号」と，同法第26条第2項及び第37条中「第19条第1項第4号及び第5号」とあるのは「第19条第1項第

4号及び第4号並びに特別措置法第15条各号」と，同法第35条第2項，第36条第1項及び第42条第1号中「この法律」とあるのは「この法律又は特別措置法」と，同法第39条第2号の2中「第22条の2第2項」とあるのは「第22条の2第2項又は特別措置法第16条第2項」と，同法第42条第2号中「第19条第1項及び第2項」とあるのは「第19条第1項及び第1項並びに特別措置法第15条」とする。

第18条（長期資金の無利子貸付け）　政府は，特定債務（日本国有鉄道が政府から貸付けを受けた長期の資金に係るこの法律の施行の日のおける債務のうち政令で定めるものをいう。以下同じ。について，その償還が開始される年度からその償還が完了する年度までの期間中の毎年度，予算の範囲内において，日本国有鉄道に対し，政令で定めるところにより，その償還に要する長期の資金を無利子で貸し付けることができる。

第19条（利子補給）　政府は，特定債務について，昭和55年度からその償還が完了する年度までの期間中の毎年度，予算の範囲内において，日本国有鉄道に対し，日本国有鉄道が当該年度において支払うべき利子に充てるべき金額を補給することができる。

第20条（特定債務整理特別勘定）　日本国有鉄道は，昭和55年度に相当する事業年度から第18条〔長期資金の無利子貸付け〕の規定により貸付けを受けた長期の資金の償還が完了する事業年度までの期間（以下「特定債務整理期間」という。）における特定債務及び当該長期の資金に係る債務の処理に係る計理についいは，その他の計理と区分し，特定債務整理特別勘定を設けて整理しなければならない。

2　特定債務整理特別勘定の計理に関し必要な事項は，運輸省令で定める。

第21条　特定債務整理期間における収入支出予算又は会計規程については，日本国有鉄道法第39条の5中「工事勘定」とあるのは「工事勘定並びに日本国有鉄道経営再建促進特別措置法（昭和55年法律第111号）第20条の特定債務整理特別勘定」と，同法第43条第1項中「これに基く政令」とあるのは「これに基づく政令並びに日本国有鉄道経営再建促進特別措置法及びこれに基づく運輸省令」とする。

第22条（損失の処理の特例）　日本国有鉄道は，毎事業年度，前事業年度から繰り越された損失があるときは，運輸大臣の承認を受けて，資本積立金を減額してこれを整理することができる。

第23条（償還条件の変更）　政府は，日本国有鉄道が政府から無利子で貸付けを受けた長期の資金に係るこの法律の日における債務のうち政令で定めるものについて，償還期間及び据置期間を5年以内で政令で定める期間延長することができる。

第24条（地方交通線に係る補助）　政府は，予算の範囲内において，日本国有鉄道に対し，地方交通線の運営に要する費用を補助することができる。

2　政府は，予算の範囲内において，日本国有鉄道に対し，特定地方交通線の廃止の円滑な実施を図るための措置に要する費用を補助することができる。

3　政府は，予算の範囲内において，特定地方交通線を廃止する場合に必要となる一般乗合旅客自動車運送事業又は地方鉄道業を経営する者に対し，政令で定めるところにより，その事業の運営に要する費用を補助することができる。

第25条（特別の配慮）　政府は，第18条〔長期資金の無利子貸付け〕第19条〔利子補給〕第23条〔償還条件の変更〕及び前条に規定するもののほか，日本国有鉄道の経営改善計画の円滑な実施その他のその経営の再建を促進するため必要があると認めるときは，日本国有鉄道に対し，財政上の措置その他の措置を講ずるよう特別の配慮をするものとする。

第26条（大蔵大臣との協議）　運輸大臣は，第4条〔経営改善計画〕第5項及び第22条〔損出の処理の特例〕の承認，第7条〔経営改善計画の変更等の指示〕の経営改善計画の指示，第12条〔地

方交通線の貸付け及び譲渡〕第2項の認可並びに第20条〔特定債務整理特別勘定〕第2項の運輸省の制定及び改正については，大蔵大臣と協議してこれをしなければならない。
　　附　　則〔抄〕
第1条　この法律は，公布の日から施行する。（以下略）

（『法令全書』　昭和55年）

〔資料②〕

行政機構等の沿革

1870. 4.19〈旧暦 3.19〉 民部・大蔵省に鉄道掛を置く
 　（1870年官設鉄道の建設に着手）
1870. 8.13〈旧暦 7.17〉 民部・大蔵省の分離（8.6〈旧暦7.10〉）により鉄道掛は民部省に属することとなる
1870.12.12〈旧暦閏10.20〉 鉄道掛は新設の工部省に属することとなる
1871. 9.28〈旧暦 8.14〉 鉄道掛を廃止し鉄道寮を置く
 　（1872年官設鉄道が開業）

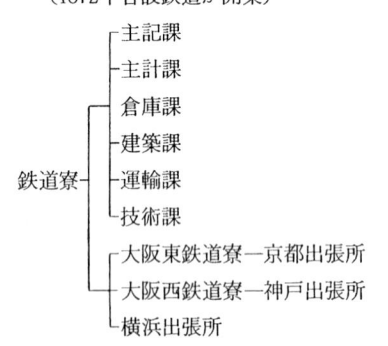

```
          ┌主記課
          ├主計課
          ├倉庫課
          ├建築課
  鉄道寮 ─┼運輸課
          ├技術課
          ├大阪東鉄道寮―京都出張所
          ├大阪西鉄道寮―神戸出張所
          └横浜出張所
```

1877. 1.11 鉄道寮を廃止し鉄道局を置く
 　（1881年最初の私設鉄道が特許され鉄道局は官設鉄道の運営のほか私設鉄道の監督行政も行なうこととなる　ただし馬車鉄道など軌道の監督行政は内務省の所管）
1885.12.22 工部省の廃止により鉄道局は内閣に直属（26日に官制公布）
1890. 9. 6 内閣に属する鉄道局を廃止して鉄道庁を置く
 　（10.6内務省に属することとなる）

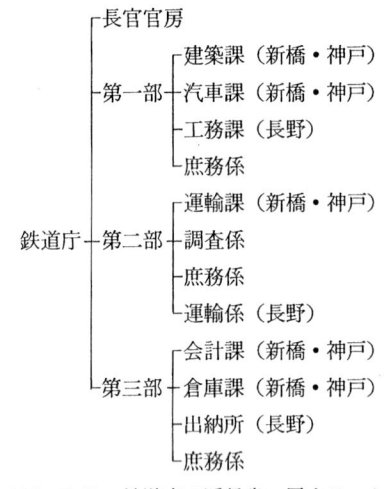

```
          ┌長官官房
          │         ┌建築課（新橋・神戸）
          ├第一部 ─┼汽車課（新橋・神戸）
          │         ├工務課（長野）
          │         └庶務係
          │         ┌運輸課（新橋・神戸）
  鉄道庁─┼第二部 ─┼調査係
          │         ├庶務係
          │         └運輸係（長野）
          │         ┌会計課（新橋・神戸）
          └第三部 ─┼倉庫課（新橋・神戸）
                    ├出納所（長野）
                    └庶務係
```

1892. 7.21 鉄道庁は逓信省に属することとなる
1893.11.10 鉄道庁（逓信省の外局）を廃止して逓信省鉄道局（内局）を置く
1897. 8.18 逓信省鉄道局は私設鉄道の監督行政を行なう機関となり官設鉄道の運営は鉄道作業局（逓信省の外局）が行なうこととなる
 　（私設鉄道の発達に伴い監督と現業を分離したもの）

行政機構等の沿革

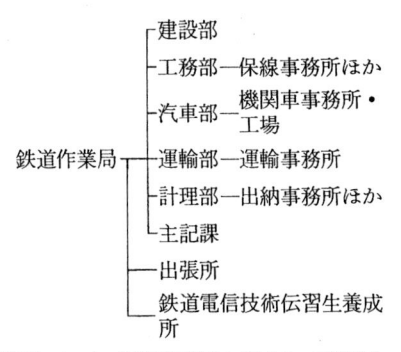

```
              ┌建設部
              ├工務部─保線事務所ほか
              ├汽車部─┬機関車事務所・
              │      └工場
鉄道作業局─────┼運輸部─運輸事務所
              ├計理部─出納事務所ほか
              ├主記課
              ├出張所
              └鉄道電信技術伝習生養成所
```

1907. 4. 1　鉄道作業局を廃止して帝国鉄道庁を置く
　（1906・1907年の鉄道国有化により規模の拡大した国有鉄道の運営に対応したもの）

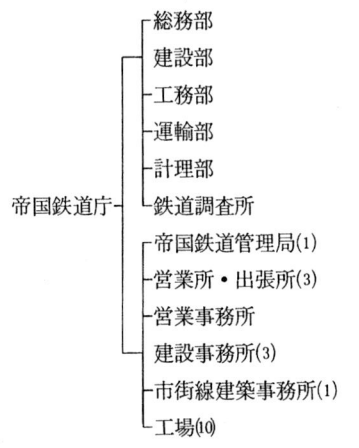

```
              ┌総務部
              ├建設部
              ├工務部
              ├運輸部
              ├計理部
帝国鉄道庁────┼鉄道調査所
              ├帝国鉄道管理局(1)
              ├営業所・出張所(3)
              ├営業事務所
              ├建設事務所(3)
              ├市街線建築事務所(1)
              └工場(10)
```

1908. 12. 5　逓信省鉄道局と帝国鉄道庁を廃止して内閣に鉄道院を置く　地方機関として東部・中部・西部・九州・北海道に鉄道管理局を置く
　（鉄道国有化により監督行政の規模は縮小したため現業の運営と一体の組織としたもの。なお軌道の監督行政は鉄道院が内務省と共管することとなる）

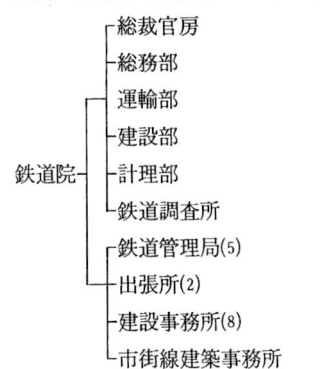

```
              ┌総裁官房
              ├総務部
              ├運輸部
              ├建設部
鉄道院────────┼計理部
              ├鉄道調査所
              ├鉄道管理局(5)
              ├出張所(2)
              ├建設事務所(8)
              └市街線建築事務所
```

1913. 5. 5　鉄道院の本院組織を改め総裁官房・技術部・監督部・運輸局・経理局を置く

1919. 5. 1　東部・中部・西部・九州・北海道の鉄道管理局を廃止して東京・名古屋・神戸・門司・仙台・札幌に鉄道管理局を置く

1920. 5. 15　鉄道院廃止，鉄道省を置く
　地方機関として東京・名古屋・神戸・門司・仙台・札幌に鉄道局を置く
　（国有鉄道の運営業務の増大と私鉄監督行政の充実の必要性から専任大臣をいただく独立の省としたもの）

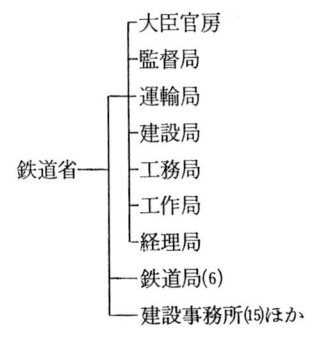

```
              ┌大臣官房
              ├監督局
              ├運輸局
              ├建設局
鉄道省────────┼工務局
              ├工作局
              ├経理局
              ├鉄道局(6)
              └建設事務所(15)ほか
```

（1928年自動車運送事業に関する監督行政の権限を逓信省から鉄道省に移管し陸運監督権を一元化）
1928. 5. 1　神戸鉄道局を廃止して大阪鉄道局を置く
1935. 8. 1　鉄道省の地方機関として広島にあらたに鉄道局を置く
1936. 9. 1　鉄道省の地方機関として新潟にあらたに鉄道局を置く
1943. 4. 1　鉄道省の地方機関として樺太にあらたに鉄道局を置く（1945年廃止）
1943. 11. 1　鉄道省と逓信省を廃止して運輸通信省を置く
　　　（陸運を所管する鉄道省と海運・航空を所管する逓信省の統合により交通行政を一体化し戦時下の海陸一貫輸送の実現を期したもの　ほかに港湾・倉庫・気象等も所管することとなる）

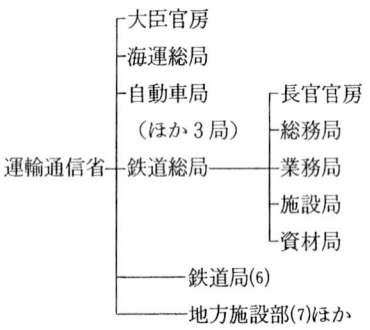

```
                ┌大臣官房
                ├海運総局
                ├自動車局　　　┌長官官房
                │（ほか3局）　├総務局
運輸通信省┤鉄道総局─────┤業務局
                │　　　　　　├施設局
                │　　　　　　└資材局
                ├──────鉄道局(6)
                └──────地方施設部(7)ほか
```

1945. 5. 19　運輸通信省は運輸省と改称
　　　（運輸通信省の機構が膨大なため通信部門を郵政省として分離したもの）
1945. 6. 19　運輸省の地方機関として四国にあらたに鉄道局を置く
1949. 6. 1　運輸省は監督行政を行なう機関となり国鉄の運営は日本国有鉄道（公共企業体）が行なうこととなる
　　　（占領軍の指示により労働関係の適正化と私企業的能率経営を期したもの）

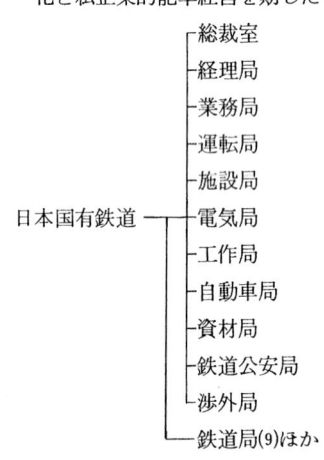

```
                    ┌総裁室
                    ├経理局
                    ├業務局
                    ├運転局
                    ├施設局
日本国有鉄道┤電気局
                    ├工作局
                    ├自動車局
                    ├資材局
                    ├鉄道公安局
                    ├渉外局
                    └鉄道局(9)ほか
```

1949. 9. 1　日本国有鉄道の本庁組織を改め総裁室・技師長のほか運輸総局に職員・輸送・車両・施設・信号通信・自動車・公安の7局・その他法務・経理・営業・資材・厚生労働の5局を置く
　　　（公共企業体にふさわしい組織への移行を期したもの）
1950. 8. 1　日本国有鉄道の地方機関として27の鉄道管理局その他を置く
1952. 8. 5　日本国有鉄道の本庁組織を改め総裁室・技師長のほか職員・厚生・経理・資材・営業・運転・施設・電気・工作・自動車の10局、公安本部・建設部を置く
　　　（縦割制によるセクショナリズムの弊を改め経営能率の向上を期したもの）
　　　〈以後の本社組織の改正は省略〉

1956. 6. 25　日本国有鉄道の経営委員会を廃止して理事会を置く
1957. 1. 16　日本国有鉄道の本社と鉄道管理局などの中間に北海道・東北・関東・中部・関西・西部の6支社を置く
　　　（本社の権限を大幅に委譲し地方分権の強化を期したもの）
1964. 4. 1　日本国有鉄道にあらたに東海道新幹線支社を置く
1969. 3. 1　東京鉄道管理局を東京南・東京西・東京北の3鉄道管理局に分割
1970. 8. 20　日本国有鉄道の支社を廃止北海道・九州・四国・東海道新幹線の4総局を置くほか仙台・東京・名古屋・大阪に駐在の常務理事を置く
　　　（中間管理機構の簡素化・能率化を期したもの）

国鉄改革に伴う新会社等への移行

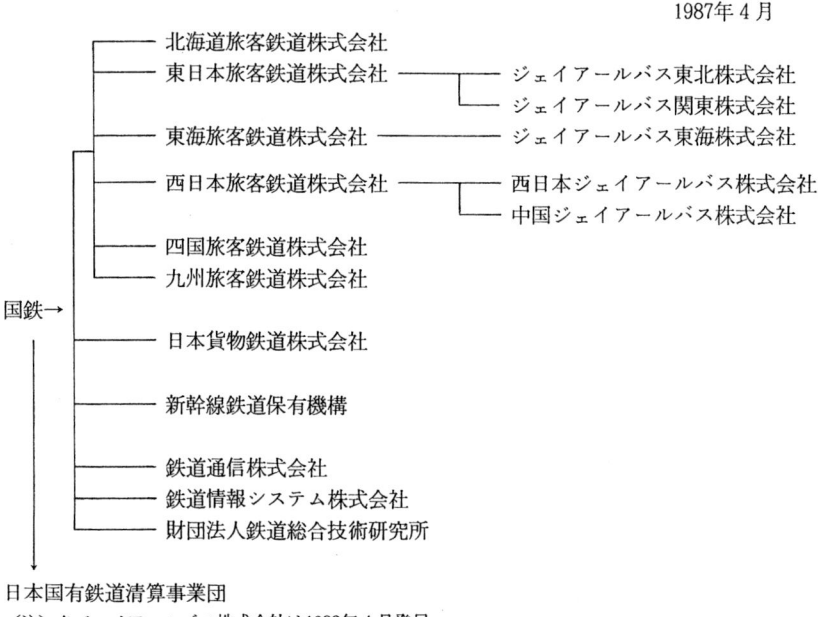

1987年4月

国鉄→
- 北海道旅客鉄道株式会社
- 東日本旅客鉄道株式会社
  - ジェイアールバス東北株式会社
  - ジェイアールバス関東株式会社
- 東海旅客鉄道株式会社
  - ジェイアールバス東海株式会社
- 西日本旅客鉄道株式会社
  - 西日本ジェイアールバス株式会社
  - 中国ジェイアールバス株式会社
- 四国旅客鉄道株式会社
- 九州旅客鉄道株式会社
- 日本貨物鉄道株式会社
- 新幹線鉄道保有機構
- 鉄道通信株式会社
- 鉄道情報システム株式会社
- 財団法人鉄道総合技術研究所

日本国有鉄道清算事業団
（注）各ジェイアールバス株式会社は1988年4月発足

（和久田康雄）

〔資料③〕

日本の鉄道網の発達

1．1880、1900、1920、1940、1960、1985各年（12月31日現在）の鉄道網を国(官)鉄、私鉄別に示した。

2．大都市地域などの鉄道網の稠密な地域では表示を省略した線がある。また、新幹線、市街電気軌道、馬車軌道、人車軌道は省略した。

(作図：青木栄一)

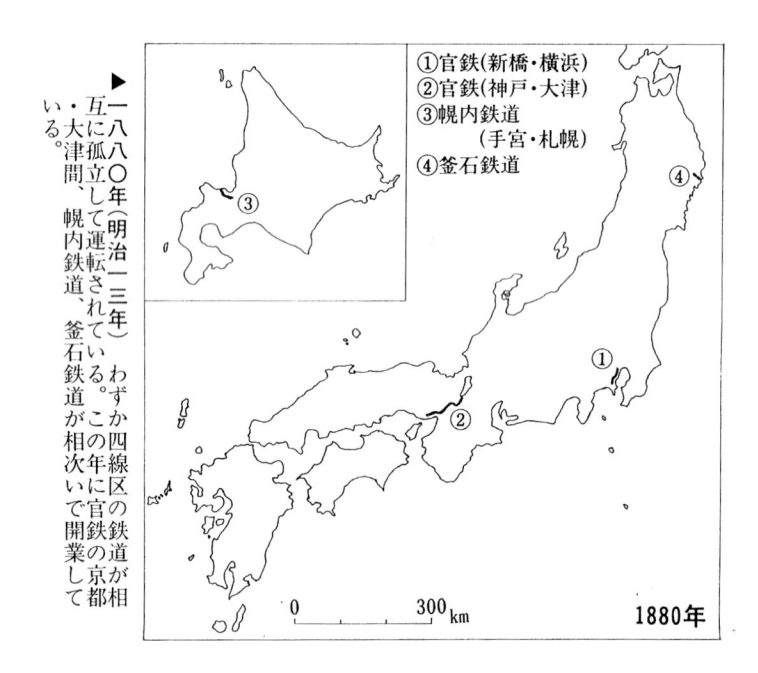

①官鉄(新橋・横浜)
②官鉄(神戸・大津)
③幌内鉄道
　　　(手宮・札幌)
④釜石鉄道

▶一八八〇年（明治一三年）わずか四線区の鉄道が相互に孤立して運転されている。この年に官鉄の京都・大津間、幌内鉄道、釜石鉄道が相次いで開業している。

1880年

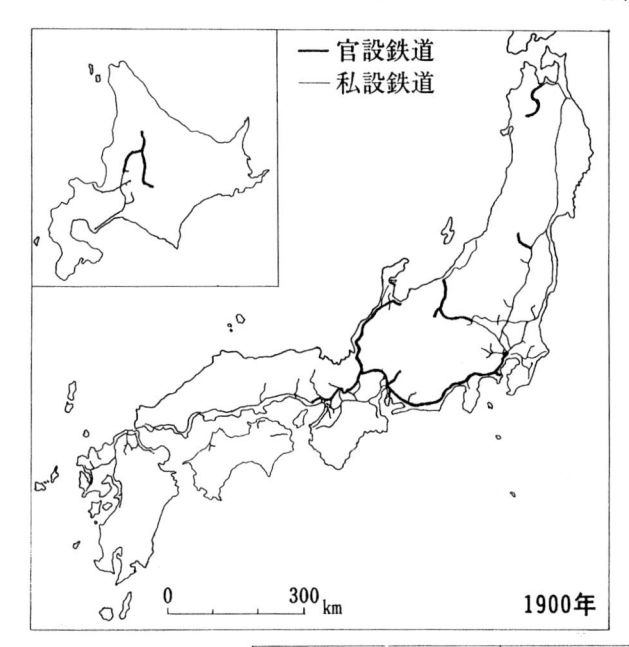

日本の鉄道網の発達

◀ 一九〇〇年（明治三三年）第一次および第二次私設鉄道網が形成されつつある。官鉄の建設については「鉄道敷設法」による官設鉄道（五大私鉄）・関西・山陽・九州鉄道，日本鉄道が，それぞれ主要路線・山陽・九州鉄道が当初に緒についた。奥羽・北陸線が建設，東海道・中央線は直江津から北陸線に熱海が完成した。計画を達成しつつある。

1900年

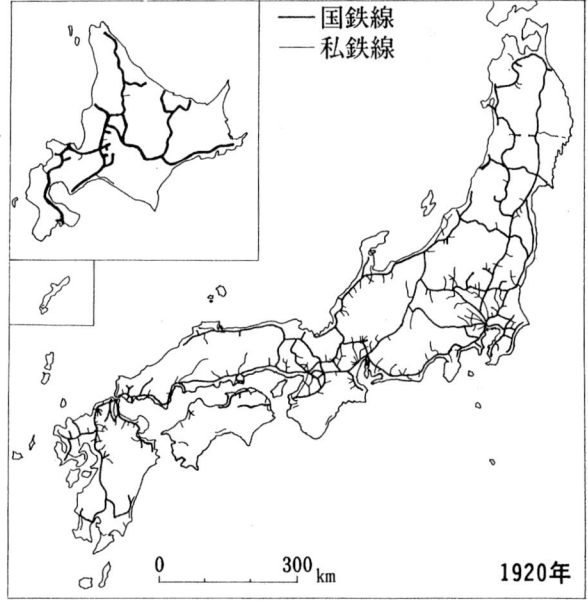

▶ 一九二〇年（大正九年）鉄道国有化が行なわれ，鉄道網が完成に近づきつつあるが，まだ山陰・羽越線・日豊本線などは未完成である。国鉄線から分岐する多数の局地的な私鉄が現われている。

1920年

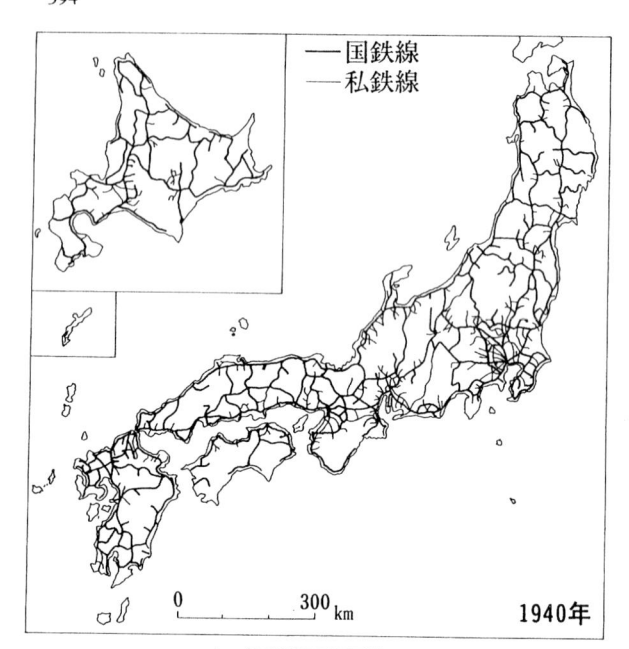

― 国鉄線
― 私鉄線

◀ 一九四〇年(昭和一五年) 一九二〇年には日本の国鉄は、カルマル線がすでに建設され、私鉄も国有化されて、国鉄線の敷設がおおむね過程に進められていた。この改正鉄道敷設法により、一九二二年に予定線として全国の国鉄線が四つの部分に区分された。そのうちの一つは過疎のため未成区間も多かった。他の国の鉄道網の状態でありつつあるものの、この四つの国のうちの一つは、宇和島鉄道が一つの国ものがのびているが、太平洋戦争直前の状態であった。あるまつな鉄道ではない。

1940年

― 国鉄線
― 私鉄線

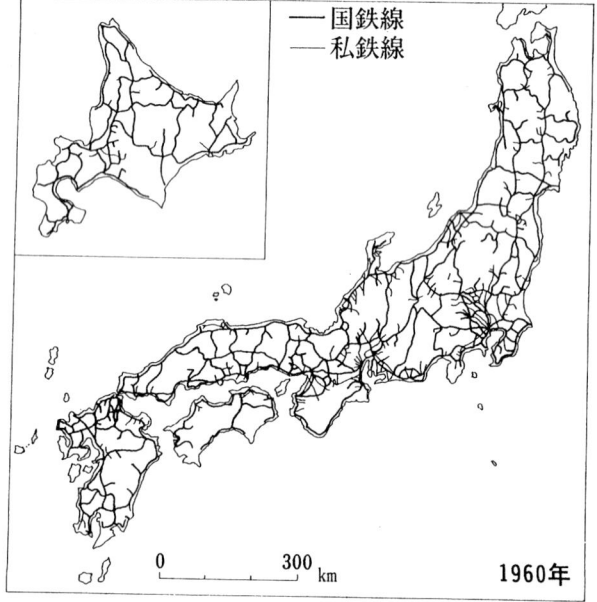

◀ 一九六〇年(昭和三五年) ローカル線の建設が再開され、大戦後、この頃大都市地域の国鉄網はさらに、一九五一年から国鉄の稠密の黄金時代となった。しかし、今世紀末にあって思えば、この頃が大きな国鉄私鉄の終末でしかなく、一九四〇年の状態によりはかなり減少し廃止が相次いでいる。

1960年

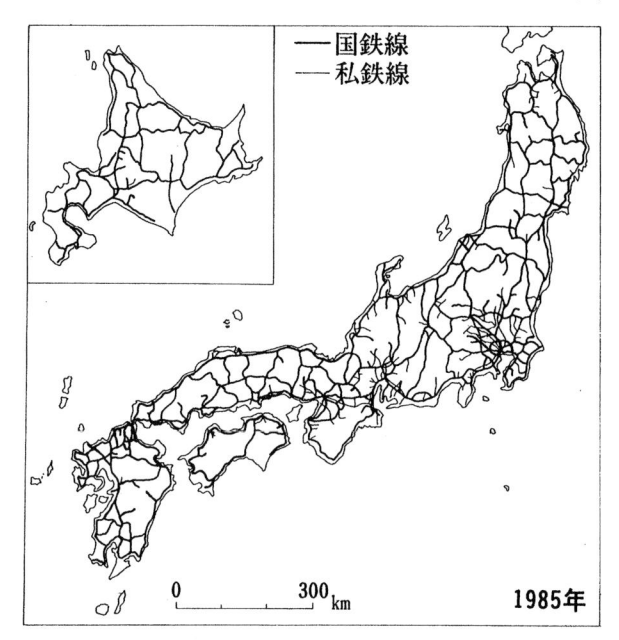

日本の鉄道網の発達 395

― 国鉄線
― 私鉄線

1985年

◀一九八五年(昭和六〇年)、鉄道は大都市地域と特定の都市間以外ではきなみに斜陽化し、国鉄もまた未曾有の経営危機に直面した。国鉄再建法によるローカル線の廃止(バス転換)・第三セクター化がみられるようになり、地方私鉄の線区も一九六〇年状態とくらべて大幅に減少している。

〔資料④〕鉄道主要統計　　　　　　　　　　(1) 鉄道営業キロ，旅客・

年度	国鉄					
	年度末営業キロ		旅客輸送量		貨物輸送量	
	総計	うち電化キロ	旅客数	人キロ	貨物量	トンキロ
	Km	Km	千人	百万人キロ	千トン	百万トンキロ
1872	29.0	—	495	N.D.	0.5	N.D.
75	61.7	—	2,756	N.D.	58	N.D.
80	123.0	—	5,332	N.D.	193	N.D.
85	269.9	—	2,597	N.D.	182	N.D.
90	885.9	—	11,265	458	671	41
95	954.6	—	18,764	842	1,100	124
1900	1,528.3	—	31,945	1,151	2,807	360
05	2,464.5	—	31,027	1,521	4,403	640
10	7,836.3	48.9	138,630	4,889	25,482	3,422
15	9,266.2	84.4	172,290	6,205	35,801	5,325
20	10,427.9	94.1	405,820	13,490	56,624	9,537
25	12,590.6	177.6	677,086	18,737	71,939	11,628
30	14,574.9	234.9	824,153	19,875	64,087	10,901
35	17,138.2	582.3	985,041	24,173	81,039	14,012
40	18,400.0	812.2	1,878,333	49,339	137,006	27,202
45	19,619.8	1,310.2	2,973,094	76,034	75,997	18,266
50	19,786.4	1,658.6	3,001,082	69,105	135,690	33,309
55	20,093.1	1,961.2	3,849,219	91,239	160,246	42,564
60	20,481.9	2,698.8	5,123,901	123,983	195,295	53,592
65	20,754.0	4,228.2	6,721,827	174,014	200,010	56,408
70	20,890.4	6,020.5	6,534,477	189,726	198,503	62,435
75	21,271.9	7,628.1	7,048,013	215,289	141,691	46,577
80	21,321.7	8,413.5	6,824,813	193,143	121,619	36,961
85	20,788.7	9,109.4	6,941,358	197,463	68,552	21,625

(注)＊1872・75・80・85年度は『明治40年度鉄道局年報』所収の累年表および『日本鉄道史』上篇，1890年末，輸送量は会計年度内の実績を示す。1925年度以前の数値は原資料のマイル表示をキロメートルを示した（軌道は人キロ，トンキロの数値を欠く）。1955年以降は地方鉄道と軌道の合計数値を示す。
＊1880年の民鉄欄は幌内鉄道と釜石鉄道の数値である。
＊1905年以前の民鉄欄は特記なき限り，私設鉄道に関する数値で，軌道を含まない。
＊国鉄貨物輸送量は1945年以前は有賃輸送のみ，1950年以降は無賃輸送を含む数値である。

鉄道主要統計 397

貨物輸送量の推移

年度	年度末営業キロ 総計	民　鉄 旅客輸送量 旅客数	民　鉄 旅客輸送量 人キロ	民　鉄 貨物輸送量 貨物量	民　鉄 貨物輸送量 トンキロ
	Km	千人	百万人キロ	千トン	百万トンキロ
1872	—	—	—	—	—
75	—	—	—	—	—
80	61.4	7	N.D.	9	N.D.
85	299.3	N.D.	N.D.	N.D.	N.D.
90	1,365.3	11,575	298	889	65
95	2,730.9	30,451	889	4,231	334
1900	4,674.5	81,766	1,911	11,595	819
05	5,231.3	82,648	2,511	17,127	1,535
10	823.7 1,318.6	25,909 359,052	308 N.D.	2,314 214	50 N.D.
15	2,648.1 2,019.4	51,390 638,483	582 N.D.	5,790 1,312	123 N.D.
20	3,520.1 2,125.1	116,007 1,271,607	1,232 N.D.	10,171 2,312	237 N.D.
25	4,903.1 2,540.0	233,827 1,714,686	2,132 N.D.	18,475 2,073	377 N.D.
30	7,018.1 2,711.5	428,371 1,690,871	3,624 N.D.	22,950 1,669	463 N.D.
35	7,097.6 2,553.6	532,135 1,608,331	4,595 N.D.	28,130 1,700	586 N.D.
40	6,698.9 2,208.2	1,205,049 2,902,319	10,565 N.D.	43,720 2,259	792 N.D.
45	5,910.9 1,610.9	2,198,897 2,558,982	24,135 N.D.	20,015 824	384 N.D.
50	5,943.6 1,621.6	2,464,001 2,832,736	22,500 N.D.	28,460 814	531 N.D.
55	7,577.8	5,931,761	44,873	33,173	690
60	7,428.6	7,166,479	60,357	42,904	923
65	7,128.2	9,076,341	81,370	52,463	890
70	6,213.9	9,849,557	98,781	57,254	988
75	5,594.4	10,539,912	108,511	42,737	770
80	5,593.6	11,180,145	121,399	44,931	740
85	5,830.8	12,048,291	132,639	30,789	509

年度以降は各年の鉄道統計年報（年次によって書名は異なる）によって作成した。営業キロは年度に換算した。換算率は，1マイル＝80チェーン≒1.609km, 1チェーン≒20mを適用した。
＊1885年の民鉄欄には幌内鉄道の数値を含む。
＊1910～50年の民鉄欄は上段に鉄道（私設鉄道，軽便鉄道，地方鉄道）を，下段に軌道に関する数値
＊1945年の民鉄欄は同年度の統計数値を欠くため，1946年度の数値を示す。
＊N.D.＝統計数値なし。

(2) 鉄道車両

年度	国鉄 機関車 蒸気	電気	内燃	電車	気動車	客車	貨車
1872	10	—	—	—	—	58	75
75	32	—	—	—	—	146	203
80	36	—	—	—	—	178	445
85	50	—	—	—	—	313	713
90	114	—	—	—	—	612	1,466
95	171	—	—	—	—	705	2,235
1900	387	—	—	—	—	1,085	4,291
05	594	—	—	—	—	1,668	8,236
10	2,231	—	—	44	4*	5,610	34,750
15	2,656	12	—	130	22*	6,630	43,451
20	3,284	22	—	290	18*	7,764	52,199
25	3,830	77	—	734	18*	9,550	59,607
30	4,088	2*+97	2	1,128	12+14*	10,422	68,353
35	3,938	173	13	1,450	232+11*	9,197	69,940
40	4,882	200	13	1,701	263+9*	10,765	96,972
45	5,899	296	9	1,950	238+6*	10,784	118,297
50	5,102	356	—	2,657	123	11,271	105,862
55	4,897	522	6	2,969	785	11,340	106,843
60	3,974	794	218	4,534	2,227	11,412	118,729
65	3,164	1,369	469	9,084	4,595	10,362	142,258
70	1,601	1,818	1,447	12,582	5,371	8,711	149,485
75	15	2,051	2,204	16,502	5,326	6,725	120,597
80	5	1,856	2,109	17,696	5,038	6,176	99,562
85	5	1,288	1,537	18,543	3,759	4,154	39,519

(註)＊1872・75・80・85年度は『明治40年度鉄道局年報』所収の累年表および『日本鉄道史』上篇，1890末日における数値を示す。
＊1885年の民鉄欄は幌内鉄道の数値を含む。
＊1910年以降の民鉄欄は鉄道（私設鉄道，軽便鉄道，地方鉄道）と軌道の合計である。
＊電気機関車欄で＊印を付した数値は蓄電池機関車を示す。
＊民鉄の電（客）車欄には鋼索鉄道（ケーブルカー）車両，無軌条電車を含む。

数の推移

民 鉄							
機関車			電(客)車	気動車	客車	貨車	
蒸気	電気	内燃					
—	—	—	—	—	—	—	
—	—	—	—	—	—	—	
5	—	—	—	—	8	81	
22	—	—	—	—	89	351	
140	—	—	—	—	605	1,921	
351	—	—	—	—	1,238	5,156	
892	—	—	—	—	3,331	14,046	
1,123	—	—	16	—	3,656	18,947	
206	3	63	2,186	10*	1,396	3,030	
574	5	80	4,051	16*	2,128	6,522	
702	9	53	4,924	24*	2,075	8,522	
892	89	58	6,783	3+40*	2,372	11,757	
901	186	69	8,414	273+24*	2,618	13,434	
766	171	52	8,246	447+16*	2,151	12,919	
562	188	29	8,352	463+14*	1,766	12,179	
542	181	20	6,748	261+18*	1,947	9,723	
515	222	26	8,758	220	1,407	11,154	
259	9*+258	110	9,348	275	799	10,251	
167	10*+289	167	12,067	307	706	9,710	
86	8*+315	207	14,388	332	442	9,039	
27	8*+308	198	15,275	253	197	4,730	
4	8*+219	206	16,080	202	161	2,825	
6	7*+202	201	17,694	206	169	2,063	
2	2*+165	177	19,346	232	158	1,432	

年度以降は各年の鉄道統計年報（年次によって書名は異なる）によって作製した。いずれも各年度
＊1880年の民鉄欄は幌内鉄道と釜石鉄道の数値である。
＊1905年以前の民鉄欄は特記なき限り，私設鉄道に関する数値で，軌道を含まない。
＊1945年の民鉄欄は同年度の統計数値を欠くため，1946年度の数値を示す。
＊内燃動車欄で＊印を付した数値は蒸気動車を示す。
＊1960～75年の国鉄欄には借入車両数を含む。

（青木栄一）

年　　表

西暦（元号）	月・日	事　　項
1825（文政 8）	9. 27	イギリスのストックトン・ダーリントン間および支線の蒸気鉄道開業（世界最初の公共鉄道）
1854（嘉永 7）	3. 13	江戸湾小柴沖に来航のアメリカ合衆国使節ペリー，汽車模型を持参，3月21日にから横浜応接所において運転
1855（安政 2）	9. —	佐賀藩で蒸気機関車1両と貨車2両の模型を製作（わが国最初の汽車模型）
1860（万延 1）	4. 26	幕府遣米使節，列車でパナマ地峡を横断（日本人が鉄道を利用した記録として最初）
1865（慶応 1）	—. —	イギリスのT.B.グラバー商会，長崎大浦海岸で汽車の試運転実施
1867（慶応 3）	3. 4	横浜在住のC.L.ウェストウッド，幕府外国奉行に江戸・横浜間鉄道建設方を請願
1868（慶応 3）	1. 17	幕府老中小笠原長行，アメリカ公使館員A.L.C.ポートマンの江戸・横浜間鉄道建設請願にたいし免許書および規則書を交付（1869年2月19日，小笠原，契約履行の不能を通知，5月6日政府，アメリカ側の申し入れを拒否）　　　　　　〔明治維新〕
1869（明治 2）	12. 7	政府，鉄道建設に関し駐日イギリス公使パークスと非公式会議
	12. 12	鉄道建設決定（東京・京都間の幹線と，東京・横浜間，琵琶湖近傍・敦賀港間，京都・神戸間の各支線）
	—. —	北海道茅沼炭鉱で重力および畜力による鉄道を敷設
		〔関所廃止，版籍奉還〕
	2～3月	医師谷暘卿，鉄道建設の建白書を政府に提出
	4. 19	民部・大蔵省に鉄道掛を設置，鉄道建設業務を統轄
	4. 25	雇イギリス人建築師長エドマンド・モレルら東京・横浜間鉄道

年表 401

西暦（元号）	月・日	事項
1870（明治3）		の測量に着手（鉄道工事の最初）
	8. 6	民部大蔵省の分離により，鉄道掛は民部省に所属
	12. 12	工部省設置，鉄道掛を民部省から移管
	12. 16	日本最初の鉄道トンネル着工（石屋川トンネル）
1871（明治4）	9. 28	工部省鉄道掛を工部省鉄道寮に改組（翌29日工部大丞井上勝，鉱山頭兼鉄道頭に就任）
	9. ―	六郷川以南で試運転開始　〔廃藩置県，田畑勝手作り許可〕
1872（明治5）	4. 5	鉄道略則公布（太政官布告第61号，6月9日改正，第146号）
	6. 12	品川・横浜（現桜木町）間仮開業
	10. 14	新橋（現汐留）・横浜（現桜木町）両停車場で開業式を挙行（明治天皇，両駅の開業式に臨席），10月15日開業
		〔田畑永代売買解禁，学制頒布，国立銀行条例公布，徴兵令公布〕
1873（明治6）	9. 15	新橋・横浜間貨物営業を開始　〔地租改正条例公布，征韓論で政府分裂，内務省設置，太陽暦採用〕
1874（明治7）	5. 11	大阪・神戸間開業（12月1日　大坂・神戸間貨物営業開始）
	5. ―	雇イギリス人 R.V. ボイルら中山道鉄道調査開始
1875（明治8）	3. 27	内国通運会社など，鉄道貨物の集配の取扱開始
	5. ―	神戸工場で客貨車の製作を開始（車輪，車軸などはイギリスから輸入）
1876（明治9）	12. 1	新橋・品川間複線化
1877（明治10）	1. 11	工部省に鉄道局設置（鉄道寮廃止）
	2. 5	京都・神戸間開業式挙行（2月6日京都・大阪間開業）
	2. 14	新橋・横浜間軍事輸送開始
	3. ―	京都・大阪間に票券式閉塞法を施行，列車閉塞用ブロック電信機を設置
	5. 14	鉄道技術者養成のため大阪停車場2階に工技生養成所を設置
	11. 26	六郷川橋梁を鉄製に改築完成（27日開通）　〔西南戦争〕
1878（明治11）	8. 21	京都・大津間着工（日本人技術者・労働者工事を担当）
1879（明治12）	3. 13	大山巌陸軍卿，鉄道の輸送力について鉄道局に問合せ

西暦（元号）	月・日	事項
	4. 14	新橋鉄道局，落合丑松ら3人を機関方（機関士）に登用（日本人機関士のはじめ）
1880（明治13）	2. 17	工部省鉱山局釜石分局，釜石製鉄所専用鉄道を完成（軌間838 mm，1883年6月釜石分局の閉鎖により廃止，1882年3月1日，旅客・貨物営業開始）
	6. 28	逢坂山トンネル工事完成（最初の山岳鉄道トンネル）
	7. 14	京都・大津間開業式挙行（7月15日開業）
	11. 28	開拓使所管幌内鉄道手宮・札幌間開業
		〔国会開設請願，工場払下概則公布〕
1881（明治14）	11. 11	政府，日本鉄道会社に「東京ヨリ青森ニ至ル鉄道特許条約書」を下付　　　　　　　　　　　〔国会開設詔書公布，自由党結成〕
1882（明治15）	3. 10	金ヶ崎（現敦賀港）・洞道口（柳ヶ瀬隧道西口）間，長浜・柳ヶ瀬間仮開業
	6. 25	東京馬車鉄道新橋・日本橋間開業（馬車鉄道のはじめ）
	11. 13	幌内鉄道手宮・幌内間全通
1883（明治16）	7. 28	日本鉄道上野・熊谷間開業
	12. 28	中山道鉄道公債証書条例公布（太政官布告第47号）
1884（明治17）	2. 25	官私鉄道の敷設・変更は陸軍省と工部省との協議が必要となる（太政官達）
	4. 16	柳ヶ瀬トンネル開通，長浜・金ヶ崎間全通
	5. 1	日本鉄道上野・高崎間全通　　　　〔自由党解党，秩父事件〕
1885（明治18）	3. 1	日本鉄道品川・新宿・赤羽間開業，官設鉄道との間に直通運転，連絡運輸を開始
	12. 22	工部省廃止，鉄道局は内閣に直属
	12. 26	鉄道局官制を定める
	12. 29	阪堺鉄道（現南海電気鉄道）難波・大和川間開業
		〔大阪事件，太政官制廃止，内閣制度実施〕
1886（明治19）	7. 19	幹線経路を中山道から東海道に変更（閣令第24号）
1887（明治20）	5. 18	私設鉄道条例公布（勅令第12号）

西暦（元号）	月・日	事　項
	7. 16	井上鉄道局長官，参謀本部から諮問の「鉄道改正建議案」にたいする答申書を参謀本部長有栖川宮熾仁親王に提出
1888（明治21）	4. 10	参謀本部『鉄道論』刊行
	8. 9	碓氷馬車鉄道横川・軽井沢間開業
	10. 28	伊予鉄道松山外側・三津間開業（軌間762mm）
	11. 1	山陽鉄道兵庫・明石間開業
1889（明治22）	4. 11	甲武鉄道新宿・立川間開業（8月11日八王子まで延長）
	6. 16	大船・横須賀間開業
	7. 1	深谷・米原間など開通により，東海道線新橋・神戸間全通
	7. 10	鉄道1000マイル祝賀会名古屋で挙行
	12. 11	九州鉄道博多・千歳川（仮）間開業
	12. 15	関西鉄道草津・三雲間開業　〔大日本帝国憲法発布〕
1890（明治23）	3. 18	官設鉄道会計法公布（法律第20号，23年度より施行）
	3. ―	濃尾地方陸海軍大演習に東海道線新橋・名古屋間および武豊線等において軍事輸送開始（～4月上旬）
	5. ―	上野公園で開催の第3回内国勧業博覧会でスプレーグ式電車運転（日本最初の電車運転）
	8. 25	軌道条例公布（法律第71号）
	9. 6	鉄道局は鉄道庁と改称，内務大臣管轄となる　〔第1回衆議院議員選挙，教育勅語発布，第1回帝国議会召集，経済恐慌〕
1891（明治24）	7. 1	九州鉄道門司（現門司港）・熊本間全通
	7. ―	井上鉄道庁長官，「鉄道政略ニ関スル議」を内務大臣品川弥二郎に提出
	8. 30	筑豊興業鉄道若松・直方間開業
	9. 1	日本鉄道上野・青森間全通　〔濃尾震災〕
1892（明治25）	2. 1	北海道炭礦鉄道砂川・空知太間開業（北海道炭礦鉄道8月1日岩見沢・室蘭（現東室蘭）間開業）
	6. 21	鉄道敷設法公布（法律第4号）
	7. 21	鉄道庁，内務省から逓信省に移管，逓信省鉄道庁となる

西暦 (元号)	月・日	事　項
1893 (明治26)	4. 1	横川・軽井沢間開通 (アプト式鉄道)，高崎・直江津間全通
	6. 1	鉄道庁神戸工場において雇イギリス人R．F．トレビシックの指導により蒸気機関車完成 (前年起工，国産機関車のはじめ)
	11. 10	逓信省官制改正，鉄道局を設置 (鉄道庁廃止)
1894 (明治27)	6. 10	山陽鉄道広島まで開業
	8. ―	日清戦争勃発，国内各鉄道で軍事輸送実施　　〔日清戦争〕
1895 (明治28)	2. 1	京都電気鉄道塩小路東洞院通・伏見町下油掛間開業 (電気鉄道営業のはじめ)
	4. 1	官設鉄道線路名称制定
	7. 10	豆相人車鉄道小田原・吉浜間開業 (人車鉄道のはじめ)
		〔日清講和，三国干渉〕
1896 (明治29)	5. 14	北海道鉄道敷設法公布 (法律第93号)
	7. 26	株式会社鉄道車輌製造 (現日本車輌製造株式会社) 設立
	9. 1	新橋・神戸間急行旅客列車運転開始
	9. 7	汽車製造合資会社設立 (のち汽車製造株式会社)
	11. 21	関西鉄道，客車の外側塗装を等級別に塗りわける (客車等級別塗装のはじめ。上等は白，中等は青，下等は赤)
	12. ―	山陽鉄道，主要駅に荷運び夫を配置 (赤帽のはじめ)
1897 (明治30)	4. 23	民間の鉄道学校 (現岩倉高等学校) 設立許可 (同年6月5日開校)
	8. 18	逓信省官制改正，鉄道局を鉄道の監督および私設鉄道の免許に関する行政庁とし，現業管理機関として鉄道作業局設置
	11. 5	官設鉄道，主要駅で入場切符発売開始 (入場券のはじめ)
1898 (明治31)	1. ―	関西鉄道，客車内に電灯を設備 (車内電灯のはじめ，同年中に官設鉄道，山陽鉄道でも使用開始)
	8. 23	日本鉄道磐城線 (現常磐線) 水戸・岩沼間全通
	9. 22	山陽鉄道，直通列車にボーイを乗務させる (列車給仕のはじめ)
	11. 18	関西鉄道名古屋・網島 (大阪) 間全通
	11. 27	九州鉄道，鳥栖・長崎 (現浦上) 間全通

年表　405

西暦（元号）	月・日	事　項
1899（明治32）	3. 16	官設鉄道，旅客運賃の距離比例制を廃止，遠距離逓減制に変更
	3. 20	北陸線敦賀・富山間全通
	5. 25	山陽鉄道，急行列車に食堂付1等車を連結（列車食堂のはじめ）
	8. ―	台湾南北縦貫鉄道測量開始（1908年4月20日，基隆・高雄間全通）
	9. 6	北越鉄道直江津・沼垂（新潟）間全通
1900（明治33）	3. 16	私設鉄道法（法律第64号），鉄道営業法（法律第65号）各公布（10月1日施行）
	4. 8	山陽鉄道，急行列車に寝台付1等食堂合造車を連結，使用開始（寝台車のはじめ）
	5. 10	大阪・三木書店『鉄道唱歌』出版
	6. 12	鉄道作業局，女子雇員10名採用（女子職員のはじめ）
	8. 10	鉄道関係諸規定公布（逓信省令，鉄道関係規定類の官・私鉄への統一適用実施。10月1日施行）
	9. 29	政府，京釜鉄道敷設命令書下付（翌年6月25日京釜鉄道株式会社創立）
	10. 1	新橋・神戸間急行列車に1等寝台車を連結〔治安警察法公布，義和団事件〕
1901（明治34）	5. 27	山陽鉄道，神戸・馬関（現下関）間全通
	12. 15	新橋・神戸間急行列車に食堂車連結　〔八幡製鉄所操業開始〕
1902（明治35）	8. ―	名古屋・大阪間における官設鉄道と関西鉄道の旅客貨物運賃に関する競争おこる（1903～1904年再発）〔日英同盟協約締結〕
1903（明治36）	2. 1	中央東線笹子トンネル完成（6月11日，甲府まで開業）
	8. 22	東京電車鉄道，新橋・品川間開業（馬車鉄道を動力変更）
	9. 12	大阪市営電気軌道線花園橋・築港埋立地間開通（市営電車の始め）
	11. 1	京釜，京仁両鉄道合併
1904（明治37）	1. 25	鉄道軍事供用令公布（勅令第12号）
	2. 14	日露戦争に際し軍事輸送のため官，私鉄で軍事輸送実施（1906

西暦 (元号)	月・日	事　項
		年4月16日平時運行に復する)
	2. 21	大本営，臨時軍用鉄道監部の編成下令（京城・新義州間などの建設にあたる）
	5. 14	野戦鉄道提理部編成完結（中国東北の戦場における鉄道の運営にあたる）
	8. 21	甲武鉄道，飯田町・中野間電車併用運転を開始，同時に自動信号機を使用（汽車・電車併用運転，自動信号機使用のはじめ）
	10. 15	北海道鉄道，函館・小樽間全通
		〔日露戦争，第1次日韓協約〕
1905（明治38）	1. 1	非常特別税法および非常特別税法施行規則改正，通行税制定，京釜鉄道草梁・永登浦間開業
	4. 2	瀬戸自動鉄道開業，セルポレー式蒸気動車運転開始
	8. 1	官設鉄道，山陽鉄道，新橋・下関間に直通急行運転開始
	9. 11	山陽汽船会社，下関・釜山間連絡航路を開始
	9. 14	奥羽線福島・青森間全通　〔日露講和，第2次日韓協約〕
1906（明治39）	3. 31	鉄道国有法（法律第17号），京釜鉄道買収法（法律第18号）各公布。韓国統監府鉄道局発足（7月1日鉄道引き渡し）
	4. 11	帝国鉄道会計法（法律第37号）公布
	4. 16	新橋・神戸間運転の列車の種類を最急行・急行・直行として最急行・急行列車の乗客にたいし「急行列車券」を発売（急行料金のはじめ）
	5. 20	鉄道5000マイル祝賀会開催（名古屋）
	11. 26	南満州鉄道株式会社創立　〔韓国に統監府設置〕
	12. 1	山陽鉄道国有化により関釜航路など国有化
1907（明治40）	4. 1	帝国鉄道庁設置（鉄道作業局廃止）。鉄道公報（日刊）発行
	10. 1	鉄道国有法による17私鉄の国有化を完了
1908（明治41）	4. 20	台湾従貫線全通
	12. 5	鉄道院設置（帝国鉄道庁および逓信省鉄道局廃止，内閣直属）
1909（明治42）	4. 1	関西線湊町・柏原間にガンツ式蒸気動車の運転開始

西暦（元号）	月・日	事　項
	10. 12	国有鉄道線路名称制定
	11. 21	鹿児島線門司（現門司港）・鹿児島間全通
	12. 16	烏森（現新橋）・品川・上野間（新宿経由）および池袋・赤羽間で電車運転開始
1910（明治43）	4. 21	軽便鉄道法公布（法律第57号，8月3日施行）
	6. 12	宇野線岡山・宇野間開通。宇野・高松間航路開設　〔韓国併合〕
	12. —	アメリカよりラッセル式雪かき車購入
1911（明治44）	3. 23	軽便鉄道補助法公布（法律第17号，1912年1月1日施行）
	4. 6	広軌鉄道改築準備委員会官制公布
	5. 1	中央本線昌平橋（現廃止）・名古屋間全通
	8. 1	東京市，東京鉄道を買収
	10. 1	下関・小森江間貨車航送開始　〔大逆事件，工場法公布〕
	11. 1	鴨緑江橋梁完成により新義州・安東間開通（朝鮮総督府鉄道と満鉄との直通運転開始）
1912（明治45・大正1）	2. 13	イギリスから輸入の8700形とドイツから輸入の8800，8850形蒸気機関車を配属
	3. 12	ジャパン・ツーリスト・ビューロー設立（のちの交通交社）
	3. 27	アメリカから輸入の8900形蒸気機関車を配属
	5. 11	信越線横川・軽井沢間において，客貨列車の一部に電気機関車を使用開始（電気機関車営業運転のはじめ10000形のちEC40形）
	6. 15	新橋・下関間に1・2等特別急行列車の運転開始，同時に特別急行料金を設定（特別急行列車のはじめ）　〔明治天皇死去〕
1913（大正2）	4. 1	北陸線米原・直江津間全通
	8. 1	東海道本線全線複線化完成
	— —	国鉄蒸気機関車，全面国産の態勢に移行　〔大正政変〕
1914（大正3）	12. 18	東京駅開業式，12月20日東京・高島町（現横浜付近）電車運転開始（故障続出により12月26日運転休止，翌年5月10日再開）
1917（大正6）	5. 23	鉄道院が借入中の横浜鉄道（現横浜線）において広軌改築試験

西暦（元号）	月・日	事項
		を実施（8月5日まで）　　　　　　　　〔ロシア革命〕
1918（大正 7）	2. 1	鉄道病院共済組合規則を制定
	8. 29	生駒鋼索鉄道鳥居前・宝山寺間開業（鋼索鉄道のはじめ）
		〔シベリア出兵，米騒動，原敬内閣成立〕
1919（大正 8）	2. 24	床次鉄道院総裁，広軌改築計画中止を表明
	4. 10	地方鉄道法公布（法律第52号，1921年8月15日施行。私設鉄道法および軽便鉄道法廃止）
	12. 1	18900形（のちC51）蒸気機関車，浜松工場にて完成
		〔三一万歳独立運動〕
1920（大正 9）	5. 1	国有鉄道現業委員会規定制定
	5. 15	鉄道省設置，鉄道院廃止　　　　　〔第1回メーデー開催〕
1921（大正10）	4. 4	好間軌道でガソリン動車の営業運転開始
	4. 14	軌道法公布（法律第76号，1924年1月1日施行）
	8. 1	東海道本線大津・京都間路線変更により新線開通
	8. 5	根室本線滝川・根室間全通
	8. 31	鉄道省，『日本鉄道史』（全3巻）を刊行
	10. 10	宇野・高松間航路において貨車航送を開始
	10. 14	国有鉄道建設規程制定　　　　　　　　　　〔戦後恐慌〕
1922（大正11）	4. 11	鉄道敷設法改正法律公布（法律第37号。鉄道敷設法および北海道鉄道敷設法廃止）
	9. 2	国有鉄道線路名称に付した軽便線の称呼を廃止
	10. 13	10月14日を鉄道記念日と定める
	11. 1	宗谷本線旭川・稚内（現南稚内）間全通　〔ワシントン会議〕
1923（大正12）	3. ―	品川駅にはじめて高声電話機を設置，使用開始
	5. 1	鉄道省，稚内・大泊（樺太）間連絡航路開設
	7. 1	東京・下関間に3等特別急行列車の運転開始
	9. 1	関東大震災により鉄道大被害
	12. 15	日豊本線小倉・吉松間全通
1924（大正13）	3. ―	門司（現門司港）・大里（現門司）間で踏切警報機の使用開始

西暦 (元号)	月・日	事　　　　　項
	7. 31	羽越線新津・秋田間全通
	12. 24	東京駅場内信号機にはじめて色燈式を採用
1925 (大正14)	5. 21	青森・函館航路において貨車航送を試験的に開始
	7. 1	客車の自動連結器取付工事を施行（10日完了，16～17日機関車，17日本州・20日九州で貨車の自動連結器取付実施に成功）
	11. 1	神田・上野間高架鉄道開通，東北本線の起点を東京とする。山手線電車環状運転開始
	12. 13	東京・国府津間および東京・横須賀間電気機関車による運転開始
		〔治安維持法，衆議院議員選挙法改正（男子普通選挙）公布〕
1926 (大正15・	4. 24	東京駅4台，上野駅2台のドイツ製入場券自動発売機設置
昭和1)	9. 28	桜木町・上野間省線電車の一部にドアエンジン装置車の使用を開始　　　　　　　　　　　　　　　　　　　　〔大正天皇死去〕
1927 (昭和2)	3. 31	オハ44000形鋼製車（最初の17m鋼製客車，客車の鋼製化実施）
	8. 1	シベリア鉄道経由によるヨーロッパへの国際連絡運輸復活
	11. 20	樺太鉄道落合・知取間開業
	12. 15	東京・下関間に特別急行貨物列車新設
	12. 30	東京地下鉄道浅草・上野間開業
	一. —	駅構内の円タク営業を許可（構内タクシーのはじめ）
		〔金融恐慌，山東出兵〕
1928 (昭和3)	3. 1	秋葉原駅貨物高架ホーム使用開始
	8. 1	新花屋敷温泉土地会社の無軌条電車（花屋敷・新花屋敷間1.3km）開業（トロリーバスのはじめ）
	9. 10	長輪線長万部・輪西（現東室蘭）間全通
	11. 6	鉄道省官制改正，陸運の監督権を通信省から鉄道省に移管
		〔3.15事件，張作霖爆殺事件〕
1929 (昭和4)	7. —	鉄道省編纂による『日本案内記』全8巻の刊行開始
	8. 1	国鉄最初のディーゼル機関車（電気式）DC11形試運転開始（ドイツから導入）

西暦（元号）	月・日	事　項
	9. 15	東京・下関間特別急行列車第1・2列車を「富士」，第3・4列車を「桜」と命名（列車愛称名採用のはじめ）〔世界恐慌〕
1930（昭和5）	1. 1	鉄道省および省線と連絡運輸を行なう地方鉄道・軌道において運輸営業にメートル法を採用
	2. 1	東海道本線大垣・美濃赤坂間でガソリン動車（キハニ5000形）の運転開始
	3. 15	横須賀線列車を電車化（東京・横須賀間）
	4. 24	鉄道省，国際観光局官制公布
	10. 1	東海道本線東京・神戸間に各等特別急行列車「燕」号の運転開始
	12. 20	省営自動車岡崎・多治見間および瀬戸記念橋・高蔵寺開業（国鉄バスのはじめ）〔ロンドン会議〕
1931（昭和6）	2. 1	東京・神戸間急行列車に3等寝台車を連結，使用開始
	9. 1	清水トンネル完成により上越線新前橋・宮内間全通
	9. 20	釧網線東釧路・網走間全通　〔満州事変，十月事件〕
1932（昭和7）	2. 25	財団法人鉄道弘済会設立
	10. 1	石北トンネル完成，石北線新旭川・遠軽間全通
	12. 6	国都線隼人・都城間の全通により日豊本線のルート変更小倉・都城・鹿児島間全通　〔「満州国」成立，5.15事件〕
1933（昭和8）	2. 24	山陰本線京都・松江・幡生間全通
	5. 3	大阪市営高速鉄道（地下鉄）開業
	9. 15	中央線の東京・中野間に急行電車運転開始 〔国際連盟脱退，滝川事件〕
1934（昭和9）	11. 1	満鉄，大連・新京（長春）間に特別急行列車「あじあ」号運転開始
	11. 15	久大線久留米・大分間全通
	11. 24	流線型機関車第1号登場（C5343を改造）
	12. 1	丹那トンネル完成，東海道本線国府津・熱海・沼津間開通。全国的に列車時刻の大改正実施

年　表　411

西暦（元号）	月・日	事　項
1935（昭和10）	3. 20	高徳本線高松・徳島間全通
	11. 28	土讃線多度津・須崎間全通　〔天皇機関説問題，国体明徴声明〕
1936（昭和11）	3. —	鉄道省，貨物用D51形蒸気機関車を完成
	8. 19	特急「燕」号食堂車に冷房装置を使用開始
	9. 19	関門トンネル起工式挙行
		〔2.26事件，国策の基準決定，日独防共協定〕
1937（昭和12）	4. 5	小運送業法および日本通運株式会社法公布（法律第45・46号）
	7. 1	東海道本線東京・神戸間に各等特別急行列車「鴎」号新設
	10. 1	日本通運株式会社創立　　　　　　　　　　　〔日中戦争開始〕
1938（昭和13）	3. 31	支那事変特別税法により，汽車・電車・自動車および汽船の乗客に対し通行税を賦課（4月1日施行）
	4. 1	陸上交通事業調整法公布
	12. 19	朝鮮海峡トンネル地質調査開始　　　　　〔国家総動員法公布〕
1939（昭和14）	7. 12	鉄道幹線調査委員会設置
	11. 16	鉄道省信濃川発電所第1期工事の大半完成し発電を開始
		〔ノモンハン事件，第2次大戦開始〕
1940（昭和15）	2. 1	陸運統制令公布
		〔近衛新体制，日独伊三国同盟，消費物資配給制実施〕
1941（昭和16）	3. 7	帝都高速度交通営団法公布（法律第51号，5月1日施行）
	7. 16	三等寝台車廃止，食堂車削減
	8. 1	ジャパン・ツーリスト・ビューロー，東亜旅行社と改称
	11. 15	陸運統制令全面改正公布　　〔日ソ中立条約，太平洋戦争開始〕
	12. 22	車両統制会設立
1942（昭和17）	6. 11	関門トンネル工事および電化工事完成，試運転列車運転（7月1日，貨物運輸営業開始）
	9. 26	鉄道省部内において業務上使用する時刻の呼称方24時間制を実施（10月11日施行）
	11. 15	関門トンネル旅客運輸営業開始，戦時陸運非常体制の実施にともない列車時刻改正

西暦　（元号）	月・日		事　　　　　項
1943（昭和18）	4.	1	樺太庁鉄道および庁営自動車等の管理を鉄道大臣に移管，樺太鉄道局新設
	9.	1	鉄道車両製造工場の国家管理を実施
	10.	1	列車時刻改正，旅客列車の大削減実施（富士を除き特急の廃止）貨物列車の大増発
	11.	1	運輸通信省設置（鉄道省・逓信省廃止）
	12.	—	D52形蒸気機関車完成
1944（昭和19）	4.	1	「決戦非常措置要綱」にもとづき1等車・寝台車・食堂車全廃，特別急行列車全廃・急行列車の削減実施。国鉄，戦時特別賃率を設定し運賃引上げ
	5.	10	女子車掌登場
	6.	1	近畿日本鉄道設立（関西急行電鉄と南海鉄道の合併）
	9.	9	関門トンネル複線化
1945（昭和20）	5.	19	運輸通信省を改組，運輸省に改める
	6.	20	予讃本線高松・宇和島間全通
	8.	15	運輸省に復興輸送本部設置
	9.	3	運輸省渉外室設置
	9.	8	米第8軍，連合軍の輸送担当機関は米軍第3鉄道輸送司令部であることを日本陸軍鉄道関係担当参謀に指示
	9.	14	運輸省，復興のため車両3600両発注
	9.	20	R.T.O（占領軍の鉄道輸送事務所）設置
	11.	28	鉄道車両工業会発足（1948年5月5日，日本鉄道車両工業協会と改称）　　〔本土空襲の被害甚大，戦争終結，連合軍の占領・民主化政策開始，労働組合法（法律第51条）公布〕
1946（昭和21）	2.	27	国鉄労働組合総連合会結成
	9.	27	車両統制会解散
	11.	10	石炭事情の悪化により旅客列車削減，準急行列車の運転開始〔天皇神格否定詔書，メーデー復活，極東国際軍事裁判開廷〕
1947（昭和22）	1.	4	2等車の連結を一時停止，急行列車全廃（4月24日復活）

西暦（元号）	月・日	事　項
	1. 31	2.1ストロ中止指令
	4. 1	上越線水上・高崎間電化（戦後最初の国鉄電化区間）
	8. 1	青函トンネル調査開始　〔労働基準法公布，日本国憲法施行〕
1948（昭和23）	5. 29	国鉄，復興5ヵ年計画発表
	6. 1	東京急行電鉄より京浜急行電鉄，小田急電鉄，京王帝都電鉄分離
	7. 7	国有鉄道運賃法公布（法律第112号）
	12. 20	日本国有鉄道法（法律256号），公共企業体労働関係法（法律第257号）公布　〔昭和電工事件〕
1949（昭和24）	6. 1	日本国有鉄道設置
	7. 5	下山国鉄総裁消息不明，翌日未明常磐線北千住・綾瀬間で遺体発見（下山事件）
	7. 15	中央本線三鷹駅構内の無人電車暴走（三鷹事件）
	7. 20	国鉄職員9万4312人の削減を完了
	8. 17	東北本線松川・金谷川間で旅客列車脱線転覆（松川事件）
	9. 15	東京・大阪間に特急「へいわ」号運転開始（翌年1月1日「つばめ」号と改称）　〔ドッジライン，シャウプ税制勧告〕
1950（昭和25）	3. 1	東海道本線東京・沼津間に湘南電車の運転開始
	5. 11	東京・大阪間に特急「はと」号運転開始
		〔朝鮮戦争勃発，警察予備隊設置，レッドパージ〕
1951（昭和26）	4. 24	桜木町駅構内で京浜東北線電車2両焼失，死者106名，重軽傷者92名発生（桜木町事故）
	7. 17	鉄道建設審議会設置
		〔サンフランシスコ講和条約，日米安保条約調印〕
1952（昭和27）	4. 1	R.T.O廃止，進駐軍輸送制度を改正　〔メーデー事件〕
1953（昭和28）	10. 10	液体式気動車キハ45000形落成（ディーゼル化推進）
1954（昭和29）	1. 6	青函トンネル工事着工
	9. 26	台風15号により青函連絡船洞爺丸等5隻遭難沈没。これらの死亡・行方不明1430名（洞爺丸事故）
		〔ビキニ水爆実験で第五福竜丸被爆，原水爆禁止運動〕

西暦（元号）	月・日	事　項
1955（昭和30）	7. 1	1等寝台車を廃止　　　〔アジア・アフリカ会議，保守合同〕
1956（昭和31）	3. 20	東京・大阪間急行列車に3等寝台車復活
	3. 28	国鉄客車の鋼体化完了
	11. 19	東海道本線全線電化完成，全国的に列車ダイヤ大改正。山手・京浜東北線電車の分離運転開始
		〔砂川事件，日ソ国交回復，国連加盟決定〕
1957（昭和32）	4. 1	国鉄，第1次5カ年計画発足
	5. 25	国鉄技術研究所，東京・大阪間3時間の超特急列車構想を発表
	8. 30	運輸省，日本国有鉄道幹線調査会を設置
	9. 5	仙山線仙台・作並間で交流電気機関車の運転開始（単相50ヘルツ，交流電化のはじめ）
	10. 1	北陸本線田村・敦賀間に単相交流60ヘルツを使用
	10. 14	上野動物公園・上野水上動物公園間にモノレール開通
	12. 26	近畿日本鉄道の特急にシートラジオ設置
		〔ソ連人工衛星打上げ〕
1958（昭和33）	4. 8	行政官理庁，国鉄に組織，要員管理適正化など合理化を勧告
	11. 1	東京・大阪・神戸間に特別急行電車「こだま」号の運転を開始
1959（昭和34）	4. 20	東海道新幹線の起工式を熱海（新丹那トンネル東口）で挙行
	7. 15	紀勢本線亀山・新宮・和歌山（現紀和）間全通
	11. 5	汐留・梅田間に大型コンテナ専用貨物列車「たから」号の運転を開始（貨物列車の愛称のはじめ）
1960（昭和35）	2. 1	東京乗車券センターに座席予約装置MARS-1を設置
	7. 1	3等級制を1・2等の2等級制とする
	11. 13	架線試験電車で狭軌世界新記録を樹立（時速175km）
	12. 10	東北本線上野・青森間特急「はつかり」号気動車化
		〔日米安保条約改定〕
1961（昭和36）	4. 1	国鉄，第2次5か年計画発足
	5. 3	世界銀行から新幹線建設費8000万ドル借款調印
	6. 1	東京・勝田，小郡・久留米間で交直流電車使用開始

西暦（元号）	月・日	事　項
	10. 1	列車時刻大改正，全国の特急列車網整備
		〔経済高度成長政策開始〕
1962（昭和37）	5. 3	三河島駅構内において貨物列車と上下電車衝突事故発生。死者160名，負傷者296名（三河島事故）
	6. 10	北陸本線敦賀・今庄間北陸トンネル完成
1963（昭和38）	1. 23	北陸地方豪雪のため北陸上信越線の長距離列車全面運休（2月11日運転再開）
	10. 1	信越本線横川・軽井沢間新線開通（アプト式運転廃止）
	11. 9	東海道本線鶴見・横浜間で貨物列車脱線，これに上下の横須賀線電車が衝突。死者 161名，負傷者 120名（鶴見事故）
		〔三池炭鉱事故〕
1964（昭和39）	2. 29	鉄道建設公団法公布（法律第3号）（3月23日設立）
	9. 17	東京モノレール㈱，浜松町・羽田空港間開業
	9. 24	東海道新幹線東京・新大阪間開業　〔東京オリンピック〕
1965（昭和40）	4. 1	国鉄，新長期計画（第3次長期計画）発足
	10. 1	全国主要駅と日本交通公社営業所に「みどりの窓口」開設（MARS－102座席予約装置設置）　〔ベトナム戦争激化〕
1966（昭和41）	4. 20	国鉄全線にATS装置を設置完了，全列車ATS運転となる
1968（昭和43）	10. 1	東北本線全線複線電化完成などにより全国的に列車時刻大改正
		〔大学紛争〕
1969（昭和44）	4. 25	東海道本線にフレートライナー運転開始
	5. 9	日本国有鉄道財政再建促進特別措置法（法律第24号）公布施行
	5. 10	国鉄，等級制を廃止し，旅客運賃料金を1本建とする
	6. 10	国鉄東名ハイウエーバス営業開始　〔中国文化大革命〕
1970（昭和45）	5. 18	全国新幹線鉄道整備法公布（法律第71号）
	7. 1	本州四国連絡橋公団発足
	10. 1	国鉄"ディスカバージャパン"キャンペーン開始
		〔日本万国博覧会開催〕
1971（昭和46）	10. 11	国鉄当局，生産性向上運動（マル生運動）が不当労働行為を生

西暦（元号）	月・日	事　項
		じているとする公労委の勧告を認め，組合に陳謝
		〔中国国連加盟〕
1972（昭和47）	3. 15	山陽新幹線新大阪・岡山間開業
	10. 14	鉄道開業100周年記念式典を挙行　〔沖縄復帰，日中国交回復〕
1973（昭和48）	9. 26	国鉄財政再建促進特別措置法公布
1974（昭和49）	12. 11	新幹線第1回臨時総点検実施のため運転休止　〔田中金脈問題〕
1975（昭和50）	3. 10	山陽新幹線岡山・博多間開業　〔沖縄海洋博〕
1976（昭和51）	3. 2	北海道追分機関区を最後に国鉄の営業用蒸気機関車使用中止
	12. 20	国鉄貨物部門合理化案発表　〔ロッキード事件〕
1977（昭和52）	4. 16	宮崎浮上式鉄道実験センター開所
1980（昭和55）	9. 11	「名古屋新幹線公害訴訟」1審判決
	12. 27	国鉄経営再建促進特別措置法公布（法律第111号）
1981（昭和56）	2. 5	神戸新交通「ポートライナー」開業（最初の新交通システム）
	4. 10	運輸大臣，国鉄申請の地方交通線175線（10,161.3km）を承認
	5. 21	運輸大臣，「国鉄経営改善計画」を承認
	9. 18	運輸大臣，国鉄の第1次特定地方交通線40線729.1kmを承認
1982（昭和57）	6. 23	東北新幹線大宮・盛岡間開業
	7. 30	第2次臨時行政調査会，基本答申を政府へ提出。国鉄の分割・民営化を提言
	11. 15	上越新幹線大宮・新潟間開業
1983（昭和58）	5. 20	日本国有鉄道の経営する事業の再建の推進に関する臨時措置法公布（法律第50号）
	6. 10	国鉄再建監理委員会発足
	10. 23	白糠線白糠・北進間廃止（第1次特定地方交通線のバス転換第1号）
1984（昭和59）	4. 1	三陸鉄道盛・釜石間，宮古・久慈間開業（第1次特定地方交通線第三セクター第1号）
	6. 22	運輸大臣，国鉄の第2次特定地方交通線27線1540.4kmを承認
1985（昭和60）	3. 14	東北・上越新幹線上野・大宮間開業

年表 417

西暦（元号）	月・日	事　項
	7. 26	国鉄再建監理委員会，国鉄改革の意見書を政府に提出（旅客輸送は6分割，新会社の発足を1987年4月1日とする）
1986（昭和61）	12. 4	国鉄改革関連8法案，日本国有鉄道改革法（法律第87号），旅客鉄道株式会社及び日本貨物鉄道株式会社に関する法律（法律第88号），新幹線鉄道保有機構法（法律第89号），日本国有鉄道清算事業団法（法律第90号）などを公布
	12. 9	鉄道通信株式会社，鉄道情報システム株式会社創立総会開催
	12. 10	財団法人鉄道総合技術研究所設立を運輸大臣が許可
1987（昭和62）	3. 23	東日本・北海道貨物鉄道株式会社創立総会開催
	3. 24	東海・西日本貨物鉄道株式会社創立総会開催
	3. 25	四国・九州貨物鉄道株式会社創立総会開催
	4. 1	日本国有鉄道の分割民営化実施，6旅客鉄道株式会社（北海道・東日本・東海・西日本・四国・九州），日本貨物鉄道株式会社，新幹線鉄道保有機構，日本国有鉄道清算事業団発足
1988（昭和63）	3. 13	津軽海峡線（青函トンネル）開業，JRグループ初の列車時刻大改正実施
	4. 1	東日本・東海・西日本旅客鉄道株式会社は一般自動車輸送事業の経営を分離，JRバス東北・JRバス関東・JRバス東海・西日本JRバス・中国JRバス株式会社営業開始
	4. 10	本四備讃線（瀬戸大橋）開業

（注）
1　年月日の表示は，月日の「日」不明のものは―印で，また「月日」ともに不明のものは―．―印で表わした。
2　年表中の「1868年（慶応3）1. 17」は1868年1月17日（慶応3年12月23日）の意である。
3　主要参考文献はつぎのとおりである。
　　鉄道省『鉄道略年表』鉄道省，1942年
　　日本国有鉄道『増補改訂　鉄道略年表』日本国有鉄道，1962年
　　日本国有鉄道『日本国有鉄道百年史』日本国有鉄道，1969～1974年
　　門司鉄道管理局『鉄道年表』門司鉄道管理局，1969年
　　鉄道百年略史編さん委員会『鉄道百年略史』鉄道図書刊行会，1972年
　　岩波書店編集部『近代日本総合年表』第二版　岩波書店，1984年

東洋経済編『日本経済と国有鉄道』東洋経済新報社，1962年
菅原操『交通特論』山海堂，1982年
和久田康雄『日本の私鉄』岩波書店，1981年
原田勝正『日本の国鉄』岩波書店，1984年
原田勝正『増補改訂 鉄道の語る日本の近代』そしえて，1983年

（三宅俊彦）

さくいん

〔ア行〕

RTO……………………………………272
愛知電気鉄道………………………196, 250
アプト式………………………………147, 215
雨宮敬次郎（雨宮鉄工所）…94, 104, 146, 156-158
井笠鉄道………………………………306
池上電気鉄道………………197, 235, 250
生駒鋼索鉄道…………………………216
伊藤博文………13-14, 16-20, 23-24, 31, 34-35, 38-39, 41, 43, 45, 59, 63, 136
井上馨……………13, 29, 32, 58, 110-111
井上勝……7, 13-14, 22, 30-32, 34, 41-45, 59, 60, 63, 66, 99, 101, 137
今村清之助……………………………77-78
岩倉具視……17, 20-21, 33, 35, 38-39, 41, 71
牛場卓三…………………………66-68, 109
運輸省………261, 268-269, 272, 274-275, 291, 293, 299
運輸通信省……………………………264
ＡＴＣ…………………………………293
ＡＴＳ…………………………………300
江ノ島電気鉄道………………………91, 236
奥羽線（奥羽本線）……261, 273, 286-287
逢坂山トンネル（隧道）………………32, 81
王子電気鉄道…………………………233
青梅鉄道………………………………70
大久保利通……………………………20, 23
大隈重信………16-24, 34-35, 38-39, 103, 130-131, 136, 138, 185-186
大阪交通労働組合……………………208
大阪市電………168-171, 205-206, 208, 253
大阪鉄道………………………………43, 70
大阪電気軌道（大軌）……171, 196, 198, 205, 207, 251, 254
大沢界雄………………100, 103, 113-114
大船渡線………………………………186
大三輪長兵衛…………………………130-131
大村鎚太郎……………………………139
小笠原長行……………………13, 15, 127
尾崎三良………………………………62
小田急電鉄（小田原急行鉄道）…198, 252, 256-257
小田原電気鉄道…………91, 95, 217, 303
オリエンタル銀行……………………20, 22, 26

〔カ行〕

改主建従…………………………125, 187, 308
改正鉄道敷設法（鉄道敷設法の改正）
………………186, 244, 308, 310, 325
カーギル, W.W. ………………………23-24
鹿児島線（鹿児島本線）……239-240, 289-290
桂太郎…………104, 110, 114-115, 133, 188
我田引鉄………………156, 185-187, 308
加藤高明………………………………116-117
唐津興業鉄道（唐津鉄道）…………70, 100
樺太鉄道………………………………165
川崎車輌（川崎造船所）…146, 243, 245, 260
関西急行鉄道…………………………254
関西急行電鉄…………………………198, 251
関西鉄道（1871年10月）……30, 34, 68
関西電鉄従業員同盟会………………206
関西鉄道（1888年3月）……43, 70, 77, 86, 89, 106, 108-109, 118-120, 141-142, 165, 182
官設鉄道会計法………………………121
川上操六………………………………131
関門トンネル…………………………134, 262
汽車会社（汽車製造合資会社）……14, 87,

軌制調査会……………………138-139, 142 143, 145-146, 245, 260
軌制取調委員………………………102, 137
軌道………149-150, 200, 210, 223-224, 229-230, 232
──条例………………………………157, 199
木戸孝允………………………………13, 21, 23
木下淑夫……148, 165-166, 181-184, 187
九州鉄道………43, 57, 59, 63, 70-73, 77, 89-90, 100, 106, 108, 116-117, 119-120, 148, 217
狭軌……69, 114, 135-136, 138-139, 188
京都市電……………………171, 190, 205
──交通労働組合……………………207
京都鉄道…………………………………70
京都電気鉄道…………91, 170-171, 190
近畿日本鉄道………………197-198, 254
軍事輸送………10, 31, 62, 103, 113-114, 136-137, 140, 160, 184
京王帝都電鉄（京王電気軌道）…196, 233, 252, 255-257
京義鉄道（京義線）………………130, 159
京仁鉄道………………………37, 130-131
京成電鉄（京成電気軌道）…196, 252, 261
京阪神急行電鉄………………………254
京阪電気鉄道…171, 196, 205, 211, 214, 233, 235, 254
京浜線………………………………146, 193
京浜急行電鉄（京浜電気鉄道）……93, 95, 170, 196, 211, 251-252, 256-257
京釜鉄道…………36, 112, 116, 131, 158
軽便鉄道…130, 145-146, 148-157, 199, 244, 304, 307, 329
──法（軽便鉄道補助法）……148-149, 151, 156, 229, 306-308
ケーブルカー………………………215-216
建主改従………125, 134, 139, 166, 187, 244, 308
工学寮……………………………………80
広軌…………63, 135, 137-142, 150, 188
──改築…102, 114, 134-135, 137-142, 150-151, 183, 188, 237, 290

──鉄道改築準備委員会………134, 137
工技生養成所……………………80-81, 95
公共企業体……………273-276, 295, 319-321
交通事業調整委員会………………249, 251-252
工部省…13-14, 21, 23-24, 26-29, 31, 33, 41, 58, 80, 96-97, 99
甲武鉄道…43, 70, 73, 92-93, 106, 117-119, 146, 156-157, 170, 192, 197, 217
神戸市電………………………………243
交流電化調査委員会…………………287
国鉄大家族主義………134, 166-167, 203
国有鉄道軌間変更案…………………138
国有鉄道現業委員会（現業委員会）…188, 201, 203-204
国有鉄道現業委員会委員後援会……204
国有鉄道建設規程………………140, 244
五代友厚………………………………7-8, 12
御殿場線…………………………240, 263
五島慶太……………………237, 256-257
後藤新平……133-134, 137-138, 150-151, 159, 166-167, 184, 188, 236, 294
琴平参宮電鉄…………………………255
小林一三……………………………200-201

〔サ行〕
西園寺公望……110, 114-117, 119, 133, 138, 188
才賀藤吉…………………………154-155
佐々木高行………………………20, 41, 60
讃岐鉄道……………………70, 90, 210
佐分利一嗣……………………………64-65, 102
沢宣嘉……………………………………17, 20
参宮急行電鉄……………198, 251, 254
参宮鉄道…………36, 70, 118-119, 141
三条実美………………………13, 23-24, 31-32
山東鉄道………………………………184
参謀本部……14, 63, 102-103, 113, 137, 161, 183
山陽新幹線………………………293, 317
山陽線（山陽本線）…66, 122, 140, 237, 240-241, 244, 246, 257, 259, 261, 288, 290, 306

山陽鉄道……43, 57-59, 60, 63, 66-68, 70-72, 77, 83, 87, 89-90, 100, 106, 108-109, 116-117, 119, 130, 158, 162
三陸鉄道……310
CTC……293
私設鉄道条例……44, 60, 66
私設鉄道買収法案……64-65, 101, 103
私設鉄道法……148-149, 156, 229
自動車交通事業法……225, 231, 248-249
自動連結器……244
篠ノ井線……55, 261
芝浦製作所……93, 243
渋沢栄一……19, 29, 34, 36-37, 46, 59, 61, 77, 102, 104, 111, 130
シベリア鉄道……130, 159-160, 166, 183
島安次郎……139-142
下津井鉄道……152-154
下村房次郎……61
ジャパン・ツーリスト・ビューロー ……160, 166
ジェネラル・エレクトリック…91, 93, 146
省営自動車……225, 249
上越新幹線……293, 315, 317
上越線……240, 261, 273, 286-287, 289-290
城東線……193, 258
城東電気軌道……234
湘南電車……283-284
常磐線……57, 252, 273, 285, 289
信越線(信越本線)…147, 261, 283, 289
新幹線……135, 141, 262, 282, 290-291, 293-296, 315, 317, 323-324
豆相人車鉄道……157, 210
スプレーグ式電車……90
西南戦争……31, 35, 37, 62, 136
西部交通労働同盟……206-208
西武鉄道(西武農業鉄道)…197, 252, 257, 304
政友会→立憲政友会をみよ
全国新幹線鉄道整備法……293
仙石貢……138, 184-185, 295
仙山線……240, 287, 295

全日本鉄道従業員組合……204
荘田平五郎……58, 102, 116
双頭レール……82
総武線……193, 300
総武鉄道……106, 117-118, 120, 218
総武鉄道(現東武野田線)……252
添田寿一……138, 184
十河信二……141, 291, 294-296

〔タ行〕
太湖汽船……32
第三セクター……309
大師電気鉄道……91, 210
帝釈人車鉄道……210
第十五国立銀行……35, 38, 120-121
大日本機関車乗務員会……188, 202, 204
大日本軌道……146, 154, 157-158
大日本鉄道現業員同盟……204
台湾鉄道……127-129, 133, 165
高崎線……284, 286, 289, 317
高島嘉右衛門……21, 33, 34
高松琴平電気鉄道……254
田口卯吉……46-47, 54, 61, 64, 102
竹内綱……12, 130-131
谷暘卿……19
玉川電気鉄道……234, 250, 256
玉虫誼茂……6-7
ターミナル・デパート……201, 234-235
弾丸列車……140, 141, 246, 262, 290-291
丹那トンネル……134, 239-240
筑豊興業鉄道……36, 57, 70, 86, 100
地方鉄道軌道整備法……304
地方鉄道法(地方鉄道補助法)…149, 151, 156, 198, 200, 229, 304
中央線(中央本線・中央西線)…51, 54-56, 66, 146, 192-193, 240, 252, 261, 286, 289, 300
中国鉄道……70, 148
朝鮮総督府鉄道局……262
朝鮮鉄道…123, 129, 130-131, 160-162, 164-165
堤康次郎……257, 303-304
帝国鉄道会計法……122, 185

帝国鉄道庁 …………………………………… 121
帝都高速度交通営団 ………… 251-252, 302
鉄道院 …… 121, 123, 133-134, 138, 142,
　145-147, 184, 188, 193, 202, 236,
　256, 294-295
鉄道会議 ………………… 37, 141, 218, 274
鉄道掛 ………………………………………… 19
鉄道管理局 ……………………………121, 184
鉄道記念日 ………………………………… 184
鉄道局（工部省）…… 32, 37, 39-42, 78,
　80-81, 97
鉄道局（内閣直属）………………………… 45
鉄道局（逓信省）…………………………… 91
鉄道局（鉄道省）…………………… 184, 203
　──教習所 ……………………………… 202
鉄道建設審議会 …………………………… 293
鉄道公債法案 …………………………64-65, 101
鉄道国有化（国有化）…… 37, 49, 61, 64,
　66-67, 70, 73-74, 86, 90, 101-106,
　109-110, 112-116, 118, 121-124, 133-
　134, 137, 142-143, 148, 154, 156-157,
　162, 165-167, 181-186, 192, 200, 263,
　307, 327, 329
鉄道国有法 …… 37, 103, 106, 110, 112-
　114, 116-117, 137, 148, 192, 198
鉄道国有論（鉄道国有化論・鉄道国有化論
　議）……………… 42, 47, 60-62, 100-101
鉄道作業局 …………………… 96, 121, 181
鉄道省 … 140, 141, 166, 184, 188, 193,
　202, 224-226, 248-249, 262, 264,
　294-295
　──教習所 ……………………………… 202
鉄道政略ニ関スル議 ………… 14, 62-64, 101
鉄道隊（鉄道大隊、鉄道連隊）… 129, 262
鉄道庁 ………………………………………… 14
鉄道抵当法 ………………………… 111, 228
鉄道熱（鉄道ブーム）…… 59, 69, 70-72,
　75, 101-102, 209-210
鉄道犯罪罰則 ……………………………… 24
鉄道敷設法 …… 10, 14, 37, 55, 59, 63,
　65-66, 70, 102, 116, 262
鉄道略則 …………………………………… 24
鉄道寮 ………… 13-14, 23, 32, 34, 78, 96

寺内正毅 ……………… 133-134, 138, 188
電化調査委員会 …………………………… 286
電気鉄道期成同盟（会）………………91, 94
田健治郎 ………………………… 104, 110-111
東海道新幹線 ………… 282, 291, 293, 317
東海道線（東海道本線・東海道幹線）… 14,
　44-46, 63, 81, 89, 96, 99, 130, 134-
　136, 138, 140-141, 145, 168, 237,
　239-241, 243, 246, 259, 261, 273,
　283-284, 286-288, 290-291, 295
東京急行電鉄 ………… 197, 252, 255-256
東京高速鉄道 … 196, 236-237, 251-252
東京市街鉄道 …………… 94, 157, 191, 218
東京市電 …………… 171, 191, 204-206, 251
　──従業員自治会 ……………………… 208
東京市電気局 ………………………………… 95
東京地下鉄道 … 189, 196, 236-237, 251-
　252
東京鉄道 …………………………… 191, 206, 218
東京鉄道組合（東京鉄道会社）……… 34-35
東京電気鉄道 …………………………157, 191
東京電車鉄道 …………………… 59, 157, 191
東京電燈 ……………………………… 90, 94, 201
東京都交通局 ……………………………… 302
東京馬車鉄道 ……… 68, 95, 190, 199, 218
東京横浜電鉄 …… 197-198, 201, 235, 250-
　252, 256
東山社 ………………………………………35, 37
東清鉄道 ………………………… 159-160, 162, 166
東武鉄道 …… 83, 106, 148, 197-198, 212,
　214, 217-218, 234, 236, 252, 304
東北新幹線 ………………… 293, 315, 317
東北線（東北本線）… 239-240, 252, 261-
　262, 284-285, 287, 289-290
東北鉄道 ……………………………… 41-42, 71
徳島鉄道 …………………………………… 70
特定運賃 …………………………………… 162-163
特定地方交通線 ………… 309, 315, 325
床次竹次郎 …… 133, 139, 167, 184, 187-
　189, 202
都市交通審議会 …………………………… 299
富山地方鉄道 ……………………………… 235
豊川鉄道 ……………………………………… 70

さくいん　423

〔ナ行〕
内国通運…………………………………30, 49
中上川彦次郎……57-59, 61, 67, 100, 102
中川正左………………………………………125
長崎惣之助…………………………264-265, 295
中山道線（中山道幹線・中山道鉄道）
　………………………………14, 42-45, 81
中曾根康弘………………………………319-320
中浜万次郎………………………………………2, 5
中村奇輔……………………………………4-5
中村是公…………………………………184, 187
名古屋市電……………………………190, 250-251
名古屋鉄道……………………………196, 250-251
名古屋電気鉄道………………………91, 171, 190
七尾鉄道…………………………………………70
成田新幹線………………………………………293
成田鉄道……………………90, 102, 106, 148, 210
南海鉄道（南海本線）……70, 83, 90, 148,
　　　　　　170-171, 197-198, 205, 254
新潟鉄工所…………………………………245-246
西日本鉄道………………………………………254
日鉄矯正会…………………………………97, 98
日鉄ストライキ……………………………97, 99
日本交通運輸労働組合…………………………204
日本交通労働組合…………………………205-206, 208
日本交通労働総連盟………………………208-209
日本国有鉄道……………………………267, 273-276
　——再建監理委員会（監理委員会）
　……………………………319-321, 323, 325
　——経営再建促進特別措置法（国鉄再建
　法）………………………………309-311, 314
　——財政再建促進特別措置法
　………………………………………282, 314
日本車輌………………………………146, 245, 260
日本鉄道（日鉄）……14, 36-37, 39-44, 46,
　53, 59-60, 62-63, 68-73, 82-83, 87,
　89-90, 97-98, 106, 117-120, 148
日本鉄道建設公団…………………………293, 300
根津嘉一郎……………………………217-218, 236

〔ハ行〕
パークス，H.S. ……12-13, 16-17, 19-20

箱根登山鉄道……………………………256, 303
蜂須賀茂韶………………………………………33
浜田彦蔵…………………………………2-3, 5
早川徳次……………………………………235-237
林賢徳……………………………………35, 37
原敬………112, 115-116, 139, 142, 150,
　　　　166, 184, 186, 188, 202
阪堺鉄道……………………………33, 43, 69
阪鶴鉄道……………………70, 100, 106, 200
阪神急行電鉄…197, 200, 212, 214, 233-
　　　　235, 243, 254
阪神電気鉄道……95, 170-171, 196-197,
　205, 207, 211, 214, 233, 243, 254
伴直之助………………………………………102
阪和電気鉄道……………………………198, 254
日立製作所……………………146, 243, 260
標準軌間………………………………135, 140
藤岡市助……………………………90, 94-95
藤田伝三郎…………………………33, 58, 66
ブラントン，R.H. ……………………………12
ブリル……………………………90, 93, 146
古川阪次郎………………………………………139
豊後電気鉄道……………………………91, 93
ボイル，R.V. ……………………23, 44-45
房総鉄道…………………………70, 106, 218
北越鉄道………………………………36, 70, 120
北陸線（北陸本線）……66, 261, 287-290
北海道炭礦鉄道（北海道炭礦汽船）……33,
　36, 70-71, 87, 89, 117, 121, 156
北海道鉄道……………………………100, 106
北海道鉄道敷設法………………………36, 66
ポートマン，A.L.C. ………12, 15-16, 19,
　127

〔マ行〕
前島密…………………………………19-20, 44
前原一誠…………………………………………20
益田孝……………………………………102, 112
松方正義……………………38, 43, 60, 101
松本荘一郎……………………………181, 165
松山鉄道…………………………………………43
丸ノ内線……………………………………298
満鉄→南満州鉄道株式会社をみよ

三井………59, 61, 71-72, 102, 111-112, 116, 121, 200
三菱……14, 38, 58, 61, 71, 102, 116-117, 121
水戸鉄道………………36, 43, 70, 106
南清……………………99-100, 114
南満州鉄道株式会社（満鉄）……112, 123, 130-131, 133-134, 140, 142, 158-165, 183, 236, 246, 262, 295, 315
箕面有馬電気軌道……171, 196-197, 200, 211
武蔵野鉄道………197, 229, 252, 303-304
陸奥宗光………………………77, 130
村垣範正………………………6-7
目黒蒲田電鉄…197, 201, 233, 235, 250, 256
元田肇……………………………184
モノレール………………………302
モレル，E. ………19, 22-23, 25-27, 80, 136

〔ヤ行〕
安場保和……………………37-38, 43
山尾庸三…………………14, 29, 34-35
山県有朋……………………43, 103
山手線（山の手線）…118, 146, 192-193, 298, 317
横浜線………………134, 138, 140, 142
好間軌道……………………245

〔ラ行〕
陸運統制令……………………255
陸上交通事業調整法………249-252
立憲政友会（政友会）……112, 116, 142, 150-151, 166, 184, 186-189, 198, 237
劉銘傳……………………127-128
両毛鉄道…36, 43, 47, 53-54, 64, 69-70, 72-73, 77, 102
レイ，H.N. ………16-20, 22, 25-26, 44, 135—136
ロビネット，W.M. ………………12

（注）関西鉄道の訓みについては，「カンサイ」か「カンセイ」か不明なところが多い。現在のところ，決定的な証拠はないが，仮に索引に掲げたような訓みを採用することとした。
1871年10月設立の関西鉄道会社については，「カンサイ」という訓み方とした。
一方，1888年3月設立の関西鉄道会社の場合は，「カンセイ」を採用した。これは，『交通博物館　明治の機関車コレクション』（機芸出版社，1968年）の写真で機関車の前頭部銘板に，車番とともに"KANSEI RAILWAY COMPANY"という文字が記されており，また，『日本鉄道紀要』（1898年刊，野田・原田・青木編『明治期鉄道史資料　第Ⅰ期』補巻3，1981年，に復刻収録）収載の写真説明にも，"KANSEI RAILWAY Co."と記されていたことによる。

〔著者紹介〕　　　　　　　　　　　　　　　　　　　　　　　　　　　（執筆順）

星野　誉夫（第2章担当）
1937年生まれ。東京大学大学院経済学研究科博士課程単位取得。現在武蔵大学教授
主著『中野区民生活史』全4巻（共著）東京都中野区，1982～85年

武知　京三（第3章5節，第5章5節，第6章4節担当）
1940年生まれ。大阪府立大学大学院経済学研究科博士課程単位取得。現在近畿大学教授
主著『都市近郊鉄道の史的展開』日本経済評論社，1986年

桜井　徹（第4章1・2節担当）
1950年生まれ。日本大学大学院商学研究科博士課程単位取得。現在日本大学教授
主論文「公企業（公共企業体）経営における『公共性』と『企業性』について」，『商学集志』
　　第53巻第1・2号，1982年

石井　常雄（第4章3節，第5章4節担当）
1927年生まれ。明治大学商学部卒業。現在明治大学教授
主著『交通学説史の研究』2（共著）（財）運輸経済研究センター，1985年

宇田　正（第6章1・2節，第7章1節担当）
1932年生まれ。大阪大学法学部卒業。現在追手門学院大学教授
主著『佐々木政又伝』（共編著）1979年

和久田　康雄（第6章3節，第7章4節，資料②担当）
1934年生まれ。東京大学法学部卒業。現在運輸経済研究センター理事長
主著『日本の私鉄』岩波書店，1981年

今城　光英（第8章4・5・6節担当）
1949年生まれ。成蹊大学大学院経営学研究科博士課程単位取得。現在大東文化大学教授
主著『現代日本の公益企業』（共著）日本経済評論社，1987年

佐藤　豊彦（人物③⑧⑪⑮㉑担当）
1943年生まれ。専修大学大学院経済学研究科修士課程終了。現在交通博物館学芸員調査役
主論文「植民地支配確立期の朝鮮鉄道の形成」，『鉄道史学』第6号，1988年

三宅　俊彦（年表担当）
1940年生まれ。東京理科大学卒業。現在日通工エンジニアリング㈱
主著『上野駅100年史』（年表担当）日本国有鉄道，1983年

〔編著者紹介〕

野田正穂(第3章3節, 第7章2節, 人物⑦⑯⑰⑲㉒担当)
1928年生まれ。東京大学経済学部卒業。現在法政大学教授
主著『日本証券市場成立史』有斐閣, 1980年

原田勝正(第1章, 第5章1節, 第7章5節, 第8章1節, 人物①⑩⑭⑳担当)
1930年生まれ。東京大学法学部卒業。現在和光大学教授
主著『鉄道の語る日本の近代』そしえて, 1977年

青木栄一(第3章4節, 第5章2・3節, 第6章5節, 第7章3節, 第8章2・3節, 補論, 人物②⑫⑬⑱, 資料③④担当)
1932年生まれ。東京教育大学大学院理学研究科博士課程修了(地理学専攻)。
現在東京学芸大学教授
主著『シーパワーの世界史』(全3巻)出版協同社, 1982〜86年

老川慶喜(第3章1・2節, 第5章3節, 第8章2節, 人物④⑤⑥⑨担当)
1950年生まれ。立教大学大学院経済学研究科博士課程単位取得。現在立教大学教授
主著『明治期地方鉄道史研究』日本経済評論社, 1983年

日本の鉄道──成立と展開──

1986年5月10日　第1刷発行ⓒ
1994年6月1日　第4刷発行

編著者	野田正穂
	原田勝正
	青木栄一
	老川慶喜
発行者	栗原哲也

発行所　株式会社　日本経済評論社
〒101 東京都千代田区神田神保町3-2
電話03-3230-1661　振替東京3-157198

乱丁落丁本はお取替えいたします。　　　文昇堂印刷・美行製本

監修:野田正穂・原田勝正・青木栄一

大 正 期 鉄 道 史 資 料

<第1集> 鉄 道 院（省）年 報 ＜全24巻＞　　　　　　　B 5 判　揃価 372,100円

　　第 1 巻～第11巻　　明治41年～大正 8 年　　鉄道院年報（92,600円）
　　第12巻～第14巻　　大正 9 年～大正14年　　鉄道省年報（43,000円）
　　第15巻～第24巻　　大正 5 年～大正14年　　鉄道院（省）鉄道統計資料（236,500円）

<第2集> 国有・民営鉄道史 ＜全20巻＞　　　　　　　　B 5 判　揃価 382,300円

第 1 巻	国有十年・鉄道一瞥 598頁 18,000円		第13巻	島原鉄道二十年史／同三十年史／宇部鉄道株式会社／躍進九軌の回顧／（長崎電気鉄道）十年史 548頁 13,000円
第 2 巻	青森函館間航路沿革史 446頁 9,800円		第14巻	九電鉄二十六年史 354頁 14,000円
第 3 巻	鉄道国有始末一斑 1110頁 22,000円		第15巻	朝鮮鉄道史 1056頁 23,000円
第 4 巻	広軌鉄道改築準備委員会調査始末一斑 604頁 29,000円		第16巻	駄知鉄道史 552頁 12,000円
第 5 巻	鉄道運送施設綱要 1037頁 23,000円		第17巻	伊予電気鉄道五十年史 872頁 20,000円
第 6 巻	上野駅史／汐留駅史 510頁 12,500円		第18巻	伊予電気鉄道五十年譜 240頁 13,000円
第 7 巻	常総鉄道株式会社三十年史／秩父鉄道沿革史／越後鉄道沿革／信濃鉄道史 658頁 18,000円		第19巻	金剛山電気鉄道株式会社廿年史 306頁 15,000円
第 8 巻	東京地下鉄道史 乾 514頁 15,000円		第20巻	台湾鉄道史（上・中・下） 544・576・658頁 56,000円
第 9 巻	東京地下鉄道史 坤 465頁 16,000円			
第10巻	王子電気軌道株式会社二十五年史／同三十年史／京王電気軌道株式会社三十年史 646頁 23,000円			
第11巻	京王電車回顧十五年／志摩電鉄秘史／西美鉄道会社の顛末／武蔵野鉄道開設由来記 230頁 7,000円			
第12巻	東京横浜電鉄沿革史 752頁 23,000円			

『鉄道史学』創刊号

飯山鉄道と地元寄附金問題　瀬古龍雄
西オーストラリア州営鉄道体系の形成とその展開　宇田 正
鉄道史における工学技術　小山 徹
鉄道史研究における政策と技術　原田勝正
鹿島参宮鉄道の設立と展開　中川浩一
19世紀スコットランド鉄道業と日本　北政巳
イギリス鉄道史研究の最近の動向　湯沢 威
A 5 判　定価1500円　送料200円
発行・鉄道史学会　発売・日本経済評論社

監修：野田正穂・原田勝正・青木栄一

明治期鉄道史資料 〈第Ⅰ期〉

〈第1集〉 鉄 道 局 （庁） 年 報 〈全17巻〉

A4判（北海道分B5判）平均400頁
各12,000円但し第17巻14,000円 揃価206,000円

本資料は鉄道業務の概要と鉄道統計を収録したものである。管理が別の北海道の国有鉄道は北海道鉄道部報（北海道庁鉄道年報）として刊行された。

第1巻～第2巻	明治19年～28年	鉄道局（庁）年報
第3巻～第12巻	明治29年～40年	鉄道局年報
第13巻～第16巻	明治33年～38年	北海道鉄道部報
第17巻	明治29～32年，34～37年	北海道庁鉄道年報

〈第2集〉 地 方 鉄 道 史 ── 社史・実業家伝 ── 〈全8巻9冊〉

B5判 各11500円但し4巻13000円
揃価105,000円

第1巻　社史(1)
　　　日本鉄道㈱沿革史(第一篇)　410頁
第2巻　社史(2)　　　解題・星野誉夫
　　　日本鉄道㈱沿革史(第二篇)　416頁
第3巻　社史(3)Ⅰ
　　　紀和鉄道沿革史／大阪鉄道略歴／
　　　阪堺鉄道経歴史　　　　　　481頁
　　　社史(3)Ⅱ　　　解題・宇田　正
　　　山陽鉄道会社創立史／伊予鉄道・我
　　　社の三十年／九州鉄道株式会社小史
　　　／島原鉄道史　　　　　　　737頁
第4巻　社史(4)　　　解題・青木栄一
　　　北海道炭礦鉄道略記／北海道官設鉄
　　　道調書／北海道鉄道略記／北海道官
　　　設鉄道沿革概要／東武鉄道株式会社
　　　経歴書／上武鉄道ニ関スル概見／
　　　東京市街鉄道企業来歴／青梅鉄道三
　　　十年誌／京浜電気鉄道沿革／甲武鉄
　　　道市街線紀要／中越鉄道開業二十年
　　　誌　　　　　　　　　　　　977頁
第5巻　鉄道家伝(1)　　解題・老川慶喜
　　　南清伝／大鉄道家故工学博士南清君
　　　の経歴　　　　　　　　　　403頁
第6巻　鉄道家伝(2)　　解題・野田正穂
　　　今村清之助君事歴　　　　　514頁
第7巻　鉄道家伝(3)　　解題・佐藤豊彦
　　　工学博士長谷川謹介伝／子爵井上勝
　　　君小伝／中上川彦次郎君／雙軒松本
　　　重太郎翁伝／工学博士藤岡市助君伝
　　　　　　　　　　　　　　　　961頁
第8巻　鉄道家伝(4)　　解題・原田勝正
　　　今西林三郎自叙伝／奮闘吐血録／
　　　北海道炭礦汽船株式会社の十七年間
　　　／藤田翁言行録　　　　　　673頁

補巻(1)	拾年紀念　日本の鉄道論　（明治42年）	B5判744頁	15,000円
補巻(2)	帝国鉄道要鑑　第三版　（明治39年）	B5判1,244頁	25,000円
補巻(3)	復刻写真集　日本鉄道紀要	258×360㎜	4,200円

解題・青木栄一　　　日本最初の鉄道写真集。88枚の写真収録

日本の鉄道 ── 成立と展開 ──
（オンデマンド版）

2005年4月5日　発行

編著者	野田　正穂
	原田　勝正
	青木　栄一
	老川　慶喜
発行者	栗原　哲也
発行所	㈱　日本経済評論社

〒101-0051　東京都千代田区神田神保町3-2
電話　03-3230-1661　FAX　03-3265-2993
E-mail: nikkeihy@js7.so-net.ne.jp
URL: http://www.nikkeihyo.co.jp/

印刷・製本　株式会社デジタルパブリッシングサービス
URL: http://www.d-pub.co.jp/

AC614

乱丁落丁はお取替えいたします。　　　Printed in Japan
ISBN4-8188-1641-8

Ⓡ〈日本複写権センター委託出版物〉
本書の全部または一部を無断で複写複製（コピー）することは、著作権法上での例外を除き、禁じられています。本書からの複写を希望される場合は、日本複写権センター（03-3401-2382）にご連絡ください。